普通高等教育基础课系列教材

概率论与数理统计——基于 R 语言
（应用型本科院校适用）

主　编　方　红
副主编　詹晓琳
参　编　刘晓梅　张宣昊

机械工业出版社

本书的特色在于其将 R 语言的实践应用贯穿于概率论与数理统计的各个知识点的教学中，帮助学生摆脱烦琐的数学计算，从而有更多时间深入理解概率论的抽象概念及统计学的基本原理和方法. R 软件部分的教学可以穿插于理论教学中，也可以单独安排在上机实验室. 值得一提的是，本书并不要求学生具备高级的 R 语言编程技能，只需掌握基础入门知识即可，具体内容详见本书第 1 章. 该章主要介绍 R 语言在概率论与数理统计领域常用的程序包和函数，旨在激发学生的学习兴趣，并帮助他们更好地理解相关概念和原理.

本书共 10 章，第 1 章学习本书所应该具备的 R 软件入门知识；第 2 章学习本书所应该具备的数据基础知识，包括数据的基本概念及数据可视化方法，为后期概率论与数理统计的学习打下数据知识基础；第 3 章到第 6 章为概率论部分，内容包括概率论的基本概念、一维与多维随机变量及其分布、数字特征、大数定律与中心极限定理等；第 7 章到第 9 章为数理统计部分，包含统计量及其抽样分布、参数估计和假设检验等；第 10 章为方差分析与回归分析，主要介绍单因素方差分析和双因素方差分析及一元线性回归和多元线性回归的相关内容.

本书内容丰富. 读者可扫描封底二维码获取配套资源，可作为应用型本科院校各专业概率论与数理统计课程的教材或教学参考书.

图书在版编目（CIP）数据

概率论与数理统计：基于 R 语言：应用型本科院校适用/方红主编． -- 北京：机械工业出版社，2025. 9. --（普通高等教育基础课系列教材）． -- ISBN 978 - 7 - 111 - 78732 - 7

Ⅰ．O21

中国国家版本馆 CIP 数据核字第 20254CC566 号

机械工业出版社（北京市百万庄大街 22 号　邮政编码 100037）

策划编辑：汤　嘉　　　　　责任编辑：汤　嘉　张金奎
责任校对：张　薇　陈　越　封面设计：张　静
责任印制：单爱军

北京瑞禾彩色印刷有限公司印刷
2025 年 9 月第 1 版第 1 次印刷
184mm×260mm・26 印张・659 千字
标准书号：ISBN 978-7-111-78732-7
定价：79.00 元

电话服务　　　　　　　　　网络服务

客服电话：010-88361066　　机　工　官　网：www.cmpbook.com
　　　　　010-88379833　　机　工　官　博：weibo.com/cmp1952
　　　　　010-68326294　　金　书　网：www.golden-book.com
封底无防伪标均为盗版　机工教育服务网：www.cmpedu.com

前　言

概率论与数理统计是数学中专门研究随机现象和统计规律的一个分支，它与现实世界有着密切的联系，并在众多领域得到广泛的应用．在大数据时代背景下，为了解决不同行业和领域遇到的问题，需要收集相关数据来揭示事物的本质，并通过分析这些数据来探索事物的发展规律，从而进行科学的预测和决策．因此，作为大数据基础理论之一的概率论与数理统计，已成为管理者、决策者、产品营销人员、运营人员及开发工程师等不可或缺的核心知识．

在大数据时代发展的背景下，对概率论与数理统计课程的教学提出了新要求．尤其是以应用型人才培养为目标的应用型本科类院校，更要突出厚基础、重应用的特色．因此，本书在内容安排、结构体系以及例题和习题的选择上都充分考虑了应用型本科院校的人才培养需求，以适应该类院校本科学生学习概率论与数理统计课程的需要．希望通过本课程的学习，学生不仅能掌握处理随机现象的基本思想和方法，了解数据的基本概念、数据处理的常用方法以及几种具体的数理统计方法，还能够利用统计软件，结合问题的背景及意义，具备运用所学的概率统计方法来分析和解决实际问题的能力．

本书特色是将 R 软件的实践应用融入几乎每个概率论与数理统计知识点的教学中，使学生能从复杂的数学计算中解脱出来，更多地专注于理解概率论的抽象概念及统计学中的基本原理和思想．R 软件的教学不仅可以与理论课程穿插进行，也可在实验室单独进行．需要指出的是，本书不要求学生具有高级的 R 软件编程技能，而是只需掌握其基础知识即可．

本书由上海第二工业大学教师团队编写．方红担任主编并负责第 1 章，第 6 章和第 10 章的撰写，詹晓琳担任副主编并负责第 2 章和第 7 章的撰写，刘晓梅和张宜昊担任参编，分别负责第 8、9 章以及第 3、4、5 章的撰写．

由于编者水平有限，在本书编写过程中，编者参阅了国内外的诸多教材，在此对这些教材的作者表示诚挚的谢意．书中的错误和不当之处在所难免，恳请读者在使用本书时提出宝贵的意见，以便后期改正.

编　者

目 录

前 言

第1章 R语言入门 ... 1
1.1 R 的下载与安装 ... 1
1.2 R 语言初始步骤与基础 ... 2
1.3 R 语言环境 ... 17
1.4 本章小结 ... 25

第2章 数据的描述与可视化 ... 29
2.1 数据与统计资料 ... 29
2.2 各类型数据的表格法与图形法 ... 37
2.3 顺序数据的整理与展示 ... 49
2.4 数值型数据的整理与展示 ... 50
2.5 数据的概括性度量：数值法 ... 62
2.6 本章小结 ... 81

第3章 随机事件与概率 ... 86
3.1 随机事件 ... 86
3.2 随机事件的概率 ... 94
3.3 古典概型与几何概型 ... 97
3.4 条件概率 ... 102
3.5 事件的独立性 ... 110
3.6 本章小结 ... 115

第4章 随机变量及其分布 ... 119
4.1 随机变量 ... 119
4.2 离散型随机变量 ... 121
4.3 分布函数 ... 129
4.4 连续型随机变量 ... 133
4.5 随机变量函数的分布 ... 144
4.6 本章小结 ... 148

第5章 多维随机变量及其分布 ... 151
5.1 二维随机变量及其分布 ... 151
5.2 随机变量的独立性 ... 160
5.3 二维随机变量函数的分布 ... 164
5.4 本章小结 ... 168

第6章 数字特征 ... 172
6.1 数学期望 ... 172
6.2 方差 ... 180
6.3 协方差与相关系数 ... 184
6.4 矩、协方差矩阵 ... 193
6.5 大数定律与中心极限定理 ... 196
6.6 本章小结 ... 207

第7章 数理统计的基础知识 ... 212
7.1 总体与样本 ... 213
7.2 参数与统计量 ... 218
7.3 抽样分布及正态总体的抽样分布 ... 222
7.4 本章小结 ... 237

第8章 参数估计 ... 243
8.1 点估计 ... 243
8.2 点估计的常用方法 ... 252
8.3 区间估计 ... 264
8.4 正态总体均值和方差的区间估计 ... 270
8.5 单侧置信区间 ... 287
8.6 0-1 分布比例的区间估计 ... 290
8.7 本章小结 ... 293

第9章 假设检验 ... 298
9.1 假设检验的基本概念 ... 298
9.2 单正态总体的假设检验 ... 307
9.3 双正态总体的假设检验 ... 319
9.4 其他类型的假设检验 ... 333
9.5 本章小结 ... 343

第10章 方差分析与回归分析 ... 347
10.1 单因素方差分析 ... 347
10.2 双因素方差分析 ... 355
10.3 一元线性回归 ... 366
10.4 多元线性回归 ... 380
10.5 本章小结 ... 386

附录 …………………………………………… 393
    附表 1   泊松分布概率值表 …………………… 393
    附表 2   标准正态分布表 ……………………… 396
    附表 3 t 分布表 …………………………………… 397
    附表 4 χ^2 分布表 ……………………………… 398
    附表 5 F 分布表 ………………………………… 401
    附表 6   相关系数临界值表 …………………… 408

参考文献 ………………………………………… 409

第 1 章
R语言入门

R 语言是允许用户编辑算法并使用其他可编程工具的一种计算机语言,具有开源性、全面性、操作简便性、可扩展性等特点,是近年来实用的统计分析工具之一,具有非常好的应用前景. 本章主要介绍使用 R 语言所必备的基础知识及语言环境.

1.1 R 的下载与安装

1.1.1 R 软件的下载与安装

作为开源软件,R 可以在通用公共许可(General Public Licsence,GPL)规则下从互联网获取,获取方式之一是从 CRAN (Comprehensive R Archive Network)站点下载. 主站是 http://cran.r-project.org/. 根据不同的操作系统选择不同的网址下载.

Windows:http://cran.r-project.org/bin/windows/base/
macOS X:http://cran.r-project.org/bin/macosx/
Linux:http://cran.r-project.org/bin/linus/

本书写作时,对 Windows 系统提供的版本是 R-4.4.1-win.exe(82MB,64 位). 软件下载后双击,按照弹出的提示进行安装. 安装完成后,可在"开始"菜单中找到 R,启动 R 系统. 也可以按创建 Windows 系统中应用程序的快捷方式的步骤,把 R 目录中的 R.exe 文件拖放至桌面,形成快捷方式,双击快捷方式即可启动 R.

1.1.2 R 程序包的下载与安装

R 提供了大量备用功能,通过可选模块的下载和安装来实现. 截至 2024 年 8 月共有 21167 个 R 程序包可从网站 http://cran.r-project.org/web/packages下载.

R 程序包是多个函数的集合,具有详细的说明和示例. Windows 下的 R 程序包是经过编译的 zip 包. 每个程序包包含 R 函数、数据、预编译代码、帮助文件和描述文件等. 计算机上存储包的目录称为库,函数.libPaths()可以显示库所在的位置,library()可以显示库中有哪些包. R自带了一系列默认包(包括base、datasets、utils、grDevices、graphics、stats以及methods),它们提供了种类繁多的默认函数和数据集. 其他包可通过下载来进行安装. 安装后必须载入会话中才能使用.

CRAN 提供了每个包的源代码和编译好的程序包. 安装包的命令是 install.packages(),不加参数执行 install.packages()将显示 CRAN 镜像站点的列表,选择其中一个镜像站点之后,将看到所有可用包的列表,选择其中一个包下载和安装. 如果知道需要安装包的名称,那么可以直接将安装包的名称作为参数写入函数,选择镜像后,程序将自动下载并安装程序包. 程序包安装一次即可,可用命令 update.packages() 及 installed.packages()进行更新和查看安装包的描述.

程序包安装结束后,程序包中的函数需先导入再使用. library()命令用于载入包. 在一次应用中,包只需要载入一次. 如果需要,可以自定义启动环境以自动载入需频繁使用的包.

习题 1-1

1. 登录 http://cran.r-project.org/ 网站,下载并安装最新版本的 R(中文版),并尝试 R 的启动与退出.

2. 安装和加载程序包 ggplot2.

1.2 R 语言初始步骤与基础

1.2.1 初始步骤

1. 算术运算

利用 R 可以非常简便地进行算术运算.

```
>2 +3            #加法
[1]5
>4 * 5/6         #乘法与除法
[1]3.33333
>7^2             #乘幂
[1]49
```

上面代码中"#"为注释符号.

2. 赋值

与其他计算机语言一样,R 也有符号变量,即可以用来代表数值的名称. 例如,给变量 x 赋值 2,输入:

>x <-2

上面代码中"<-"为赋值符号,赋值后 x 的值是 2 并将用于后续的算术表达式中.

>x
[1]2
>x+3
[1]5

在 R 中,变量名可以自由选取. 它可以由字母、数字和点号构成,但是不能以数字开头,数字后面也不能紧跟点号. 点号开头的变量名是特殊的,应尽量避免. 变量名区分大小写,TIME 与 time 指的是不同的变量名.

有些变量名已被系统使用. 因此如果将它们用于其他地方,将导致混淆. 例如:单字母变量名 c、q、t、D、F、I 和 T 等,还有其他变量名如 diff、df 和 pt 等. 这些大多数是函数名,被用作变量名也不会引起太大麻烦. 但是,F 和 T 是 FALSE 和 TRUE 的标准简写,如果被重新定义,它们将失去原意.

3. 数据类型

R 语言使用 4 种标准的数据类型:数值型、字符型、逻辑型和复数型. 实例如下:

>3+5   #数值型
[1]8
>"星期一"   #字符型
[1]"星期一"
>2>3   #逻辑型
[1]FALSE
>3+4i   #复数型
[1]3+4i

上面代码中用双引号指定字符型数据,也可以用单引号来指定,但是不要同时使用.

可以用 mode()函数来查询任意对象中保存的数据的模式. 例如,

>x<-2.3+5.4   #给 x 赋值一个数值型的值
>x
[1]7.7
>mode(x)   #x 的数据类型
[1]"numeric"
>x<10   #逻辑语句:x 小于 10?

```
[1]TRUE
>mode(x<10)                    #该数据的类型
[1]"logical"
```

在 R 中用"NA"表示缺失值. 缺失值可以是"缺失的"数值型、字符型、逻辑型或复数型.

4. 向量创建

R 的强大功能之一就是将整个数据向量作为一个单一对象来处理. 在 R 语言中,创建向量的方式有多种,许多函数都以返回的向量作为输出,下面介绍 R 中创建向量的简单方法.

(1) 用 c() 函数创建向量

c() 函数通过把相同数据类型的元素组合起来创建简单的向量. 只需在该函数中列出用逗号隔开的元素,便可将结果存储为向量. 示例如下:

```
>numericaVector<-c(2,3,5,6,9,10)        #创建数值型向量
>numericaVector                          #显示数值型向量
[1] 2 3 5 6 9 10
>mode(numericaVector)                    #"numericaVector"的数据类型
[1]"numeric"
>c("天气","温度","湿度")                  #字符型向量
[1]"天气" "温度" "湿度"
>c(T,F,F,T,T,F)                          #逻辑型向量
[1]True False False True True False
>c(1+2i,5+9i,3+7i)
[1]1+2i 5+9i 3+7i
```

c() 函数还能将内含值的向量进行组合,例如,

```
>a<-c(1,2,3,4)                #创建一个数值型向量
>c(a,a,a,a)                   #将向量进行组合
[1]1 2 3 4 1 2 3 4 1 2 3 4 1 2 3 4      #显示新的向量
```

(2) 用 c(:) 函数创建向量

":"符号可用于创建任意给定始末数值且间隔为 1 的数值序列. 例如,

```
>1:10
[1] 1 2 3 4 5 6 7 8 9 10
>1.2:4.2
[1]1.2 2.2 3.2 4.2
>-5:5
[1]-5 -4 -3 -2 -1 0 1 2 3 4 5
```

将函数 c() 和符号":"结合,可以创建更复杂的向量. 例如,

```
>c(-5:-1,0,1:5)
[1] -5 -4 -3 -2 -1 0 1 2 3 4 5       #构建对称向量
>c(2*1:5)
[1] 2 4 6 8 10                        #构建从2到10,间隔为2的向量
```

(3) 用 seq() 函数创建向量

上面介绍了用符号":"创建间隔为1的数值序列,如果需要产生其他间隔的序列,那么可以采用 seq() 函数指定间隔长度,例如,

```
>seq(1,10,2)                          #产生1为起点,间隔为2的序列
[1] 1 3 5 7 9
>seq(1.3,8.5,0.5)                     #产生1.3为起点,间隔为0.5的序列
[1] 1.3 1.8 2.3 2.8 3.3 3.8 4.3 4.8 5.3 5.8 6.3 6.8 7.3 7.8 8.3
```

seq() 函数还能根据指定的向量长度创建序列,也就是生成内含指定数量的向量,向量长度通过参数 length 指定,例如,

```
>seq(2.4,9.6,length=10)               #指定向量长度为10
[1] 2.4 3.2 4.0 4.8 5.6 6.4 7.2 8.0 8.8 9.6
```

(4) 用 rep() 函数创建向量

rep() 函数可以用来创建内含重复值的向量,该函数的前两个参数分别是待重复的值和重复的次数,例如,

```
>rep("5",5)
[1] "5" "5" "5" "5" "5"
>rep(5,5)
[1] 5 5 5 5 5
```

rep() 函数的第一个参数可以是一个向量,例如,

```
>a<-c(1,2,3,4,5)
>rep(a,5)                             #重复5次向量a
[1] 1 2 3 4 5 1 2 3 4 5 1 2 3 4 5 1 2 3 4 5 1 2 3 4 5
```

rep() 函数还可以设置将不同数值分别显示不同次数,把待打印向量作为第1个参数,然后提供一个与该向量长度相同的向量作为第2个参数,例如,

```
>rep(c("今天","明天","后天"),c(3,2,1))    #三个分量分别重复3,2,1次
[1] "今天" "今天" "今天" "明天" "明天" "后天"
>rep(c("今天","明天","后天"),rep(3,3))    #三个分量每个重复3次
[1] "今天" "今天" "今天" "明天" "明天" "明天" "后天" "后天" "后天"
>rep(c("今天","明天","后天"),each=3)      #三个分量每个重复3次
[1] "今天" "今天" "今天" "明天" "明天" "明天" "后天" "后天" "后天"
```

5. 绘图

图形是展示和表达数据分析结果的重要方式之一. R 有一个构建图形的函数, 可以生成简单的标准图形以及对图形组件进行精细控制. 下面以研究一组人的身高与体重之间的关系为例, 简要说明 R 中绘图的基本过程.

```
>height<-c(1.70,1.74,1.85,1.72,1.65,1.60,1.55)  #定义身高变量, 单位: m
>weight<-c(70,72,69,90,85,87,50)                #定义体重变量, 单位: kg
```

plot() 函数是 R 中用来生成图形的主要函数, 将变量 weight 与 height 作为参数放入函数中, 就得到体重与身高简单的散点图.

```
>plot(height,weight)
```

得到如图 1.1 所示的结果. 通过改变参数, 可以对图形进行修改. 在上述命令中添加关键字 pch(绘图符号)改变绘图符号:

```
>plot(height,weight,pch=2)
```

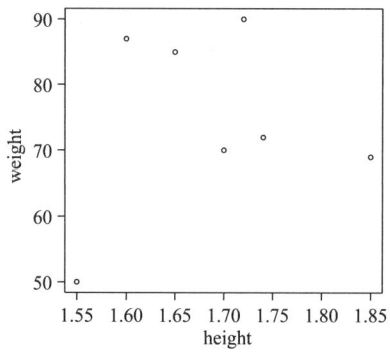

图 1.1　height-weight 散点图

得到如图 1.2 所示的结果, 其中的点用三角符号标出.

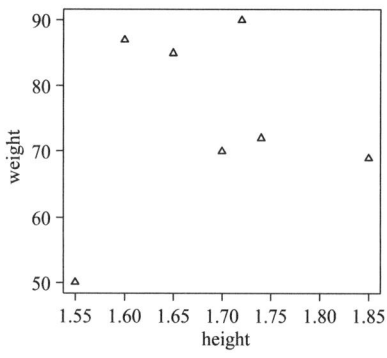

图 1.2　pch=2 的 height-weight 散点图

一个人的体重指数(BMI)定义为体重(以 kg 为单位)除以身高(以 m 为单位)的二次方. 一个正常的 BMI 值应该是 22.5, 也就是在正常 BMI 值下,体重与身高的关系式为 weight ≈ 22.5 × height^2. 因此,可以在图 1.2 中叠加一个基于 BMI 为 22.5 的体重估计的曲线,通过与曲线对比,看出某个人是否超重以及超重多少,结果见图 1.3. 程序如下:

```
>hh<-c(1.70,1.74,1.85,1.72,1.65,1.60,1.55)
>lines(hh,22.5* hh^2)
```

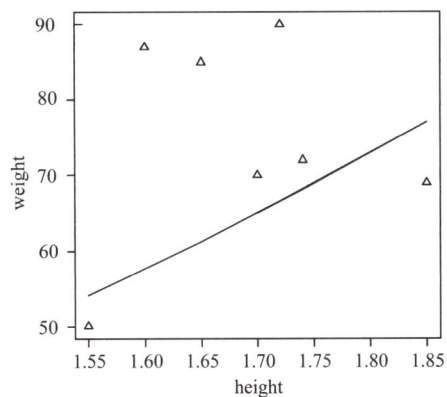

图 1.3　用 lines( ) 函数在原来图形中添加一条参考曲线

1.2.2　R 语言基础

本节主要介绍 R 语言中最基本的概念,包括表达式与对象、函数与参数及引用和转义序列等.

1. 表达式与对象

R 的一个基本交互模式是表达式求值. 用户输入一个表达式,系统进行计算并输出结果. 还有的表达式并不需要计算而是具有其他作用,比如生成一个图形窗口或者写入一个文件. 所有的 R 表达式都返回一个值(可以是 NULL),因此有时返回值不可见,而且不被输出.

表达式作用于对象. 对象是一个抽象的术语,它可以针对任何给定变量赋值的事物. R 中包含不同类型的对象,例如,有"变量"对象,"函数"对象,"数据"对象和"统计模型"对象等.

2. 函数与参数

R 中许多工作都是通过函数调用来完成的,函数调用的过程可以看作一个或几个变量的数学函数的应用过程.

函数调用的格式就是函数名 + 调用参数. 以上节中 plot(height,weight)为例,plot 为函数名,height 和 weight 为参数,这些参数为实参,仅适用于当前调用. 函数也有形参,它们在调用中与实参相联系. 命令 plot(height,weight,pch

=2)中,形式 pch=2 称为指定实际参数,它的名字可以用函数的形式参数匹配,从而允许参数的关键字匹配.

函数调用也可以没有参数,例如,ls()用来显示工作区的内容.

查看一个函数的形式参数,可以通过 args()来实现. 例如,查看 plot.default 的形式参数:

```
>args(plot.default)
function (x,y=NULL,type="p",xlim=NULL,ylim=NULL,
    log="",main=NULL,sub=NULL,xlab=NULL,ylab=NULL,
    ann=par("ann"),axes=TRUE,frame.plot=axes,panel.first=NULL,
    panel.last=NULL,asp=NA,...)
```

大部分参数都有默认值,这表示如果没有指定 type 参数,函数将认为默认设定的是 type="p". NULL 被默认为参数未被具体指定的标志.

3. 引用和转义序列

一个文本字符串本身和它的输出形式之间是有差异的. 例如,

```
>c("HELLO")                    #定义字符串 HELLO
[1]"HELLO"
```

尽管显示结果包含引号,但是该字符串是 5 个字符的字符串,而不是 7 个字符的字符串. R 中可以使用 cat()函数避免在输出字符向量时,将引号加在每个向量上. 例如,

```
>cat(c("HELLO","MARY","AND","TOM"))
HELLO MARY AND TOM >
```

这样就可以输出一个不带引号的字符串,而仅用空格字符分隔. 字符串后也没有换行符,所以下一行输入的提示符(>)直接跟在这一行的末尾. 为了将系统提示符转到下一行,必须用一个换行符,

```
>cat(c("HELLO","MARY","AND","TOM"),"\n")
HELLO MARY AND TOM
>
```

这里,\n 是转义序列的一个例子. 反斜杠(\)被称为转义字符. 同样,可以用 \" 的方式插入引用字符. 例如,

```
>cat("WHO IS \"TOM\"? \n")
WHO IS "TOM"?
```

4. 缺失值

在 R 中,缺失值用符号 NA 表示,不可能出现的值用 NaN 表示. 这个值在计算中可以执行,对 NA 的操作产生的结果也是 NA.

例如,

>c(5,3,2,4,NA)
[1] 5 3 2 4 NA
>mean(c)   #求向量的均值
[1]NA

R 中常用来判断向量是否有缺失值的函数是 is.na(). 例如,

>is.na(c(5,4,3,2,NA))
[1]FALSE FALSE FALSE FALSE TRUE
>sum(is.na(c(5,4,3,2,NA)))   #求向量中缺失值的个数
[1]1

R 中多数的数值函数都有一个 na.rm = True 的选项,可以在计算之前移除缺失值并使用剩余值进行计算. 例如,

>mean(c(5,3,2,4,NA),na.rm = TRUE)   #移除向量中的 NA 后求平均值
[1]3.5

在使用函数处理不完整的数据时,务必要先查看函数的帮助文档,以确定这些函数是如何处理缺失值的.

5. 矩阵

矩阵是内含相同数据类型的数据的二维数组. R 中常用的创建矩阵的方法有两种.

(1) 用 cbind() 和 rbind() 函数组合向量创建

cbind() 函数可用于组合多个向量,以形成一个多列的矩阵; rbind() 函数则指定矩阵的行来组合多个向量形成矩阵. 例如,

```
>cbind(1:3,3:1,c(2,4,6),rep(1,3))
     [,1][,2][,3][,4]
[1,]  1   3   2   1
[2,]  2   2   4   1
[3,]  3   1   6   1
>rbind(1:3,3:1,c(2,4,6),rep(1,3))
     [,1][,2][,3]
[1,]  1   2   3
[2,]  3   2   1
[3,]  2   4   6
[4,]  1   1   1
```

t() 函数用于矩阵的转置,显然 cbind(1:3,3:1,c(2,4,6),rep(1,3)) 与 t(rbind(1:3,3:1,c(2,4,6),rep(1,3))) 是等价的.

```
>t(rbind(1:3,3:1,c(2,4,6),rep(1,3)))
     [,1][,2][,3][,4]
[1,]   1   3   2   1
[2,]   2   2   4   1
[3,]   3   1   6   1
```

(2) 用 matrix() 函数创建

matrix() 函数把一个向量中的数据读入矩阵的行和列中,以向量作为该函数的第一个参数. 例如,

```
>matrix(1:12)
       [,1]
[1,]    1
[2,]    2
[3,]    3
[4,]    4
[5,]    5
[6,]    6
[7,]    7
[8,]    8
[9,]    9
[10,]  10
[11,]  11
[12,]  12
```

matrix() 函数的两个参数 nrow 和 ncol 分别指定待创建矩阵的维度. 例如,

```
>matrix(1:12,nrow=3,ncol=4)
     [,1][,2][,3][,4]
[1,]   1   4   7  10
[2,]   2   5   8  11
[3,]   3   6   9  12
```

R 中默认的读入方式是按列读取, 参数 byrow 可控制矩阵的读入方式, byrow = T 表示按行读入, byrow = F 表示按列读入. 例如,

```
>matrix(1:12,nrow=3)                #按列读入
     [,1][,2][,3][,4]
[1,]   1   4   7  10
[2,]   2   5   8  11
[3,]   3   6   9  12
```

```
>matrix(1:12,nrow=3,byrow=F)              #设置参数默认按列读入
     [,1][,2][,3][,4]
[1,]  1    4    7    10
[2,]  2    5    8    11
[3,]  3    6    9    12
>matrix(1:12,nrow=3,byrow=T)              #设置参数按行读入
     [,1][,2][,3][,4]
[1,]  1    2    3    4
[2,]  5    6    7    8
[3,]  9   10   11   12
```

其他常用函数有：`mode()`查询矩阵的类型，`dim()`查询矩阵的维数，`length()`查询矩阵中所有元素的个数，`rownames()`和`colnames()`对矩阵的行和列进行命名.

6. 因子

分类数据在统计数据中是常见的. 在 R 中处理分类数据时，要使用一种特殊的数据类型：因子. 因子本质上就是由水平及标签组成的分类变量. 因子的水平用于限制因子的标签的取值范围. 因子水平是字符类型，因子的标签只能从因子水平中取值，这意味着，因子的每个标签要么是因子水平中的字符(或转换为其他数据类型)，要么是缺失值. 下面将介绍如何将分类数据转换成因子，也就是因子的创建方法.

`factor()`函数用于把数值型向量或字符型向量转换成因子. 该函数的第一个参数必须是字符或数值向量，通过 levels 参数显式设置因子水平. 例如，

```
>ratings<-c(0,2,3,1,1,2,3)                        #7 个产品的等级水平向量(数值型)
>fratings<-factor(ratings,levels=0:3)             #创建 4 水平因子 fratings
>levels(fratings)<-c("nice","good","great","perfect") #设置 4 个水平的名称
```

因子结果显示如下：

```
>fratings
[1]nice    great   perfect  good    good    great   perfect
Levels:nice good great perfect
```

可以通过 `as.numeric()` 函数来提取因子标签对应的数字编码，用 `levels()` 函数提取水平的名称，

```
>as.numeric(fratings)
[1]1 3 4 2 2 3 4
>levels(fratings)
```

```
[1]"nice"    "good"    "great"    "perfect"
```

根据结果发现，产品的等级水平向量中的 0~3 不再显示了，提取出的数字编码为 1~4. 因此，在处理含有数值型水平的因子时，虽然标签显示的是表示各水平的数值，但是 R 中默认的因子本身被存储为从 1 开始的整数值，其类型为数值型.

```
>mode(fratings)
[1]"numeric"
```

7. 列表

在实际应用中，大部分数据源都包含不同类型的数据，因此需要一个简单、有效的格式来存储这种数据，列表即是其中之一.

列表可以存储任意类型的对象，例如，包含矩阵或向量. 在 R 中用 list() 函数可以创建一个列表，最简单的是直接用不含参数的命令 list() 创建一个空列表：

```
>emptyList<-list()
>emptyList
list()
```

非空列表的创建，可以在 list() 函数中用逗号分隔作为参数的一系列对象. 例如，创建一个存储了向量与矩阵的列表 mylist，代码如下：

```
>vector1<-c(2,3,4,5,6,9)
>matrix1<-matrix(LETTERS[1:9],nrow=3)
>mylist<-list(vector1,matrix1)
>mylist
[[1]]
[1] 2 3 4 5 6 9
[[2]]
     [,1][,2][,3]
[1,]"A"  "D"  "G"
[2,]"B"  "E"  "H"
[3,]"C"  "F"  "I"
```

结果显示可知，列表 mylist 存储了两个对象：vector1 和 matrix1. 创建列表时，可以选择是否给元素命名. 有元素名的列表在以后引用元素时很方便，例如，

```
>namedList<-list(PHE=vector1,MASS=matrix1)
>namedList
$PHE
[1] 2 3 4 5 6 9
```

```
$MASS
     [,1][,2][,3]
[1,] "A"  "D"  "G"
[2,] "B"  "E"  "H"
[3,] "C"  "F"  "I"
> namedList$PHE              #引用列表中第一个对象,用符号$
[1] 2 3 4 5 6 9
> namedList$MASS             #引用列表中第二个对象,用符号$
     [,1][,2][,3]
[1,] "A"  "D"  "G"
[2,] "B"  "E"  "H"
[3,] "C"  "F"  "I"
```

8. 数据框

数据框是 R 中另一种可以用来存储不同类型的数据的格式. 在数据框中, 相同的列存储的数据类型必须相同, 不同的列存储的数据类型可以相同, 也可以不相同, 但是每列的行数必须相同. 数据框是 R 中最常用的数据结构, 在 R 中数据框可以通过 data.frame() 函数来创建. 例如, 创建一个包含 4 位同学某科目成绩的数据框 myDataframe:

```
> myDataframe <- data.frame(              #创建数据框
+ Name = c("Mary","Tom","Jack","Hilter"),
+ Sex = c("F","M","M","M"),
+ Score = c(90,85,80,70)
+ )
> myDataframe                             #打印数据框
    Name  Sex  Score
1   Mary   F    90
2   Tom    M    85
3   Jack   M    80
4   Hilter M    70
```

与列表一样, 可以通过符号$来获得单个列

```
> myDataframe$Name
[1] Mary   Tom   Jack   Hilter
Levels: Hilter Jack Mary Tom
```

9. 索引

当需要访问一个对象的部分或个别元素时, 需要通过索引来完成. 下面以索引向量为例, 简要说明 R 中实现索引的基本方法.

索引向量通过"向量名+[ ]"的形式来实现,[ ]内可以为空白、内含正整数向量、内含负整数向量、内含逻辑型向量及内含字符型向量这五种形式. 例如,

```
>x<-c(2,3,4,5,8,9)        #创建一个向量
>x[ ]                     #输入空格
[1] 2 3 4 5 8 9
>x[c(1,3,5)]              #输入正整数向量,打印向量中第1、3、5个数
[1] 2 4 8
>x[c(-1,-3,-5)]           #输入负整数向量,剔除向量中第1、3、5个数
[1] 3 5 9
>x[x>3]                   #输入逻辑型向量,保留大于3的数
[1] 4 5 8 9
>names(x)<-c("A","B","C","D","E","F")   #添加元素名
>x
A B C D E F
2 3 4 5 8 9
>x[c("A","D","F")]        #输入字符型向量,返回对应的元素
A D F
2 5 9
```

10. 分组数据和数据框

通常在数据框中分组数据的存储方法是在一个向量中存储数据,另一个向量(因子)中记录数据对应的组别. 以 R 中内置数据集 energy 为例,由于 energy 数据集存放在 ISwR 程序包中,因此需要先加载程序包,具体程序如下:

```
>install.packages("ISwR")
>library(ISwR)
>data(energy)             #读取数据框
>energy
   expend stature
1   9.21   obese
2   7.53    lean
3   7.48    lean
4   8.08    lean
5   8.09    lean
6  10.15    lean
7   8.40    lean
8  10.88    lean
```

```
9    6.13    lean
10   7.90    lean
11  11.51   obese
12  12.79   obese
13   7.05    lean
14  11.85   obese
15   9.97   obese
16   7.48    lean
17   8.79   obese
18   9.69   obese
19   9.68   obese
20   7.58    lean
21   9.19   obese
22   8.11    lean
```

上述数据框的格式对于分类数据的存储非常方便. 同时, 对于不同组的数据很容易从数据框中提取出来, 存放在单独的向量中:

```
> fenzu.lean <- energy$expend[energy$stature == "lean"]
> fenzu.obese <- energy$expend[energy$stature == "obese"]
> fenzu.lean
 [1]  7.53  7.48  8.08  8.09 10.15  8.40 10.88  6.13  7.90  7.05  7.48  7.58
[13]  8.11
> fenzu.obese
 [1]  9.21 11.51 12.79 11.85  9.97  8.79  9.69  9.68  9.19
```

或者使用 split() 函数, 也可以根据分组生成一系列的向量:

```
> fenzu1 <- split(energy$expend, energy$stature)
> fenzu1
$lean
 [1]  7.53  7.48  8.08  8.09 10.15  8.40 10.88  6.13  7.90  7.05  7.48  7.58
[13]  8.11

$obese
[1]  9.21 11.51 12.79 11.85  9.97  8.79  9.69  9.68  9.19
```

11. 排序

在 R 中, 通过 sort() 函数可以轻松对向量进行排序. 在默认的情况下, 该函数按从低到高(从小到大)的升序排序向量. 可以通过设置 decreasing=TRUE 来指定函数对数据进行降序排列. 例如,

```
> sort(fenzu1$lean)
 [1]  6.13  7.05  7.48  7.48  7.53  7.58  7.90  8.08  8.09  8.11  8.40 10.15
[13] 10.88
```

sort()函数只能用于处理向量,如果需要排序数据框,那么使用 order()函数. 该函数的默认的排序顺序是升序,在排序变量前面加一个减号,即可得到降序的排序结果. 以内置数据集 energy 中的变量 expend 升序排列为例,结果如下:

```
> energy[order(energy$expend),]
   expend stature
9    6.13    lean
13   7.05    lean
3    7.48    lean
16   7.48    lean
2    7.53    lean
20   7.58    lean
10   7.90    lean
4    8.08    lean
5    8.09    lean
22   8.11    lean
7    8.40    lean
17   8.79   obese
21   9.19   obese
1    9.21   obese
19   9.68   obese
18   9.69   obese
15   9.97   obese
6   10.15    lean
8   10.88    lean
11  11.51   obese
14  11.85   obese
12  12.79   obese
```

上述结果表明,在将 expend 变量按照升序排列后,stature 也会根据 expend 对应的位置进行重新排序.

习题 1-2

1. 给出两种利用 R 实现将 1~12 这 12 个数字作为一个 3×4 矩阵的元素.

2. 纽约某 5 天的气温预报数据如下表所示,利用 R 创建所给数据的数据框.

Day	Date	TempF
Saturday	Jul 4	75
Sunday	Jul 5	86
Monday	Jul 6	87
Tuesday	Jul 7	83
Wednesday	Jul 8	87

3. 由 1~16 这 16 个数字构成两个方阵，其中矩阵 A 按列输入，矩阵 B 按行输入，并计算：

（1）$C = A + B$；

（2）$D = AB$；

（3）去除矩阵 A 的第三行和矩阵 B 的第三列，再计算 $E = AB$.

1.3 R 语言环境

本节主要介绍 R 操作的基本实用知识，主要包括工作区的结构、数据的存储与读取以及 R 编程等.

1.3.1 会话管理

1. 工作空间窗口

在 R 中创建的所有变量都被存储在一个共同的工作区. 可以使用 `ls()` 函数来了解工作区中定义了哪些变量. 如果想要删除输出中的某些对象，可以通过 `rm()` 函数来完成.

用 `rm(list=ls())` 可以清空整个工作空间. 在 Windows 下也可以通过菜单选项"Remove all objects"和"Clear Workspace"完成. 用以上方法清除变量时，不会移除以点号开头的变量，因为通过 `ls()` 函数不能列出它们，如果需要列出，可以使用 `ls(all=T)`，但是这些变量都是系统本身自带的，因此尽可能不要清除.

可以通过 `save.image()` 函数将工作空间保存到一个文件中，执行命令后，用户所运行的当前目录下将会保存一个 .RData 文件. Windows 版本的 File 菜单里也有这个选项. 当退出 R 时，也会被询问是否保存工作空间映像，如果选择"是"，也同样会保存工作空间.

2. 文本输出

在一次对话期间，工作区仅包含 R 对象，而不是产生所有的输出. 如果想保存输出结果，可以单击 Windows 中 File 菜单下的"Save to File"来保存.

将输出转化为文档的另一种方法是使用 `sink()` 函数，工作方式如下：

```
>sink("myfile")
>ls()
```

当前工作目录可以通过 `getwd()` 获取，通过 `setwd()` 转换. 初始工作目录则依赖于系统，例如，

```
>getwd()
[1]"C:/Users/Administrator/Documents"
```

3. 脚本

如果要处理的问题比较复杂,最好使用 R 脚本文件,即 R 代码行的集合. 脚本文件可以存储在一个文件中,也可以存储在计算机的内存中.

可以通过 source() 函数来执行脚本文件,在执行前整个文件会进行语法检查. 在调用中设置 echo=T 通常会很有帮助,此时命令将随着输出一起显示出来. 也可以直接使用脚本编辑窗口,它允许提交脚本文件中的一行或者几行来运行,它的表现如同在提示符下输入相同的行. R 的 Windows 版本有简单的内置脚本窗口,也有一些脚本编辑器,具有发送命令到 R 的功能.

在一个对话中输入的命令历史可以使用 savehistory() 和 loadhistory() 函数来保存和重新加载,它们也会映射到 Windows 的菜单项中. history() 函数会显示在控制台中输入的最后的命令,其默认是最多 25 行.

4. attach() 与 detach() 函数

从前叙的例子中可以看出,用$符号访问数据框中的变量非常不方便,尤其在重复写一些长命令时. R 中的 attach() 函数可以实现数据框中的变量通过变量名直接调用. 以内置数据框 energy 为例,输入命令:

```
>attach(energy)
```

则不需要$符号就可以直接调用数据框中的变量 expend 和 stature.

```
>expend
 [1]  9.21  7.53  7.48  8.08  8.09 10.15  8.40 10.88  6.13  7.90 11.51 12.79
[13]  7.05 11.85  9.97  7.48  8.79  9.69  9.68  7.58  9.19  8.11
>stature
 [1] obese lean  lean  lean  lean  lean  lean  lean  lean  lean  obese obese
[13] lean  obese obese lean  obese obese obese lean  obese lean
Levels: lean obese
```

上述命令使数据框 energy 置于系统的搜索路径中,用 search() 函数可以查询搜索路径:

```
>search()
 [1] ".GlobalEnv"        "energy"             "package:ISwR"
 [4] "package:stats"     "package:graphics"   "package:grDevices"
 [7] "package:utils"     "package:datasets"   "package:methods"
[10] "Autoloads"         "package:base"
```

从上述结果可以看出,energy 被置于搜索路径中的第二位.

可以用 detach() 函数从搜索路径中删除数据框. 如果不输入参数, 那么搜索路径中的第二位数据框将会被删除.

```
>detach()
>search()
[1]".GlobalEnv"        "package:ISwR"         "package:stats"
[4]"package:graphics"  "package:grDevices"    "package:utils"
[7]"package:datasets"  "package:methods"      "Autoloads"
[10]"package:base"
```

5. 获取帮助

R 中以文本形式配备了丰富的在线帮助和一系列的 HTML 文件. 帮助页面可以通过 Windows 菜单栏下的 "help" 获取, 在任何平台下都可以通过 help.start() 得到, 可以查看帮助手册、常见问题集及参考资料等.

在命令行中, 通过 help(函数名) 或? 函数名的形式可以获得函数的帮助. 在使用 help() 函数时, 特殊字符和一些保留字符需要添加引号. 例如, 查看 if() 函数的帮助文件的格式是 help("if"). R 中的帮助文档中一般都包含例子, 如果想查看其中的例子, 那么可以通过 example(函数名) 的形式. 如果对所需要查询的具体函数名或想实现具体功能的函数名并不知道, 可以用 help.search() 进行模糊搜索. 例如, 通过 help.search("Tree Regression") 查找能实现树回归的方式.

1.3.2 数据的存储与读取

本节主要介绍 R 中用于数据存储与读取的基本函数.

1. 数据的存储

R 中可以使用 write.table() 或 save() 函数在文件中写入一个对象, 对象的形式可以是数据框, 也可以是向量、矩阵、数组及列表等. 下面以数据框为例, 介绍数据存储的基本方法.

以第 1.2.2 节中的数据框 myDataframe 为例.

(1) 保存为简单的文本文件

```
>write.table(myDataframe,file="C:/Users/Ad-
ministrator/Documents/cj.txt",
+ row.names=F,quote=F)
```

其中, row.names=F 表示行名不写入文件, quote=F 表示变量名不放在双引号中.

(2) 保存为逗号分隔的文本文件

```
>write.csv (myDataframe,file="C:/Users/Ad-
```

ministrator/Documents/cj.csv",
+ row.names = F, quote = F)

(3) 保存为 R 格式文件

> save (myDataframe, file = " C:/Users/Administrator/Documents/cj.Rdata")

注：可用 getwd() 函数获得当前工作目录.

2. 数据的读取

R 中 read.table()、scan() 和 read.fwf() 函数都可以用来读取存储在文本文件(ASCII)中的数据.

(1) read.table() 函数读取

read.table() 可以用来创建一个数据框，因此它是读取表格形式的数据的主要方法. 下面仍以 1.2.2 节中的数据为例，在目录 "C:/data" 下建立问卷 cj.dat，其数据内容为

	Name	Sex	Score
1	Mary	F	90
2	Tom	M	85
3	Jack	M	80
4	Hilter	M	70

则使用命令：

> setwd("C:/data")

> cjdata <- read.table(file = "cj.dat")

> cjdata

```
    Name Sex Score
1   Mary  F    90
2   Tom   M    85
3   Jack  M    80
4   Hilter M   70
```

可以建立数据框 cjdata.

说明：在默认的情况下，数值项被当作数值变量读入. 非数值变量，被当作因子读入. 如果需要将数据的第 1 行作为表头行，则可以使用选项 header，形式如下：

> cjdata <- read.table(file = "cj.dat", header = TRUE)

read.table 还有其他四种形式，分别为 read.csv()、read.csv2()、read.delim() 和 read.delim2(). 前面两个用于读取逗号分隔的数据，后面两个用于读取其他分隔符分隔

的数据.

(2) scan()函数读取

scan()函数读取文件时可以指定变量的类型. 例如, 先建立文件"C:/data/salary.dat", 内容如下:

```
M 24 5000
F 30 4000
M 40 3000
F 45 12000
```

使用命令:

```
>setwd("C:/data")
>mydata<-scan("salary.dat",what=list(sex="",age=0,salary=0))
```

读取4 条记录

```
#
>mydata
$sex
[1]"M" "F" "M" "F"
$age
[1]24 30 40 45
$salary
[1]5000  4000  3000 12000
```

该命令读取了salary.dat 中的三个变量,并分别对三个变量进行命名.

(3) read.fwf()函数读取

read.fwf()函数可以用来读取文件中一些固定宽度格式的数据,包含widths 选项,用来说明读取字段的宽度. 例如, 先建立文件"C:/data/datamy.txt", 内容如下:

```
1.5052345245.2
2.3456423455.4
3.3445564545.6
4.5632453535.7
```

使用命令:

```
>mydata<-read.fwf("datamy.txt",widths=c(3,8,3),col.names=c("X","Y","Z"))
```

得到结果:

```
>mydata
    X      Y         Z
1  1.5   5234524    5.2
2  2.3   45642345   5.4
3  3.3   44556454   5.6
4  4.5   63245353   5.7
```

1.3.3 R 编程

本节主要从统计语言和编程角度来简要介绍 R 编程需要的一些基本技术.

1. 流程控制

R 语言主要采用两种流程控制结构: 条件语句与循环结构.

(1) 条件语句

条件语句常用来避免除零或负数的对数等数学问题, 包含如下两种形式:

1) if(条件)表达式1 else 表达式2

例如,

```
>x = -5
>if(x > =0) sqrt(x) else abs(x)
[1]5
>x =5
>if(x > =0) sqrt(x) else abs(x)
[1]2.236068
```

2) ifelse(条件,yes,no)

例如,

```
>x =5
>ifelse(x > =0,sqrt(x),abs(x))
[1]2.236068
>x = -5
>ifelse(x > =0,sqrt(x),abs(x))
[1]5
```

(2) 循环结构

循环结构包括三种形式.

1) 使用 for: for(变量 in 变量)表达式;

2）使用 while：while(条件)表达式；

3）使用 repeat：repeat 表达式.

三者的区别是如果知道终止条件用 for 循环语句；如果不知道运行次数，则用 while 或 repeat 循环语句，repeat 循环利用 break 语句跳出循环.

下面通过一个相同的例子来比较三种循环的不同用法.

for 循环

```
>for (i in 1:5)print(1:i)
```

while 循环

```
>i =1
>while(i <=5){
+print(1:i)
+ i = i +1
+ }
```

repeat 循环

```
>i =1
>repeat{
+ print(1:i)
+ i = i +1
+ if (i >5)break
+ }
```

输出结果：

[1] 1
[1] 1 2
[1] 1 2 3
[1] 1 2 3 4
[1] 1 2 3 4 5

2. 编写自己的函数

在 R 中，用户可以按照需求编写自己的函数，所编写的函数与 R 里面的其他函数有相同的特性. 基本形式如下：

变量名 = function(变量列表) 函数主体

下面以读取数据并画图为目的编写函数 myfunction 如下：

```
>myfunction <- function(F){
+ data <- read.table(F)
```

```
+ plot(data$V1,data$V2,type = "p")
+ }
>myfunction("mydata")
```

建立文件"C:/data/mydata.dat"，内容如下：

160 56

165 78

167 75

179 85

156 50

190 90

175 63

179 85

189 90

调用函数 myfunction：

myfunction("mydata.dat")

得到如图 1.4 所示的结果：

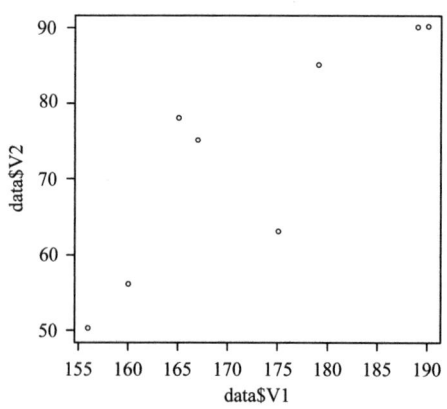

图 1.4 调用函数 myfunction 的画图结果

函数的调用与其参数的位置和参数名有关，例如，myfun() 函数有三个参数，定义如下：

```
>myfun <- function(arg1,arg2,arg3){...}
```

则函数调用可以按照位置调用函数，也可以按照参数名调用函数，如：

```
>myfun(u,v,w)      #按照位置调用函数
>myfun(arg3 = w,arg2 = v,arg1 = u)    #按照参数名调用
```

函数的调用还可以采用定义时的默认设置. 例如, myfun1() 函数也有三个参数, 定义如下:

> myfun1 <- function(arg1, agr2 = TRUE, arg3 = 0) {...}

则下面三种形式的函数调用是等价的:

> myfun1(x)

> myfun1(x, arg2 = TRUE)

> myfun1(x, arg2 = TRUE, 0)

习题 1-3

1. 测量 10 名成年人的 3 项测量指标数据如表 1.1 所示.

表 1.1　10 名成年人 3 项测量指标数据

序号	体重	腰围	脉搏
1	191	36	50
2	189	37	52
3	193	38	58
4	162	35	62
5	189	35	46
6	182	36	56
7	211	38	56
8	167	34	60
9	176	31	74
10	154	33	56

(1) 创建上表数据的数据框;

(2) 将上表写成纯文本的文件, 并用 read.table() 函数读取文件中的数据;

(3) 用 write.csv() 函数将上表数据保存为逗号分隔的文本文件.

2. 编写一个函数用于计算两个 3×3 矩阵的乘积.

3. 编写一个函数用于计算一个 n 维向量的均值、标准差、方差、中位数.

1.4　本章小结

1.4.1　内容概要

本章主要介绍了 R 语言应用所必备的入门知识和语言环境. 作为本书的开篇, 为了使读者能够快速入门 R 语言, 本章从基本的 R 软件的下载与安装入手, 随后详细介绍了 R 语言中最基本的概念, 包括表达式与对象、函数与参数及引用和转义序列等, 以及 R 语言编程的基本操作, 包括会话管理、数据的存储与读取及 R 编程等, 为后续基于 R 语言的概率统计分析的学习打下语言基础.

本章知识结构如下：

1.4.2 知识拓展

本章的前面部分已经介绍了 R 语言的基础知识，可以帮助 R 语言零基础的读者们快速入门并进行简单的 R 语言实践．为了让读者能进一步快速熟悉 R 语言在概率统计领域的应用，本小节主要介绍 R 系统函数中与概率统计相关的函数．

1. 概率函数

R 语言的概率函数主要包括以下 4 类计算：

（1）对服从某个随机分布的随机变量 X，计算概率密度函数．这类计算用字母 d 代表；

（2）对服从某随机分布的随机变量 X，计算分位值等于 q 时

的累计概率,这类计算用字母 p 代表;

(3) 对服从某随机分布的随机变量 X,计算累积概率为 p 时的分位值. 这类计算用字母 q 代表;

(4) 生成 n 个服从某个理论分布的随机数. 这类计算用字母 r 代表.

R 的概率函数名有统一的命名规则,即以上述四个字母中的某个开头,后面跟随机分布的英文缩写(见表 1.2).

表 1.2 有关正态分布的概率函数

函数名及参数	函数功能	函数示例
dnorm(x,mean=n,sd=m)	计算服从均值为 n,标准差为 m 的正态分布的随机变量等于 x 的密度值	dnorm(1.96,mean=0,sd=1),函数值为 0.05844094
pnorm(q,mean=n,sd=m)	计算服从均值为 n,标准差为 m 的正态分布的随机变量小于等于 q 的累计概率	pnorm(1.96,mean=0,sd=1),函数值为 0.9750021
qnorm(p,mean=n,sd=m)	计算均值为 n,标准差为 m 的正态分布中,累计概率等于 p 的分位值	qnorm(0.9750021,mean=0,sd=1),函数值为 1.96
rnorm(x,mean=n,sd=m)	生成 x 个服从均值为 n,标准差为 m 的正态分布随机数	set.seed(123456) rnorm(5,mean=0,sd=1),函数值为 0.83373317,-0.27604777,-0.35500184,0.08748742,2.25225573

2. 统计函数

统计函数用于基本描述统计. 常用的统计函数如表 1.3 所示.

表 1.3 常用统计函数

函数名及参数	函数功能	函数示例
mean(x)	计算 x 的均值	mean(c(1,2,3,4)),函数值 2.5
median(x)	计算 x 的中位数	median(c(1,2,3,4,5)),函数值 3
sd(x)	计算 x 的样本标准差	sd(c(1,2,3,4)),函数值 1.290994
var(x)	计算 x 的样本方差	var(c(1,2,3,4)),函数值 1.666667
range(x)	计算 x 的取值范围	range(c(1,2,3,4)),函数值 1 4
max(x)	计算 x 的最大值	max(c(1,2,3,4)),函数值 4
length(x)	计算 x 包含的元素个数	length(c(1,2,3,4)),函数值 4
min(x)	计算 x 的最小值	min(c(1,2,3,4)),函数值 1
sum(x)	计算 x 的总和	sum(c(1,2,3,4)),函数值 10
cumsum(x) cumprod(x) cummax(x) cummin(x)	计算 x 的累计和、乘积、当前最大值、当前最小值	cumsum(c(1,2,3,4)),函数值 1,3,6,10 cummax(c(3:1,2:0,4:2)),函数值 3,3,3,3,3,3,4,4,4
prod(x)	计算 x 的连乘积	prod(c(1,2,3,4)),函数值 24
quantile(x,probs)	计算 x 在 probs 分位点上的分位值	quantile(c(1,2,3,4,5),c(0.25,0.5,0.75)),函数值 2,3,4

（续）

函数名及参数	函数功能	函数示例
cut(x,n)	根据 x 的最小值和最大值将 x 分成 n 组，并给出 x 各元素所在的组	cut(c(1,4,2,5,3,7,6),3) 函数值(0.994,3],(3,5],(0.994,3],(3,5],(3,5],(5,7.01],(5,7.01]; Levels:(0.994,3],(3,5],(5,7.01]
scale(x)	对 x 做标准化处理	scale(c(1,2,3,4))，函数值 -1.1618950, -0.3872983, 0.3872983, 1.1618950
diff(x,lag=n)	计算 x 滞后 n 项的差分	diff(c(1,8,10,30),lag=1)，函数值 7 2 20
rank(x)	计算 x 的秩	rank(c(10,40,20,50))，函数值 1 3 2 4
cor(x1,x2)	计算 x1 和 x2 的简单相关系数	set.seed(1 2 3) x1 <- rnorm(10,5,1) x2 <- x1 + rnorm(10,0,1) cor(x1,x2)，函数值 0.8778754
cov(x1,x2)	计算 x1 和 x2 的协方差	set.seed(1 2 3) x1 <- rnorm(10,5,1) x2 <- x1 + rnorm(10,0,1) cov(x1,x2)，函数值 1.481599

第 2 章
数据的描述与可视化

在统计实践中，统计分析处理的对象是数据. 本章主要介绍数据的相关概念以及数据描述与可视化的三大类方法：表格法、图形法和数值法.

2.1 数据与统计资料

统计学是关于数据的科学，它提供了一套有关数据收集、处理、分析、解释并从数据中得出结论的方法，因此统计学研究的对象是来自各领域、各行业的数据. 要学习统计学，一定要先理解什么是数据，数据从哪里来. 没有数据，就无法进行统计.

统计方法是适用所有学科领域的通用数据分析方法，应用于自然科学和社会科学的众多领域，只要是产生数据的领域，统计就会有它的用武之地，比如财务分析、市场营销、生产质量监测、经济预测、人力资源管理、医学诊断、心理研究、气象问题等.

本节主要讨论什么是数据、数据的来源和数据的分类.

2.1.1 数据的相关定义

数据是为了描述和解释所搜集、分析、汇总的事实和数字. 我们将用于特定研究而搜集的所有数据称为研究的**数据集**. 如表 2.1 所示为平板电脑经销商提供的关于平板电脑的信息，表格中提供了消费者比较容易关注的参数，如价格、操作系统、显示器大小、电池寿命、中央处理器(CPU)厂商和价位等.

表 2.1 10 种平板电脑的产品信息

平板电脑	价格 (美元)	操作系统	显示器大小 /英寸	电池寿命 /h	CPU 厂商	价位
Acer Iconia W510	599	Windows	10.1	8.5	英特尔	中端机
Amazon Kindle Fire HD	299	Android	8.9	9	德州仪器	低端机
Apple ipad 4	499	iOS	9.7	11	苹果	中端机
HP Envy X2	860	Windows	11.6	8	英特尔	高端机
Lenovo ThinkPad Tablet	668	Windows	10.1	10.5	英特尔	高端机

(续)

平板电脑	价格（美元）	操作系统	显示器大小/英寸	电池寿命/h	CPU 厂商	价位
Microsoft Surface Pro	899	Windows	10.6	4	英特尔	中端机
Motorola Droid X Y board	530	Android	10.1	9	德州仪器	中端机
Samsung Ativ Smart PC	590	Windows	11.6	7	英特尔	中端机
Samsung Galaxy Tab	525	Android	10.1	10	英伟达	中端机
Sony Tablet S	360	Android	9.4	8	英伟达	低端机

构成数据的两个要素是个体和变量．**个体**是指搜集数据的实体．在如表 2.1 所示的数据集中，每一个品牌的平板电脑都是一个个体，有 10 个品牌就有 10 个个体．**变量**是个体中所感兴趣的那些特征，表 2.1 的数据集中有 6 个变量．

在一项研究中，对每一个个体分别收集相关变量的观测值，从而得到数据．这里针对某一个特定个体得到的观测值集合称为一个**观测值**．如表 2.1 所示，品牌"Apple ipad 4"的观测值为 499，iSO，9.7，11，苹果、中端机．因此 10 个个体的数据集有 10 个观测值．

2.1.2　数据录入的 R 实现

数据本质上是个二维数组，每一行存放一个样本，每一列存放一个变量，但是变量的类型可能是数值、文本、逻辑或其他类型，因此，在 R 中通常是用数据框来存放数据．

一般需要先建立向量，然后利用函数来创建数据框．当然，如果每一个变量已经存在，那么只要向量或因子的长度相同，就可以直接利用已经存在的向量创建数据框．

例 2.1　用 R 软件建立表 2.1（10 种平板电脑的产品信息）的数据集．

R 程序：

（1）创建向量

```
>平板电脑<-c("Acer Iconia W510","Amazon Kindle Fire HD","Apple ipad 4","HP Envy X2","Lenovo ThinkPad Tablet","Microsoft Surface Pro","Motorola Droid X Y board","Samsung Ativ Smart PC","Samsung Galaxy Tab","Sony Tablet S")    #创建"平板电脑"向量
>价格<-c(599,299,499,860,668,899,530,590,525,360) #创建"价格"向量
>操作系统
<-c("Windows","Android","iOS","Windows","Windows","Windows","Android","Windows","Android","Android")   #创建"操作系统"向量
```

第 2 章 数据的描述与可视化

>显示器大小<-c(10.1,8.9,9.7,11.6,10.1,10.6,10.1,11.6,10.1,9.4) #创建"显示器大小"向量

>电池寿命<-c(8.5,9,11,8,10.5,4,9,7,10,8) #创建"电池寿命"向量

>CPU 厂商<-c("英特尔","德州仪器","苹果","英特尔","英特尔","英特尔","德州仪器","英特尔","英伟达","英伟达") #创建"CPU 厂商"向量

价位<-c("中端机","低端机","中端机","高端机","高端机","中端机","中端机","中端机","中端机","低端机") #创建"价位"向量

(2) 创建数据框

>product.information<-data.frame(平板电脑,价格,操作系统,显示器大小,电池寿命,CPU 厂商,价位) #创建数据框"product.information"

>product.information   #打印数据框"product.information"

显示结果如图 2.1 所示，

```
> product.information
           平板电脑  价格  操作系统  显示器大小  电池寿命  CPU厂商  价位
1      Acer Iconia W510   599    Windows       10.1        8.5     英特尔   中端机
2    Amazon Kindle Fire HD  299    Android       8.9        9.0     德州仪器  低端机
3         Apple ipad 4      499      iOS         9.7       11.0      苹果    中端机
4          HP Envy X2       860    Windows      11.6        8.0     英特尔   高端机
5    Lenovo ThinkPad Tablet  668    Windows      10.1       10.5     英特尔   高端机
6    Microsoft Surface Pro   899    Windows      10.6        4.0     英特尔   中端机
7   Motorola Droid X Y board 530    Android      10.1        9.0     德州仪器  中端机
8    Samsung Ativ Smart PC   590    Windows      11.6        7.0     英特尔   中端机
9     Samsung Galaxy Tab    525    Android      10.1       10.0     英伟达   中端机
10       Sony Tablet  S      360    Android       9.4        8.0     英伟达   低端机
>
```

图 2.1　R 语言输出结果

2.1.3 数据的来源

数据可以从现有的资源中获得，也可以通过观测或实验获得，这里分别称为数据的间接来源和直接来源.

从使用者的角度来看，数据的来源主要有两种渠道，一是利用已有数据. 例如，从国家统计年鉴上获得相关研究数据，即利用二手数据，这是数据的间接来源. 二是通过自己调查、观测或实验，直接获得第一手数据. 例如，美国总统大选时，为预测竞选结果而进行的民意调查获得的数据，这是数据的直接来源.

为了研究的需要，研究者首先明确研究的个体和变量，如果这些观测数据已经存在，我们只需要对这些信息重新加工、整理，使其成为适合统计分析的数据即可. 常用的二手数据主要的来源渠道包括国家和各级政府部分公开的有关数据；各类信息咨询机构、专业调查机构、各行业协会提供的市场信息行业发展的数据情报；各类专业期刊、图书等公开发表的文献资料；企业内部经

31

营活动过程中的各种统计报表、各种财务或会计核算等资料. 互联网的充分发展，使其成为数据和统计信息的一个重要来源，人们能够从网络上查找到股票价格、餐馆评价、商品参数等各种信息，为了特定研究的需要，人们开始使用爬虫软件在互联网上有规模、有选择、持续性地抓取有用的市场信息.

2.1.4 观测数据和实验数据

虽然二手数据收集方便，但是针对性差，仅靠二手数据不能回答研究的所有问题，因此，我们有时需要通过调查、测量和实验直接获得一手资料. 其中，我们把通过调查、观测获得的数据称为**观测数据**，把通过实验方法获得的数据称为**实验数据**.

传统的市场调查部门会根据特定的研究目的设计调查问卷，以了解消费者对某一品牌的产品和服务的评价以及消费者的购买行为等问题. 随着智能设备的广泛应用和数据存储能力的提升，当今社会拥有大量一手的观测数据，电商企业记录着每一位消费者的消费记录和消费者的商品浏览信息，社交平台每时每刻都在记录着用户发送的文字、语音、图片等各类数据. 这些数据均属于观测数据，即通过调查或观测而收集到的数据，观测数据的主要特征是不涉及对事物的人为控制. 有关社会现象、经济现象和商务数据大多都是观测数据.

数据收集的另一类方法是通过实验方法获得数据，即在实验中通过控制实验对象本身收集变量的数据. 例如，为了判断不同饲料对牲畜增重的影响，分别搜集了食用不同饲料的牲畜的体重的增加值；为了检验一种新药的疗效，分别测量了服用新药与旧药病人的治疗效果数据. 实验是检验变量间因果关系的一种方法，在实验中，研究者需要控制影响观测变量的主要方面(如：牲畜的公母、病人的健康状况等)，通过改变少数感兴趣的变量，即控制变量(如：饲料的品种、药的品种等)，来观察控制变量与观测变量的变化关系.

观测数据和实验数据的主要区别在于，实验数据是在控制条件获得的. 因此，实验数据通常比现有来源获得的数据或观测数据包含更多的信息.

2.1.5 数据的类型

数据的一个基本要素是变量，通过对变量的若干次观察获得该变量的有关数据，因此，数据类型和变量类型本质上是同一个问题，什么类型的变量产生什么类型的数据. 在统计学中，从统计测量和统计分析的不同角度出发，类型划分的详细程度也有所不同.

1. 统计测量的四个尺度

记录一个射手的射击成绩，从粗略到精细的记录方法可以有三种：是否脱靶，具体环数，从落点到靶心的距离. 显然，是否脱靶的记录结果只有"是"和"否"两种结果，测量的程度最粗糙. 具体的环数的记录结果为 0，1，2，…，10，这时不仅记录了是否脱靶，同时从环数的大小上可以初步反映落点距离靶心的位置，因此测量程度比"是否脱靶"更详细，但是记录信息最全面详细的还是测量"落点到靶心的距离". 这个例子说明从统计的角度出发，对于数据测量时由低到高、由粗略到精确一般有四种尺度：定类尺度、定序尺度、定距尺度和定比尺度. 测量尺度决定了数据中蕴含的信息量.

（1）定类尺度：它是按照客观现象的某种属性对个体进行分类后，测量了个体所属的类别. 例如，按照性别对人口分类，测量结果男或女；按照平板电脑的 CPU 厂商进行分类，测量结果为英特尔、德州仪器、苹果和英伟达. 这些测量结果仅表示个体所属的类别，因此变量"性别"和"CPU 厂商"的测量类别均为定类.

（2）定序尺度：相比于定类尺度，它对个体不仅有分类，而且类别之间因为优劣程度不同、量的大小不同等原因造成了一定的顺序. 例如，学生的成绩档次根据分数从高到低可以分为"优""良""中""及格"和"不及格"五个类别，顾客的满意度从负面到正面可以分为"不满意""基本满意"和"非常满意". 这些测量结果不仅表达了类别，而且类别的顺序是明显的，类似于数学特征的"＜"或"＞". 因此，变量"成绩档次"和"顾客满意度"的测量类别均为定序.

（3）定距尺度：不同于定类和定序，它的测量结果不是记录类别，而是反映个体具体的量化结果. 例如，学生的成绩和气象学中的温度、湿度等变量. 学生的成绩的记录结果为 88 分、44 分等，所以，定距尺度的测量结果一定是数值. 但是，读者可能没有意识到：对于分数，我们可以说 88 分比 44 分高了 44 分，但是绝对不能说得 88 分的学生学习能力是得 44 分的两倍，即这里分数之差是有意义的，但是分数之比是无意义的. 气象学中的温度和湿度同样类似. 究其原因，其实这类变量的"0"是没有绝对意义的，均是人为设定的. 因此，这种用数值记录结果，数值可以表明顺序和间隔，但是不能进行比值运算的变量的测量尺度称为定距尺度.

（4）定比尺度：如果数据具有等距尺度的所有性质，并且两个数值之比是有意义的，则这种变量的测量尺度称为定比尺度.例如，物理学中的距离、重量、时间等变量都用定比尺度来测量.显然，定比尺度的测量结果也是数值型的.同时，能够用定比尺度测量的变量一定有绝对意义的"0"."0"表示什么也不存在.例如，考虑商品的成本，成本为 0 意味着没有成本，成本为 20 元比成本 10 元多了 10 元，20 元是成本 10 元的 2 倍.因此，变量"距离""重量""时间""成本"的测量尺度均为定比尺度.

2. 统计分析的三个类别

由于定距和定比测量尺度下，变量的记录结果均为数值型数据，因此在统计分析方法上没有本质区别.因此，从统计分析的角度来看，数据的类型可划为三类：分类数据、顺序数据和数值型数据.

（1）分类数据：数据结果仅表示类别，且没有顺序的非数字型数据；

（2）顺序数据：数据结果不仅表示类别，而且有顺序之分的非数字型数据；

（3）数值型数据：数据结果可以用数值来表达的数字型数据.

现实中大部分的变量产生的数据均为数值型数据.此外，有时，我们也把分类数据和顺序数据统称为分类数据.所以，如果粗略地划分数据的类型，则仅有两种类型：分类数据和数值型数据.分类数据用文字表达，数值型数据用数字表达.在 R 中，一般创建因子来存储分类数据，创建向量来存储数值型数据.

能够产生分类数据、顺序数据、数值型数据的变量依次对应称为**分类变量**、**顺序变量**、**数值型变量**.正确地区分这三种变量类型对后续的量化统计分析至关重要.

2.1.6 数据的维度和多维度数据分析

"横看成岭侧成峰，远近高低各不同"的意思是：从正面、侧面看庐山山岭连绵起伏、山峰耸立，从远处、近处、高处、低处看庐山，则呈现出各种不同的形态.这句话出自宋代苏轼的《题西林壁》.它形象地说明了在看待事物时，不同的角度会得出不同的结果；在对业务数据进行分析时，也会有这种现象.在对某个区域的销售数据进行分析时，如果从年销售额的角度来分析，也许会发现每年的销售额在按一定的速度增长，这是数据呈现的积极一面.但是如果从客户的角度进行分析，可能会发现一些老客户的销售额在逐渐下降.

第 2 章 数据的描述与可视化

1. 数据的维度

如何理解数据中的维度？通俗地说，维度是人们观察事物的角度. 在实际应用中，人们对于现象和事物的观察需要同时从多个角度来描述或测量. 例如，体检时会记录人的身高、体重、血压等多方面信息；某电商企业在做销售数据分析时，会关注产品的销售区域、产品种类、销售时间等问题. 这里，身高、体重、血压、销售区域、产品种类、销售时间在各自的数据集中被称为变量. 因此，体检数据中关注了 3 个变量，销售数据中也关注了 3 个变量.

以销售数据为例，为了将数据直观的展示，可以建立 X-Y-Z 坐标系标定数据中每一个个体的位置，得到如图 2.2 所示的三维图. 因此，产品的销售数据是三维的，同理体检数据也是三维的. 一般地，刻画数据的变量有 n 个，就称该数据是 n 维的. 三维及以下的数据是可以通过作图来实现可视化，但是维数大于或等于 4 维时，则无法直观地用坐标系标定.

图 2.2 多维度数据分析的直观理解示意图

2. 多维度数据分析

当数据有了维的概念之后，便可以对多维数据进行多维度的数据分析. 比如某一个淘宝店铺的销售数据记录了商品销售的详细情况，包含了产品的类别、品牌、型号、购买价格、购买时间、消费者的级别、地区等变量. 针对该数据，我们可以从以下几个方面来分析销售数据：从产品的角度，可以按产品的类别、品牌、型号来查看产品的销售情况；从客户的角度，可以按顾客的级别、地区来查看产品的购买情况；从时间的角度，可以按年度、季度、月份来观察产品销售的变动规律情况. 其中，产品、客户、时间分别是三个不同的数据分析角度，每个角度都从不同方面体现了销售数据的特征. 因此，多维度数据分析是指从多角度展开对多维数据的分析.

2.1.7 大数据的概念

由于有磁卡片输入机、条形码扫描仪、POS 机终端以及智能手机使用，许多机构每天可以获取大量的基础数据. 例如，大型零售商每天获取 2000 万～3000 万个交易数据，电信公司每天有超过 3 亿个电话记录，Visa 每秒处理 6800 次支付交易，每天处理近 6 亿次交易. 这些数据产生的数量之大，速度之快，是令人惊叹的. 因此，存储、管理和分析这些交易数据，并从中发现统计学规律是一件有意义的事情.

企业现在所收集的数据除了数量和速度之外，变量的类型更为复杂. 在社交平台上发表的言论是文本数据，公开的相片是图片数据，从服务电话中收集的是音频数据，室内外摄像机记录的是视频数据. 因为将信息转换成可以分析的数据是一项复杂的工作，所以分析这些通过非传统来源获得的信息更为烦琐.

体量更大、变量类型更为复杂的数据集通常被称为**大数据**. 但这不是一个非常严格的定义，许多数据分析学家将大数据定义为 3V 数据，即大量（Volume）、高速（Velocity）和多样（Variety）. 大量是指数据的体积大，高速是指数据产生速度快所以要求处理速度和时效高，多样是指数据类型的多样性丰富. 更多的人认为大数据有 4V 的特点，即还有一个价值（Value），指数据的价值密度低. 那么如何采用有效的方法，才能快速分析这些大量和多样化的数据，并挖掘出其内在的深层价值呢？数据挖掘技术在充分汲取统计学、机器学习、分布式和云计算等技术的基础上，在方法研究、算法效率、软件工具集成环境和创新应用等方面不断开拓，正将昔日数据"矿锤"升级为现代化的数据"挖掘机". 我们将看见越来越多的行业或领域在利用大数据产生有价值的信息. 例如：零售商（如天猫、京东等）通过消费者购买行为的大数据的分析可以得到不同消费者对不同产品偏好的特征. 当消费者登录公司网站并且留下了浏览商品的轨迹或购买了一件商品之后，网站会及时推送可能购买的其他相关商品的信息.

习题 2-1

1. 什么是二手数据？使用二手数据需要注意些什么？

2. 观测数据和实验数据的来源和用途上有何区别？试分别举例说明什么是观测数据、实验数据.

3. 分别按照统计测量尺度和统计分析的两个角度，指出下面变量的类型：

(1) 年龄；(2) 性别；(3) 温度；(4) 时间；(5) 籍贯；(6) 考试成绩；

(7) 员工对企业某项改革措施态度（赞成、中立、反对）；

(8) 购买商品时的支付方式（现金、信用卡、支付宝）.

4. 简述定距数据和定比数据的区别，并各举一例.

5. 简述观察现象时，为什么要做多维度的数据收集？

6. 举例说明什么是数据的多维度分析.

7. 大数据的概念是什么？

8. 在日常生活中，哪些地方可以产生大数据？

9. 某品牌电脑公司提供各种各样关于品牌电脑的信息，使消费者容易比较不同品牌平板电脑的使用参数，在 R 中录入如表 2.1 所示的 10 种平板电脑的产品信息的数据集，并回答这个数据集中有多少个个体？有多少个变量？各变量的类型是什么？

10. 表 2.2 给出了 8 种无绳电话的数据，在 R 中录入如表 2.2 所示的 8 种无绳电话的数据，并回答这个数据集有多少个个体？有多少个变量？

表 2.2 8 种无绳电话的数据

品牌	型号	价格(美元)	综合得分	语音质量	电话是否在底座上	通话时间/h
AT&T	CL84100	60	73	优秀	是	7
AT&T	TL 92271	80	70	很好	否	7
松下	4773B	100	78	很好	是	13
松下	6592T	70	72	很好	否	13
友利电	D2997	45	70	很好	否	10
友利电	D1788	80	73	很好	是	7
伟易达	DS6521	60	72	优秀	否	7
伟易达	GS6649	50	72	很好	是	7

11. "身份证号码"的数据，所采用的测量尺度是( ).

(A) 定类尺度 (B) 定序尺度
(C) 定距尺度 (D) 定比尺度

12. 统计学是一门研究客观事物数量方面和数量关系的( ).

(A) 社会科学 (B) 自然科学
(C) 方法论科学 (D) 实质性科学

2.2 各类型数据的表格法与图形法

当我们观察人的外表时，会通过捕捉人的关键特征来形成基本印象，比如高、矮、胖、瘦等. 当我们观察数据时，原始数据可能杂乱无章、让人眼花缭乱，那么如何对数据形成一些基本的印象呢？比如对于数值型数据（如上海市每个家庭的电费的数据），可能会关心数据的大致范围是什么？数据的平均值是多少？对于分类型数据（如某商场里女士皮鞋销售样式的数据），可能会关心该数据最常见的值是什么等问题. 当然，收集数据都是有一定的目的，比如股票价格的走势. 对于数据能否给出反映特征或目的的一些直观展示呢？实际上，借助一些表格、图形和一些简单的运算，可以了解一个数据的基本特征，反映研究目的. 因此，我们在年度报告、报纸文章或者研究报告中常可以看到数据的表格和图形. 但是，如何选择正确的方式去反映数据的特征和研究目的，并理解这些表格和图形的形成原理和解决方法，同样至关重要.

本章主要针对不同类型的数据，介绍如何恰当地、正确地用表格、图形和一些数字来概括数据的某些特征，并且尽可能将数据的特征进行可视化. 所谓数据的可视化是用于描述、汇总和表达一个数据集信息的图形显示，其目的是尽可能有效和清晰地传达数据的重要信息. 本节主要介绍表格和图形的应用方法.

2.2.1 分类数据的表格法

分类数据本身就是对事物的一种分类，该数据对应的变量值是有限且可数的. 因此，在整理数据的过程中，我们最关心的问题之一是各个变量值的频数分布. 因此，我们将先从频数（频率）分布的定义开始介绍统计表格的制作. 然后介绍常用的统计图的制作. 在介绍过程中，首先介绍一维数据（单变量），然后介绍多维数据（两个或两个以上的变量）的情形.

1. 频数（频率）分布表

首先，根据分类数据的变量值，将个体分到互不重叠的类别中. 然后，针对每个类别中的个体进行清点或计算. 把各个类别及落在其中的相应频数（频率）全部列出，并用表格形式表现出来，称为**频数（频率）分布**. 这里首先给出两个相关的基本概念：频数、频率.

（1）频数：每组中个体的总数；

（2）频率：每组中个体的总数占全部数据的个体总数的比例或百分比，也称为相对频数.

例2.2 为研究运动场所软饮料的市场销售情况，某调查公司在某自动贩售机旁观察记录了51位顾客的购买情况，原始数据见表2.3.

表2.3 51位顾客年龄、性别及购买饮料类型

饮料类型	年龄	性别	饮料类型	年龄	性别	饮料类型	年龄	性别
可口可乐	35	男	绿茶	41	女	运动饮料	56	男
百事可乐	18	男	百事可乐	19	男	可口可乐	52	男
绿茶	54	女	矿泉水	26	男	运动饮料	35	女
雪碧	25	女	运动饮料	16	男	矿泉水	58	女
矿泉水	37	女	可口可乐	27	男	橙汁	16	女

第 2 章 数据的描述与可视化

（续）

饮料类型	年龄	性别	饮料类型	年龄	性别	饮料类型	年龄	性别
可口可乐	28	女	可口可乐	43	男	运动饮料	32	女
雪碧	16	男	运动饮料	35	女	百事可乐	19	男
矿泉水	38	男	绿茶	56	男	运动饮料	21	女
橙汁	46	女	运动饮料	34	男	可口可乐	47	男
运动饮料	35	男	矿泉水	41	男	运动饮料	42	女
可口可乐	29	男	橙汁	15	男	百事可乐	24	女
雪碧	24	男	百事可乐	23	女	雪碧	17	女
运动饮料	26	男	运动饮料	25	男	运动饮料	19	女
运动饮料	24	女	可口可乐	39	男	运动饮料	25	男
矿泉水	60	男	矿泉水	57	女	矿泉水	29	男
可口可乐	48	女	雪碧	15	男	矿泉水	49	女
矿泉水	43	女	运动饮料	21	女	运动饮料	38	女

解：数据中涉及三个变量：饮料类型、年龄、性别，这里饮料类型和性别是分类变量。对它们分别进行频数统计，得到如下的频数/频率分布表（见表2.4，表2.5）：

表 2.4 顾客购买饮料类型的频数分布

饮料类型	频数	频率
可口可乐	9	17.65%
百事可乐	5	9.81%
绿茶	3	5.89%
雪碧	5	9.81%
矿泉水	10	19.61%
橙汁	3	5.89%
运动饮料	16	31.38%
合计	51	100%

表 2.5 顾客的性别频数分布

性别	频数	频率
男	27	52.95%
女	24	47.06%
合计	51	100%

2. 列联表

在数据分析的过程中，决策者往往需要汇总两个变量的数据来揭示变量间的关系. 针对例 2.1 的销售数据, 市场研究者好奇: 不同年龄的人群在运动后对各种类型的软饮料的喜好状况是怎样? 男性和女性对软饮料的喜好有差别吗? 下面, 我们介绍如何编制包含两个或两个以上分类变量数据的表格汇总.

由两个或两个以上的变量交叉分类的频数分布表称为**列联表**, 二维的列联表(两个变量交叉分类)也称为**交叉表**. 一般参与变量均为分类变量.

例 2.3 沿用例 2.2 的数据, 利用二维列联表的观察男性和女性在运动后对各类型的软饮料的喜好状况, 不同年龄的人群在运动后对各类型的软饮料的喜好状况.

解: 性别和饮料类型都是分类变量, 可以直接做二维列联表, 交叉的频数分布如表 2.6 所示:

表 2.6 性别与饮料类型的交叉的频数分布

性别	饮料类型							合计
	可口可乐	百事可乐	绿茶	雪碧	矿泉水	橙汁	运动饮料	
男	7	3	1	3	5	1	7	27
女	2	2	2	2	5	2	9	24
合计	9	5	3	5	10	3	16	51

由上表可以看出, 男性和女性对软饮料的喜好上是有差别的, 女生更偏爱矿泉水和运动饮料, 对其他饮料的喜好没有差别; 男生更喜欢可口可乐和运动饮料, 对绿茶和橙汁的兴趣程度较低.

由于年龄是数值型数据, 不能直接做交叉表, 因此需要将其进行分组, 变为分类数据, 这里不妨将年龄≤25 定义为青少年, 26≤年龄≤45 定义为中青年, 将年龄≥46 以上定义为中老年. 将年龄分组后定义为新变量"人群", 再利用人群和饮料类型做交叉列联表如表 2.7 所示:

表 2.7 人群与饮料类型的交叉的频数分布

人群	饮料类型							合计
	可口可乐	百事可乐	绿茶	雪碧	矿泉水	橙汁	运动饮料	
青少年	0	5	0	5	0	2	7	19
中青年	6	0	1	0	6	0	8	21
中老年	3	0	2	0	4	1	1	11
合计	9	5	3	5	10	3	16	51

通过交叉列联表的频数分布可以发现：青少年和中青年人群更偏爱运动饮料；中老年人群更喜欢相对传统的矿泉水和可乐，对于橙汁和运动饮料兴趣不大；青少年和中青年人群对于可乐的品牌选择也有明显差异，青少年偏爱百事可乐，中青年偏爱可口可乐.

2.2.2 统计表的 R 语言实现

在 R 中可以利用 summary() 函数来提供变量的信息，对于分类变量，它可以汇总每个变量值的频数分布. summary() 函数的参数可以是一个变量、cbind() 函数的输出或者数据框.

如果需要计算二维或多维分类变量的交叉频数，可以利用 R 软件的 table()、xtabs() 或 ftable() 做一个表列. 这些函数通常将它们的水平值自动作为行和列的名称，因此建议将数字编码的分类数据转化为因子. table() 函数是这三个函数中最常用的函数，当维度大于二维时，ftable() 创建的表格更简洁. 当然利用这三个函数也可以对一维的分类变量进行频数统计.

在频数列联表的基础之上，由频数列联表除以边际和就可以得到相对列和或行和的频率列联表，这可以通过 prop.table() 函数实现，如果再乘以 100 就得到相对应的用百分比表示的频率列联表. 如果想获得全局相对频率列联表，则不能由 prop.table() 函数直接实现，需编程来实现，详见下面的例子.

例 2.4 利用 R 实现例 2.2.

R 程序：

(1) 创建因子

```
>drinkingtype<-c(1,2,3,4,5,1,4,5,6,7,1,4,7,7,5,1,5,3,2,5,7,1,1,
7,3,7,5,6,2,7,1,5,4,7,7,1,7,5,6,7,2,7,1,7,2,4,7,7,5,5,7)
>fdrinkingtype<-factor(drinkingtype,levels=1:7)
>levels(fdrinkingtype)<-c("可口可乐","百事可乐","绿茶","雪碧","矿泉水","橙汁","运动饮料")
```

(2) 汇总因子的频数分布

```
>summary(fdrinkingtype)    #利用 summary 函数进行频数统计
可口可乐 百事可乐 绿茶 雪碧 矿泉水 橙汁 运动饮料
    9       5      3    5    10    3    16
>table(fdrinkingtype)      #利用 table 函数进行频数统计
    fdrinkingtype
可口可乐 百事可乐 绿茶 雪碧 矿泉水 橙汁 运动饮料
    9       5      3    5    10    3    16
```

同理,可得关于性别的频数分布.

> sex <- c(0,0,1,1,1,1,0,0,1,0,0,0,0,1,0,1,1,1,0,0,0,0,1,0,0,0,0,1,0,0,1,0,1,0,0,1,1,1,1,0,1,0,1,1,1,1,0,0,1,1)
> fsex <- factor(sex, levels = 0:1)
> levels(fsex) <- c("男","女")
> summary(fsex)
　　男 女
　　27 24

例 2.5 利用 R 实现例 2.3.

R 程序:

(1) 建立饮料类型和性别的交叉频数表

> table(fdrinkingtype, fsex)

	fsex	
fdrinkingtype	男	女
可口可乐	7	2
百事可乐	3	2
绿茶	1	2
雪碧	3	2
矿泉水	5	5
橙汁	1	2
运动饮料	7	9

(2) 计算上表的边际和

> type.sex <- table(fdrinkingtype, fsex)　　#为交叉表设定名称
> type.sex

	fsex	
fdrinkingtype	男	女
可口可乐	7	2
百事可乐	3	2
绿茶	1	2
雪碧	3	2
矿泉水	5	5
橙汁	1	2
运动饮料	7	9

> margin.table(type.sex, 1)　　#求行的边际和
　　fdrinkingtype
　　可口可乐 百事可乐 绿茶 雪碧 矿泉水 橙汁 运动饮料

```
                    9        5        3        5       10        3       16
> margin.table(type.sex,2)    #求列的边际和
    fsex
    男 女
    27 24
```

(3) 建立饮料类型和性别的交叉频率表

```
> round(prop.table(type.sex,1),digits=3)    #除以行和得到的频率列联表
              fsex
    fdrinkingtype    男     女
    可口可乐      0.778 0.222
    百事可乐      0.600 0.400
    绿茶          0.333 0.667
    雪碧          0.600 0.400
    矿泉水        0.500 0.500
    橙汁          0.333 0.667
    运动饮料      0.438 0.562
> round(prop.table(type.sex,2),digits=3)    #除以列和得到的频率列联表
              fsex
    fdrinkingtype    男     女
    可口可乐      0.259 0.083
    百事可乐      0.111 0.083
    绿茶          0.037 0.083
    雪碧          0.111 0.083
    矿泉水        0.185 0.208
    橙汁          0.037 0.083
    运动饮料      0.259 0.375
> round(type.sex/sum(type.sex),digits=3)    #除以样本总数得到的全局频率
列联表
              fsex
    fdrinkingtype    男     女
    可口可乐      0.137 0.039
    百事可乐      0.059 0.039
    绿茶          0.020 0.039
    雪碧          0.059 0.039
    矿泉水        0.098 0.098
    橙汁          0.020 0.039
    运动饮料      0.137 0.176
```

注：这里的 round() 使显示的数据的精度保留到小数点后指定的位数.

(4) 将变量 age 做数据分组

```
>break1 <-c(14,25,45,60)
>labels <-c("青少年","中青年","中老年")
>agegroup <-cut(age,break1,labels,ordered_result =T)
>agegroup
```

[1]中青年 青少年 中老年 青少年 中青年 中青年 青少年 中青年 中老年 中青年 中青年 青少年 中青年 青少年 中老年

[16]中老年 中青年 中青年 青少年 中青年 青少年 中青年 中青年 中青年 中老年 中青年 中青年 青少年 青少年 青少年

[31]中青年 中老年 青少年 青少年 中老年 中老年 中青年 中青年 青少年 中青年 青少年 青少年 中老年 中青年 青少年

[46]青少年 青少年 青少年 中青年 中老年 中青年

Levels：青少年 < 中青年 < 中老年

(5) 建立饮料类型和年龄群的交叉频数表

```
>table(agegroup,fdrinkingtype)
        fdrinkingtype
```

agegroup	可口可乐	百事可乐	绿茶	雪碧	矿泉水	橙汁	运动饮料
青少年	0	5	0	5	0	2	7
中青年	6	0	1	0	6	0	8
中老年	3	0	2	0	4	1	1

2.2.3 分类数据的图示法

建立分类数据的频数(频率)分布表是用来反映分类变量值的分布问题，如果用图形来展示分布，则会更加直观和形象. 因此，好的统计图胜过统计表，而统计表胜过冗长的文字表达. 这里主要介绍条形图、饼图和帕累托图.

1. 条形图

条形图是用宽度相同的条形的高度或长短来表示频数(频率)多少的图形. 注意作图时，应将这些长条分隔开，以强调每一组的相互独立的事实.

2. 饼图

饼图是用圆内扇形的角度来表示频数(频率)多少的图形. 注意作图时，尽量将类别和频数(频率)直接显示在饼图的扇形里会比较简单直观.

3. 帕累托图

帕累托图是以意大利经济学家 V. Pareto 的名字命名，又叫作排列图、主次图. 该图是按各类别的频数多少排序后绘制的条形图,同时计算累计频率. 通过对条形图的排序,容易看出哪些类数据出现的多,哪些类数据出现的少.

2.2.4 统计图的 R 实现

R 中 barplot() 函数可绘制条形图,该函数有一个重要的参数,可以是向量或者矩阵. 如果处理对象是向量,则表示一个单变量的频数或频率的柱状图,如果处理对象是矩阵,则默认创建的一个"堆叠柱形图",其中每一个柱根据表中不同行的贡献被分割. 如果希望把行的贡献以并列的方式展示,可以使用参数 beside = T.

例 2.6 根据例 2.2、例 2.3 的频数(频率)利用 R 软件绘制条形图(见图 2.3 ~ 图 2.6).

R 程序:
```
>barplot(table(fdrinkingtype))
```

图 2.3 顾客购买饮料类型的频数分布条形图

```
>barplot(prop.table(table(fdrinkingtype)))
```

图 2.4 顾客购买饮料类型的频率分布条形图

```
>type.sex
              fsex
fdrinkingtype 男 女
可口可乐       7  2
百事可乐       3  2
绿茶           1  2
雪碧           3  2
矿泉水         5  5
橙汁           1  2
运动饮料       7  9
```
>barplot(type.sex)   #为不同性别分别建立堆叠的柱子

图 2.5　不同性别顾客购买饮料类型的频数分布堆叠条形图

>barplot(t(type.sex))   #用转置 t 函数交换行和列,再做堆叠条形图

图 2.6　不同饮料类型的顾客性别的频数分布堆叠条形图

>barplot(t(type.sex),beside = T)   #使用参数 beside = T 将堆叠的柱子放倒
　　　　barplot()函数的其他参数可以起到"美化"条形图的作用,比如处理标签和颜色等,受到篇幅的限制,这里不再赘述,更多制图的细节请参阅该函数的帮助说明.

例 2.7 根据例 2.2 的频数(频率)利用 R 软件绘制饼图(见图 2.8 和图 2.9).

图 2.7 不同饮料类型的顾客性别的频数分布复式条形图

R 程序:
```
>pie(table(fdrinkingtype))
```

图 2.8 顾客购买饮料类型的频数分布饼图

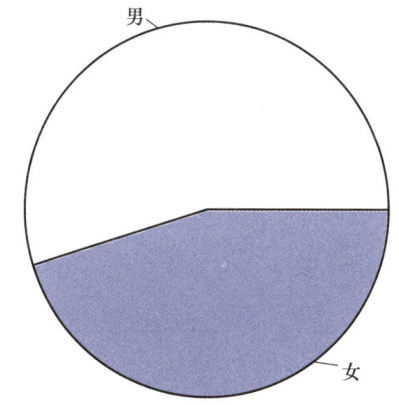

图 2.9 顾客性别的频数分布饼图

R 中可以绘制帕累托图的方法至少有四种,这里介绍利用 qcc 程序包中的 pareto.chart() 函数来绘制该图.

例 2.8 根据例 2.2 的饮料类型的频数分布，利用 R 软件绘制帕累托图.

R 程序：

```
>install.packages("qcc")
>library(qcc)
>type<-c(9,5,3,5,10,3,16)
>names(type)<-c("可口可乐","百事可乐","绿茶","雪碧","矿泉水","橙汁","运动饮料")
>pareto.chart(type,ylab ="频数",ylab2 ="累计频率","帕累托图")
Pareto chart analysis for type
```

	Frequency	Cum.Freq.	Percentage	Cum.Percent.
运动饮料	16.000000	16.000000	31.372549	31.372549
矿泉水	10.000000	26.000000	19.607843	50.980392
可口可乐	9.000000	35.000000	17.647059	68.627451
百事可乐	5.000000	40.000000	9.803922	78.431373
雪碧	5.000000	45.000000	9.803922	88.235294
绿茶	3.000000	48.000000	5.882353	94.117647
橙汁	3.000000	51.000000	5.882353	100.000000

图 2.10 顾客购买饮料类型的帕累托图

习题 2-2

1. 复式条形图的作用是什么？
2. 建立列联表的作用是什么？
3. 下表是某年北京、上海和天津地区按收入法计算的地区生产总值（单位：亿元，按当年价格计算）数据，请用 R 软件绘制复式条形图以比较三个地区的生产总值构成.

地区	劳动者报酬	生产税净额	固定资产折旧	营业盈余
北京	3496.57	1161.55	1251.09	1961.07
天津	1383.36	775.09	595.09	1605.61
上海	3756.56	1623.36	1730.51	3255.94

4. 为了研究智能手机的市场品牌占有率,一家市场调查公司对随机抽取了 50 名顾客进行调查,下表统计了 50 名顾客的性别及购买品牌.

顾客性别	手机品牌	顾客性别	手机品牌	顾客性别	手机品牌
女	苹果	女	苹果	女	其他
男	华为	男	华为	女	苹果
男	小米	男	其他	女	其他
女	小米	女	苹果	女	华为
男	苹果	男	华为	男	华为
男	小米	男	华为	女	华为
女	苹果	女	苹果	女	华为
女	华为	男	苹果	女	华为
男	华为	女	华为	男	小米
男	苹果	男	小米	女	苹果
女	小米	女	华为	女	华为
女	其他	女	苹果	女	其他
男	苹果	女	小米	女	华为
男	华为	男	其他	男	华为
男	苹果	男	苹果	女	其他
女	其他	女	华为	女	小米
男	小米	男	小米		

要求:

(1)利用 R 软件给出顾客性别与手机品牌的交叉列联表,并利用列联表的信息尝试概括性别与手机品牌的选择是否有关系,如果有关系,二者呈现出什么样的关系?

(2)利用 R 软件分别做出顾客性别和手机品牌的频数分布表;

(3)利用 R 软件分别做出顾客性别和手机品牌频数分布的条形图、饼图和帕累托图;

(4)为了更好地对比男女在手机品牌选择上的异同,利用 R 软件做出恰当的复式条形图或堆叠条形图.

5. 频率分布表中各组频率的总和应该(   ).

(A) 小于 1

(B) 等于 1

(C) 大于 1

(D) 不等于 1

2.3 顺序数据的整理与展示

广义地说,顺序数据是一类特殊的分类数据,变量值不仅代表类别并且类别之间也是有序的. 因此,分类数据的频数(频率)分布表和图示方法也适用于顺序数据. 但是,对于顺序数据除了前述的方法,还可以计算累计频数(频率).

2.3.1 累计频数(频率)

累计频数(频率) 是将各有序类别的频数(频率)逐级累加起来得到的频数(频率). 频数(频率)累计的方法有两种:将各类别的频数(频率)由变量值低的组向变量值高的组逐组累计,称为向上累计或称较小制累计,表明某一类别以下的频数(频率)之和;将各类别的频数(频率)由变量值高的组向变量值低的组逐组累计,称为向下累计或称较大制累计,表明某一类别以上的频数(频率)之和.

例 2.9 某班有 40 名学生,经过统计,期末统计学课程的考试成绩频率分布如下,计算它的向上累计和向下累计的频数和频率如表 2.8 所示:

表 2.8　某班级统计学课程成绩的频数(频率)累计分布表

考试成绩	人数	百分比(%)	向上累计		向下累计	
			人数	百分比(%)	人数	百分比(%)
优	3	7.5	3	7.5	40	100
良	6	15	9	22.5	37	97.5
中	18	45	27	67.5	31	77.5
及格	9	22.5	36	90	13	32.5
不及格	4	10	40	100	4	10

习题 2-3

1. 为了评价家电行业售后服务的质量，随机抽取由 100 个家庭构成的样本，服务质量的等级分别表示为 A—好，B—较好，C——般，D—较差，E—差. 调查结果如下：

B,E,C,C,A,D,C,B,A,E,D,A,C,B,C,D,E,C,E,E
A,D,B,C,C,A,E,D,C,B,B,A,C,D,E,A,B,D,D,C
C,B,C,E,D,B,C,C,B,C,D,A,C,B,C,D,E,C,E,B
B,E,C,C,A,D,C,B,A,E,B,A,C,D,E,A,B,D,D,C
A,D,B,C,C,A,E,D,C,B,C,E,D,B,C,C,B,C

要求：

(1) 利用 R 软件绘制频数分布表；
(2) 利用 R 软件绘制条形图；
(3) 利用 R 软件绘制评价等级的帕累托图.

2. 某行业管理局所属的 40 个企业 2018 年的产品销售收入数据如下：

152	124	129	116	100	103	92	95	127	104
105	119	114	115	87	103	118	142	135	125
117	108	105	110	107	137	120	136	117	108
97	88	123	115	119	138	112	146	113	126

按规定，销售收入在 125 万元以上为先进企业，115 万 ~ 125 万元为良好企业，105 万 ~ 115 万元为一般企业，105 万元以下为落后企业，按先进企业、良好企业、一般企业、落后企业进行分组. 根据企业类型，利用 R 软件绘制条形图、饼图、帕累托图.

3. 以下哪个图形更适合描述顺序数据(　　).

(A) 饼图　　　　(B) 条形图
(C) 帕累托图　　(D) 直方图

2.4　数值型数据的整理与展示

数值型数据与分类数据的最大区别在于数值型变量的度量值很多甚至是不可数的，在统计频数(频率)分布时，不方便逐一清点. 但是，可以通过数据分组，将数值型数据变为分类数据. 这里**数据分组**是根据研究的需要，将原始数据按照某种标准不重复不遗漏的分成不同的组别，分组后的数据称为**分组数据**. 分组数据可以认为是分类数据，因此，2.2 节和 2.3 节中介绍的分类和顺序数据的整理和图示方法也都适用于数值型数据. 除此之外，数值型数据还拥有一些独有的整理和图示方法.

2.4.1　数据分组和频数分布表

根据数值型数据变量值个数的多少，分为单变量分组和组距分组. 单变量值分组是把每一个变量值单独作为一组. 例如, 某品牌汽车店每日销售的轿车的数量为 0, 1, 2, 3, 4 五种可能性, 因此把每一个变量值作为一组. 不难发现, 只有当变量值为离散的且取值较少的情况下, 才能采用单变量分组. 这里主要讨论组距分组.

由于数据分组的目的之一是观察数据分布的特征, 因此在数据分组的基础上统计各组频数(频率). 主要可以分为以下步骤: 首先, 根据数据的分布特点和波动范围确定组数; 其次, 确定每组的组距或组限; 最后, 根据分组方法统计各组的频数(频率)制作频数(频率)分布表.

步骤 1: 确定组数. 分组的目的是用足够多的组来显示数据的集中趋势和变异性, 如果分组过于细致或过于粗糙, 则会导致无法正确反映数据的分布的集中趋势或变异性. 作为一般性原则, 我们建议组数不少于 5 且不多于 15.

步骤 2: 确定组距或组限. **组距**是一个组的上限与下限的差. 根据组距是否相等, 分为等距分组和异距分组. 有许多社会经济现象的分布存在明显的偏斜状况, 这时不适合等距分组, 应考虑采用异距分组. 例如, 关于人口的年龄分布, 如表 2.9 所示.

表 2.9 某地区人口分布状况

人口按年龄分组	人口数(万人)
1 岁以下(婴儿组)	10
1~6 岁(幼儿组)	60
6~18 岁(学龄少年组)	120
18~65 岁(有劳动能力的人口组)	240.6
65 岁以上(老年组)	80.1
合计	510.7

如果采用等距分组, 则组距的计算方法如下:

组距 = (最大值 – 最小值)/组数

如果计算结果为小数, 可以就近取整, 在统计实践中, 组距偏好选择 5 或 10 的倍数.

例 2.10 某小型会计事务所对 20 名客户完成年末审计的时间(单位: 天), 统计结果如下: 12, 14, 19, 18, 15, 15, 18, 17, 20, 27, 22, 23, 22, 21, 33, 28, 14, 18, 16, 13. 对该数据进行恰当的数据分组.

对于年末审计时间数据, 最大值 33, 最小值 12, 如果决定组数为 5, 则近似组宽为 (33 – 12)/5 = 4.2. 因此, 可以决定以 5 天作为分组数据的组距.

无论是等距还是异距分组,都会涉及一个概念"组限". 一个小组的最小值称为下限,一个组的最大值称为上限. 组限的选择务必使每一个数据值属于且唯一地属于一组. 如何正确表达组限是一个重要的问题.

表 2.9 中讨论的"年龄"是数值型变量且是连续的,因此,表达组限时会发现前一组的上限和后一组的下限是同一个数字,那么 1 岁,6 岁,18 岁,65 岁到底该属于哪一组呢? 为了解决不重复的问题,统计分组时习惯规定"上组限不在内"原则,用数学语言表示:对于分组后的变量值 x 满足 $a \leqslant x < b$. 因此,1 岁,6 岁,18 岁的数据自然地规定放在下一组内.

例 2.10 中涉及时间单位"天"是数值型且是离散的,此时在表达组限时,可以采用"上组限不在内"的原则确定组限,则例 2.10 的组限可以定义为 10~15,15~20,20~25,25~30,30~35. 同时,经检查第一组的下限覆盖到数据最小值,且最后一组的上限也覆盖到数据最大值. 由于统计单位"天"是离散的,该例也可以采用上、下限为不同数值:10~14,15~19,20~24,25~29,30~34. 在统计实践中,建议采用前一种做法.

所以,针对数值型数据的组限写法采用哪一种做法的选择依据是判断该变量是连续型还是离散型.

细心的读者会发现,表 2.9 中的第一组没有明确的下限,最后一组没有明确的上限. 这样缺上限或下限的组称为**开口组**. 在统计实践中,由于不明确具体的上下限,为了避免个别极端值被漏掉,第一组和最后一组可以采用"某数以上"或"某数以下"开口组的方式.

步骤 3:根据分组结果整理频数分布表.

根据前面讨论的组数、组距和组限的确定方法,例 2.10 的频数(频率)分布表如下. 通过频数分布表可以看出,最频繁发生的审计时间在 15~20 天这一组.

表 2.10 审计时间数据的频数分布

审计时间(天)	频数	频率
10~15	4	0.2
15~20	8	0.4
20~25	5	0.25
25~30	2	0.1
30~35	1	0.05
总计	20	1

2.4.2 数据分组的 R 实现

例 2.11 利用 R 软件实现例 2.10.

R 程序：

```
>time<-c(12,14,19,18,15,15,18,17,20,27,22,23,22,21,33,28,14,18,16,13)
>break1<-c(10,14,19,24,29,35)
>labels<-c("10~15","15~20","20~25","25~30","30~35")
>time.interval<-cut(time,break1,labels,ordered_result=T)
>table(time.interval)        #计算分组数据的频数分布
time.interval
10~15 15~20 20~25 25~30 30~35
   4     8     5     2     1
>prop.table(table(time.interval))   #计算分组数据的频率分布
time.interval
10~15 15~20 20~25 25~30 30~35
  0.2   0.40  0.25  0.10  0.05
```

2.4.3 数值型数据的图示法及 R 实现

首先介绍单变量的直方图、茎叶图、线图，然后介绍多变量的散点图、气泡图、雷达图.

1. 直方图

直方图是一种常用的展示分组数据分布的一种图形，它是探索性数据分析的基本工具. 选择所关心的变量放在横轴上，则按组限大小确定每个柱子的宽度；将频数(频率)放在纵轴上，以频数(频率)的大小确定柱子的高. 图形的形状与选择的各组区间端点有关，故选择区间端点时需要谨慎.

直方图与条形图类似，但是两者有明显区别：条形图用于展示分类数据，直方图则主要用于展示数值型数据；数值型数据分组后，通常各柱子是连续排列，中间没有间断. 分类数据的各个柱子之间是分离的.

R 中可用函数 `hist()` 来绘制直方图，通过 `hist(x)` 可以得到一个简单的直方图，其中 x 是包含数据的变量. R 根据算法尽力创建合适的分割点数量和分割点位置. 同时注意到，该函数的主要选项：`breaks` 取向量则用于指明直方图区间的分割位置，若取正整数，则用于指定直方图的小区间数；`freq` 取 T 表示使用频数画直方图，取 F 则使用频率画直方图. 其他选项可参考 hist() 的帮助说明.

例 2.12 某门课程的成绩满分为 150 分，班级 50 位学生的考试如表 2.11 所示，用 R 软件绘制该数据的直方图，并根据直方图分析数据的分布特征(见图 2.11 和图 2.12).

表 2.11 50 位学生的统计学成绩

112	72	69	97	107	73	92	76	86	73
126	128	118	127	124	82	104	132	134	83
92	108	96	100	92	115	76	91	102	81
95	141	81	80	106	84	119	113	98	75
68	98	115	106	95	100	85	94	106	119

R 程序：

>score<-c(112,72,69,97,107,73,92,76,86,73,126,128,118,127,124, 82,104,132,134,83,92,108,96,100,92,115,76,91,102,81,95,141,81,80, 106,84,119,113,98,75,68,98,115,106,95,100,85,94,106,119)
>hist(score)   #根据函数的默认设置生成的简单的频数直方图

图 2.11 某班统计学成绩频数直方图

>hist(score,breaks =7,xlim=c(40,160),ylim=c(0,0.05),freq=F)   #设置横轴、纵轴坐标范围后生成的频率直方图

图 2.12 某班统计学成绩频率直方图

值得一提的是，这里的 y 轴的数值并不是频率，而是频率除以区间长度的数值，因此，y 轴被定义为"密度"轴.

根据直方图，该门课程的分数主要集中在 90～100 分区间，位于这一区间的频数最高，分数围绕在这个区间的左右基本对称分布，高分数的频数大于低分数的.

2. 茎叶图

直方图虽然能很好地显示数据的分布，但不能保留原始数据在各组内的分布特征，这属于信息的丢失. **茎叶图**是反映原始数据分布的图形. 它有茎和叶两部分构成. 绘制茎叶图的关键是设计好茎和叶，一般将一个数字分为两个部分，通常以该数字的最高几位的数值作为树茎，而该数字的最后一位的数值作为叶.

R 中可使用 stem() 函数来绘制茎叶图.

例 2.13 利用例 2.12 的数据，利用 R 软件绘制茎叶图.

R 程序：

```
>stem(score)
  The decimal point is 1 digit(s) to the right of the |

   6 |89
   7 |233566
   8 |01123456
   9 |12224556788
  10 |002466678
  11 |2355899
  12 |4678
  13 |24
  14 |1
```

由输出结果可以看出，左边茎是分数的最高两位——十位或十位和百位，右边叶是个位上的数字，显然叶的部分是落在该分数区间段上的频数. 例如，茎为 11、叶为 2355899 时，表明在 110～120 的区间上，共有 7 个分数，分别是 112、113、115、115、118、119、119.

由本例不难看出，茎叶图类似于直方图，茎叶图的外观很像横放的直方图，但是茎叶图中的叶增加了具体的数值，因此茎叶图不仅能给出数据的分布状况，还能给出每一个原始数值，即原始数据信息没有丢失. 在统计实践中，如果数据量较大通常用直方图，而茎叶图通常用于数据量少的数据，否则茎叶图太过复杂.

3. 线图

有一种数值型数据是在不同时间点上收集到的数据,这些数据值是按时间先后顺序给出的,不可以随便打乱数据的位置,收集这些数据的目的是描述现象随时间变化的情况,这类数据称为**时间序列数据**. 例如,1978~2019 年我国的国内生产总值数据,某日从开盘到收盘每一整点的上证指数.

针对时间序列数据,一般用横轴表示时间轴,用纵轴记录所关心变量的数值大小,称为**线图(或折线图)**. 一般用于直观反映现象随时间变化的特征或趋势.

R 中用最基本的绘图函数 plot() 就可以绘制折线图. 在 plot() 函数中需要指定 x 轴向量和 y 轴向量,便可以在平面中给出 (x,y) 的散点图. 这里是时间序列,因此 x 轴通常是表明时间的数据,y 轴用于存放观察变量的数据. 因为要做出折线图的效果,这里只需要通过设定 type 参数,令 type = "b" 即可. plot() 函数的功能很强大,关于函数的更多细节请参阅帮助说明.

例 2.14 某自行车厂在过去 10 年自行车销售量的数据如表 2.12 所示,用 R 实现自行车销售量的折线图(见图 2.13),并通过折线图概括数据特征.

表 2.12 10 年中某自行车厂销售量

年	销售量(1000 量)
1	21.6
2	22.9
3	25.5
4	21.9
5	23.9
6	27.5
7	31.5
8	29.7
9	28.6
10	31.4

R 程序:

```
>year<-c(1,2,3,4,5,6,7,8,9,10)
>sales.volume<-c(21.6,22.9,25.5,21.9,23.9,27.5,31.5,29.7,28.6,31.4)
>plot(year,sales.volume,xlim=c(1,10),ylim=c(20,34),main="sales volume time series",type="b")
```

第 2 章 数据的描述与可视化

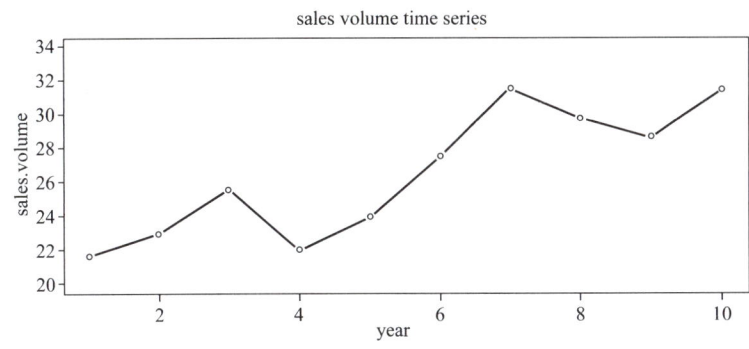

图 2.13 自行车销售量时间序列图

时间序列的折线图直观地显示出,在过去 10 年中销售量有上下波动,但销售量总体上呈现增长的趋势.

上面介绍的三种图形描述都是单变量数据,当需要同时刻画两个或两个以上变量或需要直观展现出变量间的互动关系时,需要采用多变量的图示方法,常见的有散点图、气泡图、雷达图.

4. 散点图

散点图是用二维坐标展示两个变量之间关系的一种图形. 它用横轴代表其中一个变量 x,纵轴代表另一个变量 y,每组数据 (x_i, y_i) 在二维坐标系中用一点表示,如此 n 组数据在坐标系中形成 n 个点称为散点.

例 2.15 为了研究小麦的产量和降雨量、温度之间的关系,收集到小麦单位面积下,产量、降雨量和温度的三维数据(见表 2.13),绘制散点图(见图 2.14),并试着分析它们之间的关系.

表 2.13 小麦产量、降雨量和温度的数据

温度/℃	降雨量/mm	产量/kg
6	25	2250
8	40	3450
10	58	4500
13	68	5750
14	110	5800
16	98	7500
21	120	8250

R 程序:

```
>temperature<-c(6,8,10,13,14,16,21)
>rainfall<-c(25,40,58,68,110,98,120)
>output<-c(2250,3450,4500,5750,5800,7500,8250)
```

```
>par(mfrow=c(1,2))      #将当前窗口分割为1行2列的窗口
>plot(temperature,output,main="温度与产量")   #建立温度与产量的散点图
>plot(rainfall,output,main="降雨量与产量") #建立降雨量与产量的散点图
```

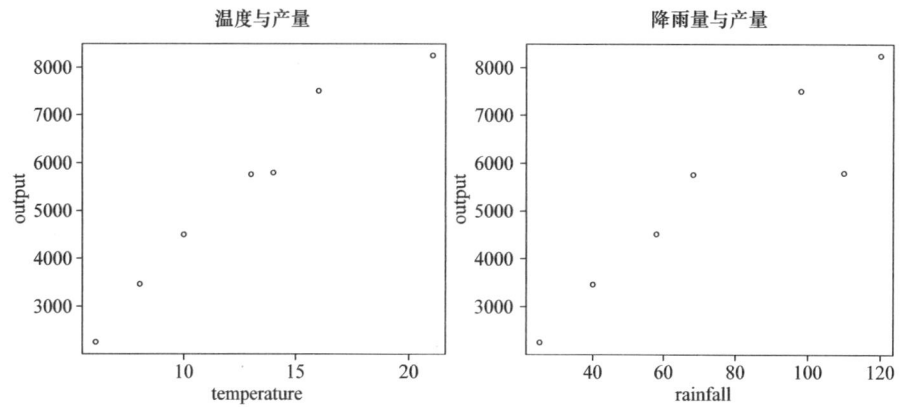

图 2.14 小麦产量、降雨量和温度的散点图

从散点图可以看出，小麦产量与温度之间具有明显的线性关系，且随着温度的增加，产量也随之增加．小麦产量与降雨量之间也有类似的关系．

5. 气泡图

气泡图是将一个变量放在横轴、另一个变量放在纵轴，第三个变量则用气泡的半径来表示，这样气泡图可在一个平面上展示三个变量之间的关系．

R 中 symbols() 函数可以绘制气泡图，其重要的三个参数就是指定 x 轴、y 轴的变量，然后定义好气泡半径的变量，或定义清楚它的计算方法．bg 指定气泡的填充颜色．关于 symbols() 函数的更多细节请参阅帮助说明．

例 2.16 利用 R 软件绘制例 2.15 的气泡图．

```
> symbols(temperature,rainfall,circle=out-
put,bg=rainbow(10),ylim=c(0,150))
```

由气泡图可以看出随着气温的升高，降雨量也在增加；随着气温和降雨量的增加，小麦的产量也在提高．

6. 雷达图

雷达图是显示多个变量的常用图．设数据有 n 个观测且是 p 维的，即测量了 p 个变量 $X_1, X_2, X_3, \cdots, X_p$. 雷达图的具体做法是先画一个圆，将圆 p 等分并由原点连接各分点，将所得的 p 条线段依次作为 p 个变量的坐标轴，根据各变量的取值对各坐标轴作

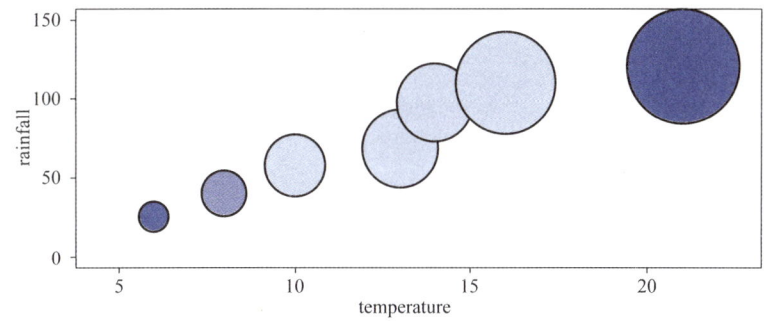

图 2.15 小麦产量、降雨量和温度的气泡图

适当的刻度. 这样, 对每个观测可以分别在 p 个轴上确定其坐标, 在各坐标轴上依次连接 p 个点, 可以得到一个 p 边形. 通过观察各个 p 边形的形状, 就可以对各个观测的相似性进行分析.

绘制雷达图的函数可调用 fmsb 包中的 radachart() 函数, 该函数要求处理的数据集一定是数据框类型, 同时注意传给雷达图的数据集由三部分构成: 第一行是每一个轴的最大值, 第二行是每一个轴的最小值, 最后才是真正用于绘制雷达图的数据, 可以利用 rbind() 函数来构造这样的数据框. 关于 radachart() 函数的参数解释, 可以通过 help(radachart) 来查看.

例 2.17 为了比较某年五个省份的消费差异, 收集了该五个省份的城镇居民在食品 (X_1), 衣着 (X_2), 交通 (X_3), 家庭设备用品 (X_4), 医疗保健 (X_5), 居住 (X_6) 等六个方面的平均每人每年消费性支出的数据, 见表 2.14. 试用雷达图将五个省份的六维数据做对比展示, 并根据雷达图概括该数据特征.

表 2.14 城镇居民平均每人每年消费性支出

省份	X_1	X_2	X_3	X_4	X_5	X_6
辽宁	1772.14	568.25	307.21	298.66	352.20	364.28
浙江	2752.25	569.95	623.05	662.31	541.06	599.98
河南	1386.76	460.99	246.24	312.97	280.78	547.19
甘肃	1552.77	517.16	265.29	402.03	272.44	302.27
青海	1711.03	458.57	297.72	334.91	307.24	274.48

R 程序:

(1) 下载安装软件包

```
>install.packages("fmsb")
>library(fmsb)
```

(2) 创建数据框

```
>X1<-c(1772.14,2752.25,1386.76,1552.77,1711.03)
```

```
>X2<-c(568.25,569.95,460.99,517.16,458.57)
>X3<-c(307.21,623.05,246.24,265.29,297.72)
>X4<-c(298.66,662.31,312.97,402.03,334.91)
>X5<-c(352.20,541.06,280.78,272.44,307.24)
>X6<-c(364.28,599.98,547.19,302.27,274.48)
>consumption.data<-data.frame(X1,X2,X3,X4,X5,X6)
>consumption.data
      X1      X2     X3     X4     X5     X6
1 1772.14 568.25 307.21 298.66 352.20 364.28
2 2752.25 569.95 623.05 662.31 541.06 599.98
3 1386.76 460.99 246.24 312.97 280.78 547.19
4 1552.77 517.16 265.29 402.03 272.44 302.27
5 1711.03 458.57 297.72 334.91 307.24 274.48
```

(3) 绘制雷达图

```
>addMaxMin=rbind(rep(3000,6),rep(0,6),consumption.data)
>radarchart(addMaxMin,axistype=2,pcol=topo.colors(5),plty=1,
+title="(axistype=2,pcol=topo.colors(5),plty=1)")
```

根据雷达图 2.16 可以看出从消费项目上看，五个省份在六项消费项目中均是食品的消费明显高于其他五个项目，衣着等其他五个项目的消费金额类似；从省份上看，浙江省的消费能力高于其他各省，特别在食品项目上明显高于其他五省．辽宁、河南、青海、甘肃四省的消费状况高度相似．

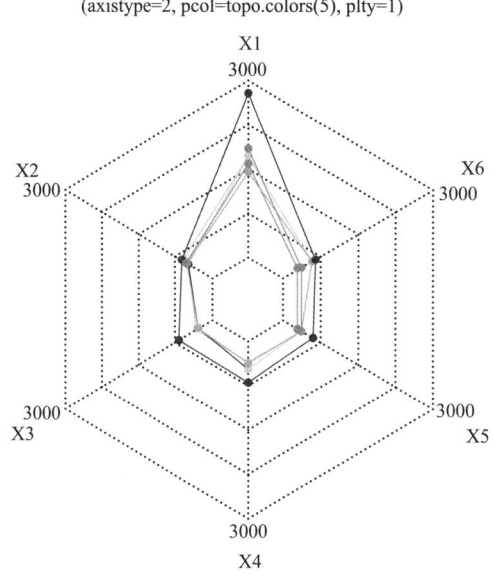

图 2.16　五个省份消费数据雷达图

第 2 章　数据的描述与可视化

习题 2-4

1. 直方图和条形图有什么区别?
2. 茎叶图和直方图相比，有什么优点?
3. 某行业管理局所属的 40 个企业 2018 年的产品销售收入数据如下：

152	124	129	116	100	103	92	95	127	104
105	119	114	115	87	103	118	142	135	125
117	108	105	110	107	137	120	136	117	108
97	88	123	115	119	138	112	146	113	126

要求：

（1）根据上面数据进行适当分组，编制频数分布表，并计算出向上和向下累计频数；

（2）用 R 语言绘制直方图、茎叶图；

（3）根据数据的统计图、表概括数据特征.

4. 下表中给出了四大钢铁公司的关于资金利润方面的五大指标，为了更好地对比各大钢铁公司在盈利能力方面的相似程度，利用 R 软件绘制五大指标的雷达图，并概括数据特征.

项目	宝钢	鞍钢	武钢	首钢
长期负债倍数	5.16	9.15	6.07	2.63
资产利润率	21.71	17.34	24.77	11.89
收入利润率	23.17	11.33	19.55	7.6
成本费用利润率	30.23	12.76	24.81	8.05
净利润现金比率	1.79	0.9	1.7	1.09

5. 下表给出了某五家企业近三年的企业发展状况的三个指标：

项目	A 企业	B 企业	C 企业	D 企业	E 企业
三年资产平均增长率	1.48	7.28	63.3	11.76	13.18
三年销售平均增长率	20.07	29.19	52.88	18.77	24.16
三年平均资本增长率	11.04	10.5	48.95	7.63	17.51

要求：

（1）为了更直观的展示五大企业的发展状况，对比发展的优劣，利用 R 软件绘制三大指标的雷达图，并概括数据特征；

（2）为了更好地研究三个增长率之间的关系，利用 R 软件绘制三个指标的气泡图，并概括其中的规律；

（3）试总结雷达图和气泡图的应用场景有什么不同.

6. 某企业某产品的近四年的销售量（单位：万件）资料如下表，请利用 R 语言绘制线图，并概括销售量随时间变化的特点.

月 年	1	2	3	4	5	6	7	8	9	10	11	12
2015	10	17	41	64	111	225	203	89	42	23	16	12
2016	16	20	58	90	139	235	198	96	53	28	16	17
2017	15	23	66	91	148	253	240	127	78	50	25	19
2018	16	23	69	96	155	265	250	132	81	52	26	20

7. 某地区玻璃销售额与该地区汽车制造业和建筑业的生产关系相当密切，现有下表资料，请利用 R 软件分别绘出玻璃销售额和汽车产量，玻璃销售额和建筑业产值的散点图，并通过散点图分别概括两组变量之间的关系特点.

年份	玻璃销售额（万元）	汽车产量（万辆）	建筑业产值（千万元）
1	280	3.909	9.43
2	281.5	5.119	10.36
3	337.5	6.666	14.50
4	404.5	5.338	15.75
5	402.1	4.321	16.78
6	452	6.117	17.44
7	431.7	5.559	19.77
8	582.3	7.920	23.76
9	596.6	5.816	31.61
10	620.8	6.113	32.17
11	531.6	4.258	35.09
12	606.9	5.591	36.42
13	629	6.675	36.58
14	602.7	5.543	37.14
15	656.7	6.933	41.30
16	778.5	7.638	45.62
17	877.6	7.752	47.38

8. 与直方图相比，茎叶图（　　）.

(A) 没有保留原始数据的信息
(B) 更适合大量数据的展示
(C) 不能有效展示数据的分布
(D) 数据的信息量更大

9. 如果想要对比经济学专业、统计学专业、计算机专业的学生在高等数学、线性代数、概率论与数理统计、大学英语、大学语文五门课程的成绩，适合采用的图形是( ).
(A) 雷达图　　　　(B) 散点图
(C) 直方图　　　　(D) 气泡图

10. 在组距式数列中，对组限的处理原则是( ).
(A) 上限不在内　　(B) 下限不在内
(C) 上、下限均不在内　(D) 上、下限均在内

2.5　数据的概括性度量：数值法

描述统计学主要负责展示数据的特征，利用表格、图形是直观地展示数据的一种手段，但是这种展示是概括的、粗略的. 除此之外，还有一种量化的方法就是利用"指标". 所谓指标，就是利用数据集中每个个体的数据计算的一个综合的数量特征. 毫不夸张地说，在各大新闻报告中，我们几乎每天都能接触到各种统计指标，例如，"电影《绿皮车》在猫眼评分为9.3分"，"2019年1~7月中国对美国出口总额为1.62万亿元"等. 这里，我们并不清楚某一个影评人对电影的评分，也不知道某一家出口企业在2019年1~7月的出口额是多少？但是通过一个或几个简单的数字，就能让你对总体概况有一个大致的了解，这就是统计指标的作用.

在大数据时代，进行量化地描述统计的地位进一步突出. 描述统计学不仅是简单概括数据，更重要的是为后续的统计分析提供方向，有时也许会给我们一些意想不到的提示. 因此，如何恰当地运用数值法进行数据概括性的度量显得尤为重要.

一般的描述统计主要从三个方面进行测度和描述：一是数据分布的集中趋势，反映数据的"位置"；二是数据分布的离散程度，反映各数据向中心位置靠拢或分散的程度；三是分布的形态，反映数据分布的陡峭(扁平)、偏斜的程度.

2.5.1　数据分布的集中趋势度量

人们常说中国的哪个省居民收入比较高，哪个省居民收入比较低. 也常听到世界上哪个国家的人比较高，哪个国家的人比较矮. 这些说法中其实都是隐含了"平均起来"，或"大部分"等意思. 我们在比较不同总体下的大量数据时，其实是比较的是他们各自集中趋势所在的"位置". 大多数情况下，数据都会向这一中心位置靠拢，因此，集中趋势是概括数据特征的一个指标. 根据数据的类型不同，从低层次到高层次的三类数据(即分类数据、顺序数据、数值型数据)逐步介绍三种测度方法：众数、中位数、平

均数. 需要提醒读者, 适用于低层次的测度方法一定适用于高层次, 例如, 适用于分类数据的方法一定适用于顺序数据和数值型数据. 但是, 反过来却不成立.

1. 分类数据: 众数

众数是一组数据中出现次数最多的变量值, 一般用 M_0 表示. 众数主要用于测度分类数据的集中趋势, 且在数据量较大的情况下, 众数才有意义. 如果一个数据中正好有两个众数, 称为数据是复众数的. 如果数据中众数超过两个, 称为数据是多众数的. 在多众数的情况下, 几乎从不报告众数, 因为此时对于描述数据的位置, 众数并不能起多大的作用.

例 2.18 在一项有关城市住房问题的研究中, 在某城市抽样了 300 个家庭进行调查, 其中一个问题是: "您家庭住房所在的区域?", 调查结果的频数分布如表 2.15 所示, 计算住房位置的众数.

表 2.15 家庭住房区域频数分布

所在区域	户数
内环内	25
内中环之间	73
中外环之间	103
外环外	98

解: 根据众数的定义, 因为"中外环之间"的频数为 103, 为频数唯一最大值, 因此该问题调查结果的众数为"中外环之间".

例 2.19 在一项有关城市住房问题的研究中, 在某城市抽样了 300 个家庭进行调查, 其中一个问题是: "您对您家庭目前的住房状况是否满意?", 调查结果的频数分布如表 2.16 所示, 计算住房状况满意度的众数.

表 2.16 家庭住房满意度频数分布

回答类别	户数
非常不满意	24
不满意	108
一般	93
满意	45
非常满意	30
合计	300

解: 根据众数的定义, 因为"不满意"的频数为 108, 为频数唯一

最大值,因此住房状况满意度的众数为"不满意".

例 2.20 在一项有关城市住房问题的研究中,在某城市抽样了 300 个家庭进行调查,其中一个问题是:"您家庭人口数",调查结果的频数分布如表 2.17 所示,计算家庭人口数的众数.

表 2.17 家庭人口数频数分布

人数	户数
1	24
2	56
3	90
4	67
5	35
6	23
7	2
8	3

解:根据众数的定义,家庭人口数的众数为 3.

2. 顺序数据:中位数

中位数是一组数据从小到大排序后处于中间位置上的数值,一般用 M_e 表示. 中位数主要用于测度顺序数据的集中趋势,适用于数值型数据,不适用于分类数据.

中位数的计算首先需要排序;其次,确定中位数的位置;最后确定中位数的具体数值. 当观测值是奇数个时,中位数就是位于中间的那个数值;当观测值是偶数个时,则为中间两个观测值的平均值.

设一组数据为 $x_1, x_2, \cdots, x_n$,从小到大排列后记为 $x_{(1)}, x_{(2)}, \cdots, x_{(n)}$,则中位数为

$$M_e = \begin{cases} x_{\left(\frac{n+1}{2}\right)}, & n \text{ 为奇数}, \\ \frac{1}{2}\left(x_{\left(\frac{n}{2}\right)} + x_{\left(\frac{n}{2}+1\right)}\right), & n \text{ 为偶数}. \end{cases}$$

例 2.21 关于某高校商学院本科毕业生税后起薪的调查,收集了 12 位毕业生的工资如下:

4130,3710,3850,3940,3755,4325,3950,3880,3890,4050,3880,3920

起薪的中位数是多少?

解:将 12 个数据从小到大排列后如下:

3710,3755,3850,3880,3880,3890,3920,3940,3950,

4050，4130，4325

由于 $n=12$，找出中间的两个数值 3890 和 3920，中位数是它们的平均值

$$M_e = \frac{1}{2}(3890+3920) = 3905$$

例 2.22 关于某品牌商品的推荐性询问顾客，推荐的程度分为

非常不推荐—1、一般不推荐—2、保持中立—3、一般推荐—4、非常推荐—5

街头拦截调查了 20 位消费者，调查结果如下：

2，3，1，4，4，2，4，5，4，4，2，1，4，2，2，4，5，5，4，2.

问该款商品的推荐性如何？

解：商品推荐性变量是顺序变量，可以用变量值的中位数代表推荐性的集中趋势.

为了求中位数，先把数据的频数分布整理如表 2.18 所示：

表 2.18 顾客满意程度频数分布表

推荐性	频数	向上累计
1：非常不推荐	2	2
2：一般不推荐	6	8
3：保持中立	1	9
4：一般推荐	8	17
5：非常推荐	3	20

中位数的位置 $=\frac{20+1}{2}=10.5$，因此根据向上累计的频数可以知道，第 10.5 的位置落在第四个变量值"一般推荐"，因此本数据的 $M_e=4$，即商品的推荐性为一般推荐.

3. 数值型数据：平均数

平均数也称为**均值**，是最容易理解也是最常用到的测量数据集中趋势的方法，一般用 $\bar{x}$ 表示. 用数据之和除以个体的个数即得到平均数. 该测度方法仅适用于数值型数据，例如，平均房价、平均收入. 计算公式如下：

$$\bar{x} = \frac{\sum_{i=1}^{n} x_i}{n}$$

在生活中，常常听到这样的调侃—"你被平均了吗？"，该如何理解这句话呢？例如，例 2.21 中提及的某高校商学院本科毕业

生税后起薪的调查，计算得到 12 位毕业生的平均值为 3940．假如，又有一位毕业生的起薪为 15000，则平均值将更改为 4791．如果您是起薪为 3710 的毕业生，那么均值 4791 完全无法代表您的收入状态，这时我们会说您被这个带有误导性的均值"被平均"了．这个例子是想告诉大家：平均值在测度中心位置时是容易受到极端值的影响，这是平均值在应用中存在的最大不足．

如果数据中遇到这种极大或极小的极端值情形，我们就束手无策了吗？请大家不要忘记，我们还有中位数和众数可以去测量数值型数据．此时，针对 13 位毕业生税后起薪的中位数为 3920，众数为 3880，比起平均数，这两个数值能够更好地代表数据的中心位置．

例 2.23 某生鲜超市需要采购西瓜，在过去的三个月中分五次采购了共计 6250kg 的西瓜，每次采购西瓜的重量和进价记录见表 2.19，求该超市西瓜的平均进价是多少？

表 2.19　西瓜进货记录

购进批次	价格(元/kg)	数量(kg)
1	3.00	1200
2	3.40	500
3	2.80	2750
4	2.90	1000
5	3.25	800

解：$\bar{x} = $

$$\frac{1200 \times 3.00 + 500 \times 3.40 + 2750 \times 2.80 + 1000 \times 2.90 + 800 \times 3.25}{1200 + 500 + 2750 + 1000 + 800} 元/kg$$

$$= \frac{18500}{6250} 元/kg = 2.96 元/kg.$$

根据进价的频数分布表可知，在求解变量值之和的过程中，因为 3.00 出现了 1200 次，因此它的和为 1200×3.00，同理可得其他批次价格的求和．

这种计算方法可以总结为如下公式：

$$\bar{x} = \frac{\sum_{i=1}^{n} f_i x_i}{\sum_{i=1}^{n} f_i},$$

以这种方式计算的平均数称为**加权平均数**．式中 f_i，即第 i 个观测值的权重，通常用该观测值的频数或频率充当．

平均数或加权平均数统称为算术平均数，根据数据资料的形式不同或者反映的问题不同,除了算术平均数,还有几何平均数和调和平均数,这里不做赘述,如果有兴趣进一步了解,请参阅其他《统计学》教材.

2.5.2 数据分布的离散程度度量

论语有一句话:"不患寡,而患不均". 这是指不怕财富少,而怕分配不公平导致贫富差距太大. 贫富多寡是用来描述数据集中趋势的,而是否"均"则是描述数据的波动状况的,也称为离散程度或变异程度,这是数据分布的另一个重要特征. 不难理解:如果数据的波动程度大,那么数据的集中趋势对于该组数据的平均水平的代表性差;反之,数据的波动程度小,则其代表性好. 根据数据的类型不同,从低层次的数据开始逐步介绍三类测度方法:异众比率、四分位差、方差和标准差. 因此,我们经常在统计报告中看到平均数后面常相伴着标准差.

1. 分类数据:异众比率

异众比率是指非众数组的频数占总频数的比例,一般用V_r表示. 其计算结果为 0~1 之间,异众比率值越接近于 1,说明非众数组的频数比重越大,众数的代表性越差;异众比率越接近于 0,说明众数组的频率比重越大,众数的代表性越好. 异众比率主要适合测度分类数据的离散程度. 计算公式如下:

$$V_r = \frac{\sum_{i=1}^{n} f_i - f_m}{\sum_{i=1}^{n} f_i} = 1 - \frac{f_m}{\sum_{i=1}^{n} f_i},$$

上式中f_i为每组的频数,f_m为众数组的频数.

例 2.24 在某市关于某项新政的民意调查中,在街头拦截调查的 100 人中,对于该项政策的态度的频数分布见表 2.20:

表 2.20 态度频数分布

新政态度	频数
反对	23
中立	45
支持	32

解:根据公式得$V_r = \frac{100-45}{100} = 0.55 = 55\%$.

在所调查的 100 人中,对新政态度的众数为"中立",但是这一态度的代表性是否好呢?异众比率为 55%,这说明在调查人群中有 55% 的人持有不同于"中立"的态度,因此用"中立"来代表市民对于新政的态度,其代表性不是很好.

2. 顺序数据:四分位差

顺序数据与分类数据相比,数值上有了大小方向,因此在集中趋势的测量时可以采用中位数的方法,但是,该中位数对于平均水平的代表性好吗?此时,可以考虑以中位数为中心的 50% 的数据量的数值的离中程度作为全部数据离散程度的刻画,即四分位差. 数据两端可能会存在少量极端值,少量的极端值不能代表主体数据的波动性,因此我们掐头去尾地考虑中间的 50% 的数据可以排除极端值的影响,从而能更好地反映数据主体的波动性. 但是,在给出明确的四分位差的概念前,我们先来学习下四分位数的概念.

中位数从中间点将全部数据等分为两个部分,与中位数类似的还有四分位数、十分位数、百分位数、p 百分位数等概念. 这里仅介绍四分位数的概念,其他分位数的概念类似.

四分位数也称四分位点,它是数据从小到大排序后处于 25%,50%,75% 这些分割点位置上对应的变量值. 因此,数据被四分位点等分为四个部分,其中每个部分包含 25% 的数据量.

Q_1 = 第一四分位数,也称下四分位数,处于 25% 位置上的数值,也常记为 Q_L;

Q_2 = 第二四分位数,即是中位数,处于 50% 位置上的数值;

Q_3 = 第三四分位数,也称上四分位数,处于 75% 位置上的数值,也常记为 Q_U.

四分位数的计算方法与中位数类似,首先对数据排序、然后确定四分位点的位置,最后,明确该位置对应的变量值就是四分位数. 这里,

$$Q_L \text{的位置} = \frac{n+1}{4}, \quad Q_U \text{的位置} = \frac{3(n+1)}{4}.$$

四分位差是上四分位数与下四分位数之差,一般用 Q_d 表示. 四分位差主要用于测定顺序数据的离散程度. 其计算公式如下:

$$Q_d = Q_U - Q_L$$

例 2.25 关于某高校商学院本科毕业生税后起薪的调查,收集了 12 位毕业生的工资如下:

4130,3710,3850,3940,3755,4325,3950,3880,3890,4050,3880,3920

起薪的上四分位数和下四分位数分别是多少,并计算某高校商学院本科毕业生税后起薪的四分位差是多少?

解：将 12 个数据从小到大排列后如下：

3710, 3755, 3850, 3880, 3880, 3890, 3920, 3940, 3950, 4050, 4130, 4325.

Q_L 的位置 $=(n+1)/4=3.25$，即 Q_L 的位置在第 3 个数值和第 4 个数值之间 0.25 的位置上，因此，

$$Q_L = 3850 + 0.25 \times (3880 - 3850) = 3857.5,$$

Q_U 的位置 $=3(n+1)/4=9.75$，即 Q_U 的位置在第 9 个数值和第 10 个数值之间 0.75 的位置上，因此，

$$Q_U = 3950 + 0.75 \times (4050 - 3950) = 4025,$$

$$Q_d = Q_U - Q_L = 4025 - 3857.5 = 167.5.$$

例 2.26 关于某品牌商品的推荐性询问顾客，推荐的程度分为：

非常不推荐—1；一般不推荐—2；保持中立—3；一般推荐—4；非常推荐—5

街头拦截调查了 20 位消费者，其调查结果如下：

2, 3, 1, 4, 4, 2, 4, 5, 4, 4, 2, 1, 4, 2, 2, 4, 5, 5, 4, 2.

问该商品推荐性的四分位差是什么？

解：商品推荐性变量是顺序变量，为了求四分位数，先把数据的频数分布整理如表 2.21 所示：

表 2.21 推荐程度频数分布

推荐性	频数	向上累计
1：非常不推荐	2	2
2：一般不推荐	6	8
3：保持中立	1	9
4：一般推荐	8	17
5：非常推荐	3	20

Q_L 的位置 $=(n+1)/4=5.25$，Q_U 的位置 $=3(n+1)/4=15.75$

由向上累计频数可知，Q_L 的位置落在"一般不推荐"，Q_U 的位置落在"一般推荐"，因此

$Q_d = Q_U - Q_L =$ "一般推荐" ~ "一般不推荐".

由例 2.26 可知，该商品的推荐性的平均水平为"一般推荐"，但是这一结论是否有足够大的代表性呢？由四分位差的结论可知，50% 的人的推荐性都有很大的变化，从"一般不推荐"到"一般推荐"．因此，对于该商品的推荐性，顾客之间差异较大.

3. 数值型数据：方差和标准差

数值型数据的测量尺度最精细，因此，对于数据分布的离散程度度量问题的方法也是多种多样的，从粗糙到精细的测量方法有极差、平均差、方差和标准差、离散系数. 本书将简单介绍极差、平均差，重点介绍方差、标准差和离散系数.

极差是一组数据的最大值与最小值之差，一般用符号 R 表示. 极差越大，数据离差程度越大，反之亦然. 因为只利用了一组数据两端的信息，所以不能反映出中间数据的波动状况，且容易受两端极端值的影响，故极差是一种简单、粗糙的测度方法.

平均差是各变量值与其平均数离差绝对值的平均数，一般用 M_d 表示. 计算公式如下：

$$M_d = \frac{\sum_{i=1}^{n} |x_i - \bar{x}|}{n}.$$

由计算公式可以看出，平均差是以平均数为中心，反映了每个数据与平均数的平均差异程度. 平均差越大，数据离散程度越大，反之亦然. 与极差相比，它充分利用了数据中的每一个数据，因此平均差对于离散程度的刻画要比极差精细. 但是，由于平均差在计算时，对离差取了绝对值，使计算变得复杂，因而实际中应用较少.

方差是各变量值与其平均数离差平方的平均数，一般用 s^2 表示. 方差的平方根称为**标准差**，一般用符号 s 表示. 计算公式如下：

$$s^2 = \frac{\sum_{i=1}^{n}(x_i - \bar{x})^2}{n-1},$$

$$s = \sqrt{\frac{\sum_{i=1}^{n}(x_i - \bar{x})^2}{n-1}}.$$

为了避免离差之和等于零而无法测算离差的波动，平均差是在计算时，对离差取绝对值的方法，而方差是通过平方的方法，在计算的处理上更方便. 某种程度上，也进一步放大了差异的程度，因此能够更好地反映出数据的离散程度，在实际应用中被广泛应用. 方差开方后即得到标准差. 将方差转换为与其相对应的标准差有什么好处呢？我们知道方差的计量单位都是平方项，而标准差与原始数据的计量单位相同，因此，标准差更容易与平均数或其他与原始单位有相同测量单位的指标进行比较，实际意义要比方差清楚.

例 2.27 关于某高校商学院本科毕业生税后起薪的调查，收集了 12 位毕业生的工资如下：

4130，3710，3850，3940，3755，4325，3950，3880，3890，4050，3880，3920.

计算起薪的方差和标准差.

解：计算过程详见表 2.22

表 2.22　方差、标准差计算过程

起薪(x_i)	平均数($\bar{x}$)	平均数离差($x_i - \bar{x}$)	离差的平方$(x_i - \bar{x})^2$
4130	3940	190	36100
3710	3940	−230	52900
3850	3940	−90	8100
3940	3940	0	0
3755	3940	−185	34225
4325	3940	385	148225
3950	3940	10	100
3880	3940	−60	3600
3890	3940	−50	2500
4050	3940	110	12100
3880	3940	−60	3600
3920	3940	−20	400
合计		0	301850

因为 $\bar{x} = \dfrac{\sum_{i=1}^{n} x_i}{n} = 3940$，

$$s^2 = \dfrac{\sum_{i=1}^{n}(x_i - \bar{x})^2}{n-1} = \dfrac{301850}{11} = 27440.91,$$

$$s = \sqrt{27440.91} = 165.65.$$

例 2.28　关于某城市在校本科生兼职工作的每小时工资调查，收集 5 个数据分别是 46，54，42，46，32. 求小时工资的方差和标准差，并思考该数据的波动程度与例 4.10 相比更大还是更小？

解：因为 $\bar{x} = \dfrac{\sum_{i=1}^{n} x_i}{n} = \dfrac{1}{5}(46 + 54 + 42 + 46 + 32) = 44$，

$$s^2 = \dfrac{\sum_{i=1}^{n}(x_i - \bar{x})^2}{n-1} = \dfrac{1}{4}\left(4 + 100 + 4 + 4 + \dfrac{144}{256}\right) = 64,$$

$$s = \sqrt{64} = 8.$$

例 2.28 中本科生的小时工资标准差为 8 元，例 2.27 中本科生的起薪的标准差为 165.65 元，从绝对值的大小上看，起薪的波动程度大于小时工资. 但是, 读者有没有想到: 方差和标准差反映数据离散程度的绝对值, 即这个值的大小与数据的平均值有关, 平均值越大, 方差和标准差相对较大. 因而如果不考虑均值大小或计量单位的不同直接比较方差和标准差是否会有失公平? 为了消除变量值的水平高低和计量单位不同对离散程度的测度值的影响, 下面引入离散系数.

离散系数是一组数据的标准差与其相应的平均数之比, 一般用符号 v_s 表示. 其计算公式为

$$v_s = \frac{s}{\bar{x}}.$$

由计算公式可以看出, 离散系数是没有单位量纲的, 很好地解决了不同计量单位数据之间的比较问题; 同时, 标准差除以平均值, 给出了相对于平均数大小的波动程度的刻画, 因此离散系数测量了数据离散程度的相对值, 更加适合比较不同数据的离散程度. 离散系数越大, 数据的离散程度越大, 反之亦然.

例 2.29 利用例 2.27 和例 2.28 的数据, 试比较本科生税后起薪和小时工资两组数据的离散程度.

解: 由 $v_s = \frac{s}{\bar{x}}$ 可知,

税后起薪的 $v_{s1} = \frac{s_1}{\bar{x}_1} = \frac{165.65}{3940} \times 100\% = 4.20\%$;

小时工资的 $v_{s2} = \frac{s_2}{\bar{x}_2} = \frac{8}{44} \times 100\% = 18.18\%$.

由离散系数可以得出小时工资的离散程度大于税后起薪.

2.5.3 数据分布的分布形态度量

集中趋势和离散程度是数据分布的两个重要特征, 但是对于数值型数据, 人们希望获得一种更直观的分布特征的刻画. 直方图对分布形态提供了一种很好的图形描述, 但是我们还需要量化的测度方法. 分布形态主要关注两个问题, 问题一: 数据分布是否对称, 如果不对称, 偏斜的程度如何? 即偏态的度量. 问题二: 数据在中心位置的集中程度如何? 即峰态的度量. "偏态(skewness)"和"峰态(kurtosis)"的概念是由英国统计学家 K. Pearson 于 1895 年和 1905 年分别提出.

数值型数据通过数据分组的手段将数值分为个数有限的若干组, 利用直方图展示其各组的频数或频率的分布, 由图 2.17 可以

看出当分组的组数无限增多时，由其柱状顶点连起的折线越来越接近一条光滑的曲线. 事实上，数值型数据所对应的变量的分布形态在它的取值范围内可以用一条连续的曲线来表示其频率分布，关于这一内容的介绍可以详见本书第4章. 通过该曲线的"高矮胖瘦"等形态，我们可以直观地观察数据分布是否对称、集中程度如何. 但为了让对称或不对称程度以及集中程度能够进行精细化比较，需要通过偏态系数、峰态系数的数值计算.

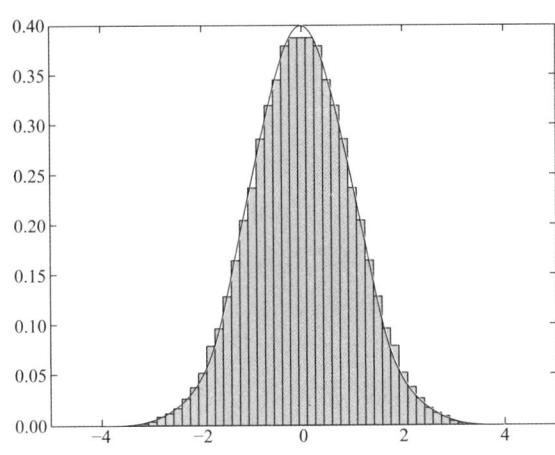

图 2.17　直方图与分布曲线关系图

为了让量化的测度方法更直观、更容易比较，在这里将测量的结果与一个长相堪称"完美"的分布——标准正态分布相比（有关标准正态分布的介绍详见第4章）. 简单地说，标准正态分布形态是左右对称的，且分布的"高矮胖瘦"刚刚好.

1. 偏态和偏态系数

"对称"对于数据的分布而言意味着什么呢？通俗地说，在平均数的左右两边，较大数值和较小数值出现的频率相当. 但是，如果分布曲线有一条长尾巴拖在左侧，这意味着数据中出现极端小值的频率增大，在统计上我们称这种现象为左偏或负偏. 如果分布曲线有一条长尾巴拖在右侧，这意味着数据中出现极端大值的频率增大，在统计上称这种现象为右偏或正偏（见图2.18）. 进一步，同为偏态分布的数据，它的偏斜程度如何用数值量化其程度呢？测度偏态的方法很多，这里仅给出最常用的测度偏态系数的方法.

偏态系数：一般用符号 SK 表示，其计算公式如下

$$\text{SK} = \frac{n\sum_{i=1}^{n}(x_i - \bar{x})^3}{(n-1)(n-2)s^3},$$

如果一组数据的分布是对称的，则偏态系数等于0；如果偏

图 2.18 数据分布偏态图

态系数明显不等于 0，则表明数据的分布是非对称的. 如果 SK<0，则数据的分布是左偏的；如果 SK>0，则数据的分布是右偏的. 且 SK 的绝对值越大，偏斜程度越大. 普遍认为，若 $|SK|>1$，称为严重偏态分布；若 $0.5<|SK|<1$，称为中等偏态分布. 例如，某数据的 SK = 0.225，表明数据的分布有一定的偏斜，且为右偏，但偏斜程度不大.

2. 峰态和峰态系数

数据分布的"高矮胖瘦"是什么意思？因为"高矮胖瘦"是比较主观的判断，因此，这里需要寻找标准. 统计中选择了标准正态分布作为标准，凡是比标准正态分布更加"瘦高"的，称为尖峰分布；凡是比标准正态分布更加"矮胖"的，称为平峰(低峰)分布. 对于"瘦高"和"矮胖"的直观理解可以参考图 2.19.

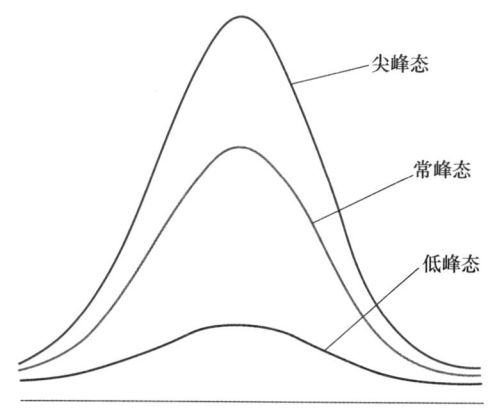

图 2.19 数据分布的峰度图

如何理解数据分布中的尖峰和平峰分布？尖峰分布的变量分布曲线比较瘦高，换句话说，比较陡峭，意味着在平均数附近出现的频率更大，因此数据分布更集中. 反之，平峰分布的变量分布曲线比较矮胖，换句话说，比较平坦，这意味着在平均数附近出现的频率变小，而在极端值附近出现的频率更大，因此数据分布更分散. 为了进一步量化数据的分散程度，这里采用峰态系数.

峰态系数：一般用符号 K 表示，其计算公式如下：

$$K = \frac{n(n+1)\sum_{i=1}^{n}(x_i - \bar{x})^4 - 3\left[\sum_{i=1}^{n}(x_i - \bar{x})^2\right]^2(n-1)}{(n-1)(n-2)(n-3)s^4}$$

标准正态分布的峰态系数为 0，如果峰态系数明显不等于 0，表明数据分布与标准正态分布的陡峭平坦的程度有较大差别. 当 $K>0$ 时，分布为尖峰分布，表示数据比标准正态分布更集中在均值附近，且 K 的数值越大，则变量分布曲线越陡峭；当 $K<0$ 时，分布为平峰分布，表示数据比标准正态分布更分散，且 K 的数值越小，则变量分布曲线越平坦.

2.5.4 数据概括性度量的 R 实现

1. 数据分布的集中趋势度量的 R 实现

在 R 中直接调用 mean()和 median()函数可计算一维数据的平均数和中位数，R 中没有直接计算众数的内置函数，必须自定义函数来完成众数的计算.

例 2.30 自编函数 getmode()实现一维数据众数的计算，并举例.

R 程序：

```
>getmode <- function(v) {
+uniqv <- unique(v)
+uniqv[which.max(tabulate(match(v,uniqv)))]
+ }                                    #定义函数
>v <- c(2,3,3,4,5,6,7,4,5,4)
>getmode(v)                            #调用函数
[1]4
>v <- c("星期一","星期二","星期三","星期二","星期二")
>getmode(v)
[1]"星期二"
```

R 中计算中位数的 median()函数的调用格式是 median(x, na.rm = FALSE)，其中，x 表示输入数据向量，na.rm 用于设置输入数据中缺失值是否删除.

例 2.31 利用 R 软件计算例 2.21.

R 程序：

```
>salary <- c(4130,3710,3850,3940,3755,4325,3950,3880,3890,4050,3880,3920)
```

```
>median(salary)
[1]3905
```

例2.32 利用 R 软件计算例2.22.

R 程序：

```
>level<-c(2,3,1,4,4,2,4,5,4,4,2,1,4,2,2,4,5,5,4,2)
>median(level)
[1]4
```

R 中计算平均数的 mean() 函数的格式是 mean(x,trim=0,na.rm=FALSE,...)，其中，x 表示输入数据向量，trim 用于设置从排序的数据的两端删除一些观测值，na.rm 定义如上.

例2.33 利用 R 软件计算例2.23.

R 程序：

```
>price<-c(3.00,3.40,2.80,2.90,3.25)     #创建价格向量
>weight<-c(1200,500,2750,1000,800)      #创建重量向量
>average<-mean(price*weight)/mean(weight)    #求平均数
>average
[1]2.96
```

2. 数据分布的离散程度度量的 R 实现

异众比率的计算本质上就是众数的计算，可参考例2.30，本节不再赘述其 R 实现. R 中计算四分位数的计算可直接调用 quantile() 来实现，其格式为 quantile(x,probs=seq(0,1,0.25),na.rm=FALSE,names=TRUE,type=7,...)，其中，x 表示输入数据，probs 表示相应的百分数，na.rm 设置输入数据中缺失值是否删除，names 设置是否为结果给出命名属性，type 是设置分位数的计算方法，其取值范围为 1~9，默认值为7.

例2.34 利用 R 软件计算例2.25.

R 程序：

```
> salary<-c(4130,3710,3850,3940,3755,4325,3950,3880,3890,4050,3880,3920)
>quantile(salary,0.25)    #求下四分位数
   25%
[1]3872.5
>quantile(salary,0.75)   #求上四分位数
    75%
[1]3975
```

```
>quantile(salary,c(0.25,0.5,0.75))     #同时求上、下四分位数及中位数
    25%     50%     75%
[1]3872.5 3905.0 3975.0
>quantile(salary,c(0.25,0.5,0.75),names = FALSE)    #去除结果的命名属性
[1]3872.5 3905.0 3975.0
```

R 中方差和标准差的计算可直接调用 var() 及 sd() 函数来实现. var() 的格式为 var(x,y = NULL,na.rm = FALSE,use),其中,x 表示输入数据;y 是与 x 维度相同的对象,默认为 NULL 值,若指定了另一个向量,则表示求 x 和 y 的协方差;na.rm 设置输入数据中缺失值是否删除;use 是一个可选参数,如果输入两个变量 x,y,对于数据缺失的处理办法用 use 来定义,关于 use 参数的说明比较复杂,可以通过 R 的帮助功能进一步深入了解. sd() 的格式 sd(x,na.rm = FALSE),其中参数的含义与 var() 函数相同.

例 2.35 利用 R 软件计算例 2.27.

R 程序:
```
>salary <-c(4130,3710,3850,3940,3755,4325,3950,3880,3890,4050,3880,3920)
>var(salary)
[1]27440.91
>sd(salary)
[1]165.653
```

例 2.36 利用 R 软件计算例 2.28.

R 程序:
```
>salary <-c(46,54,42,46,32)
>var(salary)
[1]64
>sd(salary)
[1]8
```

R 中可以调用 summary() 函数一次性给出数据的最小值、最大值、上下四分位数和平均数. 如执行例 2.27 中的数据,可得到如下结果.

```
>salary <-c(4130,3710,3850,3940,3755,4325,3950,3880,3890,4050,3880,3920)
>summary(salary)
 Min.  1st Qu.  Median   Mean  3rd Qu.   Max.
 3710   3872    3905    3940   3975    4325
```

3. 数据分布的分布形态度量

R 中数据偏度和峰度的计算可以调用 fBasics 包、e1071 包或者 moments 包中的函数 skewness() 和函数 kurtosis() 来，其格式分别为 skewness(x,na.rm = FALSE) 和 kurtosis(x,na.rm = FALSE)，其中，x 表示输入数据，na.rm 设置输入数据中缺失值是否删除.

例 2.37 设高专业的学生分为甲、乙两个班级，各班级的高等数学的成绩见表 2.23：

表 2.23 甲、乙两班高等数学成绩

甲班	60, 79, 48, 76, 67, 58, 65, 78, 64, 75, 76, 78, 84, 48, 25, 90, 98, 70, 77, 78, 68, 74, 95, 85, 68, 80, 92, 88, 73, 65, 72, 74, 99, 69, 72, 74, 85, 67, 33, 94, 57, 60, 61, 78, 83, 66, 77, 82, 94, 55, 76, 75, 80, 61
乙班	91, 74, 62, 72, 90, 94, 76, 83, 92, 85, 94, 83, 77, 82, 84, 60, 60, 51, 60, 78, 78, 80, 70, 93, 84, 81, 81, 82, 85, 78, 80, 72, 64, 41, 75, 78, 61, 42, 53, 92, 75, 81, 81, 62, 88, 79, 98, 95, 60, 71, 99, 53, 54, 90, 60, 93

利用 R 软件分别计算两个班级的高等数学成绩的平均值、标准差、离散系数、偏度系数、峰度系数，并利用这些统计指标对两个数据的分布特征进行概括和对比分析.

R 程序：

```
>install.packages("fBasics")
>library(fBasics)            #安装、加载 fBasics 包
>scores1<-c(60,79,48,76,67,58,65,78,64,75,76,78,84,48,25,
+ 90,98,70,77,78,68,74,95,85,68,80,92,88,73,65,
+ 72,74,99,69,72,74,85,67,33,94,57,60,61,78,83,
+ 66,77,82,94,55,76,75,80,61
+ )
>scores2<-c(91,74,62,72,90,94,76,83,92,85,94,83,77,82,84,
+ 60,60,51,60,78,78,80,70,93,84,81,81,82,85,78,
+ 80,72,64,41,75,78,61,42,53,92,75,81,81,62,88,
+ 79,98,95,60,71,99,53,54,90,60,93
+ )
```

```
>skewness(scores1)    #求甲班成绩数据的偏度系数
[1]-0.784496
attr(,"method")
[1]"moment"
>kurtosis(scores1)    #求甲班成绩数据的峰度系数
[1]1.242773
attr(,"method")
[1]"excess"
>skewness(scores2)    #求乙班成绩数据的偏度系数
[1]-0.5589324
attr(,"method")
[1]"moment"
>kurtosis(scores2)    #求乙班成绩数据的峰度系数
[1]-0.4761705
attr(,"method")
[1]"excess"
>mean(scores1)
[1]72.7037
>sd(scores1)
[1]14.68105
>mean(scores2)
[1]76.01786
>sd(scores2)
[1]14.25673
```

又因 $V_{甲}=\dfrac{S_{甲}}{\bar{x}_{甲}}=\dfrac{14.681}{72.704}=0.202$，$V_{乙}=\dfrac{S_{乙}}{\bar{x}_{乙}}=\dfrac{14.257}{76.018}=0.188$.

综上，根据计算结果可得甲乙两班数据特征：甲班的平均成绩约为72.7，它的标准差是12.68分，偏度系数-0.78，意味着中度左偏，峰度系数1.24，意味着尖峰分布，数据较为集中；乙班的平均成绩约为76.0，它的标准差是12.26分，偏度系数-0.59，意味着中度左偏，峰度系数-0.48，意味着平峰分布，数据较为分散；对比甲乙两班，乙班平均水平高于甲班，但是乙班的学生成绩波动更大，而甲班成绩则较为集中，甲乙两班均存在一定数量的偏离均值的较低的分数.

习题 2-5

1. 一组数据的分布特征可以从哪几个方面进行测度？

2. 怎样理解平均数在描述统计中的作用？

3. 什么类型的数据适合用众数来测度集中趋势？众数在哪些场合不适合？

4. 简述众数、中位数和平均数的特点和应用场景.

5. 简述异众比率、四分位差、方差或标准差的应用场景.

6. 为什么要计算离散系数？

7. 随机抽取 25 个网络用户，得到他们的年龄数据见下表

19，15，29，25，24，23，21，38，22，18，30，20，19，19，16，23，27，22，34，24，41，20，31，17，23

要求：

（1）计算众数、中位数、平均数；

（2）计算四分位数和四分位差；

（3）计算方差、标准差；

（4）计算偏态系数和峰态系数；

（5）对网民年龄的分布特征进行综合分析；

（6）利用 R 软件实现（1）（2）（3）（4）.

8. 对 10 名成人和 10 名幼儿的身高进行抽样调查，结果如下：

成年组	166，169，172，177，180，170，172，174，168，173
幼儿组	68，69，68，70，71，73，72，73，74，75

要求：

（1）如果想要比较成年组和幼儿组的身高差异程度，你会采用什么样的测度方法，为什么？

（2）经过计算和比较，哪一组的身高差异大？

（3）利用 R 软件实现（1）和（2）.

9. 某段时间内三类股票投资基金的年平均收益和标准差数据如下表所示：

股票类别	平均收益率(%)	标准差(%)
A	5.63	2.71
B	6.94	2.71
C	8.23	9.07

要求：

（1）根据上表中平均收益和标准差的信息可以得出什么结论？

（2）你认为该用什么样的测度方法来反映投资的风险？

（3）假如你是一个稳健型的投资者，你倾向于购买哪一类股票？为什么？

10. 假如学生的考试成绩用优秀、良好、中等、及格和不及格来表示，那么全班考试成绩的水平高低应该用什么平均数来说明（　　）.

（A）可以用算术平均数

（B）只能用众数

（C）可以用众数或中位数

（D）只能用中位数

11. 如果加权平均数的各组频数都减少为原来的 $\frac{4}{5}$，则加权平均数（　　）.

（A）减少为原来的 $\frac{4}{5}$　　（B）增加为原来的 $\frac{5}{4}$

（C）不变　　　　　　　　（D）不能确定如何变化

12. 某地居民 2007 年的平均存款为 1500 元，标准差为 230；2008 年平均存款为 1800 元，标准差为 355 元. 2008 年比 2007 年存款额的变异程度（　　）.

（A）增大　　　　（B）减少

（C）不变　　　　（D）不能比较

13. 如果一组数据的偏态系数在 0.5～1 或 -1～-0.5 之间，则表明该组数据属于（　　）.

（A）对称分布　　　　（B）中等偏态分布

（C）高度偏态分布　　（D）轻微偏态分布

14. 峰态通常是与标准正态分布相比较而言的，如果一组数据服从标准正态分布，则峰态系数的值是（　　）.

（A）等于 0　　　　（B）等于 1

（C）等于 3　　　　（D）等于 4

2.6 本章小结

2.6.1 内容概要

本章主要讨论了数据的概念、数据的分类和数据的描述性统计知识,通过本章的学习让读者更多地理解统计学科的内涵以及统计的应用特点.

对于数据的分类,根据数据的来源分,有一手数据和二手数据;根据一手数据的获得方式分,有观测数据和实验数据;根据数据的维度分,有一维数据、二维数据、…、p 维数据;根据数据测量的详细程度从低到高分,有定类数据、定序数据、定距数据、定比数据;根据统计分析方法的要求从低到高分,有分类数据、顺序数据、数值型数据.

数据的描述性统计主要包括可视化的统计图表和各种概括特征的指标两大类方式,根据分类数据、顺序数据和数值型数据的不同类型,描述性统计的方法各有不同. 但是,所有方法均是向上兼容、向下不兼容,即适合于低类型数据的方法一定适合高类型的数据,适合于高类型数据的方法不适合低类型的数据. 在应用时,需要明确什么类型的数据可以采用什么样的方法去概括该数据的特征,并能够采用最恰当的方法去对比数据间的差异.

关于统计表,针对分类数据,有频数(频率)分布表、列联表;针对顺序数据,统计表有频数(频率)累计分布表;针对数值型数据,首先需要对数据分组,然后制作分组数据的频数(频率)分布表. 关于统计图,针对分类数据和顺序数据,有条形图、饼图、帕累托图;针对数值型数据,有直方图、茎叶图、线图、散点图、气泡图、雷达图.

数据的概括性指标主要有集中趋势和离散程度两大类指标. 关于数据集中趋势的描述,针对分类数据的是众数,针对顺序数据的是中位数,针对数值型数据的是平均数. 关于数据离散程度的描述,针对分类数据的是异众比率,针对顺序数据的是四分位差,针对数值型数据的是方差(标准差)和离散系数. 特别地,针对数值型数据,关于分布形态的测量有偏态系数和峰态系数.

本章知识结构如下：

2.6.2 延伸阅读

鳗鱼的公共繁殖场所

费希尔在1952年的一篇文章中举了一个例子，说明如何由基本的描述统计学知识引出一个重要的发现.

20 世纪早期，哥本哈根卡尔堡实验室的施密特发现不同地区所捕获的同种鱼类的脊椎骨和腮腺的数量有很大不同，甚至在同一海湾不同地点捕获的同种鱼类也是这样. 然而，鳗鱼的脊椎骨的数量却变化不大. 施密特在从冰岛、亚速尔群岛和尼罗河等几乎分离地区的海域里所捕获的鳗鱼的样本中，通过计算发现了几乎一样的均值和标准差.

施密特由此推断各个不同海域内的鳗鱼是由海洋中某公共场所繁殖的. 后来名为"戴纳"(Dana)的科学考察船在一次远征中发现了这个场所.

如何进行有效的对比分析

统计工作经常需要对两个事物或个体进行比较，即从数量上进行对比分析. 但是，如何进行统计分析最合理？如何展示结论最高效？本文将通过以下的例子来说明如何进行描述性统计.

例如，甲、乙两班各有 40 名学生，期末统计学考试成绩的分布见表 2.24：

表 2.24　甲、乙两班统计学成绩频数分布表

考试成绩	人数	
	甲班	乙班
优	3	6
良	6	15
中	18	9
及格	9	8
不及格	4	2

针对"考试成绩"这个顺序数据，如表 2.24 所示，最常见的描述方法是给出频数分布表. 该表格给出详细的统计结果，虽然数据全面，但是对比的效果有限.

利用统计表的数据制作出的频数分布复式条形图，对比频数分布表和频数分布条形图 2.20 你认为哪种方式较好？显然，统计图比统计表更加直观. 通过统计图可以看出甲班的成绩的分布比较对称，乙班的成绩分布相对左偏态，即甲班成绩优良的人数和及格及以下的学生大致相等，乙班成绩优良的人数比及格及以下的多. 但是，通过统计图所得的结论比较笼统，如何量化这个对比结果，让对比更加精细化，还需要进一步采用刻画数据特征的指标进行量化分析. 这里针对顺序数据，可以计算：

甲班的众数 = "中"，乙班的众数 = "良"，

甲班的中位数 = "中"，乙班的中位数 = "良"，

图 2.20　甲、乙两班统计学成绩的频数分布复式条形图

因此，甲班的平均成绩是"中"，乙班的平均成绩是"良"，从集中趋势上分析，乙班的平均成绩好于甲班．

$$\text{甲班的异众比率} = 0.55，\text{乙班的异众比率} = 0.625，$$
$$\text{甲班的四分位差} = \text{"中"} \sim \text{"及格"}，$$
$$\text{乙班的四分位差} = \text{"良"} \sim \text{"及格"}．$$

因此，乙班的离散程度大于甲班．

最后，如果根据常规成绩的划分方式，将每个成绩的级别转化为相应的分数区间，例如，优的成绩区间为 $[90,100]$，良的成绩区间为 $[80,90)$，中的成绩区间为 $[70,80)$，及格的成绩区间为 $[60,70)$，不及格的成绩区间为 $[0,60)$．同时假设在每个分数区间中，学生成绩分布比较均匀，则可以利用每个区间的组中值代表该区间的平均值，然后计算每个班级的平均数，即

$$\text{甲班的平均成绩} = \frac{95 \times 3 + 85 \times 6 + 75 \times 18 + 65 \times 9 + 30 \times 4}{40} = \frac{2850}{40} = 71.25，$$

$$\text{乙班的平均成绩} = \frac{95 \times 6 + 85 \times 15 + 75 \times 9 + 65 \times 8 + 30 \times 2}{40} = \frac{3100}{40} = 77.5．$$

因此，乙班的平均成绩好于甲班，平均分大约高出 6.25 分．之所以描述为"大约"，是因为这个计算结果是在分数分布均匀的假设下计算得来，故带有一定的不确定性．

甲班成绩的标准差

$$= \sqrt{\frac{(95-71.25)^2 \times 3 + (85-71.25)^2 \times 6 + (75-71.25)^2 \times 18 + (65-71.25)^2 \times 9 + (30-71.25)^2 \times 4}{39}}$$

$$= \sqrt{\frac{2507.8125}{39}} = 8.02，$$

乙班成绩的标准差

$$=\sqrt{\frac{(95-77.5)^2\times3+(85-77.5)^2\times6+(75-77.5)^2\times18+(65-77.5)^2\times9+(30-77.5)^2\times4}{39}}$$

$$=\sqrt{\frac{2781.25}{39}}=8.44.$$

因此,乙班的离散程度大于甲班,但是从标准差的计算结果来看,两者离散程度相差并不大.

通过这个例子,我们不难发现,在对比分析的过程中,需要根据数据类型选择恰当的指标进行特征概括,但是也可以采用合理的数据处理方式进行转化后,再采用更精细的量化指标进行刻画. 这也在提醒我们,在数据收集时,数据的类型越高级,后期采用量化分析的方法也会增多而且更精细. 在展示结论时,统计表的方式一定优于文字描述,统计图的方式一定比统计表更直观、更形象,便于理解和比较. 当然,统计表和统计图各有其独特的用途和优势,它们并不是相互排斥的,而是相辅相成的.

描述统计的合理性和有效性是一个不断探索的过程,这里不仅需要专业知识,更需要统计工作者的耐心和细心,最后才能得到一个趋近"完美"的结果.

第 3 章
随机事件与概率

概率论与数理统计是研究随机现象统计规律的一门学科. 本章从随机试验的介绍出发, 给出了概率论中的基本概念, 包括样本空间、随机事件及其概率、随机事件的关系及运算、概率的定义、性质及其运算.

3.1 随机事件

3.1.1 随机现象

在一定条件下, 只有一个结果的现象称为确定性现象, 而并不总是出现相同结果的现象称为随机现象. 例如, 掷一颗骰子出现的点数, 一天进入某超市的顾客数, 某种型号手机的寿命等都是**随机现象**.

随机现象的结果事先不能预知, 为了对随机现象的统计规律进行研究, 就需要对随机现象进行重复观察, 我们把对可重复的随机现象的观察称为**随机试验**. 随机试验具有可重复性、可观察性和不确定性的特点. 例如, 抛一枚硬币, 观察其正面还是反面朝上, 该试验可重复进行, 可观察到每次试验的结果, 而试验之前是不确定的. 因此, 它就是一个随机试验. 通过大量重复地抛硬币, 我们可以发现正面朝上的可能性为二分之一这一统计规律.

3.1.2 随机事件

1. 样本空间

随机试验的每一个可能结果称为一个样本点, 记为 ω, 样本点组成的集合称为**样本空间**, 记为 S 或 Ω. 例如, 抛一枚硬币观察其正面还是反面朝上, 则 $S = \{正面, 反面\}$; 掷一颗骰子观察出现的点数, 则 $S = \{1,2,3,4,5,6\}$; 观察某种型号手机的寿命, 则 $S = \{t \mid t \geq 0\}$.

2. 事件的集合表示

随机现象的某些样本点组成的集合称为**随机事件**, 简称事件,即随机事件是样本空间 S 的一个子集，常用大写字母 A,B 等表示．事件可以用语言描述也可以用集合表示，集合 A 中的某个样本点出现了，我们就说事件 A 发生了，即事件 A 发生当且仅当 A 中的某个样本点出现了．下面通过一个例子进一步说明：

例 3.1 做随机试验，从 1 到 9 中随机取一个整数，则样本空间 $S=\{1,2,3,\cdots,9\}$．

事件 $A=$ "取出的是 2" $=\{2\}$，它由 S 的单个样本点 "2" 组成，称仅包括样本空间的一个元素的事件为**基本事件**；事件 $B=$ "取出的是偶数" $=\{2,4,6,8\}$，它由 S 的多个样本点 "2,4,6,8" 组成，称包括样本空间内多个元素的事件为**复合事件**；事件 $C=$ "取出的数大于 10" $=\varnothing$，它不包含任何样本点，显然它不可能发生，故称不包括样本空间中任一元素的事件为**不可能事件**．

对于本例，如果取出的是 6，则事件 B 发生；如果取出的是 2，则事件 A 和 B 都发生了．考虑到样本空间 S 包含了所有的样本点，故无论哪个样本点出现，样本空间 S 一定会发生，因此样本空间 S 又称为**必然事件**．

3. 事件的关系与运算

事件的关系与运算相当于集合的关系与运算．

（1）包含关系

如果属于 A 的样本点必属于 B，则称事件 B 包含事件 A，或 A 被包含于 B，记为 $A\subset B$，或 $B\supset A$．其含义为事件 A 发生必然导致事件 B 发生．

（2）相等关系

如果属于 A 的样本点必属于 B，属于 B 的样本点必属于 A，即 $A\subset B$ 且 $B\subset A$，则称事件 A 与事件 B 相等，记为 $A=B$．其含义为事件 A 发生等价于事件 B 发生．

（3）并（和）运算

事件 A 与 B 的并，记为 $A\cup B$ 或 $A+B$，是由属于 A 或属于 B 的样本点组成的新事件，称为 A 与 B 的和事件．其含义为事件 A 发生或事件 B 发生，即 A 与 B 中至少一件发生．另记 $\bigcup_{i=1}^{n} A_i = A_1 \cup A_2 \cup \cdots \cup A_n$ 为 $A_1,A_2,\cdots,A_n$ 的和事件．

（4）交（积）运算

事件 A 与 B 的交，记为 $A\cap B$ 或 AB，是由属于 A 且属于 B 的样本点组成的新事件，称为 A 与 B 的积事件．其含义为事件 A 发生且事件 B 发生，即 A 与 B 同时发生．另记 $\bigcap_{i=1}^{n} A_i = A_1 \cap A_2 \cap \cdots \cap$

A_n 为 $A_1, A_2, \cdots, A_n$ 的积事件.

(5) 差运算

事件 A 与 B 的差,记为 $A - B$,是由事件 A 中不属于 B 的样本点组成的新事件,称为 A 与 B 的差事件. 其含义为事件 A 发生而事件 B 不发生.

(6) 对立(逆)事件

事件 A 的对立事件,记为 $\bar{A}$,是由样本空间 S 中不属于 A 的样本点组成的新事件,即 $\bar{A} = S - A$,也称为 A 的逆事件. 其含义为事件 A 不发生. 需要注意的是对立事件是相互的,A 的对立事件是 $\bar{A}$,而 $\bar{A}$ 的对立事件是 A,即 $\bar{\bar{A}} = A$.

注:显然成立 $A \cup \bar{A} = S$, $A \cap \bar{A} = \varnothing$, $A - B = A\bar{B}$.

(7) 互不相容

如果事件 A 与 B 没有相同的样本点,即 $A \cap B = \varnothing$,则称事件 A 与 B 互不相容. 其含义为事件 A 与事件 B 不可能同时发生. 由上可知 A 与 $\bar{A}$ 互不相容.

(8) 完备事件组

若事件 $A_1, A_2, \cdots, A_n$ 满足两两互不相容且其和事件为样本空间,即 $A_i \cap A_j = \varnothing (i \neq j, i, j = 1, 2, \cdots)$,$\bigcup_{i=1}^{n} A_i = S$,则称事件 $A_1, A_2, \cdots, A_n$ 为 S 的一个完备事件组或分割. 显然 A 与 $\bar{A}$ 为 S 的一个完备事件组.

4. 事件的运算律

(1) 交换律 $A \cup B = B \cup A$, $A \cap B = B \cap A$;

(2) 结合律 $(A \cup B) \cup C = A \cup (B \cup C)$, $(A \cap B) \cap C = A \cap (B \cap C)$;

(3) 分配律 $(A \cup B) \cap C = (A \cap C) \cup (B \cap C)$; $(A \cap B) \cup C = (A \cup C) \cap (B \cup C)$;

(4) 对偶律 $\overline{(A \cup B)} = \bar{A} \cap \bar{B}$, $\overline{(A \cap B)} = \bar{A} \cup \bar{B}$.

注:上述各运算律可推广到有限个或可数个事件的情形.

例 3.2 设 A, B, C 是同一样本空间下的事件,用它们的运算表示下列事件:

(1) A, B, C 中至少有一个发生:$A \cup B \cup C$;

(2) A 发生且 B, C 都不发生:$A \cap \bar{B} \cap \bar{C}$;

(3) A, B, C 都不发生:$\bar{A} \cap \bar{B} \cap \bar{C}$ 或 $\overline{A \cup B \cup C}$;

(4) A, B, C 不都发生:$\bar{A} \cup \bar{B} \cup \bar{C}$ 或 $\overline{A \cap B \cap C}$;

(5) A, B, C 中至少有两个发生:$(AB) \cup (AC) \cup (BC)$.

3.1.3 样本空间、随机事件及其运算的 R 实现

R 中通常用数据框表示样本空间,数据框的每一行都代表一个试验结果.但是如果随机试验的结果比较复杂,仅用数据框不足以描述完整的样本空间,这时可以考虑采用列表数据结构来表示.

例 3.3 以抛掷一枚均匀的硬币观察其出现正面或反面的随机试验为例,该试验中样本有两个:正面和反面,样本空间 $S = \{$正面、反面$\}$,用 R 软件建立该随机试验的样本空间.

R 程序:

```
> S <- data.frame(outcome = c("正面","反面"))
> S
  outcome
1    正面
2    反面
```

R 中的程序包 probs 中包含了模拟部分随机试验的函数.例如,tosscoin() 函数模拟硬币的抛掷试验,直接调用函数即可实现.

```
> install.packages("probs")
> library(probs)
> tosscoin(1)
  toss1
1   H
2   T
```

上述函数中的数字 1 表示抛掷硬币 1 次,H 和 T 分别表示正面(head)和反面(tail).

下面可以观察下抛掷硬币 3 次的样本空间.

```
tosscoin(3)
  toss1 toss2 toss3
1   H     H     H
2   T     H     H
3   H     T     H
4   T     T     H
5   H     H     T
6   T     H     T
7   H     T     T
8   T     T     T
```

可以用 rolldie() 函数模拟抛掷一枚均匀骰子的随机试验. 抛掷 1 次的样本空间如下:

```
>library(probs)
>rolldie(1)
  X1
1  1
2  2
3  3
4  4
5  5
6  6
```

rolldie() 函数默认参数是抛掷 6 面的骰子, 可以设置参数 nsides = 4, 模拟抛掷 4 面骰子的随机试验. 例如, 3 次抛掷 4 面骰子的样本空间可以通过命令 rolldie(3, nsides = 4) 得到.

cards() 函数可以模拟从 52 张扑克牌中随机抽取扑克牌的随机试验. 抽取 1 张的样本空间如下:

```
>library(probs)
>head(cards())    #查看数据集的前 6 行
  rank suit
1   2  Club
2   3  Club
3   4  Club
4   5  Club
5   6  Club
6   7  Club
```

随机事件是样本空间的子集, 因此 R 中随机事件通常也是通过数据框的形式显示. 已知随机试验的样本空间数据集, 可以通过抽取数据集的部分行来构建随机事件的数据框.

例 3.4 随机抛掷均匀的硬币两次, 利用 R 软件, 求硬币至少一次正面朝上的随机事件的数据框.

R 程序:

```
>library(probs)
>S <- tosscoin(2, makespace = TRUE)    #创建样本空间数据框
>S[1:3,]                               #选取正面朝上次数不少于一次的行
  toss1 toss2 probs
```

```
1    H    H   0.25
2    T    H   0.25
3    H    T   0.25
```

也可以调用 subset() 函数,选取满足一定条件的行.

例 3.5 随机抛掷均匀的骰子三次,利用 R 软件,求三次所得点数之和大于 16 点的随机事件的数据框.

R 程序:

```
> library(probs)
> subset(rolldie(3),X1 + X2 + X3 >16)
    X1 X2 X3
180  6  6  5
210  6  5  6
215  5  6  6
216  6  6  6
```

例 3.6 从 52 张扑克牌中随机抽取 1 张,利用 R 软件,求事件:抽扑克牌花色为红桃的数据框.

R 程序:

```
> library(probs)
> S <-cards()
> subset(S,suit = ="Heart")
    rank suit
27  2  Heart
28  3  Heart
29  4  Heart
30  5  Heart
31  6  Heart
32  7  Heart
33  8  Heart
34  9  Heart
35  10 Heart
36  J  Heart
37  Q  Heart
38  K  Heart
39  A  Heart
```

R 中随机事件的交、并及差运算可以直接调用 union()、intersect() 及 setdiff() 函数来直接运算.

例 3.7 从 52 张扑克牌中随机抽取 1 张，记事件 A："抽取的花色为红桃"，事件 B："扑克牌上的图案为 7，8 和 9". 利用 R 软件，求事件 $A \cup B$，$A \cap B$，$A - B$ 对应的数据集.

R 程序：

```
>library(probs)
>S<-cards()
>subset(S,suit= ="Heart")
```

	rank	suit
27	2	Heart
28	3	Heart
29	4	Heart
30	5	Heart
31	6	Heart
32	7	Heart
33	8	Heart
34	9	Heart
35	10	Heart
36	J	Heart
37	Q	Heart
38	K	Heart
39	A	Heart

```
>A=subset(S,suit= ="Heart")
>B=subset(S,rank %in% 7:9)
>union(A,B)
```

	rank	suit
6	7	Club
7	8	Club
8	9	Club
19	7	Diamond
20	8	Diamond
21	9	Diamond
27	2	Heart
28	3	Heart
29	4	Heart
30	5	Heart
31	6	Heart

```
32    7    Heart
33    8    Heart
34    9    Heart
35    10   Heart
36    J    Heart
37    Q    Heart
38    K    Heart
39    A    Heart
45    7    Spade
46    8    Spade
47    9    Spade
> intersect(A,B)
   rank   suit
32    7    Heart
33    8    Heart
34    9    Heart
> Setdiff(A,B)
   rank   suit
27    2    Heart
28    3    Heart
29    4    Heart
30    5    Heart
31    6    Heart
35    10   Heart
36    J    Heart
37    Q    Heart
38    K    Heart
39    A    Heart
```

习题 3-1

1. 设随机事件 A 表示"甲种产品畅销，乙种产品滞销"，其对立事件为（ ）.

(A)"甲种产品滞销，乙种产品畅销"

(B)"甲、乙两种产品均畅销"

(C)"甲种产品滞销"

(D)"甲种产品滞销或乙种产品畅销"

2. 设某人向靶子射击三次，用 A_i 表示"第 i 次射击击中靶子"（$i=1,2,3$），试用语言描述下列事件：

(1) $\overline{A_1} \cup \overline{A_2} \cup \overline{A_3}$；

(2) $\overline{A_1 \cup A_2}$；

(3) $(A_1 A_2 \overline{A_3}) \cup (\overline{A_1} A_2 A_3)$.

3. 在抛三枚硬币的试验中，写出下列事件的集合表示：

$A=$ "至少出现一个正面"; $B=$ "最多出现一个正面";

$C=$ "恰好出现一个正面"; $D=$ "出现三面相同".

3.2 随机事件的概率

一个随机事件的发生是带有偶然性的,在一次随机试验中,它是否会发生,事先不能确定. 但随机事件发生的可能性是有大小之分且可以度量的. 本节通过介绍用以描述事件发生频繁程度的频率,进而引出刻画事件发生可能性大小的概率.

3.2.1 频率的概念

定义 3.1 在相同条件下进行的 n 次随机试验中事件 A 发生的次数为 $r_n(A)$,则称 $r_n(A)$ 为事件 A 发生的**频数**,$f_n(A)=\dfrac{r_n(A)}{n}$ 为事件 A 发生的**频率**.

频率具有下述基本性质:

(1) 非负性: $0 \leqslant f_n(A) \leqslant 1$;

(2) 规范性: $f_n(S)=1$;

(3) 有限可加性: 设 $A_1, A_2, \cdots, A_n$ 是两两互不相容的事件,则

$$f_n(A_1 \cup A_2 \cup \cdots \cup A_n)=f_n(A_1)+f_n(A_2)+\cdots+f_n(A_n).$$

例如,抛一枚硬币 10 次,正面朝上 6 次,则正面朝上的频率为 0.6,若抛 100 次,正面朝上 52 次,则正面朝上的频率为 0.52. 可见频率会随试验情况发生改变,然而随着试验次数增加,频率将稳定在一个确定的数值附近. 历史上有著名的抛掷硬币试验记录,结果如表 3.1 所示.

表 3.1 抛掷硬币试验结果

试验者	投掷次数	正面次数	正面频率
De Morgan	2048	1061	0.5181
Buffon	4040	2048	0.5069
Pearson	12000	6019	0.5016
Pearson	24000	12012	0.5006

不难发现正面朝上的频率趋于 0.5.

3.2.2 概率的定义

1. 概率的统计定义

定义 3.2 设在相同条件下重复进行 n 次试验，若事件 A 发生的频率为 $f_n(A)$ 随着试验次数 n 的增大而稳定地在某个常数 $P(0 \leqslant P \leqslant 1)$ 附近摆动，则称 P 为事件 A 的**概率**，记为 $P(A)$.

由定义 3.2 知，上述投掷硬币试验中，正面朝上的概率为 0.5.

2. 概率的公理化定义

在概率论发展的历史上，曾有过概率的古典定义、几何定义、统计定义和主观定义，这些定义各适合一类随机现象. 以下给出适合一切随机现象的概率的公理化定义.

定义 3.3 设随机试验 E 的样本空间为 S，对于 E 的每一个事件 A，定义一个实值函数 $P(A)$，若 $P(A)$ 满足：
（1）非负性：对每一个事件 A，有 $P(A) \geqslant 0$；
（2）完备性：$P(S) = 1$；
（3）可列可加性：设事件 $A_1, A_2, \cdots$ 两两互不相容，成立 $P(\bigcup_{i=1}^{\infty} A_i) = \sum_{i=1}^{\infty} P(A_i)$，则称 $P(A)$ 为事件 A 的**概率**.

注：$P(A)$ 是事件 A 发生的可能性大小的度量.

3. 概率的性质

性质 1 $P(\varnothing) = 0$；
性质 2 有限可加性：设 $A_1, A_2, \cdots, A_n$ 是两两互不相容的事件，则有 $P(\bigcup_{i=1}^{n} A_i) = \sum_{i=1}^{n} P(A_i)$，特别地，若 $A \cap B = \varnothing$，则 $P(A \cup B) = P(A) + P(B)$；
性质 3 $P(\bar{A}) = 1 - P(A)$；
性质 4 $P(A - B) = P(A) - P(AB)$，特别地，若 $B \subset A$，则 $P(A - B) = P(A) - P(B)$，$P(A) \geqslant P(B)$；
性质 5 对任一事件 A，有 $P(A) \leqslant 1$；
性质 6 对任意两事件 A, B，有 $P(A \cup B) = P(A) + P(B) - P(AB)$.

注：性质 6 可推广到多个事件的情形，例如三个事件 A, B, C 有

$$P(A\cup B\cup C)=P(A)+P(B)+P(C)-P(AB)-P(AC)-P(BC)+P(ABC).$$

例 3.8 已知 $P(A)=0.4$，$P(B)=0.3$，$P(A\cup B)=0.6$，求 $P(A\bar{B})$.

解：$P(A\cup B)=P(A)+P(B)-P(AB)$，所以 $P(AB)=P(A)+P(B)-P(A\cup B)=0.1$，所以 $P(A\bar{B})=P(A-B)=P(A)-P(AB)=0.3$.

例 3.9 抛一枚硬币 5 次，求 5 次中既出现正面又出现反面的概率.

解：设 A = "出现正面又出现反面"，B = "只出现正面"，C = "只出现反面"，

则 $P(A)=1-P(\bar{A})=1-P(B\cup C)=1-P(B)-P(C)=1-\left(\dfrac{1}{2}\right)^5-\left(\dfrac{1}{2}\right)^5=\dfrac{15}{16}$.

求实际概率问题时，一般都需要假设一些随机事件，再运用概率性质等工具求解. 例 3.9 中先求简单的对立事件概率，再用性质 3 得到原事件的概率是一个常用的方法.

例 3.10 调查某地区居民使用移动支付的情况（仅考虑支付宝和微信两款移动支付 app），目前使用支付宝的有 40%，使用微信的有 50%，支付宝和微信都使用的有 20%，求只使用一种移动支付 app 的概率.

解：设 A = "使用支付宝"，B = "使用微信"，C = "只使用一种移动支付 app"，

则 $P(A)=0.4$，$P(B)=0.5$，$P(AB)=0.2$，且 $C=A\bar{B}\cup B\bar{A}$，$A\bar{B}\cap B\bar{A}=\varnothing$，所以

$$\begin{aligned}P(C)&=P(A\bar{B}\cup B\bar{A})=P(A\bar{B})+P(B\bar{A})\\&=P(A)-P(AB)+P(B)-P(AB)\\&=0.4-0.2+0.5-0.2=0.5.\end{aligned}$$

3.2.3 计算随机事件概率的 R 实现

R 中求随机事件的概率可以直接调用程序包 probs 中的函数 probs( ).

例 3.11 利用 R 软件计算例 3.7 中事件 A 和 B 的概率.

R 程序：

```
>library(probs)
```

```
>S <-cards(makespace = TRUE)
>A <-subset(S,suit = = "Heart")
>B <-subset(S,rank % in% 7:9)
>prob(A)
[1]0.25
>prob(B) =
[1]0.2307692
```

习题 3-2

1. 已知 $P(A) = P(B) = \dfrac{2}{3}$，则 $P(A \cup B)$ 的最小可能取值等于( ).

(A) $\dfrac{2}{3}$ (B) 1   (C) $\dfrac{1}{3}$ (D) $\dfrac{1}{2}$

2. 若 $P(A \cup B) = 0.6$，且 $P(\overline{A}B) = 0.3$，则 $P(\overline{A}) = ($).

(A) 0.2   (B) 0.3   (C) 0.6   (D) 0.7

3. 假设事件 A 与 B 互不相容，$P(A \cup B) = 0.8$，求 B 的逆事件的概率并给出利用 R 软件实现的程序.

4. 已知 $P(A) = 0.4$，$P(B) = 0.4$，$P(A \cup B) = 0.5$，求 $P(\overline{A} \cup \overline{B})$ 并给出利用 R 软件实现的程序.

5. 观察某地区未来五天的天气情况，假设事件 $A_i =$ "有 i 天不下雨"，已知 $P(A_i) = iP(A_0)$，$i = 1, 2, 3, 4, 5$，求下列各事件的概率并给出利用 R 软件实现的程序.

(1) 5 天均下雨；(2) 至少一天不下雨；(3) 至多三天不下雨.

6. 某城市中发行两种报纸 A, B. 经调查，在这两种报纸的订户中，订阅 A 报的有 45%，订阅 B 报的有 35%，同时订阅 2 种报纸 A 和 B 的有 10%. 求只订一种报纸的概率.

3.3 古典概型与几何概型

3.3.1 古典概型

1. 概率的古典定义

古典概型是一类最简单的概率模型，是概率论历史上最先开始研究的情况. 我们称具有下列两个特征的随机试验模型为古典概型：

(1) 随机试验只有有限个可能结果，即样本空间有限，记 $S = \{\omega_1, \omega_2, \cdots, \omega_n\}$；

(2) 每个结果发生的可能性大小相同，即 $A_i = \{\omega_i\}$，$P(A_i) = \dfrac{1}{n}$，$i = 1, 2, \cdots, n$，例如掷骰子观察点数就是一个古典概型.

容易证明对古典概型中的任一随机事件 A，若 A 包含其样本空间 S 中 r 个样本点，则事件 A 发生的概率为

$$P(A) = \frac{r}{n} = \frac{A \text{ 包含的样本点数}}{S \text{ 中样本点的总数}}, \qquad (3.1)$$

称此概率为**古典概率**，即概率的古典定义. 不难验证，由上式确

定的古典概率满足概率的公理化定义. 另外需要注意的是, 古典概率与上节中的频率在数学表达上比较接近, 但含义截然不同, 实际上, 我们已经了解到频率会随试验情况发生改变, 而概率与试验结果无关, 是确定值. 例如, 上节所述的投掷硬币试验, 正面朝上的频率虽然不同, 但概率恒等于二分之一.

2. 计算古典概率的方法

在古典概型的条件下, 求某事件 A 的概率主要是计算 A 包含的样本点个数和 S 中的样本点总数, 因此求古典概率的问题转化为对基本事件的计数问题, 而排列组合是常用的工具.

（1）排列

从 n 个不同元素中任取 r 个 $(1 \leqslant r \leqslant n)$ 的不同排列总数为

$$P_n^r = \frac{n!}{(n-r)!} = n(n-1)\cdots(n-r+1),$$

$r = n$ 时称为全排列, 可记为 P_n, 即 $P_n = n!$.

（2）组合

从 n 个不同元素中任取 r 个 $(1 \leqslant r \leqslant n)$ 的不同组合总数为

$$C_n^r = \frac{P_n^r}{r!} = \frac{n!}{(n-r)!\, r!} = \frac{n(n-1)\cdots(n-r+1)}{1 \cdot 2 \cdot \cdots \cdot r},$$

C_n^r 可记为 $\binom{n}{r}$.

注：容易证明 $C_n^{n-r} = C_n^r$, $C_n^{n-1} = C_n^1 = n$, $C_n^n = C_n^0 = 1$, 上述等式可用于简化计算, 例如 $C_{100}^{98} = C_{100}^2 = 4950$, $C_{100}^{99} = C_{100}^1 = 100$, $C_{100}^{100} = C_{100}^0 = 1$.

例 3.12 一个兴趣小组中有 8 名同学, 其中 3 个优秀生, 5 个普通生, 求：

（1）从小组中任选一名同学, 选出的是优秀生的概率；

（2）从小组中任选两名同学, 刚好一个优秀生一个普通生的概率以及两个都是优秀生的概率.

解：（1）设 $A = $ "选出的是优秀生", 则

$$P(A) = \frac{C_3^1}{C_8^1} = \frac{3}{8}.$$

（2）设 $B = $ "刚好一个优秀生一个普通生", $C = $ "两个都是优秀生" 则

$$P(B)=\frac{C_3^1 C_5^1}{C_8^2}=\frac{15}{28}, \ P(C)=\frac{C_3^2}{C_8^2}=\frac{3}{28}.$$

例 3.13　书架上有 10 本书，随机排放在一层 10 个位子上，其中一套为 3 本，一套为 4 本，其余 3 本不成套，求下列事件的概率：

$A=$ "3 本一套的书放一起"，$B=$ "4 本一套的书放一起"，

$C=$ "两套各自放一起"，$D=$ "两套至少一套放一起"．

解：$P(A)=\dfrac{P_8^8 P_3^3}{P_{10}^{10}}=\dfrac{1}{15}, \ P(B)=\dfrac{P_7^7 P_4^4}{P_{10}^{10}}=\dfrac{1}{30}, \ P(C)=\dfrac{P_5^5 P_4^4 P_3^3}{P_{10}^{10}}=\dfrac{1}{210},$

$$\begin{aligned}P(D)&=P(A\cup B)=P(A)+P(B)-P(AB)\\&=P(A)+P(B)-P(C)\\&=\frac{1}{15}+\frac{1}{30}-\frac{1}{210}=\frac{2}{21}.\end{aligned}$$

上述例 3.12 用组合公式，例 3.13 用排列公式，区别在于例 3.12 中选取同学观察优秀与否在计数时不考虑顺序，而例 3.13 中书的摆放位子计数时需考虑顺序．另外，例 3.13 中复杂事件 D 通过简单事件 A，B，C 的运算表示后再运用概率性质求解是常用的一个方法．

例 3.14　将 3 个球随机放入 4 个杯子中，问杯子中球的个数最多为 1，2，3 的概率各是多少？

解：设 A，B，C 分别表示杯子中球的个数最多为 1，2，3，放球过程的所有可能结果数为 $4^3=64$，则

$$P(A)=\frac{P_4^3}{4^3}=\frac{3}{8}, \ P(C)=\frac{C_4^1}{4^3}=\frac{1}{16}, \ P(B)=1-P(A)-P(C)=\frac{9}{16}.$$

上述例 3.14 中一个杯子可同时放多个球，因此所有可能结果在计数时需考虑可以重复的情形（此种情形称为重复排列），不同于例 3.13 每个位子只能摆放一本书，不能重复．而事件 $A=$ "杯中最多 1 个球"，在计数时也不重复，因此事件 A 的样本点数用排列公式计算．类似于例 3.14 中事件 A 概率的计算，请读者思考，一个有 40 名同学的班级，有人生日相同的概率是多少？

例 3.15　从 1 到 9 中有放回地取三次，每次任取一个数，求取到的 3 个数之积能被 10 整除的概率．

解：设 $A=$ "取到的 3 个数之积能被 10 整除"，

　　　$A_1=$ "取到的 3 个数中至少有一个 5"，

　　　$A_2=$ "取到的 3 个数中至少有一个偶数"，则

$$P(A) = P(A_1 A_2) = 1 - P(\overline{A_1 A_2}) = 1 - P(\overline{A_1} \cup \overline{A_2})$$
$$= 1 - P(\overline{A_1}) - P(\overline{A_2}) + P(\overline{A_1}\,\overline{A_2})$$
$$= 1 - \frac{8^3}{9^3} - \frac{5^3}{9^3} + \frac{4^3}{9^3} \approx 0.214.$$

上述例 3.15 中"有放回"代表了取出的数是可重复的,因此在计数时需按重复排列的方式计算. 请读者思考,若将"有放回"改为"不放回",该如何计算呢?

3.3.2 几何概型

古典概型考虑了有限等可能结果的随机试验,而几何概型则研究样本空间为线段、平面区域或空间立体等的等可能随机试验.

设样本空间 S 是平面上某区域,面积记为 $\mu(S)$. 向区域 S 上随机投掷一点,该点落入 S 内任何区域 A 的可能性只与区域 A 的面积 $\mu(A)$ 有关,与区域 A 的位置和形状无关. 该点落在区域 A 的事件仍记为 A,概率为

$$P(A) = \frac{\mu(A)}{\mu(S)}, \tag{3.2}$$

此即概率的几何定义(见图 3.1).

注:若样本空间 S 为线段或空间立体,则向 S"投点"的相应概率仍可用上式确定,但 $\mu(\cdot)$ 应理解为长度或体积(见图 3.1).

例 3.16 甲、乙两人相约在 7 点到 8 点之间在某地会面,先到者等候另一人 20min,过时就离开. 如果每个人可在指定的一小时内任意时刻到达,试计算二人能够会面的概率.

解:记 7 点为计算时刻的 0 时,(单位:min) x, y 分别记甲、乙到达指定地点的时刻,则样本空间为 $S = \{(x,y) \mid 0 \leq x \leq 60, 0 \leq y \leq 60\}$,

设 $A =$ "两人能会面",则显然有 $A = \{(x,y) \mid (x,y) \in S, |x-y| \leq 20\}$(见图 3.2).

 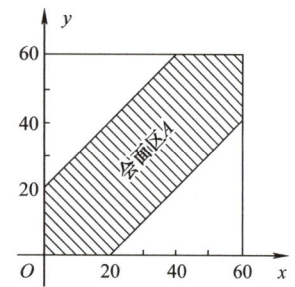

图 3.1　几何概型　　　　图 3.2　例 3.16 图

所以 $P(A) = \dfrac{\mu(A)}{\mu(S)} = \dfrac{60^2 - 40^2}{60^2} = \dfrac{5}{9}.$

3.3.3 古典概型和几何概型的 R 实现

古典概型(几何概型)中随机事件概率的计算主要是计算样本空间和随机事件中样本点的数量(长度、面积或体积等). 常用函数包括 choose(n,k)，用于计算 C_n^k；函数 factorial(n)，用于计算阶乘.

R 中针对常用模型给出了相关的样本点数量的计算函数，下面以试验为例，介绍其样本点数量的计算函数 nsamp(). 这里"随机取球"试验是指"从一个装有完全不同的 n 个球的袋子中随机依次抽取 k 个球". 为简化说明，取 $n=3$，$k=2$，即从 3 个球中随机依次抽取 2 个球，这时要考虑以下几种情况：

(1) 有序且有放回

```
>nsamp(n=3,k=2,replace=TRUE,ordered=TRUE)
[1]9
```

(2) 有序且无放回

```
>nsamp(n=3,k=2,replace=FALSE,ordered=TRUE)
[1]6
```

(3) 无序且无放回

```
>nsamp(n=3,k=2,replace=FALSE,ordered=FALSE)
[1]3
```

(4) 无序且有放回

```
>nsamp(n=3,k=2,replace=TRUE,ordered=FALSE)
[1]6
```

习题 3-3

1. 50 件产品中有 8 件次品，从中任取 3 件，则其中至少有一件次品的概率为(　　).

(A) $\dfrac{29}{70}$ (B) $\dfrac{35}{70}$ (C) $\dfrac{41}{70}$ (D) $\dfrac{47}{70}$

2. 在 1，2，3，4，5 中任取两个数，则取出的两数之和为 6 的概率为(　　).

(A) 0.9 (B) 0.8 (C) 0.2 (D) 0.1

3. 10 把钥匙中有 3 把能打开门，现任取两把，求能打开门的概率.

4. 将两封信随机地投入四个邮筒，求前两个邮筒内没有信的概率及第一个邮筒内只有一封信的概率.

5. 口袋中有红、黄、黑色球各一个，有放回地取三次，求下列事件概率：

$A=$ "三次都是红球"，$B=$ "三次未抽到黑球"，$C=$ "颜色全不相同"，$D=$ "颜色不全相同".

6. 从 5 双不同的鞋子中任取 4 只，问这 4 只鞋子中至少有两只配成一双的概率是多少？

7. 设有 N 件产品，其中有 M 件次品，现从中任取 n 件，求其中有 $k(k \leqslant M)$ 件次品的概率.

8. 在 1～2000 的整数中随机地取一个数，问取到的整数既不能被 6 整除，又不能被 8 整除的概率是多少？

9. 在区间 $(0,1)$ 中随机取两个数，求两数之和

小于 $\frac{6}{5}$ 的概率.

10. 某人午觉醒来,发觉表停了,他打开收音机,想听电台报时,设电台每个正点报时一次,求他(她)等待时间少于 10min 的概率.

3.4 条件概率

前述内容中,考虑随机事件的概率是不加任何条件的,但若事先给定一些条件信息,事件的概率会不会改变呢? 考虑这样一个问题,根据统计观察,某地区的人能活到 80 岁的概率为 0.3,现该地区有一新生婴儿,那么不加任何其他条件的情况下,他能活到 80 岁的概率自然是 0.3. 如果现在增加一个条件,他已非常健康地活到了 79 岁又 364 天(再过一天即将年满 80 岁),此时再问他能活到 80 岁的概率是多少,显然已经远不止 0.3. 这就是本节要介绍的条件概率,它是概率论中重要且实用的一个概念.

3.4.1 条件概率的概念

所谓条件概率,是在某事件 A 发生的条件下,另一事件 B 发生的概率,记为 $P(B|A)$,先由一个简单的例子引入条件概率的概念.

例 3.17 一批同型号产品由甲、乙两厂生产,产品结构见表 3.2:

表 3.2 甲、乙两厂产品结构表

数量	甲厂	乙厂	合计
合格品	540	380	920
次品	60	20	80
合计	600	400	1000

从这批产品中随机抽取一件,由于 1000 件中有 80 件次品,则这件产品为次品的概率为 0.08,现在假设被告知取出的产品是甲厂生产的,那么这件产品为次品的概率又是多大呢? 由于甲厂 600 件中有 60 件次品,所以取出的这件产品为次品的概率为 0.1.

如果设 A = "取出的产品是甲厂生产的",B = "取出的产品是次品",则本例是在事件 A 发生的条件下,求事件 B 发生的概率,即求条件概率 $P(B|A)$. 实际上,本例中 $P(B|A) = 0.1 = \frac{60}{600} = \frac{60/1000}{600/1000} = \frac{P(AB)}{P(A)}$.

定义 3.4 设 A,B 是两个事件,且 $P(A)>0$,则称

$$P(B|A) = \frac{P(AB)}{P(A)} \qquad (3.3)$$

为在事件 A 发生的条件下, 事件 B 的**条件概率**. 相应地, 把 $P(B)$ 称为无条件概率, 一般地, $P(B|A) \neq P(B)$.

条件概率具有如下性质: 设 B 是一事件, 对任一事件 A, $P(A) > 0$, 有

(1) $0 \leqslant P(B|A) \leqslant 1$;
(2) $P(S|A) = 1$;
(3) 设 $A_1, A_2, \cdots, A_n$ 是两两互不相容的事件, 则有
$P(A_1 \cup A_2 \cup \cdots \cup A_n | A) = P(A_1|A) + P(A_2|A) + \cdots + P(A_n|A)$,
特别地, $P(B|A) = 1 - P(\bar{B}|A)$.

注: 前节所述概率的性质都适用于条件概率.

例 3.18 某种动物由出生算起活到 20 年以上的概率为 0.8, 活到 25 年以上的概率为 0.4. 问现年 20 岁的这种动物, 它能活到 25 岁以上的概率是多少?

解: 设 A = "能活到 20 岁以上", B = "能活到 25 岁以上", 则

$$P(B|A) = \frac{P(AB)}{P(A)} = \frac{P(B)}{P(A)} = \frac{0.4}{0.8} = 0.5.$$

现实中往往条件概率已知或可以间接得到, 我们需要利用条件概率去解决其他问题, 因此, 以下介绍条件概率的几方面应用.

3.4.2 乘法公式

由条件概率的定义立即得到

$$P(AB) = P(B|A)P(A), P(A) > 0, \qquad (3.4)$$

由 A, B 的对称性可得到

$$P(AB) = P(A|B)P(B), P(B) > 0, \qquad (3.5)$$

式(3.4)和式(3.5)为**乘法公式**. 在已知条件概率的基础上, 利用乘法公式可计算积事件的概率.

注: 乘法公式可推广到多个事件的情形, 例如,
$P(ABC) = P(C|AB)P(AB) = P(C|AB)P(B|A)P(A), P(A) \geqslant P(AB) > 0.$

例 3.19 A, B 为随机事件, 已知 $P(A) = \frac{1}{3}, P(B) = \frac{1}{2}, P(B|A) = \frac{1}{4}$, 求 $P(A|B)$ 及 $P(A \cup B)$.

解: $P(AB) = P(B|A)P(A) = \frac{1}{4} \times \frac{1}{3} = \frac{1}{12}$, $P(A|B) = \frac{P(AB)}{P(B)} = \frac{1/12}{1/2} = \frac{1}{6}$,

$$P(A \cup B) = P(A) + P(B) - P(AB) = \frac{1}{3} + \frac{1}{2} - \frac{1}{12} = \frac{3}{4}.$$

例 3.20 某厂生产的 100 个产品中,有 95 个优质品,采用不放回抽样,每次从中任取一个,求:

(1) 第一次抽到优质品;

(2) 第一次、第二次都抽到优质品;

(3) 第一次、第二次都抽到优质品、第三次抽到非优质品的概率.

解:设 A_i = "第 i 次取到优质品", $i=1,2,3$,则

(1) $P(A_1) = \dfrac{95}{100} = 0.95$;

(2) $P(A_1 A_2) = P(A_2 \mid A_1) P(A_1) = \dfrac{94}{99} \times \dfrac{95}{100} = 0.902$;

(3) $P(A_1 A_2 \overline{A_3}) = P(\overline{A_3} \mid A_1 A_2) P(A_2 \mid A_1) P(A_1) = \dfrac{5}{98} \times \dfrac{94}{99} \times \dfrac{95}{100} = 0.046$.

3.4.3 全概率公式

全概率公式是概率论中的一个重要公式. 它提供了计算复杂事件概率的一条有效途径,使一个复杂事件的概率计算问题化繁为简.

> **定理 3.1** 设 $A_1, A_2, \cdots, A_n$ 是样本空间 S 的一个完备事件组,且 $P(A_i) > 0$, $i = 1, 2, \cdots, n$,则对任一事件 B,有
> $$P(B) = P(B \mid A_1) P(A_1) + P(B \mid A_2) P(A_2) + \cdots + P(B \mid A_n) P(A_n), \quad (3.6)$$
> 即为**全概率公式**.

证明:$P(B) = P(BS) = P(B(\bigcup_{i=1}^{n} A_i)) = P(\bigcup_{i=1}^{n}(BA_i)) = \sum_{i=1}^{n} P(BA_i) = \sum_{i=1}^{n} P(B \mid A_i) P(A_i)$.

特别地,A 与 $\overline{A}$ 为 S 的一个完备事件组,$P(B) = P(B \mid A) P(A) + P(B \mid \overline{A}) P(\overline{A})$.

在已知条件概率的基础上,利用全概率公式可计算分情况的复杂事件概率.

例 3.21 某运输系统处于低负荷运输的概率为 0.6,此时故障率为 0;处于中负荷运输的概率为 0.3,此时故障率为 0.1;处于高负荷运输的概率为 0.1,此时故障率为 0.5;求该运输系统的故障率.

解：设 B = "系统发生故障"，A_1，A_2，A_3 分别表示系统处于低、中、高负荷，则

$P(A_1) = 0.6$，　　$P(A_2) = 0.3$，　　$P(A_3) = 0.1$，

$P(B|A_1) = 0$，　$P(B|A_2) = 0.1$，　$P(B|A_3) = 0.5$，

所以 $P(B) = P(B|A_1)P(A_1) + P(B|A_2)P(A_2) + P(B|A_3)P(A_3)$

$= 0 \times 0.6 + 0.1 \times 0.3 + 0.5 \times 0.1 = 0.08$.

例 3.22　玻璃杯成箱出售，每箱 20 只，假设箱中玻璃杯是残次品的概率为 0.8，不是的概率为 0.2. 一个顾客欲购买一箱玻璃杯，在购买时顾客开箱验货，顾客随机的查看 4 个，若无残次品则购买下该箱玻璃杯，否则退回. 试问：顾客购买该箱玻璃的概率.

解：设 B = "顾客查看的 4 个中没有残次品"，A = "箱子中没有残次品"，

则 $P(A) = 0.8$，$P(\overline{A}) = 0.2$，$P(B|A) = 1$，$P(B|\overline{A}) = \dfrac{C_{19}^4}{C_{20}^4} = 0.8$，

所以 $P(B) = P(B|A)P(A) + P(B|\overline{A})P(\overline{A}) = 1 \times 0.8 + 0.8 \times 0.2 = 0.96$.

除上述例子外，实际中全概率公式有着广泛的应用，比如我们在考虑抽签结果与抽签顺序是否有关时，即可使用该公式，具体见下例.

例 3.23　某研究所开展课题研究共有 10 个课题，其中 4 个难度较大，现有 3 名研究人员不重复地抽题，每个人抽一次，甲先抽、乙后抽、丙最后. 证明：他们三人抽到难度较大课题的概率相等.

解：设 A、B 和 C 分别表示甲、乙和丙抽到难度较大课题的事件，下面分别计算 $P(A)$、$P(B)$ 和 $P(C)$ 的值.

$P(A) = \dfrac{4}{10} = 0.4$，

$P(B) = P(B|A)P(A) + P(B|\overline{A})P(\overline{A}) = \dfrac{3}{9} \cdot \dfrac{4}{10} + \dfrac{4}{9} \cdot \dfrac{6}{10} = 0.4$，

$P(C) = P(C|\overline{A}\,\overline{B})P(\overline{B}|\overline{A})P(\overline{A}) + P(C|\overline{A}B)P(B|\overline{A})P(\overline{A})$

$\quad + P(C|A\overline{B})P(\overline{B}|A)P(A) + P(C|AB)P(B|A)P(A)$

$= \dfrac{4}{8} \cdot \dfrac{5}{9} \cdot \dfrac{6}{10} + \dfrac{3}{8} \cdot \dfrac{4}{9} \cdot \dfrac{6}{10} + \dfrac{3}{8} \cdot \dfrac{6}{9} \cdot \dfrac{4}{10} + \dfrac{2}{8} \cdot \dfrac{3}{9} \cdot \dfrac{4}{10}$

$= 0.4$

由此可见，抽签结果与抽签顺序无关. 因此，现实中我们遇到多人抽签的情况，无所谓谁先谁后.

3.4.4 贝叶斯公式

由乘法公式和全概率公式可推导出另一个很重要的公式——贝叶斯公式. 我们先通过一个例子来了解一下贝叶斯公式的作用.

例 3.24 四条流水线生产同一种产品,产量分别占 15%, 20%, 30%, 35%, 不合格品率分别为 0.05, 0.04, 0.03, 0.02. 现从出厂成品中任取一件,若问取到不合格品的概率,则可用全概率公式解决:

解:设 B = "取出的是不合格品",A_i = "取出的是第 i 条线生产的",$i=1,2,3,4$,

则 $P(A_1)=0.15$,$P(A_2)=0.2$,$P(A_3)=0.3$,$P(A_4)=0.35$,
$P(B\mid A_1)=0.05$,$P(B\mid A_2)=0.04$,$P(B\mid A_3)=0.03$,$P(B\mid A_4)=0.02$,

$$P(B) = \sum_{i=1}^{4} P(B\mid A_i)P(A_i) = 0.05 \times 0.15 + 0.04 \times 0.2 + 0.03 \times 0.3 + 0.02 \times 0.35 = 0.0325.$$

考虑这样一个问题,为了责任到位,流水线在生产的产品上会贴上自己生产的识别标签,现从出厂成品中任取一件产品检验,发现取出的恰为不合格品,此时应追究相应流水线的责任,然而发现该产品标签已脱落,问四条流水线责任该如何分配(简单的平均分配,即各条线负四分之一的责任是不合理的). 以第四条线为例,实际上,问第四条线负多少责任就是求取到的不合格品是第四条线生产的概率是多少,即求 $P(A_4\mid B)$. 运用前述各公式,得到

$$P(A_4\mid B) = \frac{P(A_4 B)}{P(B)} = \frac{P(B\mid A_4)P(A_4)}{P(B)} = \frac{0.02 \times 0.35}{0.0325} = 0.215,$$

即第四天条流水线应负 21.5% 的责任. 类似地,也可计算其他流水线应负的责任.

例 3.24 中用到的就是下面介绍的贝叶斯公式.

> **定理 3.2** 设 $A_1, A_2, \cdots, A_n$ 是样本空间 S 的一个完备事件组,则对任一事件 B,$P(B)>0$,有
>
> $$P(A_i\mid B) = \frac{P(A_i B)}{P(B)} = \frac{P(B\mid A_i)P(A_i)}{\sum_{j=1}^{n} P(B\mid A_j)P(A_j)}, i=1,2,\cdots,n,$$
>
> (3.7)
>
> 即为**贝叶斯公式**.

特别地，A 与 $\bar{A}$ 为 S 的一个完备事件组，公式为
$$P(A\mid B)=\frac{P(AB)}{P(B)}=\frac{P(B\mid A)P(A)}{P(B\mid A)P(A)+P(B\mid \bar{A})P(\bar{A})}.$$
在已知条件概率的基础上，利用贝叶斯公式可计算逆条件概率（已知 $P(B\mid A)$，求 $P(A\mid B)$）。

例 3.25 对以往数据进行分析结果表明，当机器调整良好时，产品的合格率为 0.98，而当机器发生某种故障时，其合格率为 0.55. 每天早上机器开动时，机器调整良好的概率为 0.95. 试求已知某日早上第一件产品是合格时，机器调整良好的概率是多少？

解：设 $A=$ "机器调整良好"，$B=$ "生产的产品合格"，

则 $P(B\mid A)=0.98$，$P(B\mid \bar{A})=0.55$，$P(A)=0.95$，$P(\bar{A})=0.05$，

所以 $P(A\mid B)=\dfrac{P(B\mid A)P(A)}{P(B\mid A)P(A)+P(B\mid \bar{A})P(\bar{A})}$

$=\dfrac{0.98\times 0.95}{0.98\times 0.95+0.55\times 0.05}=0.97.$

例 3.26 有甲、乙、丙三个盒子，其中分别有一个白球和两个黑球、一个黑球和两个白球、三个白球和三个黑球. 掷一枚骰子，若出现 1,2,3 点则选甲盒，若出现 4 点则选乙盒，否则选丙盒. 然后从所选的盒子中任取一球. 求：

（1）取出的球是白球的概率；

（2）当取出的球为白球时，此球来自甲盒的概率.

解：设 $B=$ "取到白球"，$A_1=$ "选甲盒"，$A_2=$ "选乙盒"，$A_3=$ "选丙盒"，

（1）$P(A)=P(B\mid A_1)P(A_1)+P(B\mid A_2)P(A_2)+P(B\mid A_3)P(A_3)$

$=\dfrac{1}{3}\times\dfrac{3}{6}+\dfrac{2}{3}\times\dfrac{1}{6}+\dfrac{3}{6}\times\dfrac{2}{6}=\dfrac{4}{9}$；

（2）$P(A_1\mid B)=\dfrac{P(B\mid A_1)P(A_1)}{P(B)}=\dfrac{\dfrac{1}{3}\times\dfrac{3}{6}}{\dfrac{4}{9}}=\dfrac{3}{8}$.

例 3.27 用甲胎蛋白法普查肝癌：令 A 表示被检查者患肝癌，B 表示被检查者甲胎蛋白检验结果为阳性，则 $\bar{A}$ 表示被检查者未患肝癌，$\bar{B}$ 表示被检查者甲胎蛋白检验结果为阴性. 由资料已知 $P(B\mid A)=0.95$，$P(\bar{B}\mid \bar{A})=0.90$，又已知某地居民的肝癌发病率为 $P(A)=0.0004$，在普查中查出一批甲胎蛋白检验结果为阳性的人，求这批人患肝癌的概率 $P(A\mid B)$.

解：由贝叶斯公式得

$$P(A|B) = \frac{P(B|A)P(A)}{P(B|A)P(A) + P(B|\bar{A})P(\bar{A})}$$

$$= \frac{0.95 \times 0.0004}{0.95 \times 0.0004 + 0.10 \times (1-0.0004)} = 0.0038.$$

由此可知，经甲胎蛋白法检验为阳性的人群中，真正患有肝癌的人还是很少的. 在实际中，当已知检验者患肝癌或未患肝癌时，甲胎蛋白法检验的准确性是比较高的（$P(B|A) = 0.95$，$P(\bar{B}|\bar{A}) = 0.90$ 可以肯定这一点）. 但如果未知被检验者是否患有肝癌，而需要从甲胎蛋白检验结果为阳性这一事件出发，来判断被检验者是否患肝癌，那么它的准确性还是很低的，原因是概率只有 0.0038. 这个事实看起来似乎有点矛盾. 一种检验方法"准确性"很高，在实际使用时准确性却又很低，到底是怎么回事呢？这从上述计算中用到的贝叶斯公式可以得到解释. 已知 $P(B|\bar{A}) = 0.10$ 是不大的（这时被检验者未患肝癌，但甲胎蛋白检验结果为阳性，即检验结果是错误的），但是患有肝癌的人毕竟很少（在本案例中为 0.0004），于是未患肝癌的人占了绝大多数，这就使得检验结果是错误的部分 $P(B|\bar{A})P(\bar{A})$ 相对很大，从而造成 $P(A|B)$ 很小. 那么，上述结果是不是说明甲胎蛋白检验法不能用了呢？答案是否定的. 通常医生总是先采取一些简单易行的辅助方法进行检验，当怀疑某个对象有可能患有肝癌时，才建议用甲胎蛋白法检验. 这时，在被怀疑的对象中，肝癌的发病率已经显著地增加了. 实际中贝叶斯公式在很多领域都有应用，我们不仅可以用它计算逆条件概率，还能做出一些专业性的解释.

3.4.5 条件概率及贝叶斯公式的 R 实现

R 中程序包 prob 的函数 prob( ) 可以用来计算条件概率.

例 3.28 同时抛掷两枚骰子，设事件 A = "两个点数相同"，事件 B = "点数之和大于等于 8"，则 $P(A) = \frac{6}{36}$，$P(B) = \frac{15}{36}$，$P(AB) = \frac{3}{36}$，$P(A|B) = \frac{1}{5}$，$P(B|A) = \frac{1}{2}$. 给出利用 R 软件实现的程序.

R 程序：

```
> library(prob)
> S <- rolldie(2, makespace = TRUE) # assumes ELM
> head(S) # first few rows
```

```
     X1 X2    probs
1    1  1  0.02777778
2    2  1  0.02777778
3    3  1  0.02777778
4    4  1  0.02777778
5    5  1  0.02777778
6    6  1  0.02777778
```
>A<-subset(S,X1= =X2)   #定义事件 A = "两个点数相同"
>B<-subset(S,X1+X2>=8)   #定义事件 B = "点数之和大于等于8"
>prob(A,given=B)   #计算 $P(A|B)$
[1]0.2
>prob(B,given=A)   #计算 $P(B|A)$
[1]0.5

注：也可以不单独定义事件 A 和 B，而直接计算，程序如下：
>prob(S,X1= =X2,given=(X1+X2>=8))
[1]0.2
>prob(S,X1+X2>=8,given=(X1= =X2))
[1]0.5

R 中全概率公式及贝叶斯公式的计算可以通过向量运算直接实现.

例 3.29 利用 R 软件实现例 3.24.

R 程序：
>prior<-c(3/6,1/6,2/6)
>like<-c(1/3,2/3,3/6)
>post<-prior* like
>sum(post)   #全概率公式
[1]0.4444444
>post/sum(post)   #后验概率向量
[1]0.375 0.250 0.375

习题 3-4

1. 设有 10 个人抓阄抽取两张戏票，则第三个人抓到戏票的概率为(　　).

(A) 0　　(B) $\frac{1}{8}$　　(C) $\frac{1}{5}$　　(D) $\frac{3}{10}$

2. A, B 为随机事件，且 $P(AB) > 0$，则 $P(A|AB) = ($　　$)$.

(A) $P(A)$　　(B) $P(AB)$
(C) $P(A \cup B)$　　(D) 1

3. A, B 为随机事件，已知 $P(A) = \frac{1}{4}$，$P(B|A) = \frac{1}{3}$，$P(A|B) = \frac{1}{2}$，求 $P(A \cup B)$.

4. 袋中有 5 个球，其中 3 个红球 2 个白球．现从袋中不放回地连取两个．已知第一次取得红球时，求第二次取得白球的概率．

5. 设某光学仪器厂制造的透镜，第一次落下时打破的概率为 $\frac{1}{2}$，若第一次落下未打破，第二次落下打破的概率为 $\frac{7}{10}$，若前两次落下未打破，第三次落下打破的概率为 $\frac{9}{10}$．试求透镜落下三次而未打破的概率，并给出 R 实现的程序．

6. 人们为了解一支股票未来一定时期内价格的变化，往往会去分析影响股票价格的基本因素，比如利率的变化．现假设人们经分析估计利率下调的概率为 60%，利率不变的概率为 40%．根据经验，人们估计，在利率下调的情况下，该支股票价格上涨的概率为 80%，而在利率不变的情况下，其价格上涨的概率为 40%，求该支股票将上涨的概率，并给出 R 实现的程序．

7. 8 支步枪中有 5 支已校准过，3 支未校准．一名射手用校准过的枪射击时，中靶的概率为 0.8；用未校准的枪射击时，中靶的概率为 0.3．现从 8 支枪中任取一支用于射击，结果中靶，求所用的枪是校准过的概率，并给出 R 实现的程序．

8. 设某公路上通过货车、客车与非机动车，数量之比为 3:2:1，货车中途停车修理的概率为 0.01，客车中途停车修理的概率为 0.02，非机动车中途停车修理的概率为 0.03．求：

（1）车辆中途停车修理的概率；

（2）现有一辆车中途停车修理，求该辆车是货车的概率；

（3）利用 R 软件实现第(1)问和第(2)问．

3.5 事件的独立性

独立性是概率论中又一个重要概念．本节先讨论两个事件的独立性，然后再讨论多个事件的独立性．

3.5.1 两个事件的独立性

两个事件的独立是指一个事件发生不影响另一个事件的发生．例如，某人扔一枚硬币和一颗骰子，那么"硬币正面朝上"与"骰子点数是 6"这两件事就互不影响，也即它们是独立的．

事实上，由上节条件概率知道，如果事件 A 的发生对事件 B 发生有影响，那么 $P(B) \neq P(B|A)$，反之，如果没有影响，则 $P(B) = P(B|A)$，于是由乘法公式得 $P(AB) = P(A)P(B|A) = P(A)P(B)$．同样，如果事件 B 对事件 A 没有影响，也有此式成立．因此两个事件积事件的概率等于它们各自概率的积，则两事件独立，具体定义如下．

定义 3.5 若两事件 A，B 满足：
$$P(AB) = P(A)P(B), \tag{3.8}$$
则称 A，B **相互独立**，简称独立．否则，称 A，B 不独立或相依．

注：当 $P(A) > 0$，$P(B) > 0$ 时，A，B 相互独立与 A，B 互不相容不能同时成立．

定理 3.3 若有两事件 A 与 B 相互独立，则下列各对事件也相互独立：A 与 $\bar{B}$，$\bar{A}$ 与 B，$\bar{A}$ 与 $\bar{B}$．（证略）

在实际问题中，许多情况下两个事件独立是根据经验（相互有无影响）来判断的，但有时也需要用式 (3.8) 来判断独立性．

例 3.30 从一副不含大小王的扑克牌中任取一张，记 $A=$ "抽到 K"，$B=$ "抽到的牌是黑色的"，问事件 A 与 B 是否独立？

解：$P(A)=\dfrac{4}{52}=\dfrac{1}{13}$，$P(B)=\dfrac{26}{52}=\dfrac{1}{2}$，$P(AB)=\dfrac{2}{52}=\dfrac{1}{26}$，

所以成立 $P(AB)=P(A)P(B)$，

由定义 3.5 判断事件 A 与 B 相互独立．

3.5.2 有限个事件的独立性

首先定义三个事件的独立性：

定义 3.6 设 A，B，C 为三个事件，若满足等式：

$$\begin{cases} P(AB)=P(A)P(B), \\ P(AC)=P(A)P(C), \\ P(BC)=P(B)P(C), \\ P(ABC)=P(A)P(B)P(C), \end{cases} \quad (3.9)$$

则称事件 A，B，C 相互独立．

注：若满足式 (3.9) 中的前三条，则称事件 A，B，C 两两独立，可见相互独立性是比两两独立性更强的条件．

对 n 个事件的独立性，可类似写出其定义：

定义 3.7 设 $A_1,A_2,\cdots,A_n$ 是 n 个事件 $(n>1)$，若其中任意 $k(1<k\leqslant n)$ 个事件 $A_{i_1},A_{i_2},\cdots,A_{i_k}$，$1\leqslant i_1<i_2<\cdots<i_k\leqslant n$，均满足等式：

$$P(A_{i_1}A_{i_2}\cdots A_{i_k})=P(A_{i_1})P(A_{i_2})\cdots P(A_{i_k}) \quad (3.10)$$

则称事件 $A_1,A_2,\cdots,A_n$ 相互独立．

注：若事件 $A_1,A_2,\cdots,A_n$ 相互独立 $(n>1)$，则其中任意 k 个事件也相互独立 $(1<k\leqslant n)$．

定理 3.4 若事件 $A_1,A_2,\cdots,A_n$ 相互独立 $(n>1)$，则将 $A_1,A_2,\cdots,A_n$ 中任意 m，$1\leqslant m\leqslant n$，个事件换成它们的对立事件，所得的 n 个事件仍相互独立．

例 3.31 三人独立破译密码,他们能单独破译出的概率分别为 $\frac{1}{5}$,$\frac{1}{4}$,$\frac{1}{3}$,求此密码能被破译出的概率.

解:设 A,B,C 分别表示此三人破译出密码,$D=$"此密码被破译出",则
$$P(A)=\frac{1}{5}, P(B)=\frac{1}{4}, P(C)=\frac{1}{3},$$
$$P(D)=1-P(\overline{D})=1-P(\overline{A}\cap\overline{B}\cap\overline{C})=1-P(\overline{A})P(\overline{B})P(\overline{C})$$
$$=1-(1-\frac{1}{5})(1-\frac{1}{4})(1-\frac{1}{3})=\frac{3}{5}.$$

例 3.32 甲、乙两人进行乒乓球比赛,每局甲胜的概率为 $p\left(p\geqslant\frac{1}{2}\right)$.问对甲而言,采用三局二胜制有利,还是采用五局三胜制有利(各局胜负相互独立).

解:采用三局二胜制:

甲最终获胜的情况是"甲甲"或"甲乙甲"或"乙甲甲",由独立性得甲最终获胜的概率为
$$p_1=p\cdot p+p\cdot(1-p)\cdot p+(1-p)\cdot p\cdot p=p^2+2p^2(1-p).$$

采用五局三胜制:

甲最终获胜至少需比赛 3 局或 4 局或 5 局,且最后一局必须是甲胜,而前面甲需胜二局. 例如,共赛 4 局,则甲的获胜情况是"甲乙甲甲","乙甲甲甲","甲甲乙甲",由独立性得甲最终获胜的概率为
$$p_2=p^3+C_3^2 p^3(1-p)+C_4^2 p^3(1-p)^2.$$

于是 $p_2-p_1=3p^2(p-1)^2(2p-1)$,当 $p\geqslant\frac{1}{2}$ 时,$p_2\geqslant p_1$,即对甲来说采用五局三胜制较为有利.

例 3.33 运用概率方法证明不等式,假设 d 为正数 a,b,c,d 中最大的数,证明:
$$a(d-b)+b(d-c)+c(d-a)\leqslant d^2.$$

证明:设事件 A,B,C 相互独立,可令 $P(A)=\frac{a}{d}$,$P(B)=\frac{b}{d}$,$P(C)=\frac{c}{d}$,从而
$$P(A+B+C)=P(A)+P(B)+P(C)-P(AB)-P(AC)-P(BC)+P(ABC)$$
$$=\frac{a}{d}+\frac{b}{d}+\frac{c}{d}-\frac{ab}{d^2}-\frac{ac}{d^2}-\frac{bc}{d^2}+\frac{abc}{d^3}$$
$$>\left(\frac{a}{d}-\frac{ab}{d^2}\right)+\left(\frac{b}{d}-\frac{bc}{d^2}\right)+\left(\frac{c}{d}-\frac{ac}{d^2}\right)$$
$$=\frac{a}{d}\left(1-\frac{b}{d}\right)+\frac{b}{d}\left(1-\frac{c}{d}\right)+\frac{c}{d}\left(1-\frac{a}{d}\right)$$
$$\leqslant 1$$

由此可得，$a(d-b)+b(d-c)+c(d-a) \leq d^2$.

注：由本案例可以看出，在不等式证明的过程中，可以利用概率加法公式及事件独立性来证明. 由于有些不等式的证明往往比较复杂，而且题目的具体含义也比较抽象、难以理解，如果在解题的过程中能够建立适当的概率模型，将概率中一些随机事件或必然事件赋予具体的数据含义，再通过概率论的相关理论，能够使证明过程得到简化. 同时，还能够将抽象的数学问题具体化，为不等式证明等数学问题的研究提供具体的概率背景，有助于加强各个数学分支之间的联系.

3.5.3 伯努利概型

定义 3.8 设随机试验只有两种可能的结果：事件 A 发生（记为 A）或事件 A 不发生（记为 $\bar{A}$），则称这样的试验为**伯努利试验**；设 $P(A)=p$，$P(\bar{A})=1-p$，$0<p<1$，将伯努利试验独立地重复进行 n 次，称这一串重复的独立试验为 n **重伯努利试验**，简称为**伯努利概型**.

伯努利概型是一种很重要的数学模型，其特点是事件 A 在每次试验中发生的概率相同，且不受其他各次试验中 A 是否发生的影响. 而实际应用中，我们经常需要关心在 n 重伯努利试验中事件 A 发生若干次的概率.

定理 3.5 设在一次试验中，事件 A 发生的概率为 p，$0<p<1$，则在 n 重伯努里试验中，事件 A 恰好发生 k 次的概率为

$$C_n^k p^k (1-p)^{n-k}, \quad k=0,1,\cdots,n. \tag{3.11}$$

推论 3.1 设在一次试验中，事件 A 发生的概率为 p，$0<p<1$，则在 n 重伯努里试验中，事件 A 在第 k 次试验中才首次发生的概率为

$$p(1-p)^{k-1}, \quad k=0,1,\cdots,n. \tag{3.12}$$

例 3.34 对 5 人做疫苗试验，试验结果为阳性或阴性，结果为阳性的概率为 0.45，且各人的试验结果相互独立，求恰有 3 人为阳性及至少有 2 人为阳性的概率.

解：设 $A=$ "试验结果为阳性"，则 $P(A)=p=0.45$，$n=5$，

恰有 3 人为阳性的概率：$C_n^3 p^3 (1-p)^{n-3} = C_5^3 \cdot 0.45^3 \cdot (1-0.45)^{5-3} = 0.276$；

至少有 2 人为阳性的概率：

$$1 - C_n^0 p^0 (1-p)^{n-0} - C_n^1 p^1 (1-p)^{n-1}$$
$$= 1 - (1-0.45)^5$$
$$- 5 \cdot 0.45^1 \cdot (1-0.45)^4 = 0.744.$$

3.5.4 独立事件与伯努利概型的 R 实现

下面通过一个例子简要说明计算独立事件的概率的 R 实现方法.

例 3.35 随机抛掷 10 枚均匀的硬币，求至少 1 枚硬币正面朝上的概率？

R 程序：

```
>library(probs)
>S <-tosscoin(10,makespace =TRUE)        #创建样本空间的数据框
>A <-subset(S,isrep(S,vals ="T",nrep=10)) #所求事件的对立事件的数据框
>1-probs(A)
[1]0.9990234
```

伯努利试验是独立重复试验的一种. R 中的 iidspace() 函数是专门针对独立重复试验所设计. 调用格式为 iidspace(x, ntrials,probs), 其中, x 代表一次试验中所有可能的结果, ntrials 代表试验重复的次数, probs 代表在一次试验中每种可能发生的概率.

例 3.36 抛掷一枚非均匀的硬币，连续抛掷三次，每次抛掷中正面朝上的概率为 0.7, 反正朝上的概率为 0.3, 试用 iidspace() 函数创建该随机试验的概率空间.

R 程序：

```
>iidspace(c("H","T"),ntrials =3,probs =c(0.7,0.3))
  X1 X2 X3 probs
1  H  H  H 0.343
2  T  H  H 0.147
3  H  T  H 0.147
4  T  T  H 0.063
5  H  H  T 0.147
6  T  H  T 0.063
7  H  T  T 0.063
8  T  T  T 0.027
```

注：如果函数中没有明确 probs 向量，则默认每种可能的结果等可能发生. 伯努利概型的 R 实现放在离散型随机变量的章节讨论.

习题 3-5

1. 设 A，B 为两随机事件且相互独立，则下列式子正确的是（　　）.

 (A) $P(A \cup B) = P(A) + P(B)$

 (B) $P(AB) = P(B)$

 (C) $P(B|A) = P(A)$

 (D) $P(B|A) = P(B)$

2. 已知 2 次独立重复试验中事件 A 至少成功一次的概率为 $\dfrac{56}{81}$，则一次试验中事件 A 成功的概率 $p = (\quad)$.

 (A) $\dfrac{1}{3}$　(B) $\dfrac{2}{3}$　(C) $\dfrac{4}{9}$　(D) $\dfrac{5}{9}$

3. 一种零件的加工由相互独立的两道工序完成，第一道工序废品率为 p_1，第二道工序废品率为 p_2，则该零件加工的成品率为（　　）.

 (A) $1 - p_1 - p_2$　　(B) $1 - p_1 p_2$

 (C) $1 - p_1 - p_2 + p_1 p_2$　(D) $(1-p_1) + (1-p_2)$

4. 加工某一零件共需经过四道工序，设第一、二、三、四道工序的次品率分别是 2%，3%，5%，3%，假定各道工序是互不影响的，求加工出来的零件的次品率，并给出 R 实现的程序.

5. 某种小树移栽后的成活率为 0.9，一居民小区移栽了 20 棵，求能成活 18 的概率，并给出 R 实现的程序.

6. 一条自动生产线上的产品，次品率为 0.04，求：

 (1) 从中任取 10 件，至少有两件次品的概率；

 (2) 一次取 1 件，无放回地抽取，当取到第二件次品时，之前已取到 8 件正品的概率；

 (3) 利用 R 软件实现第(1)问和第(2)问.

7. 一个袋中装有 10 个球，其中 3 个黑球，7 个白球，每次从中随意取出一球，取后放回.

 (1) 如果共取 10 次，求 10 次中能取到黑球的概率及 10 次中恰好取到 3 次黑球的概率；

 (2) 如果未取到黑球就一直去下去，直到取到黑球为止，求恰好取 3 次的概率及至少取 3 次的概率.

8. 某型号高炮，每门炮发射一发炮弹击中飞机的概率为 0.6，现若干门炮同时各射一发，

 (1) 问：欲以 99% 的概率击中一架来犯的敌机至少需配置几门炮？

 (2) 现有 3 门炮，欲以 99% 的概率击中一架来犯的敌机，问：每门炮的命中率应提高到多少？

3.6　本章小结

3.6.1　内容概要

本章通过随机事件的集合表示，介绍了事件的概念、运算关系和运算律等. 由概率的公理化定义引出概率的若干个重要性质，同时，在不同情形且符合公理化定义的前提下，给出了概率的统计定义、古典定义、几何定义等，这些都为计算随机事件的概率提供了依据.

条件概率的产生是由于考虑了事件之间的影响，当已知条件概率时，则可以用乘法公式、全概率公式、贝叶斯公式来解决一些概率问题. 而当事件之间互相没有影响时，则它们的关系称为独立. 现实中，往往已知事件独立，此时可运用独立的定义即积事件的概率等于概率的积来解决实际问题.

本章知识结构如下：

3.6.2 延伸阅读

英国的彩票问题

"下一个赢家就是你！"(The next winner is you!)这句响亮的具有极大蛊惑性的话是英国彩票的广告词．买一张彩票的诱惑有多大呢？只要你花上 1 英镑，就有可能获得 2200 万英镑！一点小小的投资竟然可能获得天文数字的奖金，这没办法不让人动心，很多人都会想：也许真如广告所说，下一个赢家就是我呢！因此，自从 1994 年 9 月开始发行到现在，英国已有超过 90% 的成年人购买过这种彩票，数以百计的人成为百万富翁．如今在世界各地都流行着类似的游戏，在我国各省各市也发行了各种福利彩票、体育彩票，各地充满诱惑的广告满天飞，而报纸、电视上关于中大奖的幸运儿的报道也热闹非凡，因此吸引了不计其数的人踊跃购买．很简单，只要花 2 元人民币，就可以拥有这么一次机会，试一下自己的运气．但一张彩票的中奖机会有多少呢？

让我们以英国彩票为例来计算一下．英国彩票的规则是 49 选 6，即在 1 至 49 的 49 个号码中选 6 个号码．买一张彩票，你只需要选 6 个号，花 1 英镑而已．在每一轮，有一个专门的摇奖机随机摇出 6 个标有数字的小球，如果 6 个小球的数字都被你选中了，你就获得了头等奖．可是，当我们计算一下在 49 个数字中随意组合其中 6 个数字的方法有多少种时，我们会吓一大跳：从 49 个数中选 6 个数的组合有 13983816 种方法！这就是说，假如你只买了一张彩票，6 个号码全对的机会是大约一千四百万分之一，这个数小得已经无法想象．如果每星期你买 50 张彩票，你赢得一次大奖的时间约为 5000 年；即使每星期买 1000 张彩票，也大致需要 270 年才有一次 6 个号码全对的机会.

从上面的分析可知，这几乎是单个人力不可为的，获奖仅是我们期盼的偶然事件. 那么为什么总有人能成为幸运儿呢？这是因为参与的人数是极其巨大的，人们总是抱着撞大运的心理去参加. 殊不知，彩民们就在这样的幻想中为彩票公司贡献了巨额的财富.

一般情况下，彩票发行者只拿出全部彩金的 45% 作为奖金返还，这意味着无论奖金的比例如何分配，无论彩票的销售总量是多少，彩民平均付出的 1 元钱只能赢得 0.45 元的回报. 从这个平均值出发，这个游戏是绝对不划算的.

从概率的角度解读"狼来了"的故事

"狼来了"的故事家喻户晓. 这里，从概率的角度分析这个故事. 首先，记事件 A = "小孩说谎"，事件 B = "小孩可信". 其次，不妨设村民过去对这个小孩的印象为 $P(B) = 0.8$，$P(\bar{B}) = 0.2$. 计算：这个小孩说谎后，村民对他的可信程度的改变 $P(B_i|A)$ ($i = 1, 2$). 显然，这需要用到贝叶斯公式. 为此，假设根据经验，"可信"的孩子"说谎"的可能性及"不可信"的孩子"说谎"的可能性分别为 $P(A|B) = 0.1$ 及 $P(A|\bar{B}) = 0.5$. 第一 ($i = 1$) 次，小孩呼救"狼来了"，村民上山打狼，发现狼没有来，即小孩说了谎 (事件 A). 村民根据这个信息，对小孩的可信程度改变为

$$P(B_1|A) = \frac{P(AB_1)}{P(A)} = \frac{P(A|B_1)P(B_1)}{P(A)} = \frac{P(A|B)P(B)}{P(A)} = 0.444.$$

这表明村民上了一次当后，对这个小孩的可信程度由原来的 0.8 调整为 0.444，也就是 $P(B) = 0.444$，$P(\bar{B}) = 0.556$. 在此条件下，再一次应用贝叶斯公式计算这个小孩第二次 ($i = 2$) 说谎后，村民对他的可信程度为 $P(B_2|A) = 0.138$. 这表明村民们经过两次上当，对这个小孩的可信程度已经从 0.8 下降到 0.138. 如此低的可信程度，村民听到第三次呼叫怎么再会上山打狼呢？贝叶斯公式为利用搜集到的信息对原有判断进行修正提供了有效手段. 它告诉我们，一个人对世界的认知会随着接收到的信息的变化而改变. 作为信息的产生者，一个人应该诚实守信，向周围人传达"可信"的信息，才可能被别人相信. 否则，便会失去人们的信任. 这个计算结果很直观地说明了诚信的重要性.

数学家介绍：柯尔莫哥洛夫（1930—1987）

苏联科学家，1903 年 4 月生于俄国顿巴夫，1987 年 10 月卒于苏联莫斯科. 1920 年入莫斯科大学学习，1931 年任莫斯科大学

教授后任该校数学所所长,1939年任苏联科学院院士. 他对开创现代数学的一系列重要分支做出了重大贡献. 柯尔莫哥洛夫建立了在测度论基础上的概率论公理系统,奠定了近代概率论的基础,他也是随机过程论的奠基人之一. 1980年由于他在调和分析、概率论、遍历理论等方面的出色工作获沃尔夫奖. 此外,他在信息论、测度论、拓扑学等领域都有重大贡献. 他的工作为数学中的很多领域提供了新方法,开创了新方向,揭示了不同数学领域间的联系,并提供了它们在物理、工程、计算机等学科的应用前景. 他是20世纪最有影响的数学家,是美国、法国、英国等多国院士或皇家学会会员,也是三次列宁勋章的获得者.

托马斯·贝叶斯(1702—1761)

18世纪英国神学家、数学家、数理统计学家和哲学家,概率论理论创始人,贝叶斯统计的创立者,归纳地运用数学概率,从特殊推论一般、从样本推论全体的第一人. 他首先将归纳推理法用于概率论基础理论,并创立了贝叶斯统计理论,对于统计决策函数、统计推断、统计的估算等做出了贡献.

第 4 章
随机变量及其分布

在随机试验中,用来表示随机现象结果的变量称为随机变量. 第 3 章中我们知道随机事件是样本点的集合,而实际上,很多随机事件还可以用随机变量表示. 与普通的变量不同,人们无法事先预知随机变量确切的取值,但可以研究其取值的统计规律性.

4.1 随机变量

4.1.1 随机变量的概念

为更好地揭示随机现象的统计规律性,需将随机试验的结果数量化,即把随机试验的结果与实数对应起来. 我们通过一个例子来引出随机变量的概念.

例 4.1 同时抛掷两颗骰子,观测点数,则样本空间为

$$S = \left\{ \begin{matrix} (1,1) & (1,2) & \cdots & (1,6) \\ (2,1) & (2,2) & \cdots & (2,6) \\ \vdots & \vdots & & \vdots \\ (6,1) & (6,2) & \cdots & (6,6) \end{matrix} \right\},$$

共 36 个样本点. 若记 X 为两个点数之和,则对样本点 (i,j),有 $X = i+j$ 与之对应,$i,j = 1,2,\cdots,6$,例如,试验结果为 $(2,3)$,则 $X = 5$. 而对于随机事件"点数之和等于 5",其集合表示为 $\{(1,4),(2,3),(3,2),(4,1)\}$,即为事件"$X = 5$",所以有 $P(X = 5) = \frac{4}{36}$. 这里的变量 X 取值与试验结果相关,有一定的概率,即为随机变量.

定义 4.1 设随机试验的样本空间为 S,称定义在样本空间 S 上的实值单值函数 $X = X(\omega)$ 为**随机变量**. 随机变量 X 可简记为 r.v X.

随机变量常用大写英文字母 X,Y,Z 等表示,而其具体取值一般采用小写字母. 而事件 $A = \{\omega \mid X(\omega) = a\}$ 简记为 $\{X = a\}$,有 $P(A) = P(X = a)$.

例4.2 在抛掷一枚硬币进行打赌时,若规定出现正面时抛掷者赢1元钱,出现反面时输1元钱,则其样本空间为 $S=\{正面,反面\}$. 若记赢钱数为随机变量 X,则 X 作为样本空间 S 的实值函数定义为

$$X(\omega)=\begin{cases}1,&\omega=正面,\\-1,&\omega=反面.\end{cases}$$

且有 $P(X=1)=P(X=-1)=\dfrac{1}{2}$.

例4.3 在测试灯泡寿命的试验中,每一个灯泡的实际使用寿命可能是 $[0,+\infty)$ 中任何一个实数,若用 X 表示灯泡的寿命(单位:h),则 X 是定义在样本空间 $S=\{t\mid t\geqslant 0\}$ 上的函数,即 $X=X(t)=t$ 是随机变量,而事件"灯泡寿命超过1000h"即为事件 $\{X>1000\}$.

在不少场合,用随机变量表示事件较为简洁明了. 而随机变量的引入,使得研究随机现象统计规律性由对随机事件概率的研究转化为了对随机变量及其取值规律的研究.

随机变量因其取值方式不同,通常分为离散型和非离散型两类. 而非离散型随机变量中最重要的是连续型随机变量. 我们主要讨论离散型随机变量和连续型随机变量.

4.1.2 随机变量的R实现

R中的 `addrv()` 函数可以创建随机变量.

例4.4 抛掷一枚四面的骰子,连续抛掷三次,观察试验结果,分别得到三个随机变量 X_1, X_2, X_3,定义随机变量 $U=X_1-X_2+X_3$. 用R软件求随机变量 U 的取值及对应的概率.

R程序:

```
> library(probs)
> S <- rolldie(3, nsides = 4, makespace = TRUE)    #建立随机试验的样本空间
> S <- addrv(S, U = X1 - X2 + X3)                  #定义随机变量
> head(S)
  X1 X2 X3 U  probs
1  1  1  1 1 0.015625
2  2  1  1 2 0.015625
3  3  1  1 3 0.015625
4  4  1  1 4 0.015625
5  1  2  1 0 0.015625
```

6 2 2 1 1 0.015625

从上述结果可以得到随机变量 U 的取值及对应的概率. 还可以利用 prob() 函数计算随机事件的概率,例如,

> prob(S,U>6)   #随机变量取值大于 6 的概率

[1]0.015625

习题 4-1

1. 随机变量的特征是什么?

2. 盒中有大小相同的 10 个球,编号分别为 0,1,2,…,9,从中任取 1 个,观察号码是"小于 5", "等于 5", "大于 5"的情况,试定义一个随机变量来表达上述随机试验的结果,并写出此随机变量取每一个特定值的概率.

3. 一报童卖报,每份 0.15 元,其成本为 0.10 元. 报馆每天给报童 1000 份报,并规定他不得把卖不出的报纸退回. 设 X 为报童每天卖出的报纸份数,试将报童赔钱这一事件用随机变量的表达式表示.

4.2 离散型随机变量

4.2.1 离散型随机变量及其概率分布

若一个随机变量仅可能取有限或无限可列个值,则称其为**离散型随机变量**. 为描述某个离散型随机变量,我们不仅要了解它能取什么值,还需知道它取这些值的概率.

定义 4.2 设离散型随机变量 X 的所有可能取值为 $x_i, i=1, 2,\cdots$,称

$$P(X=x_i) = p_i, \quad i=1,2,\cdots \tag{4.1}$$

为 X 的**概率分布**或**分布律**. 常用表格形式来表示 X 的概率分布:

X	x_1	x_2	$\cdots$	x_n	$\cdots$
p_i	p_1	p_2	$\cdots$	p_n	$\cdots$

显然,分布律有如下性质:

(1) $p_i \geq 0, i=1,2,\cdots$;   (2) $\sum_i p_i = 1$.

注:利用 X 的分布律可求由其生成的事件概率:

$$P(a \leq X \leq b) = \sum_{a \leq x_i \leq b} p_i. \tag{4.2}$$

例 4.5 设随机变量 X 的概率分布为 $P(X=k) = \dfrac{a}{2^k}, k=1,2,3$,求常数 a 及 $P(X<3 \mid X \neq 2)$,$P(1.5<X<5)$.

解:由分布律的性质得 $\sum\limits_{k=1}^{3} P(X=k) = \dfrac{a}{2} + \dfrac{a}{2^2} + \dfrac{a}{2^3} = \dfrac{7}{8}a = 1$,所

以 $a = \dfrac{8}{7}$,

即随机变量 X 的分布律为

X	1	2	3
P_i	$\dfrac{4}{7}$	$\dfrac{2}{7}$	$\dfrac{1}{7}$

所以 $P(X<3 \mid X \neq 2) = \dfrac{P(X<3, X \neq 2)}{P(X \neq 2)}$

$$= \dfrac{P(X=1)}{1-P(X=2)} = \dfrac{\dfrac{4}{7}}{1-\dfrac{2}{7}} = \dfrac{4}{5},$$

$$P(1.5 < X < 5) = P(X=2) + P(X=3) = \dfrac{2}{7} + \dfrac{1}{7} = \dfrac{3}{7}.$$

注：这里 $P(\{X<3\} \cap \{X \neq 2\}) \stackrel{\text{记为}}{=} P(X<3, X \neq 2)$.

4.2.2 常用离散分布

离散型随机变量非常多，每个离散型随机变量都有一个概率分布，不同的随机变量可以有不同的分布，也可能有相同的分布，但常用的分布并不多．以下介绍几个常用的离散分布．

1. 两点分布

> **定义 4.3** 若离散型随机变量 X 只有两个可能取值，概率分布为
> $$P(X=x_1) = p, \ P(X=x_2) = 1-p, \ 0 < p < 1,$$
> 则称 X 服从 x_1, x_2 处参数为 p 的**两点分布**．

特别地，若 $x_1 = 1$，$x_2 = 0$ 即 X 的概率分布为

X	0	1
P_i	$1-p$	p

则称 X 服从参数为 p 的 **0-1 分布**.

对于一个随机试验，若只有两个可能的结果，即样本空间只含两个样本点，则总能定义一个服从 0-1 分布的随机变量．例如，抛硬币试验，可定义 $X = \begin{cases} 1, & \omega = \text{正面} \\ 0, & \omega = \text{反面} \end{cases}$，则 X 服从参数为 $\dfrac{1}{2}$ 的 0-1 分布.

2. 二项分布

n 重伯努利试验是常见的概率模型．若设 X 为 n 重伯努利试

验中事件 A 发生的次数,而 p 为每次试验中 A 发生的概率,即 $P(A)=p$, $P(\bar{A})=1-p$,则有 $P(X=k) = C_n^k p^k (1-p)^{n-k} (k=0, 1,\cdots,n)$,故特有如下定义:

> **定义 4.4** 若离散型随机变量 X 的概率分布为
> $$P(X=k) = C_n^k p^k (1-p)^{n-k}, k=0,1,\cdots,n, \qquad (4.3)$$
> 则称 X 服从参数为 n, p 的**二项分布**,记为 $X \sim b(n,p)$(或 $B(n,p)$).
> 容易验证 $P(X=k) \geqslant 0 (k=0,1,\cdots,n)$, $\sum_{k=0}^{n} P(X=k) = 1$.

注:当 $n=1$ 时,X 服从参数为 p 的 $0-1$ 分布,也即 $0-1$ 分布是二项分布的一个特例.另外,n 重伯努利试验是二项分布的背景,因此试验的"独立性"是二项分布必要条件.

如图 4.1 所示是 $n=10$, $p=0.7$ 时二项分布的概率分布图,可见当 k 增加时,$P(X=k)$ 先增加后减少,一般的二项分布都具有此特点.

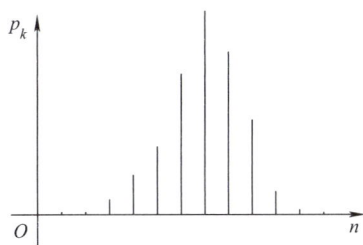

图 4.1 $b(10,0.7)$ 概率分布图

例 4.6 某篮球运动员投篮命中的概率为 0.4,独立投篮 6 次,求只投中两次和至少投中两次的概率.

解:设投中的次数为 X,则 $X \sim b(6, 0.4)$,X 的分布律为
$P(X=k) = C_6^k \cdot 0.4^k \cdot (1-0.4)^{6-k}$, $k=0,1,\cdots,6$,所以
$P(X=2) = C_6^2 \cdot 0.4^2 \cdot (1-0.4)^{6-2} = 0.311$,
$P(X \geqslant 2) = 1 - P(X=0) - P(X=1) = 1 - (1-0.4)^6 - 6 \cdot 0.4 \cdot (1-0.4)^5 = 0.767$.

例 4.7 某销售公司与 10 位客户有业务往来,据公司调查统计,每一位客户在 1min 内平均占线 12s,并且每位客户任意时刻是否使用电话是相互独立的,为保证任意时刻每位客户打电话时能接通的概率不小于 0.99,公司应当装多少条线路?

解：设任意时刻打电话的客户的人数为随机变量 X，已知每位客户在任意时刻打电话的概率为 $\frac{12}{60} = 0.2$，且每位客户在任意时刻是否打电话相互独立，故 $X \sim b(10, 0.2)$，则有 X 的分布律为

$$P(X = k) = C_{10}^{k} \cdot 0.2^k \cdot (1 - 0.2)^{10-k}, \quad k = 0, 1, \cdots, 10,$$ 所以

$$P(X \leqslant x) = \sum_{k=0}^{x} C_{10}^{k} \cdot 0.2^k \cdot (1 - 0.2)^{10-k} \geqslant 0.99,$$

当 $x \geqslant 5$ 时上式成立，即公司至少应装 5 条线路才能够保证在任意时刻每位客户打电话时能接通的概率不小于 0.99.

例 4.8 设随机变量 $X \sim b(2, p)$，$Y \sim b(3, p)$，若 $P(X \geqslant 1) = \frac{5}{9}$，求 $P(Y \geqslant 1)$.

解：由 $P(X \geqslant 1) = \frac{5}{9}$，得 $P(X = 0) = \frac{4}{9}$，即 $(1-p)^2 = \frac{4}{9}$，解得 $p = \frac{1}{3}$，

所以 $P(Y \geqslant 1) = 1 - P(Y = 0) = 1 - \left(1 - \frac{1}{3}\right)^3 = \frac{19}{27}$.

3. 泊松分布

泊松分布是概率论中最重要的几个分布之一，实际问题中许多随机现象对应的随机变量都服从或近似服从泊松分布．例如，一天内进入某商店的顾客数、放射性物质发射出的粒子数、服务系统中对服务的呼唤数、产品的缺陷（如布匹上的疵点）数、一定时期内出现的稀有事件（如意外事故、灾害）等都以泊松分布为其概率模型．泊松分布广泛存在于社会生活的许多方面，它在运筹学及管理科学中也有重要的地位．其具体定义如下：

定义 4.5 若离散型随机变量 X 的概率分布为

$$P(X = k) = \frac{\lambda^k}{k!} e^{-\lambda}, \quad k = 0, 1, 2, \cdots \tag{4.4}$$

则称 X 服从参数为 λ 的**泊松分布**，记为 $X \sim p(\lambda)$（或 $\pi(\lambda)$）.

显然 $P(X = k) \geqslant 0$，$k = 0, 1, \cdots, n$，而 $\sum_{k=0}^{\infty} P(X = k) = \sum_{k=0}^{\infty} \frac{\lambda^k}{k!} e^{-\lambda} = e^{-\lambda} \cdot \sum_{k=0}^{\infty} \frac{\lambda^k}{k!} = e^{-\lambda} \cdot e^{\lambda} = 1$.

图 4.2 是 $\lambda = 12$ 时泊松分布的概率分布图，与二项分布具有相似的特点．另外，泊松分布的概率值一般都可查表得到，不需要计算．

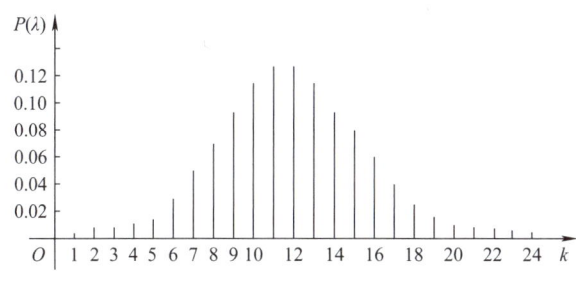

图 4.2 $p(12)$ 概率分布图

例 4.9 某放射性物质 1ms 内放出的阿尔法粒子数是随机的,它服从参数为 4 的泊松分布. 求该放射性物质在 1ms 内放出 6 个阿尔法粒子和至少放出 3 个阿尔法粒子的概率.

解：设 1ms 内放出的阿尔法粒子数为 X，则 $X \sim p(4)$，X 的分布律为

$$P(X=k) = \frac{4^k}{k!} e^{-4}, \ k=0,1,2,\cdots, \text{ 所以 } P(X=6) = \frac{4^6}{6!} e^{-4} = 0.104,$$

$$P(X \geqslant 3) = 1 - P(X=0) - P(X=1) - P(X=2)$$
$$= 1 - e^{-4} - 4e^{-4} - 8e^{-4} = 0.762.$$

注：历史上，泊松分布作为二项分布的近似于 1837 年被法国数学家泊松引入. 在 n 重伯努利试验中，事件 A 在每次试验中发生的概率为 p_n（与试验的次数 n 有关），如果 $n \to \infty$ 时，有 $np_n \to \lambda$，$\lambda > 0$ 为常数，则对任意给定的 k，有 $\lim_{n \to \infty} b(k;n,p_n) = \frac{\lambda^k}{k!} e^{-\lambda}$，其中 $b(k;n,p_n) = C_n^k p_n^k (1-p_n)^{n-k}$. 简言之，在 n 充分大时，若 X 服从 $b(n,p)$，则有 X 近似服从 $p(\lambda)$，其中 $\lambda = np$.

例 4.10 某人独立射击 5000 次，每次命中率均为 0.001，求至少命中两次的概率.

解：设命中次数为 X，则 $X \sim b(5000, 0.001)$，X 的分布律为

$$P(X=k) = C_{5000}^k \cdot 0.001^k \cdot (1-0.001)^{5000-k}, \ k=0,1,\cdots,5000, \text{ 所以}$$

$$P(X \geqslant 2) = 1 - P(X=0) - P(X=1) = 1 - 0.999^{5000} - 5000 \cdot 0.001 \cdot 0.999^{4999} \approx 0.95964.$$

显然依二项分布解，计算较为麻烦. 此例中，由于试验次数 5000 足够大，因此我们可利用泊松分布近似二项分布，简化计算，具体如下：

$\lambda = np = 5000 \times 0.001 = 5$，则 $X \sim p(5)$，X 的分布律为

$$P(X=k) = \frac{5^k}{k!}e^{-5}, \quad k=0,1,2,\cdots,\ \text{所以},$$

$$P\{X \geq 2\} = 1 - P(X=0) - P(X=1) = 1 - e^{-5} - 5 \cdot e^{-5} \approx 0.95957.$$

由结果可见，近似效果很好.

4. 几何分布

在 n 重伯努利试验中，p 为每次试验中事件 A 发生的概率. 若设 X 为事件 A 首次发生时的试验次数，则 X 的可能取值为 $1,2,3,\cdots$，称 X 服从**几何分布**，记为 $X \sim \text{Ge}(p)$，其概率分布为

$$P(X=k) = (1-p)^{k-1}p, \quad k=1,2,\cdots. \tag{4.5}$$

实际中有不少随机变量服从几何分布，例如，某产品的不合格品率为 0.03，则首次查到不合格品的检查次数 $X \sim \text{Ge}(0.03)$；某射手的命中率为 0.9，则他首次击中目标的射击次数 $Y \sim \text{Ge}(0.9)$；掷一颗骰子，首次出现点数 6 的投掷次数 $Z \sim \text{Ge}\left(\frac{1}{6}\right)$.

5. 超几何分布

从一个有限总体中进行不放回抽样常会遇到超几何分布. 设有 N 个产品，其中有 M 个不合格品. 若从中不放回地随机抽取 n 个，则其中含有不合格品的个数 X 服从**超几何分布**，记为 $X \sim h(n,N,M)$，其概率分布为

$$P(X=k) = \frac{C_M^k C_{N-M}^{n-k}}{C_N^n}, \quad k=0,1,\cdots,r. \tag{4.6}$$

其中 $r = \min(M,n)$，且 $M \leq N$，$n \leq N$，n，N，M 均为正整数.

注：当 $n \ll N$ 时，即抽取产品的个数远小于产品总数时，每次抽取后，总体中的不合格品率 $p = \frac{M}{N}$ 改变甚微，所以不放回抽样可以近似地看成放回抽样，这时超几何分布可用二项分布近似：

$$\frac{C_M^k C_{N-M}^{n-k}}{C_N^n} \approx C_n^k p^k (1-p)^{n-k}, \quad \text{其中}\ p = \frac{M}{N}. \tag{4.7}$$

超几何分布也是一种常见的离散分布，它在抽样技术与应用中占有重要地位.

例 4.11 已知 100 件产品中有 5 件次品，现从中有放回地取 3 次，每次任取 1 件. 求：在所取的 3 件中恰有 2 件次品的概率；当抽取到第 4 次时首次取到次品的概率；若将"有放回"改为"不放回"，则所取的 3 件中恰有 2 件次品的概率.

解：有放回取时，设 X 为 3 件中的次品数，则 $X \sim b(3, 0.05)$，

所以 $P(X=2) = C_3^2\, 0.05^2\, (1-0.05)^{3-2} = 0.007125$；

设 Y 为有放回地取时，首次取到次品的抽取次数，则 $Y \sim$ Ge(0.05)，

所以 $P(Y=4) = (1-0.05)^{4-1} \cdot 0.05 = 0.045125$；

不放回取时，设 Z 为 3 件中的次品数，则 $Z \sim h(3,100,5)$，

所以 $P(Z=2) = \dfrac{C_5^2 C_{95}^1}{C_{100}^3} = 0.00588$.

4.2.3 离散型随机变量的 R 实现

R 中 dbinom() 函数可计算二项分布某点的概率值，调用格式为 dbinom(x,size,prob)，其中，x 表示观察事件发生的次数，可以取单个整数值，也可以取向量，size 表示试验次数，prob 表示观察事件发生的概率.

例 4.12 利用 R 软件给出随机变量 $X \sim b(4,0.5)$ 的概率分布并求 $P(X=2)$.

R 程序：

```
>dbinom(0:4,4,0.5)        #计算分布律
[1]0.0625 0.2500 0.3750 0.2500 0.0625
```

或者

```
>dbinom(c(0:4),4,0.5)     #计算分布律
[1]0.0625 0.2500 0.3750 0.2500 0.0625
>dbinom(2,4,0.5)          #计算P(X=2)
[1]0.375
```

R 中函数可以计算二项分布的累积概率. 调用格式为 pbinom(q,size,prob)，其中，q 表示观察事件累积发生的次数，size 表示试验次数，prob 表示观察事件发生的概率.

例 4.13 已知随机变量 $X \sim b(4,0.5)$，利用 R 软件计算 $P(2 \leqslant X \leqslant 4)$.

R 程序：

```
>pbinom(4,size=4,prob=1/2)-pbinom(1,size=4,prob=1/2)
[1]0.6875
```

或者，

```
>diff(pbinom(c(1,4),size=4,prob=1/2))
[1]0.6875
```

二项分布还可以通过程序包 distr 中的 Binom(size, prob) 函数来定义，其中，size 表示试验次数，prob 表示观察事件发生的概率. 例如，在例 4.11 中，随机变量 X 的分布可通过

如下命令得到:

```
>library(distr)
>X<-Binom(size=4,prob=1/2)    #将随机变量存储在对象 X 中
>X
Distribution Object of Class: Binom
size: 4
prob: 0.5
>d(X)(2)                      #计算 P(X=2)
[1]0.375
>p(X)(3)                      #计算 P(X<=3)
[1]0.9375
```

R 中调用 dpois(x,lambda) 函数可计算泊松分布某点取值的概率,其中,x 表示随机变量的取值,lambda 表示泊松分布的参数;调用 ppois(x,lambda) 函数计算泊松分布累积取值的概率.

例 4.14 给出例 4.9 的 R 实现程序.

R 程序:

```
>dpois(6,4)        #计算 P(X=6)的概率
[1]0.1041956
>1-ppois(2,4)     #计算 P(X>=3)概率
[1]0.7618967
```

R 中通过调用函数 dgeom(x,prob) 可计算几何分布,其中,x 表示观察事件首次成功前失败的次数,prob 表示观察事件发生的概率;调用 dhyper(x,m,n,k) 函数可计算超几何分布,其中,x 表示不合格品的个数,m 表示不合格品个数,n 表示合格品个数,k 表示抽取产品的个数.

例 4.15 给出例 4.11 的 R 实现程序.

R 程序:

```
>dbinom(2,3,0.05)      #计算二项分布
[1]0.007125
>dgeom(4,0.05)         #计算几何分布
[1]0.04072531
>dhyper(2,5,95,3)      #计算超几何分布
[1]0.005875077
```

R 中也可以自己定义某离散型随机变量的概率分布. 例如,需定义随机变量 X 的概率分布为

第 4 章　随机变量及其分布

X	0	1	2	3
p_i	$\frac{1}{8}$	$\frac{3}{8}$	$\frac{3}{8}$	$\frac{1}{8}$

则可执行如下命令：

```
> library(distrEx)
> X < -DiscreteDistribution(supp=0:3,prob=c(1,3,3,1)/8)
> X
Distribution Object of Class: DiscreteDistribution
```

习题 4-2

1. 随机变量 X 的分布律为 $P(X=k)=\frac{k}{10}$，$k=1,2,3,4$，则 $P(X^2-3X=4)=(\quad)$.

(A) 0.1　　(B) 0.2　　(C) 0.4　　(D) 0.5

2. 已知随机变量可取 $-1,0,1,2$ 四个值，相应概率依次为 $\frac{1}{2c},\frac{3}{4c},\frac{5}{8c},\frac{7}{16c}$，试确定常数 c，并计算 $P(X<1\mid X\neq 0)$.

3. 一汽车沿一街道行驶，需要通过三个均设有红绿信号灯的路口，每个信号灯为红或绿与其他信号灯为红或绿相互独立，且红、绿两种信号灯显示的时间相等．以 X 表示该汽车首次遇到红灯前已通过的路口的个数，求 X 的概率分布，并给出 R 软件实现的程序．

4. 设有 80 台同类型设备，各台工作是相互独立的，发生故障的概率都是 0.01，且一台设备的故障能由一个人处理．考虑两种配备维修工人的方法，其一是由 4 人维护，每人负责 20 台；其二是由 3 人共同维护 80 台．试比较这两种方法在设备发生故障时不能及时维修的概率的大小，并给出 R 软件实现的程序．

5. 某一城市每天发生火灾的次数服从参数 $\lambda=0.8$ 的泊松分布，求该城市一天内 $\lambda=5$ 发生 3 次或 3 次以上火灾的概率，并给出 R 软件实现的程序．

6. 一家商店采用科学管理，由该商店过去的销售记录知道，某种商品每月的销售数可以用参数的泊松分布来描述，为了以 95% 以上的概率保证不脱销，问商店在月底至少应进某种商品多少件？

7. 某射手连续向一目标射击，直到命中为止，已知他每发命中的概率是 p，求所需射击发数 X 的概率分布．

8. 自 1875 年至 1955 年中的某 63 年间，上海市夏季（5~9 月）共发生大暴雨 180 次，试建立上海市夏季暴雨发生次数的概率分布模型．

4.3　分布函数

为了描述随机变量 X 的统计规律，就要掌握 X 的取值及其概率．而随机事件又往往由随机变量的一些取值表示．例如，

记 X 为掷一颗骰子出现的点数，则 $A=$"点数小于 3"可表示为 $\{X<3\}$；

记 Y 为一天内到达某商场的顾客数，则 $B=$"至少来 1000 位顾客"可表示为 $\{Y\geq 1000\}$；

记 T 为某灯泡的使用寿命，则 $C=$"寿命在 5000 到 10000 小时之间"可表示为 $\{5000\leq T\leq 10000\}$．

甚至有时一些随机事件表面上是随机变量的某一取值，而其

实用随机变量的取值范围表示更为合理,例如:上述 T 为某灯泡的使用寿命,则 D = "寿命为8000h"可表示为 $\{T=8000\}$,而其实我们不会严格要求寿命正好8000h(一分一秒都不差),只要在8000h 附近的小区间内都认为寿命为8000h,因此此时 D 表示为 $\{8000-\Delta x \leqslant T \leqslant 8000+\Delta x\}$ 更合理.

由于 $\{a < X \leqslant b\} = \{X \leqslant b\} - \{X \leqslant a\}$,$\{X > c\} = S - \{X \leqslant c\}$,也即我们若能掌握随机变量 X 小于等于某个值的概率即可描述随机变量 X 的统计规律. 为此,我们引入随机变量分布函数的概念.

4.3.1 分布函数的概念

定义 4.6 设 X 是一个随机变量,称
$$F(x) = P(X \leqslant x), \quad -\infty < x < +\infty \tag{4.8}$$
为 X 的**分布函数**. 有时记作 $X \sim F(x)$ 或 $F_X(x)$.

注:分布函数 $F(x)$ 在 x 处的函数值为随机变量 X 落在区间 $(-\infty, x]$ 上的概率,故 $0 \leqslant F(x) \leqslant 1$;对任意实数 $a < b$,有
$$P(a < X \leqslant b) = P(X \leqslant b) - P(X \leqslant a) = F(b) - F(a). \tag{4.9}$$
可以验证,分布函数有如下性质:

(1) 单调非减:若 $x_1 < x_2$,则 $F(x_1) \leqslant F(x_2)$;
(2) $F(-\infty) = \lim\limits_{x \to -\infty} F(x) = 0$,$F(+\infty) = \lim\limits_{x \to +\infty} F(x) = 1$;
(3) 右连续性:即 $\lim\limits_{x \to x_0^+} F(x) = F(x_0)$.

例 4.16 已知 $F(x) = A + B\arctan x \,(-\infty < x < +\infty)$ 为随机变量 X 的分布函数,求常数 A,B 及 $P(-1 < X \leqslant 1)$.

解:由 $F(-\infty) = A - \dfrac{\pi}{2}B = 0$,$F(+\infty) = A + \dfrac{\pi}{2}B = 1$,解得 $A = \dfrac{1}{2}$,$B = \dfrac{1}{\pi}$,

所以 $F(x) = \dfrac{1}{2} + \dfrac{1}{\pi}\arctan x$,

因此 $P(-1 < X \leqslant 1) = F(1) - F(-1) = \left(\dfrac{1}{2} + \dfrac{1}{\pi} \cdot \dfrac{\pi}{4}\right) - \left(\dfrac{1}{2} + \dfrac{1}{\pi} \cdot \left(-\dfrac{\pi}{4}\right)\right) = \dfrac{1}{2}$.

4.3.2 离散型随机变量的分布函数

设离散型随机变量 X 的概率分布为

第4章 随机变量及其分布

X	x_1	x_2	$\cdots$	x_n	$\cdots$
p_i	p_1	p_2	$\cdots$	p_n	$\cdots$

则 X 的分布函数为

$$F(x) = P(X \leqslant x) = \sum_{x_i \leqslant x} P(X = x_i) = \sum_{x_i \leqslant x} p_i. \quad (4.10)$$

即为

当 $x < x_1$ 时,$F(x) = 0$;

当 $x_1 \leqslant x < x_2$ 时,$F(x) = P(X = x_1) = p_1$;

当 $x_2 \leqslant x < x_3$ 时,$F(x) = P(X = x_1) + P(X = x_2) = p_1 + p_2$;

$\vdots$

当 $x_{n-1} \leqslant x < x_n$ 时,

$F(x) = P(X = x_1) + P(X = x_2) + \cdots + P(X = x_{n-1}) = p_1 + p_2 + \cdots + p_{n-1}$;

$\vdots$

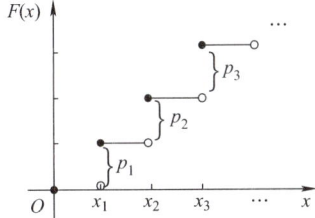

图 4.3 离散型随机变量的分布函数图示

注:如图 4.3 所示,离散型随机变量的分布函数是一个阶梯形曲线.反之,若一个随机变量的分布函数是一个阶梯形曲线,则其一定是离散型随机变量.

例 4.17 设随机变量 X 的分布律为

X	0	1	2
p_i	$\dfrac{1}{3}$	$\dfrac{1}{6}$	$\dfrac{1}{2}$

,求其分布函数 $F(x)$.

解:$F(x) = P(X \leqslant x)$,则有

当 $x < 0$ 时,$F(x) = 0$;

当 $0 \leqslant x < 1$ 时,$F(x) = P(X = 0) = \dfrac{1}{3}$;

当 $1 \leqslant x < 2$ 时,$F(x) = P(X = 0) + P(X = 1) = \dfrac{1}{3} + \dfrac{1}{6} = \dfrac{1}{2}$;

当 $x \geqslant 2$ 时,$F(x) = P(X = 0) + P(X = 1) + P(X = 2) = \dfrac{1}{3} + \dfrac{1}{6} +$

$\frac{1}{2} = 1$,

即 $F(x) = \begin{cases} 0, & x < 0, \\ \frac{1}{3}, & 0 \leqslant x < 1, \\ \frac{1}{2}, & 1 \leqslant x < 2, \\ 1, & x \geqslant 2. \end{cases}$

例 4.18 设随机变量 X 的分布函数为

$$F(x) = \begin{cases} 0, & x < 1, \\ 0.2, & 1 \leqslant x < 2, \\ 0.5, & 2 \leqslant x < 3, \\ 1, & x \geqslant 3. \end{cases}$$

求 X 的概率分布.

解：随机变量 X 为离散型随机变量，X 可取 1，2，3，而
$P(X=1) = P(X \leqslant 1) = F(1) = 0.2$,
$P(X=2) = P(1 < X \leqslant 2) = F(2) - F(1) = 0.5 - 0.2 = 0.3$,
$P(X=3) = P(2 < X \leqslant 3) = F(3) - F(2) = 1 - 0.5 = 0.5$,

所以 X 的概率分布为

X	1	2	3
p_i	0.2	0.3	0.5

.

实际上，离散型随机变量分布函数的跳跃间断点就是它所有可能的取值，而跳跃度恰好为取值的概率．

例 4.19 设一盒中有 5 个纪念章，编号分别为 1，2，3，4，5，现从中等可能地任取 3 个，用 X 表示取出的纪念章的最大号码，求 X 的概率分布和分布函数．

解：随机变量 X 为离散型随机变量，X 可取 3，4，5，而

$$P(X=3) = \frac{1}{C_5^3} = \frac{1}{10}, \quad P(X=4) = \frac{C_3^2}{C_5^3} = \frac{3}{10}, \quad P(X=5) = \frac{C_4^2}{C_5^3} = \frac{6}{10},$$

所以 X 的概率分布为

X	3	4	5
p_i	0.1	0.3	0.6

，

分布函数为 $F(x) = \begin{cases} 0, & x < 3, \\ 0.1, & 3 \leqslant x < 4, \\ 0.4, & 4 \leqslant x < 5, \\ 1, & x \geqslant 5. \end{cases}$

离散型随机变量求概率分布即求其所有可能的取值和取这些值的概率．

4.3.3 分布函数的 R 实现

R 中二项分布、泊松分布、几何分布及超几何分布的分布函数可以通过调用 pbinom()、ppois()、pgeom() 及 phyper() 函数实现.

例 4.20 已知离散型随机变量 $X \sim b(4,0.5)$，利用 R 软件求随机变量的分布函数.

R 程序：

>pbinom(0:4,4,0.5)

[1]0.0625 0.3125 0.6875 0.9375 1.0000

上述结果表示 $P(0 \leqslant X<1)=0.0625$，$P(1 \leqslant X<2)=0.3125$，$P(2 \leqslant X<3)=0.6875$，$P(3 \leqslant X<4)=0.9375$，$P(X>4)=1$.

习题 4-3

1. 设 $F(x)$ 是随机变量 X 的分布函数，则下列函数中一定不是分布函数的是( ).

   (A) $F^2(x)$ (B) $F^3(x)$
   (C) $F(2x)$ (D) $2F(x)$

2. 假设离散型随机变量 X 的分布函数有 n 个间断点，则 X 有( )个不同的可能取值.

   (A) $n+1$ (B) n
   (C) $n-1$ (D) 不确定

3. 判别下列函数是否为某随机变量的分布函数

   (1) $F(x) = \begin{cases} 0, & x<-2, \\ \dfrac{1}{2}, & -2 \leqslant x<0, \\ 1, & x \geqslant 0; \end{cases}$

   (2) $F(x) = \begin{cases} 0, & x<0, \\ \sin x, & 0 \leqslant x<\pi, \\ 1, & x \geqslant \pi; \end{cases}$

   (3) $F(x) = \begin{cases} -1, & x<0, \\ x+\dfrac{1}{2}, & 0 \leqslant x<\dfrac{1}{2}, \\ 1, & x \geqslant \dfrac{1}{2}. \end{cases}$

4. 设随机变量 X 的分布函数为

   $F(x) = \begin{cases} 0, & x<-1, \\ 0.4, & -1 \leqslant x<1, \\ 0.8, & 1 \leqslant x<3, \\ 1, & x \geqslant 3, \end{cases}$ 求 X 的概率分布及

   $P(X<2 \mid X \neq 1)$.

5. 设随机变量 X 的概率分布为

X	-1	2	3
p_i	$\dfrac{1}{4}$	$\dfrac{1}{2}$	$\dfrac{1}{4}$

   求 X 的分布函数及 $P\left(X \leqslant \dfrac{1}{2}\right)$，$P\left(\dfrac{3}{2}<X \leqslant \dfrac{5}{2}\right)$，$P(2 \leqslant X \leqslant 3)$.

4.4 连续型随机变量

4.4.1 连续型随机变量及其概率密度

连续型随机变量的所有可能取值会遍布某个区间，在这个区间内有不可列个实数，因此描述连续型随机变量的概率分布不能再用离散型随机变量的分布律形式表示，而要改用概率密度函数

表示.

> **定义 4.7** 如果对随机变量 X 的分布函数 $F(x)$，存在非负可积函数 $f(x)$，使得对于任意实数 x 有
> $$F(x) = P(X \le x) = \int_{-\infty}^{x} f(t)\,dt, \quad (4.11)$$
> 则称 X 为**连续型随机变量**，称 $f(x)$ 为 X 的**概率密度函数**，简称为概率密度或密度函数.

显然，概率密度有如下性质：

(1) $f(x) \ge 0$；　　(2) $\int_{-\infty}^{+\infty} f(x)\,dx = 1$.

注：上述性质的几何意义如图 4.4 和图 4.5 所示. 反之，若一个函数满足上述性质，则其一定可作为某连续型随机变量的密度函数.

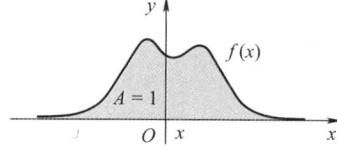

图 4.4　概率密度几何意义(1)　　图 4.5　概率密度几何意义(2)

关于概率密度的说明：

1. 对一个连续型随机变量 X，若已知其密度函数 $f(x)$，则根据定义，可求得其分布函数 $F(x)$. 同时，还可求得 X 的取值落在任意区间 $(a,b]$ 上的概率：

$$P\{a < X \le b\} = F(b) - F(a) = \int_a^b f(x)\,dx; \quad (4.12)$$

2. 由于 $P(X=a) = \lim_{\Delta x \to 0^+} P(a - \Delta x < X \le a) = \lim_{\Delta x \to 0^+} \int_{a-\Delta x}^{a} f(x)\,dx = 0$，所以连续型随机变量 X 取任一值的概率为 0，说明概率为 0 的事件不一定是不可能事件，且有 $P(a < X \le b) = P(a \le X < b) = P(a \le X \le b) = P(a < X < b)$；

3. 若 $f(x)$ 在点 x 处连续，则 $F'(x) = f(x)$.

例 4.21 设随机变量 X 的分布函数为

$$F(x) = \begin{cases} 0, & x \le 0, \\ x^2, & 0 < x < 1, \\ 1, & x \ge 1, \end{cases}$$

求 (1) $P(0.3 < X < 0.7)$；(2) X 的密度函数.

解：(1) $P(0.3 < X < 0.7) = F(0.7) - F(0.3) = 0.7^2 - 0.3^2 = 0.4$；

(2) X 的密度函数为

$$f(x) = F'(x) = \begin{cases} 0, & x \leq 0 \\ 2x, & 0 < x < 1 \\ 0, & x \geq 1 \end{cases} = \begin{cases} 2x, & 0 < x < 1, \\ 0, & \text{其他}. \end{cases}$$

由于连续型随机变量 X 取任一值的概率为 0，因此上述例 4.21 中求密度函数可对分布函数直接求导而不必单独讨论分段点处的导数情况.

例 4.22 设随机变量 X 的密度函数为

$$f(x) = \begin{cases} a\cos x, & -\dfrac{\pi}{2} \leq x \leq \dfrac{\pi}{2}, \\ 0 & \text{其他}, \end{cases}$$

求 (1) 常数 a；(2) X 的分布函数；(3) $P\left(-\dfrac{\pi}{3} \leq x \leq \dfrac{\pi}{3}\right)$.

解：(1) $\int_{-\infty}^{+\infty} f(x)\mathrm{d}x = \int_{-\frac{\pi}{2}}^{\frac{\pi}{2}} a\cos x \mathrm{d}x = a\sin x \Big|_{-\frac{\pi}{2}}^{\frac{\pi}{2}} = 2a = 1$，所以 $a = \dfrac{1}{2}$；

(2) $F(x) = \int_{-\infty}^{x} f(t)\mathrm{d}t$，所以

当 $x < -\dfrac{\pi}{2}$ 时，$F(x) = \int_{-\infty}^{x} 0 \mathrm{d}t = 0$，

当 $-\dfrac{\pi}{2} \leq x \leq \dfrac{\pi}{2}$ 时，$F(x) = \int_{-\infty}^{-\frac{\pi}{2}} 0 \mathrm{d}t + \int_{-\frac{\pi}{2}}^{x} a\cos t \mathrm{d}t = \dfrac{1}{2}(\sin x + 1)$，

当 $x > \dfrac{\pi}{2}$ 时，$F(x) = \int_{-\infty}^{-\frac{\pi}{2}} 0 \mathrm{d}t + \int_{-\frac{\pi}{2}}^{\frac{\pi}{2}} a\cos t \mathrm{d}t + \int_{\frac{\pi}{2}}^{x} 0 \mathrm{d}t = 1$，

即 X 的分布函数为 $F(x) = \begin{cases} 0, & x < -\dfrac{\pi}{2}, \\ \dfrac{1}{2}(\sin x + 1), & -\dfrac{\pi}{2} \leq x \leq \dfrac{\pi}{2}, \\ 1, & x > \dfrac{\pi}{2}; \end{cases}$

(3) $P\left(-\dfrac{\pi}{3} \leq X \leq \dfrac{\pi}{3}\right) = \int_{-\frac{\pi}{3}}^{\frac{\pi}{3}} f(x)\mathrm{d}x = \int_{-\frac{\pi}{3}}^{\frac{\pi}{3}} \dfrac{1}{2}\cos x \mathrm{d}x = \dfrac{\sqrt{3}}{2}$.

例 4.23 某城市每天的用电量不超过 100 万度，以随机变量 X 表示每天的耗电率(即用电量除以 100 万度)，它的概率密度为

$$f(x) = \begin{cases} 12x(1-x^2), & 0 < x < 1, \\ 0, & \text{其他}, \end{cases}$$

若该城市每天的供电量仅有 80 万度，则供电量不足的概率为多少？如果每天的供电量是 90 万度，又是怎样的情况呢？

解：$P(X > 0.8) = \int_{0.8}^{1} 12x(1-x^2)\mathrm{d}x = 0.3888$，因此若每天的供电量仅有80万度，则供电量不足的概率为0.3888.

$$P(X > 0.9) = \int_{0.9}^{1} 12x(1-x^2)\mathrm{d}x = 0.1083,$$

因此若每天的供电量为90万度，则供电量不足的概率减小到0.1083.

注：连续型随机变量在客观世界和人类社会中普遍存在，几乎所有连续变化的量都可以看作连续型随机变量，如人的身高、体重、星球的质量等.

4.4.2 常用连续型分布

连续型随机变量非常之多，每个连续型随机变量都有一个概率密度. 以下介绍几个常用的连续分布.

1. 均匀分布

均匀分布的背景可视为随机点 X 落在区间 (a,b) 上的位置. 均匀分布在实际中经常使用，具体定义如下：

> **定义 4.8** 若连续型随机变量 X 的概率密度为
> $$f(x) = \begin{cases} \dfrac{1}{b-a}, & a < x < b, \\ 0, & \text{其他}, \end{cases} \tag{4.13}$$
> 则称 X 在区间 (a,b) 上服从**均匀分布**，记为 $X \sim U(a,b)$.

容易验证，$f(x) \geqslant 0$；$\int_{-\infty}^{+\infty} f(x)\mathrm{d}x = 1$；$X$ 的分布函数为

$$F(x) = \begin{cases} 0, & x \leqslant a, \\ \dfrac{x-a}{b-a}, & a < x < b, \\ 1, & x \geqslant b. \end{cases}$$

注：若 $X \sim U(a,b)$，任取 $(c, c+l) \subset (a,b)$，有

$$P(c < X < c+l) = \int_{c}^{c+l} f(x)\mathrm{d}x = \int_{c}^{c+l} \frac{1}{b-a}\mathrm{d}x = \frac{l}{b-a},$$

故 X 落在 (a,b) 中任意等长度的子区间内的概率相同.

例 4.24 某公共汽车站从6:00起，每10min来一班车，如果乘客到达此站时间 X 是在7:00到7:20之间服从均匀分布的随机变量，试求他候车时间少于3min的概率.

解：以7:00为起点 0（单位：min），则 $X \sim U(0, 20)$，密度函数为

$$f(x) = \begin{cases} \dfrac{1}{20}, & 0 < x < 20, \\ 0, & 其他, \end{cases}$$

为使候车时间 X 少于 $3\min$，乘客必须在 $7:07$ 到 $7:10$ 之间，或在 $7:17$ 到 $7:20$ 之间到达车站，故所求概率为

$$P(7 < X < 10) + P(17 < X < 20) = \int_7^{10} \frac{1}{20} \mathrm{d}x + \int_{17}^{20} \frac{1}{20} \mathrm{d}x = \frac{3}{10}.$$

例 4.25 设随机变量 X 在区间 $(0,10)$ 上服从均匀分布，对 X 进行四次独立观测，求至少有三次取值大于 5 的概率.

解：$X \sim U(0,10)$，密度函数为 $f(x) = \begin{cases} \dfrac{1}{10}, & 0 < x < 10, \\ 0, & 其他. \end{cases}$

设随机变量 Y 为四次观测中 X 取值大于 5 的次数，则 $X \sim b(4,p)$，其中

$$p = P(X > 5) = \int_5^{+\infty} f(x)\mathrm{d}x = \int_5^{10} \frac{1}{10}\mathrm{d}x = \frac{1}{2},$$

所以 Y 的分布律为

$$P(Y = k) = \mathrm{C}_4^k \cdot \left(\frac{1}{2}\right)^k \cdot \left(1 - \frac{1}{2}\right)^{4-k}, \quad k = 0,1,2,3,4,$$

所以

$$P(Y \geqslant 3) = P(Y=3) + P(Y=4) = \mathrm{C}_4^3 \cdot \left(\frac{1}{2}\right)^3 \cdot \left(1 - \frac{1}{2}\right)^{4-3} + \left(\frac{1}{2}\right)^4 = \frac{5}{16}.$$

2. 指数分布

指数分布常被用作各种"寿命"分布，例如电子元件的寿命、动物寿命、电话的通话时间等都服从指数分布. 指数分布在可靠性和排队论上都有广泛的应用.

定义 4.9 若随机变量 X 的概率密度为

$$f(x) = \begin{cases} \lambda \mathrm{e}^{-\lambda x}, & x > 0, \\ 0, & 其他, \end{cases} \tag{4.14}$$

其中 $\lambda > 0$，则称 X 服从参数为 λ 的**指数分布**，记为 $X \sim e(\lambda)$ 或 $X \sim \mathrm{Exp}(\lambda)$.

容易验证，$f(x) \geqslant 0$；$\int_{-\infty}^{+\infty} f(x)\mathrm{d}x = 1$；$X$ 的分布函数为

$$F(x) = \begin{cases} 1 - \mathrm{e}^{-\lambda x}, & x > 0, \\ 0, & 其他. \end{cases}$$

注：如图 4.6 所示是指数分布的密度函数图形，可见服从指数分布的随机变量只可能取正实数，且取较小值的概率较大.

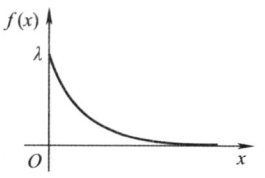

图 4.6 指数分布的概率密度图

例 4.26 某元件的寿命 X 服从指数分布,已知其参数 $\lambda = \frac{1}{1000}$,求 3 个这样的元件使用 1000h,至少已有一个损坏的概率.

解:$X \sim e\left(\frac{1}{1000}\right)$,密度函数为 $f(x) = \begin{cases} \frac{1}{1000}e^{-\frac{1}{1000}x}, & x > 0 \\ 0, & \text{其他}, \end{cases}$ 则一个元件寿命超过 1000h 的概率为

$$P(X > 1000) = \int_{1000}^{+\infty} f(x)\,dx = \int_{1000}^{+\infty} \frac{1}{1000}e^{-\frac{1}{1000}x}\,dx = \frac{1}{e},$$

所以 3 个这样的元件使用 1000h,至少已有一个损坏的概率为 $1 - (P(X > 1000))^3 = 1 - e^{-3}$.

3. 正态分布

正态分布是概率论与数理统计中最重要的一个分布,又称为高斯分布,在实际中有着广泛的应用. 一般来说,一个随机变量如果受大量微小的、独立的随机因素影响,那么它就服从正态分布. 例如,测量误差、产品重量、人的身高、年降雨量等都服从或近似服从正态分布.

定义 4.10 若随机变量 X 的概率密度为

$$f(x) = \frac{1}{\sqrt{2\pi}\sigma}e^{-\frac{(x-\mu)^2}{2\sigma^2}}, \quad -\infty < x < +\infty, \tag{4.15}$$

其中 μ 和 $\sigma(\sigma > 0)$ 都是常数,则称 X 服从参数为 μ 和 σ^2 的**正态分布**,记为 $X \sim N(\mu, \sigma^2)$.

可以验证,$f(x) \geq 0$;$\int_{-\infty}^{+\infty} f(x)\,dx = 1$;$X$ 的分布函数为积分形式

$$F(x) = \frac{1}{\sqrt{2\pi}\sigma}\int_{-\infty}^{x} e^{-\frac{(t-\mu)^2}{2\sigma^2}}\,dt, \quad -\infty < x < +\infty.$$

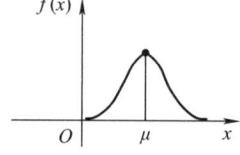

图 4.7 正态分布的概率密度图

注：图4.7是正态分布的密度函数图形，密度函数关于 $x=\mu$ 对称，且在 $x=\mu$ 处取得最大值 $f(x)=\dfrac{1}{\sqrt{2\pi}\sigma}$.

注意到由于正态分布的密度函数找不到原函数，无法利用密度函数积分求相应的概率，为此我们引进一个特殊又重要的分布如下：

正态分布中当 $\mu=0$，$\sigma=1$ 时称为**标准正态分布**，记为 $N(0,1)$，其密度函数和分布函数常用 $\varphi(x)$ 和 $\Phi(x)$ 表示（见图4.8和图4.9），且人们利用数值积分的方法计算了 $\Phi(x)$ 的近似值，并编制了标准正态分布表（详见附表2）．

$$\varphi(x)=\frac{1}{\sqrt{2\pi}}\mathrm{e}^{-\frac{x^2}{2}},\quad \Phi(x)=\frac{1}{\sqrt{2\pi}}\int_{-\infty}^{x}\mathrm{e}^{-\frac{t^2}{2}}\mathrm{d}t$$

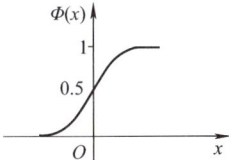

图4.8　$N(0,1)$的概率密度图　　图4.9　$N(0,1)$的分布函数图

标准正态分布的重要性在于，任何一个一般的正态分布都可以通过线性变换转化为标准正态分布，有如下定理：

定理 4.1　设 $X\sim N(\mu,\sigma^2)$，则 $Y=\dfrac{X-\mu}{\sigma}\sim N(0,1)$.

证明：随机变量 $Y=\dfrac{X-\mu}{\sigma}$ 的分布函数为

$$P(Y\leqslant x)=P\left(\frac{X-\mu}{\sigma}\leqslant x\right)=P(X\leqslant \mu+\sigma x)=\int_{-\infty}^{\mu+\sigma x}\frac{1}{\sqrt{2\pi}\sigma}\mathrm{e}^{-\frac{(t-\mu)^2}{2\sigma^2}}\mathrm{d}t$$

$$\xlongequal{u=\frac{t-\mu}{\sigma}}\frac{1}{\sqrt{2\pi}}\int_{-\infty}^{x}\mathrm{e}^{-\frac{u^2}{2}}\mathrm{d}u=\Phi(x)，所以 Y=\frac{X-\mu}{\sigma}\sim N(0,1).$$

上述定理启示我们随机变量 X 的函数 Y 仍为随机变量，且可由 X 的分布求得其函数 Y 的分布，关于随机变量函数的分布将在下节讨论．而此处标准正态分布的作用在于求一般正态分布的概率：

（1）标准正态分布表中给出了 $x>0$ 时，$\Phi(x)$ 的数值，而当 $x<0$ 时，利用正态分布的对称性（见图4.10），有 $\Phi(x)=1-\Phi(-x)$；

（2）若 $X\sim N(0,1)$，则 $P(a<X\leqslant b)=\Phi(b)-\Phi(a)$；

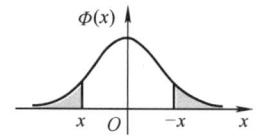

图 4.10 $N(0,1)$ 的对称性

(3) 若 $X \sim N(\mu,\sigma^2)$，则 $Y = \dfrac{X-\mu}{\sigma} \sim N(0,1)$，故 X 的分布函数为

$$F(x) = P(X \leqslant x) = P\left(\dfrac{X-\mu}{\sigma} \leqslant \dfrac{x-\mu}{\sigma}\right) = P\left(Y \leqslant \dfrac{x-\mu}{\sigma}\right) = \Phi\left(\dfrac{x-\mu}{\sigma}\right),$$

所以

$$P(a < X \leqslant b) = F(b) - F(a) = \Phi\left(\dfrac{b-\mu}{\sigma}\right) - \Phi\left(\dfrac{a-\mu}{\sigma}\right). \tag{4.16}$$

例 4.27 设 $X \sim N(1,4)$，求 $P(0 < X < 1.6)$，$P(|X-1| \leqslant 2)$.

解：这里 $\mu = 1$，$\sigma = 2$，所以

$$\begin{aligned}
P(0 < X < 1.6) &= \Phi\left(\dfrac{1.6-1}{2}\right) - \Phi\left(\dfrac{0-1}{2}\right) = \Phi(0.3) - \Phi(-0.5) \\
&= \Phi(0.3) - (1 - \Phi(0.5)) = 0.6179 - (1 - 0.6915) \\
&= 0.3094;
\end{aligned}$$

$$\begin{aligned}
P(|X-1| \leqslant 2) &= P(-1 \leqslant X \leqslant 3) = \Phi\left(\dfrac{3-1}{2}\right) - \Phi\left(\dfrac{-1-1}{2}\right) \\
&= \Phi(1) - \Phi(-1) = 2\Phi(1) - 1 = 2 \times 0.8413 - 1 \\
&= 0.6826.
\end{aligned}$$

例 4.28 设某项竞赛成绩 $X \sim N(65,100)$，若按参赛人数的 10% 发奖，问获奖分数线应定为多少？（说明：这里的成绩只能是近似服从正态分布，因为正态分布的取值范围是全体实数，而成绩一般是有限定范围的）．

解：这里 $\mu = 65$，$\sigma = 10$，设获奖分数线为 a，则

$$P(X \geqslant a) = 1 - P(X < a) = 1 - F(a) = 1 - \Phi\left(\dfrac{a-65}{10}\right) = 0.1,$$

即 $\Phi\left(\dfrac{a-65}{10}\right) = 0.9$，查表得 $\dfrac{a-65}{10} = 1.29$，解得 $a = 77.9$，故分数线可定为 78 分．

一般在医学、农业、工业等众多领域及日常生活中，在确定一些临界值（类似于上例）时，正态分布的性质发挥着重要的应用．正态分布的应用如此广泛，促得人们逆向思考：周围的世界

有哪些现象不服从正态分布呢? 试想一下若无正态分布, 又该如何去了解、描述、研究和探讨周围丰富多彩的世界?

例 4.29 某人要乘车到飞机场搭乘飞机, 现有两条路线可供选择. 走第一条路线所需时间(单位: min)$X_1 \sim N(50,100)$, 走第二条路线所需时间(单位: min)$X_2 \sim N(60,16)$, 为及时赶到机场:

(1) 若有 70min, 应选择哪一条线路更有把握? 若有 65min 呢?

(2) 若走第一条路线, 并以 95% 的概率保证能及时赶上飞机, 距飞机起飞时刻至少需要提前多长时间出发?

解: (1) 若有 70min 可用, 两条线路可及时赶上飞机的概率分别为

$$P(0<X_1\leq 70)=\Phi\left(\frac{70-50}{10}\right)-\Phi\left(\frac{0-50}{10}\right)=\Phi(2)-\Phi(-5)\approx\Phi(2),$$

$$P(0<X_2\leq 70)=\Phi\left(\frac{70-60}{4}\right)-\Phi\left(\frac{0-60}{4}\right)=\Phi(2.5)-\Phi(-15)\approx\Phi(2.5),$$

因为 $\Phi(2.5)>\Phi(2)$, 所以选第二条路线较好.

若有 65min 可用, 两条线路可及时赶上飞机的概率分别为

$$P(0<X_1\leq 65)=\Phi\left(\frac{65-50}{10}\right)-\Phi\left(\frac{0-50}{10}\right)=\Phi(1.5)-\Phi(-5)\approx\Phi(1.5),$$

$$P(0<X_2\leq 65)=\Phi\left(\frac{65-60}{4}\right)-\Phi\left(\frac{0-60}{4}\right)=\Phi(1.25)-\Phi(-15)\approx\Phi(1.25),$$

因为 $\Phi(1.5)>\Phi(1.25)$, 所以选第一条路线较好.

(2) 设走第一条路线需提前 x min 出发, 应有

$$0.95=\Phi(1.65)\leq P(0<X_1\leq x)\approx\Phi\left(\frac{x-50}{10}\right), \text{故}\frac{x-50}{10}\geq 1.65,$$

得 $x\geq 66.5$, 因此距飞机起飞时刻至少需要提前 66.5min 出发, 才能以 95% 的概率保证及时赶上飞机.

类似地, 请思考如下问题: 两台电子仪器的寿命(单位: h)分别为 X_1 和 X_2, 且 $X_1 \sim N(40,36)$, $X_2 \sim N(45,9)$, 若要在 45h 内使用这种仪器, 选择哪一台较好? 若在 52h 内使用呢?

注: 正态分布的 3σ 准则: 若 $X \sim N(\mu,\sigma^2)$, 则

$P(\mu-\sigma<X<\mu+\sigma)=\Phi(1)-\Phi(-1)=0.6826;$

$P(\mu-2\sigma<X<\mu+2\sigma)=\Phi(2)-\Phi(-2)=0.9544;$

$P(\mu-3\sigma<X<\mu+3\sigma)=\Phi(3)-\Phi(-3)=0.9974.$

可见, 虽然 X 取值范围是 $(-\infty,+\infty)$, 但落在 $(\mu-3\sigma,\mu+3\sigma)$ 内的概率接近 1, 即正态随机变量的取值几乎都集中在对称轴的正负 3σ 范围内.

例 4.30 某车间用一台包装机包装葡萄糖,包得的袋装葡萄糖质量是一个随机变量,它近似服从正态分布. 当机器正常时,其参数 $\mu = 0.5$kg, $\sigma = 0.015$kg. 某日开工后为检验包装机是否正常,随机地抽取包装的 9 袋糖,其中 1 袋质量为 0.453kg,那么这台包装机是否工作正常?

解:根据 3σ 法则可推断该包装机是否工作正常. 由 3σ 法则,如果包装机工作正常,则每袋糖的质量范围是 $(0.5 - 3 \times 0.015, 0.5 + 3 \times 0.015)$ 即 $(0.455, 0.545)$,质量在这个区间之外的概率仅为 0.0026,属于小概率事件. 现在 9 袋糖中有 1 袋质量为 0.453kg,在以上区间之外,小概率事件发生了,这说明假设前提是不正确的,即包装机工作不正常.

4.4.3 连续型随机变量的 R 实现

R 中计算连续型随机变量的随机事件的概率可以通过 integrate() 函数求积分直接实现,也可以通过调用程序包 distr 中的 p() 函数来实现.

例 4.31 设随机变量 X 的概率密度为

$$f(x) = \begin{cases} 3x^2, & 0 < x < 1, \\ 0, & \text{其他}, \end{cases}$$

给出计算 $P(0.14 \leqslant X \leqslant 0.71)$ 的 R 程序.

R 程序:

```
> f <- function(x) 3 * x^2                              #定义密度函数
> integrate(f, lower = 0.14, upper = 0.71)              #计算积分
0.355167 with absolute error < 3.9e-15
```

或:

```
> library(distr)
> f <- function(x) 3 * x^2
> X <- AbscontDistribution(d = f, low1 = 0, up1 = 1)    #确定取值范围
> p(X)(0.71) - p(X)(0.14)                               #分布函数做差
[1] 0.355167
```

下面以正态分布为例,简要介绍 R 中如何使用常用的连续型随机变量分布的函数. 正态分布相关的函数包括 Norm()、dnorm() 及 pnorm() 等,这三个函数分别定义了正态分布、正态分布的概率密度函数和正态分布的分布函数.

第 4 章 随机变量及其分布

例 4.32 利用 R 软件定义随机变量 X 的正态分布 $N(1,4)$，绘制该分布的概率密度函数、分布函数和分位点函数的图形，计算概率 $P(0<X<1.6)$.

R 程序：

```
>library(distr)
>X<-Norm(mean=1,sd=2)      #定义均值为1，标准差为2的正态分布
>X
Distribution Object of Class: Norm
mean: 1
sd: 2
>plot(X)      #画出正态分布的概率密度函数、分布函数和分位点函数
>pnorm(1.6,1,2)-pnorm(0,1,2)      #计算事件的概率
[1]0.3093739
```

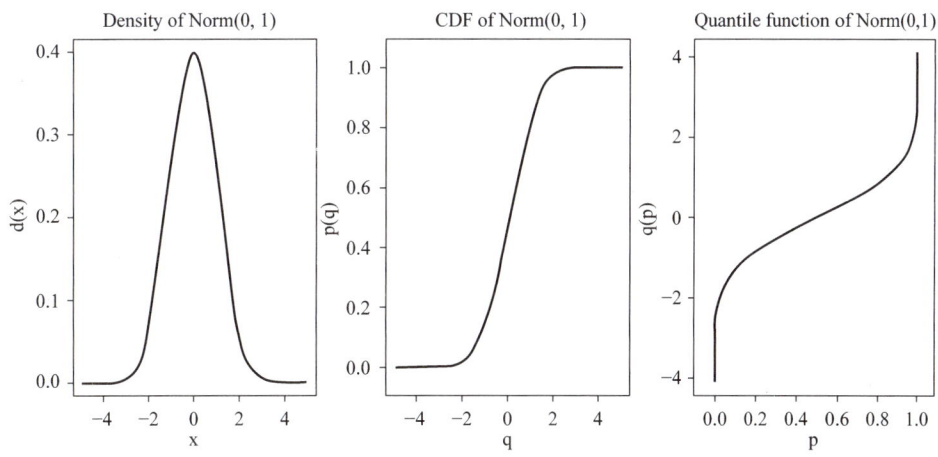

图 4.11 正态分布的概率密度函数、分布函数和分位点函数图

习题 4-4

1. 设 $\varphi(x)$ 是某随机变量 ξ 的密度函数，则有（　　）.

   (A) $0 \leqslant \varphi(x) \leqslant 1$　　(B) $\varphi(x)$ 单调不减

   (C) $\lim\limits_{x \to +\infty} \varphi(x) = 1$　　(D) $\int_{-\infty}^{+\infty} \varphi(x) \mathrm{d}x = 1$

2. 随机变量 $X \sim N(1,\sigma^2)$，若 σ 减小，则 $P(|X-1|<\sigma)$（　　）.

   (A) 单调增大　　(B) 单调减小

   (C) 保持不变　　(D) 增减不定

3. 设连续型随机变量 X 的分布函数为

$$F(x) = \begin{cases} A + Be^{-2x}, & x>0, \\ 0, & \text{其他}, \end{cases}$$

求 (1) A, B 的值；(2) $P(-1<X<1)$；(3) X 的密度函数.

4. 设随机变量 X 具有概率密度

$$f(x) = \begin{cases} kx, & 0 \leqslant x < 3, \\ 2 - \dfrac{x}{2}, & 3 \leqslant x \leqslant 4, \\ 0, & \text{其他}, \end{cases}$$

求 (1) k 的值；(2) $P\left(1<X \leqslant \dfrac{7}{2}\right)$；(3) X 的分

布函数.

5. 设随机变量 X 为某型号电子管的寿命(单位：h)，密度函数为

$$f(x)=\begin{cases}\dfrac{100}{x^2}, & x\geqslant 100,\\ 0, & \text{其他},\end{cases}$$

（1）试求一个电子管使用 150h 不用更换的概率；

（2）某一电子设备中配有 10 个这样的电子管，电子管能否正常工作相互独立，设随机变量 Y 表示 10 个电子管中使用 150h 不用更换的个数，求 Y 的概率分布；

（3）求 $P(Y\geqslant 1)$.

6. 已知 $X\sim N(8,0.5^2)$，求 $P(7.5\leqslant X\leqslant 10)$，$P(|X-8|\leqslant 1)$，给出利用 R 软件实现的程序.

7. 将一温度调节器放置在储存着某种液体的容器内，调节器整定在 d℃，液体的温度 X(单位:℃)是一个随机变量，且 $X\sim N(d,0.5^2)$

（1）若 $d=90$℃，求 X 小于 89℃的概率；

（2）若要求保持液体的温度至少为 80℃的概率不低于 0.99，问 d 至少为多少？

8. 已知某台机器生产的螺栓长度 X(单位：cm)服从参数 $\mu=10.05$，$\sigma=0.06$ 的正态分布. 规定螺栓长度在 10.05 ± 0.12 内为合格品，试求螺栓为合格品的概率，并给出利用 R 软件实现的程序.

4.5 随机变量函数的分布

设 $y=g(x)$ 是定义在直线上的一个函数，X 是一个随机变量，那么 $Y=g(X)$ 作为 X 的函数，同样也是一个随机变量，且 X 与 Y 各有各的分布. 本节我们研究，已知随机变量 X 的分布，如何求出另一个随机变量 $Y=g(X)$ 的分布. 以下分别对离散型和连续型两种情况讨论.

4.5.1 离散型随机变量函数的分布

离散型随机变量函数的分布是比较容易求得的. 设 X 是一个离散型随机变量，其概率分布为

X	x_1	x_2	$\cdots$	x_n	$\cdots$
p_i	p_1	p_2	$\cdots$	p_n	$\cdots$

则 $Y=g(X)$ 也是一个离散型随机变量，其概率分布为

Y	$g(x_1)$	$g(x_2)$	$\cdots$	$g(x_n)$	$\cdots$
p_i	p_1	p_2	$\cdots$	p_n	$\cdots$

当 $g(x_1),g(x_2),\cdots,g(x_n),\cdots$ 中有某些值相等时，则把那些相等的值分别合并，并将对应的概率相加即可.

例 4.33 设随机变量 X 具有以下的分布律，试求 $Y=X^2+1$ 的分布律.

X	-1	0	1	3
p_i	0.1	0.3	0.2	0.4

解：$Y=X^2+1$ 的分布律为

Y	2	1	2	10
p_i	0.1	0.3	0.2	0.4

将相等的取值合并得

Y	1	2	10
p_i	0.3	0.3	0.4

4.5.2 连续型随机变量函数的分布

连续型随机变量的函数不一定是连续型随机变量，我们主要研究连续型随机变量的函数还是连续型随机变量的情形．具体分两种情况讨论．

1. 当 $g(x)$ 为严格单调时

在这种情况下有以下定理：

定理 4.2 设随机变量 X 具有概率密度 $f_X(x)$，$x \in (-\infty, +\infty)$，又设 $y = g(x)$ 处处可导且恒有 $g'(x) > 0$（或恒有 $g'(x) < 0$），则 $Y = g(X)$ 是一个连续型随机变量，其概率密度为

$$f_Y(y) = \begin{cases} f(h(y))|h'(y)|, & \alpha < y < \beta, \\ 0, & \text{其他}, \end{cases} \quad (4.17)$$

其中 $x = h(y)$ 是 $y = g(x)$ 的反函数，且
$\alpha = \min(g(-\infty), g(+\infty))$，$\beta = \max(g(-\infty), g(+\infty))$．

例 4.34 设随机变量 X 具有概率密度

$$f_X(x) = \begin{cases} 2x, & 0 < x < 1, \\ 0, & \text{其他}, \end{cases}$$

求 $Y = 3X + 1$ 的密度函数 $f_Y(y)$．

解：$y = 3x + 1$，$y' = 3 > 0$，所以 $y = g(x)$ 单调上升，而 $x = \dfrac{y-1}{3}$，即 $h(y) = \dfrac{y-1}{3}$，又 $0 < x < 1$，得 $1 < y < 4$．

$$f_Y(y) = \begin{cases} f(h(y))|h'(y)|, & \alpha < y < \beta, \\ 0, & \text{其他}, \end{cases}$$

$$= \begin{cases} 2 \cdot \dfrac{y-1}{3} \cdot \left|\left(\dfrac{y-1}{3}\right)'\right|, & 1 < y < 4, \\ 0, & \text{其他} \end{cases} = \begin{cases} \dfrac{2(y-1)}{9}, & 1 < y < 4, \\ 0, & \text{其他}. \end{cases}$$

例 4.35 设随机变量 X 在 $(0,1)$ 上服从均匀分布，求 $Y = -2\ln X$ 的概率密度．

解：$X \sim U(0,1)$，$\ln x < 0$，$y = -2\ln x > 0$，$y' = -\dfrac{2}{x} < 0$，所以 $y = g(x)$ 在区间 $(0, +\infty)$ 上单调下降，有反函数 $x = h(y) = e^{-\frac{y}{2}}$.

$$f_Y(y) = \begin{cases} f_X(e^{-\frac{y}{2}}) \left|\dfrac{d(e^{-\frac{y}{2}})}{dy}\right|, & 0 < e^{-\frac{y}{2}} < 1, \\ 0, & 其他 \end{cases}$$

而 $f_X(x) = \begin{cases} 1, & 0 < x < 1, \\ 0, & 其他, \end{cases}$ 代入 $f_Y(y)$ 的表达式中，得 $f_Y(y) = \begin{cases} \dfrac{1}{2}e^{-\frac{y}{2}}, & y > 0, \\ 0, & 其他, \end{cases}$

即 Y 服从参数为 $\dfrac{1}{2}$ 的指数分布.

运用上述求函数分布的方法可得到如下定理4.3，读者可自行证明之.

定理 4.3 设随机变量 $X \sim N(\mu, \sigma^2)$，则 $Y = aX + b \sim N(a\mu + b, a^2\sigma^2)$ ($a \neq 0$)，即正态分布的线性函数也服从正态分布.

特别地，若取 $a = \dfrac{1}{\sigma}$，$b = -\dfrac{\mu}{\sigma}$，则得 $Y = \dfrac{X - \mu}{\sigma} \sim N(0,1)$，即为上节中定理的结果.

例如，$X \sim N(2,3)$，则 $2X - 1 \sim N(3, 12)$，$\dfrac{X-2}{\sqrt{3}} \sim N(0,1)$.

2. 当 $g(x)$ 为其他形式时

以上定理4.2在使用时较为简便，但条件要求较高，实际中未必满足，一般地，可以先求 $Y = g(X)$ 的分布函数，再求导得其密度函数.

例 4.36 对上述例 4.34 另解.

解：$F_Y(y) = P(Y \leq y) = P(3X + 1 \leq y) = P\left(X \leq \dfrac{y-1}{3}\right) = F_X\left(\dfrac{y-1}{3}\right) = \int_{-\infty}^{\frac{y-1}{3}} f_X(x)\,dx$,

所以 $f_Y(y) = F_Y'(y) = f_X\left(\dfrac{y-1}{3}\right) \cdot \left(\dfrac{y-1}{3}\right)'$

$= \begin{cases} 2 \cdot \dfrac{y-1}{3} \cdot \dfrac{1}{3}, & 1 < y < 4, \\ 0, & 其他. \end{cases} = \begin{cases} \dfrac{2(y-1)}{9}, & 1 < y < 4, \\ 0, & 其他. \end{cases}$

例 4.37 设随机变量 $X \sim N(0,1)$，$Y = e^X$，求 Y 的概率密度函数.

解：当 $y \leq 0$ 时，有 $F_Y(y) = P(Y \leq y) = P(e^X \leq y) = 0$，

当 $y > 0$ 时，$F_Y(y) = P(Y \leq y) = P(e^X \leq y) = P(X \leq \ln y)$

$= \dfrac{1}{\sqrt{2\pi}} \int_{-\infty}^{\ln y} e^{-\frac{x^2}{2}} dx$，所以 $f_Y(y) = F'_Y(y) = \begin{cases} \dfrac{1}{\sqrt{2\pi} y} e^{-\frac{(\ln y)^2}{2}}, & y > 0, \\ 0, & y \leq 0. \end{cases}$

注：称上式中的 Y 服从对数正态分布．对数正态分布也是一种常用的分布，例如，某些绝缘材料的寿命，某设备故障的维修时间，家中两个小孩的年龄差都可能服从对数正态分布．

4.5.3 随机变量函数的 R 实现

R 中随机变量函数的定义可直接由随机变量的定义得到．

例 4.38 已知 $X \sim N(0,1)$，利用 R 软件确定随机变量 $Y = 4 - 3X$ 及 $Y = e^X$ 的分布．

R 程序：

```
>library(distr)
>X<-Norm(mean=0,sd=1)
>Y<-4-3*X
>Y
Distribution Object of Class: Norm
mean: 4
sd: 3
>Y<-exp(X)
>Y
Distribution Object of Class: AbscontDistribution
```

上述结果表明 $Y = 4 - 3X$ 为服从均值为 4，标准差为 3 的正态分布，而 $Y = e^X$ 的分布软件并不能确定，简单地说也就是 R 并不"认识"该分布．

习题 4-5

1. 设随机变量 X 的分布函数是 $F_X(x)$，则 $Y = 5X - 3$ 的分布函数是（　　）．

(A) $F_X(5y - 3)$　　　(B) $5F_X(y) - 3$

(C) $F_X\left(\dfrac{y+3}{5}\right)$　　(D) $\dfrac{1}{5} F_X(y) + 3$

2. 设随机变量 X 的密度函数是 $f_X(x)$，则 $Y = 2X - 3$ 的密度函数是（　　）．

(A) $f_X\left(\dfrac{y+3}{2}\right)$　　(B) $\dfrac{1}{2} f_X(y+3)$

(C) $f_X\left(\dfrac{y}{2}\right) + 3$　　(D) $\dfrac{1}{2} f_X\left(\dfrac{y+3}{2}\right)$

3. 设随机变量 X 具有以下的分布律，求常数 a 及 $Y = X^2 + X$ 的分布律．

X	-2	-1	0	1	2
p_i	0.2	0.1	0.1	0.3	a

4. 随机变量 X 密度函数为 $f_X(x) = \begin{cases} \dfrac{x}{8}, & 0<x<4 \\ 0, & \text{其他} \end{cases}$，求 $Y = 2X+8$ 的密度函数.

5. 随机变量 X 密度函数为 $f_X(x) = \begin{cases} \dfrac{2x}{\pi^2}, & 0<x<\pi \\ 0, & \text{其他} \end{cases}$，

求 $Y = \sin X$ 的密度函数.

6. 设 $X \sim N(0,1)$，求 $Y = X^2$ 的密度函数.

7. 已知随机变量 X 的分布函数 $F(x)$ 是严格单调的连续函数，证明：$Y = F(X)$ 服从 $[0,1]$ 上的均匀分布.

4.6 本章小结

4.6.1 内容概要

本章引入随机变量的概念，通过其分布函数可了解随机变量的取值概率等统计规律. 根据取值的情况，随机变量包括离散型和连续型. 除分布函数外，离散型随机变量又可用分布律描述并求相应的概率，而连续型随机变量则可用密度函数定义并求相应的概率. 在实际中，二项分布、泊松分布、几何分布等都是常见的离散型随机变量，均匀分布、指数分布、正态分布则是常见的连续型随机变量，其中在求正态分布的概率时需用到标准正态分布表. 另外，可以通过随机变量的分布求其函数的分布. 其中离散型随机变量函数的分布较易求得，而连续型随机变量函数的分布则可根据函数是否单调采用公式或其他方法求之.

本章知识结构如下：

4.6.2 延伸阅读

二项分布和泊松分布在风险评价估中的应用

风险管理决策是风险管理的一个重要环节,只有正确的决策才能以最小的成本得到最大的安全保障的总目标. 由概率统计原理对风险系数进行分析可直接得出风险决策. 常见的离散型随机变量的概率分布有两点分布、二项分布和泊松分布. 两点分布只适用于一次随机试验的简单情况,在决策管理中很少使用. 二项分布是以伯努利概型为背景的一种重要分布,它是多个两点分布的叠加. 伯努利概型研究的实际问题是多次独立重复试验的情况,且在每次的独立重复试验中随机事件发生的概率总是相同的.

在实际问题中,很多商品的销售量都是服从二项分布的. 因为每件商品都只有售出和库存两种状态,而每件商品售出的概率在一段时间内是基本固定的. 因此商品的进货量即为二项分布中的参数 n,而参数 p 的值可利用数理统计方法进行估计,估计公式为 $p \approx f_n = \dfrac{m_n}{n}$,其中 f_n 为所考察的 n 件商品售出的频率,m_n 为所售出的商品的件数. 而在管理中最常用的分布则是泊松分布. 在风险评估中常常可以将这两种方法组合起来使用. 具体如下案例:

设某企业有同类型设备 300 台,各台设备工作是独立的,每台设备发生故障的概率均为 0.01. 为保障设备发生故障又不能及时维修的概率小于 0.01,那么需要配备维修工人多少名(假设一台设备的故障可由一人处理).

设需要配备维修工人的人数为 N,同一时刻发生故障的设备为 X 台,由题意 X 需满足 $P(X>N) \leqslant 0.1$,又知 $X \sim b(300, 0.01)$,则根据泊松分布和二项分布的近似关系可知 $X \sim p(3)$,所以 $P(X>N) = 1 - \sum\limits_{k=0}^{N} \dfrac{3^k}{k!} \mathrm{e}^{-3} \leqslant 0.1$,即 $\sum\limits_{k=0}^{N} \dfrac{3^k}{k!} \mathrm{e}^{-3} > 0.99$,查泊松分布表可得 $N \geqslant 8$,故至少应配备 8 名维修工.

正态分布的由来

正态分布概念是由法国数学家棣莫弗于 1733 年首次提出的,后由德国数学家高斯率先将其应用于天文学研究,故正态分布又叫作高斯分布. 德国 10 马克的印有高斯头像的钞票,其上还印有正态分布的密度函数曲线. 这表达了一种想法:在高斯的所有科学贡献中,其对人类文明影响最大的,就是这一项. 到 20 世纪正态小样本理论充分发展起来以后,拉普拉斯很快得知高斯的工作,并马上将其与他发现的中心极限定理联系起来,为此,他在即将发表的一篇文章(发表于 1810 年)上加上了一点补充,指出如若误差可看成许多量的叠加,根据他的中心极限定理,误差理应服从高斯分布. 这是历史上第一次提到所谓"元误差学说",即误差是由大量的、由种种原因产生的元误差叠加而成. 到 1837 年,海根在一篇论文中正式提出了这个学说.

教育统计学统计规律表明,学生的智力水平,包括学习能力,实际动手能力等呈正态分布. 因而正常的考试成绩分布应基本服从正态分布,也就是说大部分人的智商都在人类智商的平均值的 3σ 范围内,即大部分人智商都相差不太大. 因此,勤奋努力和勇于奋斗,会导致人类个体的成就差异.

数学家介绍：高斯(1777—1855)

德国数学家和物理学家. 1777 年 4 月 30 日生于德国布伦瑞克,幼时家境贫困,聪敏异常,受一贵族资助才进学校受教育. 1795 年在哥廷根大学学习,1799 年获博士学位. 1807 年任哥廷根大学数学教授和哥廷根天文台台长,直到逝世. 1833 年和物理学家韦伯共同建立地磁观测台,组织磁学学会以联系全世界的地磁台站网. 1855 年 2 月 23 日在哥廷根逝世. 高斯长期从事数学并将数学应用于物理学、天文学和大地测量学等领域的研究,著述丰富,成就甚多. 他一生共发表 323 篇(种)著作,提出 404 项科学创见(发表 178 项),在各领域的主要成就有(1)利用几何学知识研究光学系统近轴光线行为和成像,建立高斯光学. (2)天文学和大地测量学中,如小行星轨道的计算,地球大小和形状的理论研究等. (3)结合试验数据的测算,发展了概率统计理论和误差理论,发明了最小二乘法,引入高斯误差曲线. 此外,在纯数学方面,对代数、几何学等的若干基本定理做出严格证明.

泊松(1781—1840)

法国数学家,1781 年 6 月生于法国皮蒂维耶,1840 年 4 月卒于法国索镇. 1798 年入巴黎综合工科学校深造,其数学才能受到拉格朗日和拉普拉斯的注意,毕业时因优秀的毕业论文而被指定为讲师,1806 年任该校教授. 1809 年任巴黎理学院力学教授. 1812 年当选为巴黎科学院院士. 泊松的科学生涯开始于研究微分方程及其在摆的运动和声学理论中的应用. 他工作的特色是应用数学方法研究各类力学和物理问题,并由此得到数学上的发现. 他主张概率方法的普遍适用性,他得到了概率论中著名的泊松分布. 他一生共发表 300 多篇论著,最著名的著作有《力学教程》(二卷,1811,1833)和《判断的概率研究》(1837).

第 5 章
多维随机变量及其分布

有些随机现象中，对每个样本点只用一个随机变量描述是不够的，需要同时用两个或两个以上的随机变量．例如，研究儿童的生长发育时，仅研究儿童的身高或仅研究其体重都是片面的，这时就需要把身高和体重作为一个整体考虑．有时甚至要同时研究两个以上的随机变量，既要研究它们各自的统计规律，而且还要研究它们之间的统计关系．本章我们主要讨论二维随机变量．

5.1 二维随机变量及其分布

5.1.1 二维随机变量及其分布函数

定义 5.1 设 $X = X(\omega)$，$Y = Y(\omega)$ 是定义在同一样本空间 $S = \{\omega\}$ 上的两个随机变量，则称 (X,Y) 为**二维随机变量**或**二维随机向量**．

注：称 n 个随机变量的整体 $(X_1, X_2, \cdots, X_n)$ 为 n 维随机变量或 n 维随机向量．

类似一维随机变量，二维随机变量的统计规律也可以用分布函数来描述，只是这里二维随机变量需作为一个整体来考虑．

定义 5.2 设 (X,Y) 是二维随机变量，对任意实数 x,y，称二元函数

$$F(x,y) = P(\{X \leqslant x\} \cap \{Y \leqslant y\}) \xlongequal{\text{记为}} P(X \leqslant x, Y \leqslant y) \quad (5.1)$$

为二维随机变量 (X,Y) 的**联合分布函数**．

当然，如果我们将二维随机变量 (X,Y) 拆开，那么随机变量 X 和随机变量 Y 就应有各自的分布函数．而实际上在已知联合分布函数的条件下，我们还可以得到它们自己的分布函数：

$$F_X(x) = P(X \leqslant x) = P(X \leqslant x, Y < +\infty) = F(x, +\infty); \quad (5.2)$$
$$F_Y(y) = P(Y \leqslant y) = P(X < +\infty, Y \leqslant y) = F(+\infty, y). \quad (5.3)$$

分别称 $F_X(x)$ 和 $F_Y(y)$ 为随机变量 X 和随机变量 Y 的**边缘分布函**

数. 即根据联合分布可以推导出边缘分布.

可以验证,联合分布函数有如下性质:

(1) 对任意的实数 x,y,有 $0 \leqslant F(x,y) \leqslant 1$,且
$F(-\infty,y)=0$, $F(x,-\infty)=0$, $F(-\infty,-\infty)=0$, $F(+\infty,+\infty)=1$;

(2) $F(x,y)$ 分别对 x 和 y 为单调不减的,即

当 $x_2 > x_1$ 时,$F(x_2,y) \geqslant F(x_1,y)$,当 $y_2 > y_1$ 时,$F(x,y_2) \geqslant F(x,y_1)$;

(3) $F(x,y)$ 分别对 x 和 y 为右连续的,即
$$F(x,y) = F(x+0,y),\ F(x,y) = F(x,y+0).$$

5.1.2 二维离散型随机变量及其概率分布

若二维随机变量 (X,Y) 只取有限或可列个值,则称 (X,Y) 为**二维离散型随机变量**. 可见,(X,Y) 为二维离散型随机变量当且仅当 X,Y 均为离散型随机变量. 与一维情形类似,为了描述二维离散型随机变量,我们除了要了解它能取什么值,还需知道它取这些值的概率.

定义5.3 若二维离散型随机变量 (X,Y) 所有可能的取值为 (x_i, y_j),$i,j = 1,2,\cdots$,则称

$$P(X = x_i, Y = y_j) = p_{ij},\ i,j = 1,2,\cdots, \tag{5.4}$$

为 (X,Y) 的**联合概率分布**或**联合分布律**.

显然,联合分布律有如下性质:

(1) $p_{ij} \geqslant 0$,$i,j=1,2,\cdots$;   (2) $\sum_i \sum_j p_{ij} = 1$.

常用表格形式来表示 (X,Y) 的联合概率分布:

X	Y					$P(X=x_i)$
	y_1	y_2	$\cdots$	y_j	$\cdots$	
x_1	p_{11}	p_{12}	$\cdots$	p_{1j}	$\cdots$	$\sum_j p_{1j}$
x_2	p_{21}	p_{22}	$\cdots$	p_{2j}	$\cdots$	$\sum_j p_{2j}$
$\vdots$	$\vdots$	$\vdots$		$\vdots$		$\vdots$
x_i	p_{i1}	p_{i2}	$\cdots$	p_{ij}	$\cdots$	$\sum_j p_{ij}$
$\vdots$	$\vdots$	$\vdots$		$\vdots$		
$P(Y=y_j)$	$\sum_i p_{i1}$	$\sum_i p_{i2}$	$\cdots$	$\sum_i p_{ij}$	$\cdots$	

注:利用 (X,Y) 的联合概率分布能够确定 (X,Y) 取值于任何区域 D 上的概率:

第 5 章 多维随机变量及其分布

$$P((X,Y) \in D) = \sum_{(x_i,y_j) \in D} p_{ij}. \tag{5.5}$$

可以确定联合分布函数:

$$F(x,y) = P(X \leq x, Y \leq y) = \sum_{x_i \leq x, y_j \leq y} p_{ij}. \tag{5.6}$$

还可以得到它们自己的概率分布:

$$p_{i\cdot} = P(X = x_i) = \sum_j p_{ij}, \; i = 1,2,\cdots \tag{5.7}$$

$$p_{\cdot j} = P(Y = y_j) = \sum_i p_{ij}, \; j = 1,2,\cdots \tag{5.8}$$

分别称 $p_{i\cdot}$ 和 $p_{\cdot j}$ 为随机变量 X 和随机变量 Y 的**边缘概率分布**,它们等于联合概率分布表的行和与列和.

例 5.1 设随机变量 X 在 1,2,3,4 四个整数中等可能地取一个值,另一个随机变量 Y 在 1 到 X 中等可能地取一整数值,试求 (X,Y) 的联合概率分布,边缘概率分布,$P\left(2 \leq X \leq 3, \frac{1}{2} \leq Y \leq \frac{5}{2}\right)$,$P(X+Y \leq 3)$.

解:易知 (X,Y) 的取值情况是 $\{X=i, Y=j\}$,$i=1,2,3,4$,j 取不大于 i 的正整数,且

$$P(X=i, Y=j) = P(Y=j \mid X=i)P(X=i) = \frac{1}{i} \cdot \frac{1}{4} = \frac{1}{4i}, \; i=1,2,3,4, \; j \leq i,$$

于是 (X,Y) 的联合概率分布为

X	Y				$p_{i\cdot}$
	1	2	3	4	
1	$\frac{1}{4}$	0	0	0	$\frac{1}{4}$
2	$\frac{1}{8}$	$\frac{1}{8}$	0	0	$\frac{1}{4}$
3	$\frac{1}{12}$	$\frac{1}{12}$	$\frac{1}{12}$	0	$\frac{1}{4}$
4	$\frac{1}{16}$	$\frac{1}{16}$	$\frac{1}{16}$	$\frac{1}{16}$	$\frac{1}{4}$
$p_{\cdot j}$	$\frac{25}{48}$	$\frac{13}{48}$	$\frac{7}{48}$	$\frac{3}{48}$	

而随机变量 X 的边缘概率分 $p_{i\cdot}$ 等于联合概率分布表的行和,随机变量 Y 的边缘概率分布 $p_{\cdot j}$ 等于联合概率分布表的列和.

$$P\left(2 \leq X \leq 3, \frac{1}{2} \leq Y \leq \frac{5}{2}\right)$$
$$= P(X=2, Y=1) + P(X=2, Y=2) + P(X=3, Y=1) + P(X=3, Y=2)$$
$$= \frac{1}{8} + \frac{1}{8} + \frac{1}{12} + \frac{1}{12} = \frac{5}{12},$$

$$P(X+Y \leq 3) = P(X=1, Y=1) + P(X=2, Y=1) = \frac{1}{4} + \frac{1}{8} = \frac{3}{8}.$$

5.1.3 二维连续型随机变量及其概率密度

与一维情形类似，我们用概率密度函数来描述二维连续型随机变量.

定义 5.4 设 (X,Y) 为二维随机变量，$F(x,y)$ 为其联合分布函数，若存在一个非负可积的二元函数 $f(x,y)$，使对任意实数 x，y，有

$$F(x,y) = \int_{-\infty}^{x}\int_{-\infty}^{y} f(s,t)\mathrm{d}s\mathrm{d}t, \tag{5.9}$$

则称 (X,Y) 为**二维连续型随机变量**，并称 $f(x,y)$ 为 (X,Y) 的**联合概率密度**或**联合密度函数**.

显然，联合密度函数有如下性质：

(1) $f(x,y) \geq 0$；　(2) $\int_{-\infty}^{+\infty}\int_{-\infty}^{+\infty} f(x,y)\mathrm{d}x\mathrm{d}y = F(+\infty,+\infty) = 1$.

注：利用 (X,Y) 的联合概率密度能够确定 (X,Y) 落入 xOy 平面上任何区域 D 内的概率为

$$P((x,y) \in D) = \iint_{D} f(x,y)\mathrm{d}x\mathrm{d}y, \tag{5.10}$$

还可以得到它们自己的概率密度.

因 $F_X(x) = P(X \leq x) = P(X \leq x, Y < +\infty)$

$$= \int_{-\infty}^{+\infty}\int_{-\infty}^{x} f(s,t)\mathrm{d}s\mathrm{d}t = \int_{-\infty}^{x}\left[\int_{-\infty}^{+\infty} f(s,t)\mathrm{d}t\right]\mathrm{d}s,$$

所以，X 是连续型随机变量，且其概率密度为

$$f_X(x) = \int_{-\infty}^{+\infty} f(x,y)\mathrm{d}y, \tag{5.11}$$

同理，Y 是连续型随机变量，且其概率密度为

$$f_Y(y) = \int_{-\infty}^{+\infty} f(x,y)\mathrm{d}x, \tag{5.12}$$

分别称 $f_X(x)$ 和 $f_Y(y)$ 为随机变量 X 和随机变量 Y 的**边缘概率密度**.

例 5.2 设二维连续型随机变量 (X,Y) 的概率密度为

$$f(x,y) = \begin{cases} x^2 + \dfrac{1}{3}xy, & 0 \leq x \leq 1,\ 0 \leq y \leq 2, \\ 0, & \text{其他}, \end{cases}$$

试求：(1) X 和 Y 的边缘概率密度；(2) $P(-2 \leq X \leq 1, -3 \leq Y \leq 1)$，$P(X+Y>1)$.

解：（1）$f_X(x) = \int_{-\infty}^{+\infty} f(x,y)\mathrm{d}y = \begin{cases} \int_0^2 \left(x^2 + \dfrac{1}{3}xy\right)\mathrm{d}y, & 0 \leq x \leq 1, \\ 0, & \text{其他} \end{cases}$

$= \begin{cases} 2x^2 + \dfrac{2}{3}x, & 0 \leq x \leq 1, \\ 0, & \text{其他}; \end{cases}$

$f_Y(y) = \int_{-\infty}^{+\infty} f(x,y)\mathrm{d}x = \begin{cases} \int_0^1 \left(x^2 + \dfrac{1}{3}xy\right)\mathrm{d}x, & 0 \leq y \leq 2, \\ 0, & \text{其他} \end{cases}$

$= \begin{cases} \dfrac{y}{6} + \dfrac{1}{3}, & 0 \leq y \leq 2, \\ 0, & \text{其他}. \end{cases}$

（2）$P(-2 \leq X \leq 1, -3 \leq Y \leq 1) = \int_{-3}^1 \int_{-2}^1 f(x,y)\mathrm{d}x\mathrm{d}y$

$= \int_0^1 \int_0^1 \left(x^2 + \dfrac{1}{3}xy\right)\mathrm{d}x\mathrm{d}y$

$= \int_0^1 \left(\dfrac{y}{6} + \dfrac{1}{3}\right)\mathrm{d}y = \dfrac{5}{12},$

$P(X + Y > 1) = \iint\limits_{x+y>1} f(x,y)\mathrm{d}x\mathrm{d}y = \int_0^1 \int_{1-x}^2 \left(x^2 + \dfrac{1}{3}xy\right)\mathrm{d}y\mathrm{d}x$

$= \int_0^1 \left(x^2 y + \dfrac{1}{6}xy^2\right)\bigg|_{1-x}^2 \mathrm{d}x$

$= \int_0^1 \left(\dfrac{5}{6}x^3 + \dfrac{4}{3}x^2 + \dfrac{1}{2}x\right)\mathrm{d}x = \dfrac{65}{72}.$

5.1.4 常用二维分布

1. 二维均匀分布

定义 5.5 设 G 是平面上的有界区域，其面积为 A，若二维随机变量 (X,Y) 具有概率密度

$$f(x,y) = \begin{cases} \dfrac{1}{A}, & (x,y) \in G, \\ 0, & \text{其他}, \end{cases} \tag{5.13}$$

则称 (X,Y) 在 G 上服从**二维均匀分布**.

注：若 (X,Y) 在矩形区域 $G: a \leq x \leq b, c \leq y \leq d$ 上服从二维均匀分布，则容易验证 X 在区间 (a,b) 上服从一维均匀分布，Y 在区间 (c,d) 上服从一维均匀分布，而对其他区域未必有此结论.

例 5.3 设二维随机变量 (X,Y) 在由曲线 $y = x^2$ 与 $y = x$ 围成的区域上服从二维均匀分布（见图 5.1），求它们的联合概率密度和

边缘概率密度.

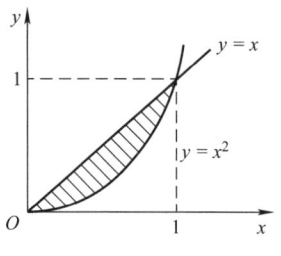

图 5.1　例 5.3 图

解：区域面积 $A = \int_0^1 (x - x^2) \mathrm{d}x = \dfrac{1}{6}$，所以联合概率密度

$$f(x,y) = \begin{cases} 6, & x^2 \leqslant y \leqslant x, \\ 0, & \text{其他}, \end{cases}$$ 边缘概率密度 $f_X(x) = \int_{-\infty}^{+\infty} f(x,y) \mathrm{d}y =$

$$\begin{cases} \int_{x^2}^{x} 6 \mathrm{d}y, & 0 \leqslant x \leqslant 1, \\ 0, & \text{其他} \end{cases} = \begin{cases} 6(x - x^2), & 0 \leqslant x \leqslant 1, \\ 0, & \text{其他}, \end{cases}$$

$$f_Y(y) = \int_{-\infty}^{+\infty} f(x,y) \mathrm{d}x = \begin{cases} \int_{y}^{\sqrt{y}} 6 \mathrm{d}x, & 0 \leqslant y \leqslant 1, \\ 0, & \text{其他} \end{cases} = \begin{cases} 6(\sqrt{y} - y), & 0 \leqslant y \leqslant 1, \\ 0, & \text{其他}, \end{cases}$$

例 5.3 中的区域并非矩形区域，X 与 Y 都不服从某区间上的一维均匀分布.

2. 二维正态分布

定义 5.6　若二维随机变量 (X,Y) 具有概率密度

$$f(x,y) = \dfrac{1}{2\pi\sigma_1\sigma_2\sqrt{1-\rho^2}} \mathrm{e}^{-\frac{1}{2(1-\rho^2)}\left[\left(\frac{x-\mu_1}{\sigma_1}\right)^2 - 2\rho\left(\frac{x-\mu_1}{\sigma_1}\right)\left(\frac{y-\mu_2}{\sigma_2}\right) + \left(\frac{y-\mu_2}{\sigma_2}\right)^2\right]}$$

(5.14)

其中 μ_1，μ_2，σ_1，σ_2，ρ 均为常数，且 $\sigma_1 > 0$，$\sigma_2 > 0$，$|\rho| < 1$，则称 (X,Y) 服从参数为 μ_1，μ_2，σ_1，σ_2，ρ 的**二维正态分布**.

注：二维正态随机变量的两个边缘分布都是一维正态分布，且都不依赖于参数 ρ，即对给定的 μ_1，μ_2，σ_1，σ_2，不同的 ρ 对应不同的二维正态分布，但它们的边缘分布都是相同的. 实际上，仅由 X 和 Y 的边缘分布，一般来说是不能确定二维随机变量 (X,Y) 的联合分布的.

5.1.5　二维分布的 R 实现

二维离散型随机变量可调用程序包 probs 中的 addrv() 函

第 5 章 多维随机变量及其分布

数来定义,调用 marginal() 函数来计算其边缘概率分布.

例 5.4 抛掷一枚均匀的骰子两次,随机变量 U 和 V 的定义如下:

U:两次抛掷所得点数的最大值,

V:两次抛掷所得点数之和.

利用 R 软件求二维随机变量 (U,V) 的联合分布律和边缘概率分布.

R 程序:

```
> library(probs)
> S <- rolldie(2,makespace = TRUE)      #创建样本空间数据框
> S <- addrv(S,FUN = max,invars = c("X1","X2"),name = "U")   #定义随机变量 U
> S <- addrv(S,FUN = sum,invars = c("X1","X2"),name = "V")   #定义随机变量 V
> head(S)                               #显示联合分布数据框的前 6 行
  X1 X2 U V  probs
1  1  1 1 2 0.02777778
2  2  1 2 3 0.02777778
3  3  1 3 4 0.02777778
4  4  1 4 5 0.02777778
5  5  1 5 6 0.02777778
6  6  1 6 7 0.02777778
```

上述结果中同时包含 $X1$ 和 $X2$ 向量,分别表示第一次抛掷和第二次抛掷所得的点数. 可以调用 marginal() 函数来计算 (U,V) 的联合概率分布.

```
> UV <- marginal(S,vars = c("U","V"))
> head(UV)
  U V  probs
1 1 2 0.02777778
2 2 3 0.05555556
3 2 4 0.02777778
4 3 4 0.05555556
5 3 5 0.05555556
6 4 5 0.05555556
```

为了使得输出的联合分布律可读性更强,可以调用 xtabs() 函数对上述结果进行显示调整.

```
> xtabs(round(probs,3) ~ U + V, data = UV)
   V
U    2     3     4     5     6     7     8     9     10    11    12
  1 0.028 0.000 0.000 0.000 0.000 0.000 0.000 0.000 0.000 0.000 0.000
  2 0.000 0.056 0.028 0.000 0.000 0.000 0.000 0.000 0.000 0.000 0.000
  3 0.000 0.000 0.056 0.056 0.028 0.000 0.000 0.000 0.000 0.000 0.000
  4 0.000 0.000 0.056 0.056 0.056 0.028 0.000 0.000 0.000 0.000 0.000
  5 0.000 0.000 0.000 0.056 0.056 0.056 0.056 0.028 0.000 0.000 0.000
  6 0.000 0.000 0.000 0.000 0.000 0.056 0.056 0.056 0.056 0.056 0.028
```

在上述结果的基础上再调用marginal()函数求 U 和 V 的概率分布.

```
> marginal(UV, vars = "U")
  U  probs
1 1 0.02777778
2 2 0.08333333
3 3 0.13888889
4 4 0.19444444
5 5 0.25000000
6 6 0.30555556
> marginal(UV, vars = "V")
    V  probs
1   2 0.02777778
2   3 0.05555556
3   4 0.08333333
4   5 0.11111111
5   6 0.13888889
6   7 0.16666667
7   8 0.13888889
8   9 0.11111111
9  10 0.08333333
10 11 0.05555556
11 12 0.02777778
```

R 中可加载程序包 mvtnorm 来执行多元正态分布的相关任务. 该程序包中的 dmvnorm() 和 rmvnorm() 函数分别用来获得多维正态分布的概率密度函数和生成随机向量. 下面以绘制二维正态分布 $N(0,0,1,1,0)$ 的概率密度函数图形给出函数的使用方法.

```
> library(mvtnorm)
```

```
>x <-y <-seq(from = -3,to =3,length.out =30)
>f <-function(x,y) dmvnorm(cbind(x,y),mean=c(0,0),
+ sigma =diag(2)
+ )
>z <-outer(x,y,FUN = f)
>persp(x,y,z,theta = -30,phi =30,ticktype ="detailed")
>persp(x,y,z,theta = -30,phi =30,ticktype ="detailed")
```

运行上述程序得到下图5.2.

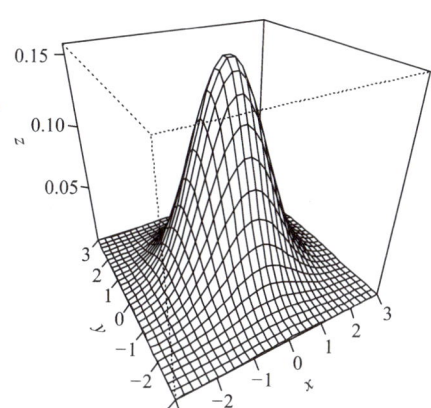

图 5.2 二维正态分布 $N(0,0,1,1,0)$ 的概率密度函数图

习题 5-1

1. 设随机变量 $X \sim N(\mu,4^2)$，$Y \sim N(\mu,5^2)$ 令 $p_1 = P(X \leqslant \mu - 4)$，$p_2 = P(Y \geqslant \mu + 5)$ 则 p_1 与 p_2 的大小关系为( ).

(A) $p_1 > p_2$ (B) $p_1 < p_2$
(C) $p_1 = p_2$ (D) 无法确定

2. 设二维离散型随机变量 (X,Y) 的联合分布函数为 $F(x,y)$，联合分布律如下，

X	Y			
	1	2	3	4
1	$\frac{1}{4}$	0	0	$\frac{1}{16}$
2	$\frac{1}{16}$	$\frac{1}{4}$	0	$\frac{1}{4}$
3	0	$\frac{1}{16}$	$\frac{1}{16}$	0

求：

(1) $P\left(\frac{1}{2} < X < \frac{3}{2}, 0 < Y < 4\right)$；

(2) $P(1 \leqslant X \leqslant 2, 3 \leqslant Y \leqslant 4)$；

(3) $F(2,3)$；

(4) 利用 R 软件实现前三问.

3. 把一枚均匀硬币抛掷三次，设 X 为三次抛掷中正面出现的次数，而 Y 为正面出现次数与反面出现次数之差的绝对值，求 (X,Y) 的概率分布及 (X,Y) 关于 X,Y 的边缘分布.

4. 将两封信随机地投入 3 个邮筒，设 X,Y 分别表示投入第 1，2 号邮筒中信的数目，求 X 和 Y 的联合概率分布及边缘概率分布，并给出 R 实现的程序.

5. 设向量 (X,Y) 的联合密度函数为
$$f(x,y) = \begin{cases} kxy, & 0 \leqslant x \leqslant 1, 0 \leqslant y \leqslant 1, \\ 0, & 其他. \end{cases}$$

求：(1) 常数 k 的值；(2) X 和 Y 的边缘概率密度.

6. 设二维随机变量 (X,Y) 具有概率密度函数：
$$f(x,y)=\begin{cases}2e^{-(2x+y)},&x>0,y>0,\\0,&\text{其他}.\end{cases}$$
（1）求分布函数 $F(x,y)$；（2）求概率 $P(Y\leqslant X)$.

7. 设随机变量 (X,Y) 在区域 $D=\{(x,y)\mid 0<x<2,-1<y<2\}$ 上服从二维均匀分布，求：(1) 随机变量 (X,Y) 的联合概率密度；(2) $P(X\leqslant Y)$.

5.2 随机变量的独立性

5.2.1 二维随机变量的独立性

在多维随机变量中，各分量的取值有些会相互影响，但有些毫无影响．例如，一个人的身高和体重会相互影响，但与收入一般无影响．当两个随机变量取值的统计规律互不影响时，就称它们是相互独立的.

之前我们已将两个随机事件的独立定义为它们积事件的概率等于它们各自概率的积，而随机变量的独立本质上是随机事件的独立，且随机变量都可由分布函数描述其统计规律性．因此，类似地，定义两个随机变量的独立性如下：

定义 5.7 设随机变量 (X,Y) 的联合分布函数为 $F(x,y)$，边缘分布函数为 $F_X(x)$ 和 $F_Y(y)$，若对任意实数 x,y，有 $P(X\leqslant x,Y\leqslant y)=P(X\leqslant x)P(Y\leqslant y)$，即
$$F(x,y)=F_X(x)F_Y(y), \tag{5.15}$$
则称随机变量 X 和 Y **相互独立**.

注：上节中我们已经知道，通过二维随机变量 (X,Y) 的联合分布可推导出它们的边缘分布，反之，仅由 X 和 Y 的边缘分布，一般来说是不能确定二维随机变量 (X,Y) 的联合分布的．但若 X 和 Y 相互独立，则联合分布可由边缘分布唯一确定．另外，两个随机变量的独立性可推广到多个随机变量的独立性.

关于随机变量的独立性，有下列两个定理：

定理 5.1 随机变量 X 和 Y 相互独立的充要条件是 X 所生成的任何事件与 Y 生成的任何事件独立．即对任意实数集 A,B，有
$$P(X\in A,Y\in B)=P(X\in A)P(Y\in B).$$

定理 5.2 如果随机变量 X 和 Y 相互独立，则对任意函数 $g_1(x),g_2(y)$ 均有随机变量 $g_1(X),g_2(Y)$ 相互独立.

5.2.2 离散型随机变量的独立性

用二维离散型随机变量 (X,Y) 的联合概率分布及边缘概率分布描述它们的统计规律相比分布函数更为直观. 因此, 定义离散型随机变量的独立性如下:

定义 5.8 若对二维离散型随机变量 (X,Y) 的所有可能取值 (x_i,x_j), $i,j=1,2,\cdots$, 有 $P(X=x_i,Y=y_j)=P(X=x_i)P(Y=y_j)$, 即
$$p_{ij}=p_i.\cdot p_{.j},\ i,j=1,2,\cdots, \tag{5.16}$$
则称 X 和 Y 相互独立.

例 5.5 口袋里有 2 个白球, 3 个黑球. 不放回地依次摸出 2 球, 并设随机变量

$$X=\begin{cases}1, & \text{第一次摸出白球,}\\ 0, & \text{第一次摸出黑球,}\end{cases} \quad Y=\begin{cases}1, & \text{第二次摸出白球,}\\ 0, & \text{第二次摸出黑球.}\end{cases}$$

求 (X,Y) 的联合分布律及 X 和 Y 边缘分布律, 并判断它们是否独立.

解: $P(X=0,Y=0)=P(Y=0\mid X=0)P(X=0)=\dfrac{2}{4}\cdot\dfrac{3}{5}=\dfrac{3}{10}$;

$P(X=0,Y=1)=P(Y=1\mid X=0)P(X=0)=\dfrac{2}{4}\cdot\dfrac{3}{5}=\dfrac{3}{10}$;

$P(X=1,Y=0)=P(Y=0\mid X=1)P(X=1)=\dfrac{3}{4}\cdot\dfrac{2}{5}=\dfrac{3}{10}$;

$P(X=1,Y=1)=P(Y=1\mid X=1)P(X=1)=\dfrac{1}{4}\cdot\dfrac{2}{5}=\dfrac{1}{10}$,

所以联合分布律为

X	Y	
	0	1
0	$\dfrac{3}{10}$	$\dfrac{3}{10}$
1	$\dfrac{3}{10}$	$\dfrac{1}{10}$

由联合分布律表的行和与列和得 X 和 Y 边缘分布律:

X	0	1
P_i	$\dfrac{3}{5}$	$\dfrac{2}{5}$

Y	0	1
P_j	$\dfrac{3}{5}$	$\dfrac{2}{5}$

而 $P(X=0,Y=0)\neq P(X=0)P(Y=0)$, 所以 X 和 Y 不独立.

例 5.6 记 X 为某医院一天出生的婴儿个数,记 Y 为其中的男婴个数. 设 (X,Y) 的联合分布律为

$$P(X=n, Y=m) = \frac{e^{-14} 7.14^m 6.86^{n-m}}{m!(n-m)!},$$

其中 $m=0,1,2\cdots,n$; $n=0,1,2,\cdots$. 求边缘分布律并判断独立性.

解:X 的边缘分布律为

$$P(X=n) = \sum_{m=0}^{n} P(X=n, Y=m) = \sum_{m=0}^{n} \frac{e^{-14} 7.14^m 6.86^{n-m}}{m!(n-m)!}$$

$$= \frac{e^{-14}}{n!} \sum_{m=0}^{n} C_n^m 7.14^m 6.86^{n-m} = \frac{e^{-14}}{n!} (7.14+6.86)^n$$

$$= 14^n \frac{e^{-14}}{n!}, \quad n=0,1,2,\cdots$$

Y 的边缘分布律为

$$P(Y=m) = \sum_{n=m}^{+\infty} P(X=n, Y=m) = \sum_{n=m}^{+\infty} \frac{e^{-14} 7.14^m 6.86^{n-m}}{m!(n-m)!}$$

$$= \frac{e^{-14} 7.14^m}{m!} e^{6.86} = 7.14^m \frac{e^{-7.14}}{m!}, \quad m=0,1,2,\cdots,$$

即 $X \sim p(14)$,$Y \sim p(7.14)$. 显然 (X,Y) 的联合分布律不等于两个边缘分布律的乘积,因此婴儿个数和男婴个数不独立. 此结论符合人们的直观,因为男婴包含在婴儿之内,两者当然不能相互独立.

实际上,类似随机事件的独立性,现实中的随机变量往往也可根据其背景含义直观地判断其是否独立. 比如同学的数学成绩与他的身高可以认为是独立的,而数学成绩和物理成绩应该是不独立的.

5.2.3 连续型随机变量的独立性

我们用二维连续型随机变量 (X,Y) 的联合概率密度及边缘概率密度描述它们的统计规律. 因此,定义连续型随机变量的独立性如下:

定义 5.9 设二维连续型随机变量 (X,Y) 的联合概率密度为 $f(x,y)$,边缘概率密度为 $f_X(x)$ 和 $f_Y(y)$,若对任意的 x,y,有

$$f(x,y) = f_X(x) f_Y(y), \tag{5.17}$$

则称 X 和 Y 相互独立.

例 5.7 设二维随机变量 (X,Y) 的联合概率密度为

$$f(x,y) = \begin{cases} Ae^{-(2x+3y)}, & x>0, y>0, \\ 0, & 其他, \end{cases}$$

求常数 A 并判断 X 和 Y 是否独立.

解：由 $\int_{-\infty}^{+\infty}\int_{-\infty}^{+\infty} f(x,y)\,\mathrm{d}x\mathrm{d}y$

$$= \int_0^{+\infty}\int_0^{+\infty} Ae^{-(2x+3y)}\,\mathrm{d}x\mathrm{d}y$$

$$= A\left(-\frac{1}{2}e^{-2x}\right)\Big|_0^{+\infty}\left(-\frac{1}{3}e^{-3y}\right)\Big|_0^{+\infty} = \frac{A}{6} = 1,\ 得\ A = 6,$$

边缘概率密度为

$$f_X(x) = \int_{-\infty}^{+\infty} f(x,y)\,\mathrm{d}y = \begin{cases} \int_0^{+\infty} 6e^{-(2x+3y)}\,\mathrm{d}y = 2e^{-2x}, & x>0, \\ 0, & 其他, \end{cases}$$

$$f_Y(y) = \int_{-\infty}^{+\infty} f(x,y)\,\mathrm{d}x = \begin{cases} \int_0^{+\infty} 6e^{-(2x+3y)}\,\mathrm{d}x = 3e^{-3y}, & y>0, \\ 0, & 其他, \end{cases}$$

所以 $f(x,y) = f_X(x)f_Y(y)$，X 和 Y 相互独立.

例 5.8 甲乙两人约定中午 12:30 在某地会面. 若甲到的时间在 12:15 到 12:45 之间服从均匀分布. 乙独立地到达，且到达时间在 12:00 到 13:00 之间服从均匀分布 (见图 5.3). 求先到的人等另一人的时间不超过 5min 的概率和甲先到的概率.

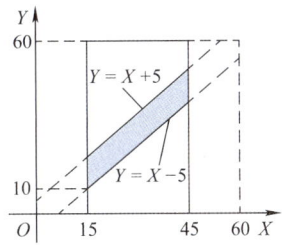

图 5.3 例 5.8 图

解：设 X 为甲到达时刻，Y 为乙到达时刻，以 12 时为起点，以分为单位，则 $X \sim U(15,45)$，$Y \sim U(0,60)$，边缘概率密度为

$$f_X(x) = \begin{cases} \dfrac{1}{30}, & 15<x<45, \\ 0, & 其他, \end{cases} \quad f_Y(y) = \begin{cases} \dfrac{1}{60}, & 0<x<60, \\ 0, & 其他, \end{cases}$$

由 X 和 Y 独立知联合概率密度为 $f(x,y) =$

$$\begin{cases} \dfrac{1}{1800}, & 15<x<45, 0<y<60, \\ 0, & 其他, \end{cases}$$

先到的人等待另一人到达的时间不超过 5min 的概率为

$$P(|X-Y| \leq 5) = P(-5 \leq X-Y \leq 5)$$
$$= \iint_{-5 \leq x-y \leq 5} \frac{1}{1800} dxdy = \int_{15}^{45} \int_{x-5}^{x+5} \frac{1}{1800} dydx = \frac{1}{6};$$

甲先到的概率为

$$P(X<Y) = \iint_{x<y} \frac{1}{1800} dxdy = \int_{15}^{45} \int_{x}^{60} \frac{1}{1800} dydx = \frac{1}{2}.$$

习题 5-2

1. 设随机变量 X 和 Y 相互独立,其概率分布分别为

X	-1	1
$P(X=x_i)$	$\frac{1}{2}$	$\frac{1}{2}$

Y	-1	1
$P(Y=y_j)$	$\frac{1}{2}$	$\frac{1}{2}$

则下列式子正确的是( ).

(A) $X=Y$ (B) $P(X=Y)=0$

(C) $P(X=Y)=\frac{1}{2}$ (D) $P(X=Y)=1$

2. 设二维离散型随机变量 (X,Y) 的联合分布律为

X	Y	
	1	2
3	$\frac{4}{9}$	$\frac{2}{9}$
4	$\frac{2}{9}$	$\frac{1}{9}$

求 X 和 Y 的边缘分布律,并判断它们是否独立.

3. 设随机变量 X 和 Y 相互独立,下表列出了二维随机变量 (X,Y) 联合分布律及 X 和 Y 的边缘分布律中的部分数值,试将其余数值填入表中的空白处.

X	Y			$p_i.$
	1	2	3	
0		$\frac{1}{8}$		
1	$\frac{1}{8}$			
$p\cdot j$	$\frac{1}{6}$			

4. 设 (X,Y) 的联合概率密度为

(1) $f(x,y) = \begin{cases} xe^{-(x+y)}, & x>0, y>0, \\ 0, & \text{其他}; \end{cases}$

(2) $f(x,y) = \begin{cases} 2, & 0<x<y, 0<y<1, \\ 0, & \text{其他}, \end{cases}$

问 X 和 Y 是否独立?

5. 某旅客到达火车站的时间 X 均匀分布在上午 $7:55$ 至 $8:00$,而火车这段时间开出的时间 Y 的密度函数为

$$f_Y(y) = \begin{cases} \frac{2(5-y)}{25}, & 0 \leq y \leq 5, \\ 0, & \text{其他}, \end{cases}$$

求此人能及时上火车的概率.

5.3 二维随机变量函数的分布

前一章中我们已经讨论了一维随机变量函数分布的问题,而在实际应用中,有些随机变量可能是两个或两个以上随机变量的函数,现在我们希望通过 (X,Y) 的分布来确定 $Z=g(X,Y)$ 的分布. 此类问题就是我们将要讨论的两个随机变量函数的分布问题,这是技巧性较强的工作,对不同形式的函数需采用不同的方法. 这里仅介绍一些基本情况.

5.3.1 离散型随机变量函数的分布

设 (X,Y) 是二维离散型随机变量,$Z=g(X,Y)$ 作为 (X,Y) 的

函数是一个一维离散型随机变量. 与一维情况类似, 二维离散型随机变量函数的概率分布是比较容易求得的, 当(X,Y)的所有可能取值较少时, 可将Z的取值一一列出, 然后再合并整理就可得出结果.

例 5.9 设二维离散型随机变量(X,Y)的联合概率分布为

X	Y		
	-1	1	2
-1	0.2	0.1	0.3
2	0.1	0.1	0.2

求$X+Y$, XY, $\max(X,Y)$的概率分布.

解: 将(X,Y)的联合概率分布表展开得:

p_{ij}	0.2	0.1	0.3	0.1	0.1	0.2
(X,Y)	$(-1,-1)$	$(-1,1)$	$(-1,2)$	$(2,-1)$	$(2,1)$	$(2,2)$
$X+Y$	-2	0	1	1	3	4
XY	1	-1	-2	-2	2	4
$\max(X,Y)$	-1	1	2	2	2	2

合并整理得出结果:

$X+Y$	-2	0	1	3	4
p_k	0.2	0.1	0.4	0.1	0.2

XY	-2	-1	1	2	4
p_k	0.4	0.1	0.2	0.1	0.2

$\max(X,Y)$	-1	1	2
P_k	0.2	0.1	0.7

例 5.10 同时独立地掷一枚硬币和一颗骰子两次, 用X表示两次中硬币出现的正面次数, 用Y表示两次骰子点数不超过 4 的次数.

求 (1) (X,Y)的联合概率分布; (2) $P(X+Y=1)$; (3) $X+Y$的概率分布.

解: (1) X可能取值为 0, 1, 2, Y可能取值为 0, 1, 2, 依题意计算各取值的概率得边缘概率分布为

X	0	1	2
P_i	$\frac{1}{4}$	$\frac{1}{2}$	$\frac{1}{4}$

Y	0	1	2
P_j	$\frac{1}{9}$	$\frac{4}{9}$	$\frac{4}{9}$

由于 X 与 Y 相互独立，所以联合概率分布为：

X	Y		
	0	1	2
0	$\frac{1}{36}$	$\frac{1}{9}$	$\frac{1}{9}$
1	$\frac{1}{18}$	$\frac{2}{9}$	$\frac{2}{9}$
2	$\frac{1}{36}$	$\frac{1}{9}$	$\frac{1}{9}$

（2）$P(X+Y=1) = P(X=0,Y=1) + P(X=1,Y=0) = \frac{1}{9} + \frac{1}{18} = \frac{1}{6}$；

（3）$X+Y$ 的概率分布为

$X+Y$	0	1	2	3	4
p_k	$\frac{1}{36}$	$\frac{6}{36}$	$\frac{13}{36}$	$\frac{12}{36}$	$\frac{4}{36}$

5.3.2 连续型随机变量函数的分布

设 (X,Y) 是二维连续型随机向量，其联合概率密度函数为 $f(x,y)$，$Z = g(X,Y)$ 是 (X,Y) 的函数. 可用类似求一元随机变量函数分布的方法来求 $Z = g(X,Y)$ 的分布. 具体如下：

1. 求分布函数 $F_Z(z)$

$$F_Z(z) = P(Z \leq z) = P(g(X,Y) \leq z) = P((X,Y) \in D_Z) = \iint\limits_{D_Z} f(x,y) \mathrm{d}x\mathrm{d}y,$$

其中 $D_Z = \{(x,y) \mid g(x,y) \leq z\}$；

2. 求其概率密度函数 $f_Z(z)$，有 $f_Z(z) = F'_Z(z)$

例 5.11 设随机变量 X 与 Y 相互独立，且同服从 $[0,1]$ 上的均匀分布，试求 $Z = |X-Y|$ 的分布函数与密度函数.

解：先求 Z 的分布函数 $F_Z(x) = P(|X-Y| \leq z)$

$$= \begin{cases} 0, & z \leq 0, \\ P(-z \leq X-Y \leq z), & 0 < z < 1, \\ 1, & z \geq 1, \end{cases} = \begin{cases} 0, & z \leq 0, \\ 1-(1-z)^2, & 0 < z < 1, \\ 1, & z \geq 1, \end{cases}$$

于是 $Z = |X-Y|$ 的概率密度为 $f_Z(z) = F'_Z(z) = \begin{cases} 2(1-z), & 0 < x < 1, \\ 0, & 其他. \end{cases}$

此过程的实现并不容易，但我们可由此得到求和函数分布的公式，有如下定理：

定理 5.3 设 X 和 Y 是两个相互独立的连续型随机变量，联合概率密度为 $f(x,y)$，边缘概率密度为 $f_X(x)$ 和 $f_Y(y)$，则其和 $Z = X + Y$ 的概率密度为

$$f_Z(z) = \int_{-\infty}^{+\infty} f_X(z-y) f_Y(y) \, dy. \qquad (5.18)$$

证明：$Z = X + Y$ 分布函数为

$$F_Z(z) = P(X + Y \leq z) = \iint_{x+y \leq z} f(x,y) \, dx dy = \iint_{x+y \leq z} f_X(x) f_Y(y) \, dx dy$$

$$= \int_{-\infty}^{+\infty} \left[\int_{-\infty}^{z-y} f_X(x) \, dx \right] f_Y(y) \, dy = \int_{-\infty}^{+\infty} F_X(z-y) f_Y(y) \, dy,$$

其中 $F_X(x)$ 为 X 的分布函数，对上式两端求导可得 Z 的概率密度为

$$f_Z(z) = \int_{-\infty}^{+\infty} f_X(z-y) f_Y(y) \, dy.$$

注：类似地可得 $Z = X + Y$ 的概率密度的另一个公式

$$f_Z(z) = \int_{-\infty}^{+\infty} f_X(x) f_Y(z-x) \, dx. \qquad (5.19)$$

上述式(5.18)与式(5.19)称为卷积公式.

例 5.12 设 X 和 Y 是两个相互独立的连续型随机变量，且都服从参数为 $\frac{1}{3}$ 的指数分布，求 $Z = X + Y$ 的概率密度

解：$X \sim \exp\left(\frac{1}{3}\right)$，$Y \sim \exp\left(\frac{1}{3}\right)$，所以

$$f_X(x) = \begin{cases} \frac{1}{3} e^{-\frac{1}{3}x}, & x > 0, \\ 0, & \text{其他}, \end{cases} \quad f_Y(y) = \begin{cases} \frac{1}{3} e^{-\frac{1}{3}y}, & y > 0, \\ 0, & \text{其他}, \end{cases}$$

$$f_Z(z) = \int_{-\infty}^{\infty} f_X(z-y) f_Y(y) \, dy, \quad \begin{cases} z-y > 0 \\ y > 0 \end{cases} \Rightarrow \begin{cases} 0 < y < z, \\ z > 0, \end{cases} \text{所以,}$$

$$f_Z(z) = \begin{cases} \int_0^z \frac{1}{3} e^{-\frac{1}{3}(z-y)} \frac{1}{3} e^{-\frac{1}{3}y} \, dy, & z > 0 \\ 0, & \text{其他} \end{cases}$$

$$= \begin{cases} \frac{1}{9} z e^{-\frac{1}{3}z}, & z > 0, \\ 0, & \text{其他}. \end{cases}$$

由卷积公式还可得到关于正态分布和函数的结论，有如下定理：

定理 5.4 设 X 和 Y 相互独立，且 $X \sim N(\mu_1, \sigma_1^2)$，$Y \sim N(\mu_2, \sigma_2^2)$，则 $Z = X + Y$ 仍服从正态分布，且 $Z \sim N(\mu_1 + \mu_2, \sigma_1^2 + \sigma_2^2)$.

注：更一般地，可以证明有限个相互独立的正态随机变量的线性组合仍服从正态分布.

习题 5-3

1. 设随机变量 X，Y 相互独立，且 $X \sim N(3, 4)$，$Y \sim N(1, 2)$，则 $X - 2Y$ 服从（　　）.

(A) $N(1, 12)$ (B) $N(1, 8)$

(C) $N(5, 12)$ (D) $N(5, 8)$

2. 设二维离散型随机变量 (X, Y) 的联合概率分布为

X	Y		
	0	1	2
0	0.10	0.25	0.15
1	0.15	0.20	0.15

求 $X + Y$，XY，$\max(X, Y)$ 的概率分布，并给出 R 软件实现的程序.

3. 设 X 和 Y 相互独立，$X \sim b(n_1, p)$，$Y \sim b(n_2, p)$，求 $Z = X + Y$ 的分布.

4. 设 X 和 Y 相互独立，且均服从区间 $(0, 1)$ 上的均匀分布，求 $Z = X + Y$ 的概率密度.

5. 设某种商品一周的需求量是一个随机变量，其概率密度函数为

$$f(x) = \begin{cases} x e^{-x}, & x > 0, \\ 0, & \text{其他,} \end{cases}$$

如果各周的需求量相互独立，求两周需求量的概率密度函数.

5.4 本章小结

5.4.1 内容概要

本章主要研究二维随机变量，通过其联合分布可了解二维随机变量的统计规律，并可得到各随机变量本身的分布即边缘分布. 二维随机变量同样包括离散型和连续型. 除联合分布函数外，二维离散型随机变量一般可用联合分布律描述并求相应的概率以及边缘分布律，而二维连续型随机变量则可用联合密度函数定义并求相应的概率以及边缘密度函数. 当两个随机变量的联合分布等于边缘分布的乘积时，称之为相互独立，相当于它们的取值互不影响，因此随机变量的独立本质上是随机事件的独立. 另外，可以通过二维随机变量的联合分布求其函数的分布. 其中二维离散型随机变量函数的分布较易求得，而对于独立的二维连续型随机变量和函数的分布则可运用卷积公式求之.

本章知识结构如下：

5.4.2 延伸阅读

统计学中的盐

1947年印度刚独立，德里就发生了一些公共暴乱．一个少数民族团体中的大多数人避难到被称为红色堡垒的地方，这是一个被保护的区域，少部分人逃到另一个地区的修姆因庙里，这个庙临近一个古建筑物．政府有责任提供食物给这些避难者．这个任务委托给了承包商，由于没有任何关于避难者人数的信息，政府被迫接受和支付承包商所提出的为避难者所购买的各种日用品和生活保证品的账单．政府的这项开支看起来非常大，因而有人建议让统计学家来求出红色城堡中避难者的正确人数．

在当时的混乱条件下，这个问题看起来很困难．另一个复杂的情形是，政府所谓的统计学家是属于多数派团体的（与避难者所属团体对立），因而如果要应用统计技术估计避难者的人数而要求进入红色城堡，那么这些统计专家的安全没有保证．摆在统计学家面前的问题是：在没有任何避难者人数的先验信息、没有任何机会直接了解那个地区人口密度的情形下，同时在不能使用任何已知的用于估计或人口统计调查中的抽样技术条件下，来估计一个给定地区的人口数量．

专家们不得不想出某个办法来解决这个问题．无论是统计学或是统计学家的失败，政府都是不能容忍的，不管怎样，统计学家们接受了承包商交给政府的账单，这些账单记录了提供给避难者的不同的生活用品，如所购入的米、豆类和盐．如何利用这些资料呢？

假设全体避难者一天所需要的米、豆类和盐的总量分别为 R，P，S．由消费调查，每人每天所需要这些食物的量分别为 r，p，s．因而 $\dfrac{R}{r}$，$\dfrac{P}{p}$，$\dfrac{S}{s}$ 提供了一个集团中相同人数的平行估计量，也就是说，这三个值均是等价有效的．专家们利用承包商提出的 R，P，S 计算出这些值，发现 $\dfrac{S}{s}$ 最小，而表示大米的 $\dfrac{R}{r}$ 最大．与盐相比，商品中最贵的大米的量有可能被夸大了(当时在印度盐的价格非常低，因而不会夸大盐的用量). 因此，统计学家提出估计值 $\frac{S}{s}$ 为红色城堡中避难者的人数. 对所提出的这种方法的验证是用同样的方法独立地估计了修姆因庙里的避难者人数(这里的人数要少得多)，最终得到了很好的近似值.

这个基于盐量的估计方法思想来自森古普塔(J. M. Sengupta)，他长期在印度统计研究所工作. 由统计学者所给出的估计值对政府做出行政管理决策非常有帮助. 这也提高了统计学的威信，从那以后，统计学受到政府的大力支持，可以说，这个估计方法对印度统计学的发展做出了很大的贡献.

这里所用的方法是一个非惯例且很巧妙的方法，相当于对三个随机变量的取值进行了比较分析，这个思想的背后是统计的推理或定量的思考，展现了统计学的艺术.

经济增长和平均寿命

我国 1960 年至 2020 年的经济增长和平均寿命的变化如下：

年份	GDP(亿元)	GDP 指数(78 = 100)	平均寿命
1960	1470.10	39.96	43.35
1970	2279.70	61.97	58.68
1980	4587.60	116	66.52
1990	19347.8	281.9	69.03
2000	99214.55	760.2	71.73
2010	412119.3	1873.8	75.01
2015	688858.2	2835.9	75.99
2020	1015986.2	3923.3	77.8

从上表可以看出，我国自 1960 年至 2020 年之间，GDP 指数和平均寿命都有很快速的增长，这里随机变量 GDP 指数为原来的 100 多倍，另一随机变量平均寿命也增长为原来的近 2 倍. 显然随着我国经济的发展，平均寿命也在增长，两个随机变量之间存在一定的关系. 我国平均寿命的增加是由于 GDP 的增长，使得我国医疗卫生水平提高的同时还提高了平均寿命.

数学家介绍：拉普拉斯(1749—1827)

法国数学家、天文学家. 1749 年 3 月生于法国博蒙昂诺日，1827 年 3 月卒于巴黎. 年幼时就显露出数学才能，1767 年他到巴黎拜见达朗贝尔，经过周折终于以自己对力学原理的论述受到达朗贝尔的称赞，随即被介绍到巴黎军事学校任数学教授. 1795 年后，任巴黎综合工科学校、高等师范学校教授. 1816 年被选为法

第 5 章 多维随机变量及其分布

兰西科学院院士,后任该院院长.拉普拉斯的研究领域很广,涉及天文、数学、物理、化学等多方面课题.他把数学当作解决问题的主要工具,在运用数学的同时又创造和发展了许多新的数学方法.他在微分方程、复变函数论、代数学和概率论中都有卓越的贡献,被公认为概率论的奠基人之一.拉普拉斯的研究成果大都包括在《宇宙体系论》中.他的《概率的分析理论》是概率论方面一部内容丰富的奠基性著作,书中首次明确给出了概率的古典定义,系统叙述了概率论的基本定理,建立了观测误差理论(包括最小二乘法),并把概率论应用于人口统计.他的《关于概率的哲学探讨》为该书第二版的序言,文中提出了关于概率论的重要见解:概率论将成为人类知识中最重要的组成部分等.

冯·诺伊曼(1903—1957)

著名数学家.1903 年生于匈牙利布达佩斯,1957 年 2 月在华盛顿因病去世.诺伊曼从小就显示出数学天才.1921 年入柏林大学,1923 年入瑞士苏黎世联邦工业大学学习化学,在此期间开始研究数理逻辑,1926 年春在布达佩斯大学获博士学位.之后相继在柏林大学、汉堡大学和普林斯顿大学任教.1933 年成为普林斯顿高等研究所教授.第二次世界大战期间,曾任研制原子弹顾问,参加研制计算机.1954 年成为美国原子能委员会委员.冯·诺伊曼是 20 世纪最重要的数学家之一,在纯粹数学和应用数学方面都有杰出的贡献.1940 年以前主要是纯粹数学的研究.1940 年以后转向应用数学.从 1942 年起,与他人合作完成的《博弈论和经济行为》一书是博弈论中的经典著作,使他成为计量经济学的奠基人之一.冯·诺伊曼对世界上第一台电子计算机 ENAIC 的设计提出过建议;他还是计算数学的缔造者之一;他协助发展了蒙特卡罗方法等一些算法.40 年代末,诺伊曼开始研究自动机理论,他逝世后未完成的手稿在 1958 年以《计算机与人脑》为名出版.冯·诺伊曼的主要著作收集在《冯·诺伊曼全集》(6 卷,1961)中.

第 6 章
数字特征

随机变量的分布函数能完整的描述随机变量的统计规律性. 但是在很多实际应用中,人们不需要知道某个随机变量完整的变化情况,而只感兴趣某些能描述随机变量的某些特征的常量. 比如,考察一个城市的交通情况时,人们更关心户均拥有的汽车的辆数;考察一个班级的数学科目考试成绩时,人们更想知道班级成绩的平均水平,成绩好坏的分散程度等. 这种由随机变量的分布所确定的,能刻画随机变量某一方面的特征的常量统称为数字特征,它在理论和实践上都具有重要的意义.

本章将要讨论的随机变量的常用数字特征有数学期望、方差、相关系数、矩、偏度和峰度.

6.1 数学期望

6.1.1 数学期望的定义

对于随机变量 X,我们希望能找到这样一个数值,它能体现 X 取值的"平均"大小,例如,有一位射手,射击时击中的环数用随机变量 X 表示,假定 X 的分布律如下:

X	8	9	10
P	0.1	0.2	0.7

求该射手的平均每枪击中的环数.

显然,如果随机变量 X 等可能取 8,9 和 10,那么 X 可能值的平均数是 $\frac{1}{3}(8+9+10)=9$,但实际上,从分布律可以看出,X 取 10 的可能性远比取 8 和 9 要大. 设想该射手射击 100 次,那么他大约有 70 次击中 10 环,20 次击中 9 环,10 次击中 8 环. 一般地,让射手射击 n 次,则他击中的环数大约是

$$8 \times 0.1n + 9 \times 0.2n + 10 \times 0.7n = 9.6n,$$

平均起来该射手每枪击中 9.6 环,显然 9.6 才是 X 取值的平均值. 因此,在研究随机变量取值的平均值时,不仅要考虑它的各个取

值，还要考虑到取各个值相对应的概率.

定义 6.1 设离散型随机变量 X 的概率分布为
$$P\{X = x_i\} = p_i, \ i = 1,2,\cdots,$$
如果级数 $\sum_{i=1}^{+\infty} x_i p_i$ 绝对收敛，则定义 X 的数学期望或均值为

$$E(X) = \sum_{i=1}^{+\infty} x_i p_i \tag{6.1}$$

定义 6.2 设连续型随机变量 X 的概率密度函数为 $f(x)$，如果 $\int_{-\infty}^{+\infty} x f(x) \mathrm{d}x$ 绝对收敛，则定义 X 的数学期望为

$$E(X) = \int_{-\infty}^{+\infty} x f(x) \mathrm{d}x \tag{6.2}$$

注：由数学期望的定义可知并不是所有的随机变量都有数学期望.

例 6.1 求服从两点分布的随机变量 X 的数学期望.

解：设两点分布的分布律为

X	0	1
P	q	p

由离散型随机变量的数学期望的定义可知 $E(X) = 0 \times q + 1 \times p = p$.

例 6.2 在对一个人数众多的团队进行某种疾病的普查时，需要抽验 N 个人的血. 验血的方式有两种：(1) 对每个人的血分别去验，这就需要验 N 次；(2) 把 k 个人分成一组，同一组的 k 个人的血混在一起进行检验，如果混合的血呈阴性反应，就说明 k 个人的血都呈阴性，此时相当于这 k 个人平均每人只需检验 $\frac{1}{k}$ 次；如果混合的血呈阳性，再对 k 个人的血逐个检验，共需检验 $k+1$ 次，相当于平均每人检验 $\frac{k+1}{k}$ 次. 假设每个人化验呈阳性的概率为 p，且各人呈阳性反应是相互独立的. 试说明当 p 较小时，选取适当的 k，按第二种方法可以减少检验次数，并说明 k 取什么值时最合适.

解：按照第二种方法检验，每个人的血需要检验的次数 X 是随机变量，其可能的取值为 $\frac{1}{k}$ 和 $\frac{k+1}{k}$. 记 $q = 1 - p$，由各人呈阳性反应是相互独立的条件可知，k 个人混合的血呈阴性的概率为 q^k，即

$P\left(X=\dfrac{1}{k}\right)=q^k$；$k$ 个人混合的血呈阳性的概率为 $1-q^k$，则 X 的分布律为

X	$\dfrac{1}{k}$	$\dfrac{k+1}{k}$
P	q^k	$1-q^k$

X 的数学期望为 $E(X)=\dfrac{1}{k}\times q^k+\left(1+\dfrac{1}{k}\right)(1-q^k)=1-q^k+\dfrac{1}{k}$，这个值表示的含义是每个人平均所需检验的次数，则 N 个人平均所需检验的次数为 $N\left(1-q^k+\dfrac{1}{k}\right)$

由于 p 一般都很小，从而 q 接近于 1. 当 $k\geqslant 2$ 时，$q^k>\dfrac{1}{k}$. 因此 $1-q^k+\dfrac{1}{k}<1$，$N\left(1-q^k+\dfrac{1}{k}\right)<N$，则 N 个人平均所需检验的次数小于 N. 当 p 已知时，选取适当的 k，使 $E(X)$ 达到最小，这样就能得到最好的分组方法.

例如，当 $p=0.1$ 时，$q=1-0.1=0.9$，当 $k=4$ 时，$E(X)$ 达到最小，此时平均检验的次数为

$$1000\times\left(1-0.9^4+\dfrac{1}{4}\right)\text{次}\approx 594\text{ 次},$$

减少约 40% 的工作量.

例 6.3 某商店对某种家用电器的销售采用先使用后付款的方式. 记使用寿命为 X(以年计)，规定：

$$X\leqslant 1,\text{一台付款 } 1500 \text{ 元};$$
$$1<X\leqslant 2,\text{一台付款 } 2000 \text{ 元};$$
$$2<X\leqslant 3,\text{一台付款 } 2500 \text{ 元};$$
$$X>3,\text{一台付款 } 3000 \text{ 元}.$$

设寿命 X 服从指数分布，概率密度为

$$f(x)=\begin{cases}\dfrac{1}{10}e^{-\frac{x}{10}}, & x>0,\\ 0, & x\leqslant 0,\end{cases}$$

试求该类家用电器一台收费 Y 的数学期望.

解：先求寿命 X 落在各个时间区间内的概率，即有

$$P(X\leqslant 1)=\int_0^1\dfrac{1}{10}e^{-\frac{x}{10}}dx=1-e^{-0.1}\approx 0.0952,$$

$$P(1<X\leqslant 2)=\int_1^2\dfrac{1}{10}e^{-\frac{x}{10}}dx=e^{-0.1}-e^{-0.2}\approx 0.0861,$$

$$P(2 < X \leq 3) = \int_2^3 \frac{1}{10}e^{-\frac{x}{10}}dx = e^{-0.2} - e^{-0.3} \approx 0.0779,$$

$$P(X > 3) = \int_3^{+\infty} \frac{1}{10}e^{-\frac{x}{10}}dx = e^{-0.3} \approx 0.7408,$$

则 Y 的分布律为

Y	1500	2000	2500	3000
p_i	0.0952	0.0861	0.0779	0.7408

得到 $E(Y) = 2728.1$，即平均一台收费 2728.1 元.

例 6.4 求服从区间 $[a,b]$ 上均匀分布的随机变量 X 的数学期望.

解：随机变量 X 的密度函数为

$$f(x) = \begin{cases} \dfrac{1}{b-a}, & a \leq x \leq b, \\ 0, & \text{其他}, \end{cases}$$

则由式(6.2)计算得到

$$E(X) = \int_a^b \frac{x}{b-a}dx = \frac{1}{2(b-a)}x^2\Big|_a^b = \frac{a+b}{2}.$$

例 6.5 已知随机变量 X 的分布函数 $F(x)$ 如下：

$$F(x) = \begin{cases} 0, & x \leq 0, \\ \dfrac{x}{4}, & 0 < x \leq 4, \\ 1, & x > 4, \end{cases}$$

求 $E(X)$.

解：随机变量 X 的分布密度为

$$f(x) = F'(x) = \begin{cases} \dfrac{1}{4}, & 0 < x \leq 4, \\ 0, & \text{其他}, \end{cases}$$

因此 $E(X) = \int_{-\infty}^{+\infty} x f(x)dx = \int_0^4 x \cdot \frac{1}{4}dx = \frac{x^2}{8}\Big|_0^4 = 2.$

6.1.2 随机变量函数的数学期望

设 X 为一维随机变量，$g(x)$ 为实函数，则 $Y = g(X)$ 也是随机变量. 理论上，可以通过 X 的分布求出 $g(X)$ 的分布，再根据数学期望的定义求出 $g(X)$ 的数学期望 $E[g(X)]$，但是显然求法比较复杂.

下面不加证明地引入有关计算随机变量函数的数学期望的定理：

定理 6.1 设 Y 是随机变量 X 的函数：$Y = g(X)$ (g 是连续函数).

(1) 若 X 是离散型随机变量，其概率分布为
$$P(X = x_i) = p_i, \ i = 1, 2, \cdots,$$
则 Y 的数学期望为
$$E(Y) = E[g(X)] = \sum_{i=1}^{+\infty} g(x_i) p_i. \tag{6.3}$$

(2) 若 X 是连续型随机变量，其概率密度为 $f(x)$，则 Y 的数学期望为
$$E(Y) = E[g(x)] = \int_{-\infty}^{+\infty} g(x) f(x) \mathrm{d}x. \tag{6.4}$$

注：定理的重要性在于计算 $E(Y)$ 时，不必计算 Y 的概率分布或概率密度，只需知道 X 的分布律或概率密度就可以了.

上述定理可推广到二维及以上的情形：

定理 6.2 设 (X, Y) 是二维随机变量，$Z = g(X, Y)$，且 $E(Z)$ 存在，则：

(1) 若 (X, Y) 是离散型随机变量，其概率分布为
$$P(X = x_i, Y = y_j) = p_{ij}, \ i, j = 1, 2, \cdots, \tag{6.5}$$
则 Z 的数学期望为
$$E(Z) = E[g(X, Y)] = \sum_{j=1}^{+\infty} \sum_{i=1}^{+\infty} g(x_i, y_j) p_{ij};$$

(2) 若 (X, Y) 是连续型随机变量，其概率密度为 $f(x, y)$，则 Z 的数学期望为
$$E(Z) = E[g(X, Y)] = \int_{-\infty}^{+\infty} \int_{-\infty}^{+\infty} g(x, y) f(x, y) \mathrm{d}x \mathrm{d}y. \tag{6.6}$$

例 6.6 设随机变量 X 服从区间 $[0, 2\pi]$ 上的均匀分布，求 $E(\sin X)$，$E(X^2)$.

解：随机变量 X 的概率密度函数为
$$f(x) = \begin{cases} \dfrac{1}{2\pi}, & 0 \leqslant x \leqslant 2\pi, \\ 0, & \text{其他}, \end{cases}$$
则由式 (6.6) 可得,

$$E(\sin X) = \int_0^{2\pi} \sin x f(x)\mathrm{d}x = \int_0^{2\pi} \frac{1}{2\pi}\sin x\mathrm{d}x = 0,$$

$$E(X^2) = \int_0^{2\pi} x^2 f(x)\mathrm{d}x = \int_0^{2\pi} \frac{1}{2\pi}x^2\mathrm{d}x = \frac{4}{3}\pi^2.$$

例 6.7 设随机变量 (X,Y) 的联合概率分布为

Y	X			
	-2	-1	1	2
1	0	$\frac{1}{4}$	$\frac{1}{4}$	0
4	$\frac{1}{4}$	0	0	$\frac{1}{4}$

求 $E(X)$, $E(Y)$, $E(XY)$.

解：首先求出随机变量 X 和 Y 的边缘分布. X 和 Y 的边缘分布为

X	-2	-1	1	2
p_i	$\frac{1}{4}$	$\frac{1}{4}$	$\frac{1}{4}$	$\frac{1}{4}$

Y	1	4
p_i	$\frac{1}{2}$	$\frac{1}{2}$

则 $E(X) = (-2) \times \frac{1}{4} + (-1) \times \frac{1}{4} + 1 \times \frac{1}{4} + 2 \times \frac{1}{4} = 0$,

$E(Y) = 1 \times \frac{1}{2} + 4 \times \frac{1}{2} = \frac{5}{2}$, $E(XY) = (1 \times (-2)) \times 0 +$

$(1 \times (-1)) \times \frac{1}{4} + (1 \times 1) \times \frac{1}{4} + (1 \times 2) \times 0 + (4 \times (-2)) \times \frac{1}{4} +$

$(4 \times (-1)) \times 0 + (4 \times 1) \times 0 + (4 \times 2) \times \frac{1}{4} = 0.$

例 6.8 设某家电卖场对某种电器的需求量为随机变量 X, 且 $X \sim U(200,400)$, 该卖场每销售 1 台这样的电器, 可盈利 300 元; 但是, 若销售不出去, 则每台需要付保管费 100 元. 问应该进货多少台电器, 才能使得卖场盈利的期望值达到最大?

解：设卖场进货 n 台电器, 盈利为 Y(百元), 由题可知,

$$Y = g(X) = \begin{cases} 3n, & X \geq n, \\ 3X - (n-X), & X < n, \end{cases} = \begin{cases} 3n, & X \geq n, \\ 4X - n, & X < n, \end{cases}$$

由 X 的分布可得 X 的概率密度函数 $f(x)$ 为

$$f(x) = \begin{cases} \frac{1}{200}, & 200 \leq x \leq 400, \\ 0, & 其他, \end{cases}$$

则 Y 的数学期望为

$$E(Y) = \int_{-\infty}^{+\infty} g(x)f(x)\,dx = \int_{200}^{400} \frac{1}{200}g(x)\,dx$$
$$= \frac{1}{200}\int_{200}^{n}(4x-n)\,dx + \int_{n}^{400}3n\,dx$$
$$= \frac{1}{100}(-n^2 + 700n - 200^2),$$

令 $L(n) = \frac{1}{100}(-n^2 + 700n - 200^2)$，对 $L(n)$ 求导令其等于 0 可解得 $n=350$，即当 $n=350$ 时，$L(n)$ 可取最大值. 因此，该卖场应该进货该种电器 350 台才能使得收益的期望值达到最大.

6.1.3 数学期望的性质

性质 1 设 C 是常数，则有 $E(C)=C$.

性质 2 设 X 是随机变量，C 是常数，则有 $E(CX)=CE(X)$.

性质 3 设 X,Y 是两个随机变量，则有 $E(X+Y)=E(X)+E(Y)$.

注：上述性质可以推广到任意有限个随机变量之和的情况，

$$E\left(\sum_{i=1}^{n} C_i X_i\right) = \sum_{i=1}^{n} C_i E(X_i)$$

性质 4 设 X,Y 是两个相互独立的随机变量，则有 $E(XY)=E(X)E(Y)$.

注 1：上述性质可以推广到任意有限个相互独立的随机变量之积的情况，

$$E\left(\prod_{i=1}^{n} X_i\right) = \prod_{i=1}^{n} E(X_i)$$

注 2：由 $E(XY)=E(X)E(Y)$ 不能推出 X,Y 独立.

例 6.9 一民航大巴载有 20 位旅客自机场开出，旅客有 10 个车站可以下车. 如到达一个车站没有旅客下车就不停车. 以 X 表示停车的次数，求 $E(X)$（设每位旅客在各个车站下车是等可能的，并设旅客是否下车相互独立）.

解：引入随机变量

$$X_i = \begin{cases} 0, & \text{在第 } i \text{ 站没有人下车}, \\ 1, & \text{在第 } i \text{ 站有人下车}, \end{cases} \quad i=1,2,\cdots,10.$$

易知，

$$X = X_1 + X_2 + \cdots + X_{10}.$$

由随机变量数字期望的性质 3 可知,

$$E(X) = \sum_{i=1}^{10} E(X_i).$$

下求 $E(X_i)$. 根据题意,任一旅客不在第 i 站下车的概率为 $\dfrac{9}{10}$,因此,20 位旅客都不在第 i 站下车的概率为 $\left(\dfrac{9}{10}\right)^{20}$,在第 i 站有人下车的概率为 $1-\left(\dfrac{9}{10}\right)^{20}$,即

$$P(X_i = 0) = \left(\frac{9}{10}\right)^{20},\ P(X_i = 1) = 1 - \left(\frac{9}{10}\right)^{20},\ i = 1,2,\cdots,10.$$

因此,$E(X_i) = 1 - \left(\dfrac{9}{10}\right)^{20},\ i = 1,2,\cdots,10.$

所以,$E(X) = 10\left[1 - \left(\dfrac{9}{10}\right)^{20}\right] \approx 8.784\,(次).$

注:本题是将 X 分解成数个随机变量之和,然后利用随机变量和的数学期望等于随机变量的数学期望之和来求数学期望,这种处理方法具有一定的普遍意义.

例 6.10 设某零件的长和宽相互独立且分别服从区间 $[a,b]$,$[c,d]$ 上的均匀分布,试求此零件面积的数学期望.

解:用随机变量 X 表示零件的长,Y 表示零件的宽,由于 X,Y 相互独立,根据随机变量的数学期望性质 4 有

$$E(XY) = E(X)E(Y) = \frac{a+b}{2} \times \frac{c+d}{2} = \frac{(a+b)(c+d)}{4}.$$

习题 6-1

1. 已知甲、乙两箱中装有同种产品,其中甲箱中装有 3 件合格品和 3 件次品,乙箱中仅装有 3 件合格品;从甲箱子中任取 3 件产品放入乙箱. 求乙箱中次品数的数学期望.

2. 某产品的次品率为 0.1,检验员每天检验 4 次,每次随机地抽取 10 件产品进行检验,如果发现其中的次品数多于 1,就要调整设备. 以 X 表示一天中调整设备的次数,试求 X 的数学期望.(设诸产品是否为次品是相互独立的)

3. 设随机变量 X 的分布律如下:

X	-2	1	0	1	2
p_i	0.4	0.2	0.1	0.1	0.2

求 $E(X)$,$E(X^2)$,$E(3X+5)$.

4. 设连续型随机变量 X 的概率密度为

$$f(x) = \begin{cases} kx^a, & 0 < x < 2, \\ 0, & 其他, \end{cases}$$

其中,$k,a > 0$,又已知 $E(X) = 0.75$,求 k,a 的值.

5. 设连续型随机变量 X 的概率密度为

$$f(x) = \begin{cases} e^{-x}, & x > 0, \\ 0, & 其他, \end{cases}$$

求(1)$Y = 2X$ 的数学期望;

(2)$Y = e^{-2X}$ 的数学期望.

6. 一工厂生产的某种设备的寿命 X(单位:年)服从指数分布,概率密度为

$$f(x) = \begin{cases} \dfrac{1}{4}e^{-\frac{x}{4}}, & x>0, \\ 0, & 其他. \end{cases}$$

工厂规定,出售的设备若在售出一年之内损坏可予以调换. 若工厂售出一台设备盈利 100 元,调换一台设备厂方需花 300 元. 试求厂方出售一台设备净盈利的数学期望.

7. 已知二维离散型随机变量 (X,Y) 的分布律如下

Y	X		
	1	2	3
-1	0.2	0.1	0.0
0	0.1	0.0	0.3
1	0.1	0.1	0.1

(1) 求 $E(X)$,$E(Y)$;

(2) 设 $Z = \dfrac{X}{Y}$,求 $E(Z)$;

(3) 设 $Z = (X-Y)^2$,求 $E(Z)$.

8. 设二维连续型随机变量 (X,Y) 的概率密度为

$$f(x,y) = \begin{cases} 12y^2, & 0 \leq y \leq x \leq 1 \\ 0, & 其他, \end{cases}$$

求 $E(X)$,$E(Y)$,$E(XY)$ 及 $E(X^2+Y^2)$.

9. 设随机变量 X_1,X_2 的概率密度分别为

$$f_1(x) = \begin{cases} 2e^{-2x} & x>0, \\ 0, & 其他, \end{cases}$$

$$f_2(x) = \begin{cases} 4e^{-4x} & x>0, \\ 0, & 其他. \end{cases}$$

(1) 求 $E(X_1+X_2)$,$E(2X_1+3X_2^2)$;

(2) 设 X_1,X_2 相互独立,求 $E(X_1X_2)$.

6.2 方差

6.2.1 方差的定义

数学期望反映了随机变量分布的平均取值,但在实际问题中,我们不仅关心随机变量的取值水平,还关心其与均值的偏离程度. 例如,考察一批灯泡的寿命时,不仅希望平均寿命长,还希望灯泡相互间寿命的差异要小,差异越小说明灯泡的质量越稳定,而衡量质量稳定性的数量指标就是本节所要讨论的数字特征——方差.

定义 6.3 设 X 为随机变量,若 $E[X-E(X)]^2$ 存在,则称它为 X 的方差,记为

$$D(X) = \mathrm{Var}(X) = E[X-E(X)]^2. \tag{6.7}$$

注:符号 $D(X)$ 有时候记为 DX.

方差的算术平方根 $\sqrt{D(X)}$ 称为标准差或均方差,记为 $\sigma(X)$.

由定义可知,随机变量 X 的方差衡量了 X 的取值与其数学期望的偏离程度. 若 X 的取值比较集中在 $E(X)$ 的附近,则 $D(X)$ 较小;若 X 的取值比较分散,则 $D(X)$ 较大. 因此,$D(X)$ 是刻画 X 取值分散程度的一个量,它是衡量 X 取值分散程度的一个尺度.

6.2.2 方差的计算

若随机变量 X 是离散型随机变量,其概率分布为
$$P(X=x_i) = p_i, \quad i = 1,2,\cdots,$$

则
$$D(X) = \sum_{i=1}^{\infty} [x_i - E(X)]^2 p_i;$$

若 X 是连续型随机变量,且其概率密度为 $f(x)$,则
$$D(X) = \int_{-\infty}^{+\infty} [X - E(X)]^2 f(x)\mathrm{d}x.$$

利用数学期望的运算性质,可得计算方差的重要公式,
$$D(X) = E(X^2) - [E(X)]^2$$

这是由于
$$\begin{aligned}D(X) &= E\{[X - E(X)]^2\} = E\{X^2 - 2XE(X) + [E(X)]^2\}\\ &= E(X^2) - 2E(X) \cdot E(X) + [E(X)]^2\\ &= E(X^2) - [E(X)]^2.\end{aligned}$$

例 6.11 设随机变量 X 具有数学期望 $E(X) = \mu$,方差 $D(X) = \sigma^2 \neq 0$. 记
$$X^* = \frac{X - \mu}{\sigma},$$

则 $E(X^*) = E\left(\frac{X-\mu}{\sigma}\right) = \frac{1}{\sigma}E(X-\mu) = \frac{1}{\sigma}[E(X) - \mu] = 0$;

$$\begin{aligned}D(X^*) &= E(X^{*2}) - [E(X^*)]^2 = E\left[\left(\frac{X-\mu}{\sigma}\right)^2\right]\\ &= \frac{1}{\sigma^2}E[(X-\mu)^2] = \frac{\sigma^2}{\sigma^2} = 1.\end{aligned}$$

即 $X^* = \frac{X - \mu}{\sigma}$ 的数学期望为 0,方差为 1. X^* 称为 X 的标准化变量.

例 6.12 求服从两点分布的随机变量 X 的方差.

解: 已知 $E(X) = p$,$E(X^2) = 0^2 \times q + 1^2 \times p = p$.

因此 $D(X) = E(X^2) - [E(X)]^2 = p - p^2 = p(1-p)$.

例 6.13 已知 X 服从参数为 λ 的泊松分布,$X \sim P(\lambda)$,求 $E(X)$ 和 $D(X)$.

解: 随机变量 X 的分布律为
$$P\{X = k\} = \frac{\lambda^k \mathrm{e}^{-\lambda}}{k!},\ k = 0, 1, 2, \cdots, \lambda > 0.$$

由定义得
$$\begin{aligned}E(X) &= \sum_{k=0}^{\infty} k \frac{\lambda^k \mathrm{e}^{-\lambda}}{k!} = \lambda \mathrm{e}^{-\lambda} \sum_{k=1}^{\infty} \frac{\lambda^{k-1}}{(k-1)!}\\ &= \lambda \mathrm{e}^{-\lambda} \mathrm{e}^{\lambda} = \lambda,\end{aligned}$$

$$E(X^2) = E[X(X-1) + X] = E[X(X-1)] + E(X)$$
$$= \sum_{k=0}^{\infty} k(k-1) \frac{\lambda^k e^{-\lambda}}{k!} + \lambda = \lambda^2 e^{-\lambda} \sum_{k=2}^{\infty} \frac{\lambda^{k-2}}{(k-2)!} + \lambda$$
$$= \lambda^2 e^{-\lambda} e^{\lambda} + \lambda$$
$$= \lambda^2 + \lambda,$$

则方差 $D(X) = E(X^2) - [E(X)]^2 = \lambda$.

例 6.14 求服从区间 $[a,b]$ 上均匀分布的随机变量 X 的方差.

解：已知 X 的期望 $E(X) = \dfrac{a+b}{2}$, 则方差为

$$D(X) = E(X^2) - [E(X)]^2 = \int_a^b x^2 \frac{1}{b-a} dx - \left(\frac{a+b}{2}\right)^2 = \frac{(b-a)^2}{12}.$$

例 6.15 求服从参数为 λ 的指数分布的随机变量 X 的方差.

解：已知服从参数为 λ 的指数分布的概率密度为

$$f(x) = \begin{cases} \lambda e^{-\lambda x}, & x \geq 0 \\ 0, & x < 0 \end{cases}, \lambda > 0,$$

则 $E(X) = \int_{-\infty}^{+\infty} x f(x) dx = \int_0^{+\infty} x \lambda e^{-\lambda x} dx.$

令 $t = \lambda x$,

则 $E(X) = \dfrac{1}{\lambda} \int_0^{+\infty} t e^{-t} dt = \dfrac{1}{\lambda}$.

6.2.3 方差的性质

性质 1 设 C 是常数，则 $D(C) = 0$.

性质 2 设 X 是随机变量，若 C 为常数，则
$$D(CX) = C^2(DX).$$

性质 3 设 X, Y 是两个随机变量，则有
$$D(X \pm Y) = D(X) + D(Y) \pm 2E\{[X - E(X)][Y - E(Y)]\}.$$

特别地，若 X, Y 相互独立，则有
$$D(X \pm Y) = D(X) + D(Y).$$

注：对 n 维情形，若 $X_1, X_2, \cdots, X_n$ 相互独立，则

$$D\left[\sum_{i=1}^n X_i\right] = \sum_{i=1}^n D(X_i)$$

$$D\left[\sum_{i=1}^n C_i X_i\right] = \sum_{i=1}^n C_i^2 D(X_i)$$

例 6.16 设 $X \sim b(n,p)$，求 $E(X)$，$D(X)$.

解：X 表示 n 重伯努利试验中"成功"的次数. 若设

$$X_i = \begin{cases} 1, & \text{第 } i \text{ 次试验成功}, \\ 0, & \text{第 } i \text{ 次试验失败}, \end{cases} \quad i = 1, 2, \cdots, n,$$

则

$$X = \sum_{i=1}^{n} X_i$$

表示 n 次试验中"成功"的次数，且 X_i 服从 0-1 分布，则有 $E(X_i) = p$ 且 $D(X_i) = p(1-p)$. 由于 $X_1, X_2, \cdots, X_n$ 相互独立，于是，

$$E(X) = \sum_{i=1}^{n} E(X_i) = np,$$

$$D(X) = \sum_{i=1}^{n} D(X_i) = np(1-p).$$

例 6.17 设 $X \sim N(\mu, \sigma^2)$，求 $E(X)$，$D(X)$.

解：先求标准正态变量 $Z = \dfrac{X - \mu}{\sigma}$ 的数学期望和方差. Z 的概率密度为

$$\varphi(t) = \frac{1}{\sqrt{2\pi}} e^{-\frac{t^2}{2}}, \quad -\infty < t < +\infty$$

因此，$E(Z) = \dfrac{1}{\sqrt{2\pi}} \displaystyle\int_{-\infty}^{+\infty} t e^{-\frac{t^2}{2}} dt = 0.$

$$D(Z) = E(Z^2) - [E(Z)]^2 = E(Z^2) = \frac{1}{\sqrt{2\pi}} \int_{-\infty}^{+\infty} t^2 e^{-\frac{t^2}{2}} dt$$

$$= \frac{-1}{\sqrt{2\pi}} t e^{-\frac{t^2}{2}} \Big|_{-\infty}^{+\infty} + \frac{1}{\sqrt{2\pi}} \int_{-\infty}^{+\infty} e^{-\frac{t^2}{2}} dt$$

$$= 1.$$

由于 $X = \mu + \sigma Z$，即得

$$E(X) = E(\mu + \sigma Z) = \mu,$$

$$D(X) = D(\mu + \sigma Z) = D(\sigma Z) = \sigma^2 D(Z) = \sigma^2.$$

这就是说，正态分布的概率密度的两个参数 μ 和 σ 分别是该分布的数学期望和均方差，因而正态分布完全可由它的数学期望和方差所确定.

例 6.18 袋中有 n 张卡片，号码分别为 $1, 2, \cdots, n$，从中有放回地抽取 k 张卡片，令 X 表示所抽得的 k 张卡片的号码之和，求 $E(X)$，$D(X)$.

解：令 X_i 表示第 i 次抽取的卡片号码 ($i=1,2,\cdots,k$)，则

$$X = \sum_{i=1}^{k} X_i$$

由于是有放回抽取，所以 X_i 之间相互独立，且

$$P(X_i = j) = \frac{1}{n}, \ j=1,2,\cdots,n, \ i=1,2,\cdots,k,$$

所以

$$E(X_i) = \sum_{j=1}^{n} j \cdot \frac{1}{n} = \frac{1}{n} \frac{n(n+1)}{2} = \frac{n+1}{2},$$

$$E(X_i^2) = \sum_{j=1}^{n} j^2 \cdot \frac{1}{n} = \frac{(n+1)(2n+1)}{6},$$

$$D(X_i) = E(X_i^2) - [E(X_i)]^2 = \frac{n^2-1}{12},$$

则有

$$E(X) = \sum_{i=1}^{k} E(X_i) = \frac{k}{2}(n+1),$$

$$D(X) = \sum_{i=1}^{k} D(X_i) = \frac{k}{12}\left(\frac{n^2-1}{12}\right).$$

习题 6-2

1. 设随机变量 X 服从泊松分布，且 $P(X=1) = P(X=2)$，求 $E(X)$ 和 $D(X)$.

2. 某人用 n 把钥匙开门，其中只有一把能打开门上的锁，现逐个任取一把试开，求打开此门所需开门次数 X 的均值和方差，假设 (1) 打不开的钥匙不放回；(2) 打不开的钥匙仍放回.

3. 设随机变量 X 和 Y 相互独立，且 X 服从均值为 1，方差为 2 的正态分布，Y 服从标准正态分布，求随机变量 $Z = 2X - Y + 3$ 的概率密度.

4. 设随机变量 X 服从区间 $[-1,2]$ 上的均匀分布，设随机变量 $Y = \begin{cases} 1, & X>0, \\ 0, & X=0, \\ -1, & X<0, \end{cases}$ 求 $D(Y)$.

5. 设随机变量 X_1, X_2, X_3, X_4 相互独立，且有 $E(X_i) = i$, $D(X_i) = 5-i$, $i=1,2,3,4$. 设

$$Y = 2X_1 - X_2 + 3X_3 - \frac{1}{2}X_4,$$

求 $E(Y)$, $D(Y)$.

6. 5 家商店联营，它们每两周售出的某种农产品的数量（单位：kg）分别为 X_1, X_2, X_3, X_4, X_5. 已知 $X_1 \sim N(200,255)$, $X_2 \sim N(240,240)$, $X_3 \sim N(180,225)$, $X_4 \sim N(260,265)$, $X_5 \sim N(320,270)$, X_1, X_2, X_3, X_4, X_5 相互独立.

(1) 求 5 家商店两周的总销售量的均值和方差；

(2) 商店每隔两周进货一次，为了使新的供货到达前商品不会脱销的概率大于 0.99，问商店的仓库应至少存储多少该产品？

6.3 协方差与相关系数

6.3.1 协方差的定义

对于二维随机变量 (X,Y)，除了讨论 X 与 Y 的数学期望及方

差外,还需要讨论描述 X 和 Y 之间相互关系的数字特征.

当两个随机变量 X 与 Y 相互独立时,
$$E\{[X-E(X)][Y-E(Y)]\} = E[X-E(X)] \cdot E[Y-E(Y)] = 0.$$
这意味着当 $E\{[X-E(X)][Y-E(Y)]\} \neq 0$ 时,X 与 Y 不相互独立,而是存在一定的关系.

定义 6.4 当 $E\{[X-E(X)][Y-E(Y)]\}$ 存在时,则称此为 X 与 Y 的协方差,记为 $\text{Cov}(X,Y)$,即
$$\text{Cov}(X,Y) = E\{[X-E(X)][Y-E(Y)]\}.$$

若 (X,Y) 为离散型随机向量,其概率分布为
$$P\{X=x_i, Y=y_j\} = p_{ij}, \quad i,j = 1,2,\cdots,$$
则
$$\text{Cov}(X,Y) = \sum_{i,j} [x_i - E(X)][y_j - E(Y)] \cdot p_{ij}.$$

若 (X,Y) 为连续型随机变量,其概率分布为 $f(x,y)$,则
$$\text{Cov}(X,Y) = \int_{-\infty}^{+\infty} \int_{-\infty}^{+\infty} [x - E(X)][y - E(Y)] f(x,y) \mathrm{d}x \mathrm{d}y$$

利用数学期望的性质,可得协方差的另一计算公式,
$$\text{Cov}(X,Y) = E(XY) - E(X)E(Y)$$

这是由于
$$\begin{aligned}\text{Cov}(X,Y) &= E\{[X-E(X)][Y-E(Y)]\} \\ &= E[XY - XE(Y) - YE(X) + E(X) \cdot E(Y)] \\ &= E(XY) - E(X) \cdot E(Y) - E(X) \cdot E(Y) + E(X) \cdot E(Y) \\ &= E(XY) - E(X)E(Y).\end{aligned}$$

特别地,当 X 与 Y 独立时,有
$$\text{Cov}(X,Y) = 0.$$

由协方差的定义,以及上面的展开式,不难得到
$$D(X \pm Y) = D(X) + D(Y) \pm 2\text{Cov}(X,Y),$$
特别地,当 X 与 Y 独立时,有
$$D(X \pm Y) = D(X) + D(Y).$$
上述结果可以推广至 n 维的情形,
$$D\left(\sum_{i=1}^{n} X_i\right) = \sum_{i=1}^{n} D(X_i) + 2 \sum_{1 \leq i < j \leq n} \text{Cov}(X_i, X_j).$$
若 $X_1, X_2, \cdots, X_n$ 两两独立,则
$$D\left(\sum_{i=1}^{n} X_i\right) = \sum_{i=1}^{n} D(X_i).$$

6.3.2 协方差的性质

性质1 $\mathrm{Cov}(X,X) = D(X)$；

性质2 $\mathrm{Cov}(X,Y) = \mathrm{Cov}(Y,X)$；

性质3 $\mathrm{Cov}(aX,bY) = ab\mathrm{Cov}(X,Y)$，其中 a，b 是常数；

性质4 $\mathrm{Cov}(C,X) = 0$，C 为任意常数；

性质5 $\mathrm{Cov}(X_1+X_2,Y) = \mathrm{Cov}(X_1,Y) + \mathrm{Cov}(X_2,Y)$；

性质6 当 X 与 Y 独立时，则 $\mathrm{Cov}(X,Y) = 0$.

例 6.19 设二维离散型随机变量 (X,Y) 的联合分布律如下，求 $\mathrm{Cov}(X,Y)$.

X	Y		
	-1	0	1
-1	$\frac{1}{8}$	$\frac{1}{8}$	$\frac{1}{16}$
0	$\frac{1}{16}$	0	$\frac{1}{4}$
1	$\frac{1}{8}$	$\frac{1}{16}$	$\frac{3}{16}$

解：由联合分布律求得 X 与 Y 的概率分布分别为

X	-1	0	1
P	$\frac{5}{16}$	$\frac{5}{16}$	$\frac{3}{8}$

Y	-1	0	1
P	$\frac{5}{16}$	$\frac{3}{16}$	$\frac{1}{2}$

因此有 $E(X) = (-1) \times \frac{5}{16} + 0 \times \frac{5}{16} + 1 \times \frac{3}{8} = \frac{1}{16}$，

$$E(Y) = (-1) \times \frac{5}{16} + 0 \times \frac{3}{16} + 1 \times \frac{1}{2} = \frac{3}{16},$$

$$E(XY) = (-1) \times (-1) \times \frac{1}{8} + (-1) \times 0 \times \frac{1}{8} + (-1) \times 1 \times \frac{1}{16} + 0 \times (-1) \times \frac{1}{16} + 0 \times 0 \times 0 + 0 \times 1 \times \frac{1}{4} + 1 \times (-1) \times \frac{1}{8} + 1 \times 0 \times \frac{1}{16} + 1 \times 1 \times \frac{3}{16} = \frac{1}{8}.$$

则 $\operatorname{Cov}(X,Y) = E(XY) - E(X)E(Y) = \dfrac{1}{8} - \dfrac{1}{16} \times \dfrac{3}{16} = \dfrac{29}{256}$.

例 6.20 设二维连续型随机变量 (X,Y) 的联合密度函数为

$$f(x,y) = \begin{cases} \dfrac{1}{8}(x+y), & 0 \leqslant x \leqslant 2, 0 \leqslant y \leqslant 2, \\ 0, & \text{其他}. \end{cases}$$

求 $\operatorname{Cov}(X,Y)$.

解：由联合密度函数求得边缘密度函数分别为

$$f_X(x) = \begin{cases} \dfrac{x+1}{4}, & 0 \leqslant x \leqslant 2, \\ 0, & \text{其他}, \end{cases} \quad f_Y(y) = \begin{cases} \dfrac{y+1}{4}, & 0 \leqslant y \leqslant 2, \\ 0, & \text{其他}. \end{cases}$$

则

$$E(X) = \int_{-\infty}^{+\infty} x f_X(x)\,\mathrm{d}x = \int_0^2 x \cdot \dfrac{x+1}{4}\,\mathrm{d}x = \dfrac{7}{6},$$

$$E(Y) = \int_{-\infty}^{+\infty} y f_Y(y)\,\mathrm{d}y = \int_0^2 y \cdot \dfrac{y+1}{4}\,\mathrm{d}x = \dfrac{7}{6},$$

$$E(XY) = \int_{-\infty}^{+\infty}\int_{-\infty}^{+\infty} xy f(x,y)\,\mathrm{d}x\mathrm{d}y = \int_0^2\int_0^2 xy \cdot \dfrac{1}{8}(x+y)\,\mathrm{d}x\mathrm{d}y = \dfrac{4}{3}.$$

因此，$\operatorname{Cov}(X,Y) = E(XY) - E(X)E(Y) = -\dfrac{1}{36}$.

6.3.3 相关系数的定义

定义 6.5 设 (X,Y) 为二维变量且 $D(X) \cdot D(Y) \neq 0$，称

$$\rho_{XY} = \dfrac{\operatorname{Cov}(X,Y)}{\sqrt{D(X)}\sqrt{D(Y)}}$$

为随机变量 X 和 Y 的相关系数，有时也记 ρ_{XY} 为 ρ，当 $\rho_{XY} = 0$ 时，称 X 与 Y 不相关.

6.3.4 相关系数的性质

性质 1 $|\rho_{XY}| \leqslant 1.$

性质 2 $|\rho_{XY}| = 1$ 的充要条件是，存在常数 a,b 使
$$P(Y = a + bX) = 1.$$

相关系数 ρ_{XY} 刻画了随机变量 X 与 Y 之间的"线性相关"程度. $|\rho_{XY}|$ 的值越接近 1，说明 X 与 Y 的线性相关程度越高；$|\rho_{XY}|$ 的值越接近于 0，说明 X 与 Y 的线性相关程度越弱. 当 $|\rho_{XY}| = 1$

时, Y 与 X 的变化可完全由 X 的线性函数给出. 当 $\rho_{XY} = 0$ 时, 说明 X 与 Y 之间没有线性关系, 但是并不能说明 X 与 Y 之间没有其他的函数关系, 因此两个随机变量不相关, 并不能推出这两个随机变量相互独立.

例 6.21 设二维离散型随机变量 (X, Y) 的联合分布律如下

Y	X			
	-2	-1	1	2
1	0	$\frac{1}{4}$	$\frac{1}{4}$	0
4	$\frac{1}{4}$	0	0	$\frac{1}{4}$

则 X 与 Y 是否相互独立?

解: 由联合分布率分别求得 X 与 Y 的分布律为

X	-2	-1	1	2
P	$\frac{1}{4}$	$\frac{1}{4}$	$\frac{1}{4}$	$\frac{1}{4}$

Y	1	4
P	$\frac{1}{2}$	$\frac{1}{2}$

易知 $E(X) = 0$, $E(Y) = \frac{5}{2}$, $E(XY) = 0$, 于是 $\rho_{XY} = 0$, 因此 X 与 Y 不相关, 即 X 与 Y 不存在线性关系. 但是 $P(X = -2, Y = 1) = 0 \neq P(X = -2) P(Y = 1)$, 因此 X 与 Y 不相互独立. 事实上, X 与 Y 具有关系, 即 $Y = X^2$, Y 的值完全可由 X 的值所确定.

例 6.22 设 (X, Y) 服从二维正态分布, 它的概率密度函数为

$$f(x,y) = \frac{1}{2\pi\sigma_1\sigma_2\sqrt{1-\rho^2}} \exp\left\{\frac{-1}{2(1-\rho^2)}\left[\frac{(x-\mu_1)^2}{\sigma_1^2} - 2\rho\frac{(x-\mu_1)(y-\mu_2)}{\sigma_1\sigma_2} + \frac{(y-\mu_2)^2}{\sigma_2^2}\right]\right\},$$

$-\infty < x, y < \infty$.

求 ρ_{XY}.

解: 由二维正态分布的边缘概率密度知, $E(X) = \mu_1$, $E(Y) = \mu_2$, $D(X) = \sigma_1^2$, $D(Y) = \sigma_2^2$

$$\text{Cov}(X, Y) = E\{[X - E(X)][Y - E(Y)]\}$$

$$= \int_{-\infty}^{+\infty}\int_{-\infty}^{+\infty}(x-\mu_1)(y-\mu_2)f(x,y)\,\mathrm{d}x\mathrm{d}y$$

$$= \frac{1}{2\pi\sigma_1\sigma_2\sqrt{1-\rho^2}}\int_{-\infty}^{+\infty}\int_{-\infty}^{+\infty}(x-\mu_1)(y-\mu_2)\times\exp\left[\frac{-1}{2(1-\rho^2)}\left(\frac{y-\mu_2}{\sigma_2}-\rho\frac{x-\mu_1}{\sigma_1}\right)^2 - \frac{(x-\mu_1)^2}{2\sigma_1^2}\right]\mathrm{d}x\mathrm{d}y.$$

令 $t = \dfrac{1}{\sqrt{1-\rho^2}}\left(\dfrac{y-\mu_2}{\sigma_2} - \rho\dfrac{x-\mu_1}{\sigma_1}\right)$, $u = \dfrac{x-\mu_1}{\sigma_1}$, 则有

$$\operatorname{Cov}(X,Y) = \dfrac{1}{2\pi}\int_{-\infty}^{+\infty}\int_{-\infty}^{+\infty}(\sigma_1\sigma_2\sqrt{1-\rho^2}\,tu + \rho\sigma_1\sigma_2 u^2)\exp\left(-\dfrac{u^2+t^2}{2}\right)\mathrm{d}t\mathrm{d}u$$

$$= \dfrac{\rho\sigma_1\sigma_2}{2\pi}\left(\int_{-\infty}^{+\infty}u^2\mathrm{e}^{-\frac{u^2}{2}}\mathrm{d}u\right)\left(\int_{-\infty}^{+\infty}\mathrm{e}^{-\frac{t^2}{2}}\mathrm{d}t\right) + \dfrac{\sigma_1\sigma_2\sqrt{1-\rho^2}}{2\pi}\left(\int_{-\infty}^{+\infty}u\mathrm{e}^{-\frac{u^2}{2}}\mathrm{d}u\right)\left(\int_{-\infty}^{+\infty}t\mathrm{e}^{-\frac{t^2}{2}}\mathrm{d}t\right).$$

$$= \dfrac{\rho\sigma_1\sigma_2}{2\pi}\sqrt{2\pi}\sqrt{2\pi} = \rho\sigma_1\sigma_2.$$

则 $\rho_{XY} = \dfrac{\operatorname{Cov}(X,Y)}{\sqrt{D(X)}\sqrt{D(Y)}} = \dfrac{\rho\sigma_1\sigma_2}{\sigma_1\sigma_2} = \rho$. 也就是二维正态随机变量 (X,Y) 的概率密度函数中的参数 ρ 就是 X 与 Y 的相关系数,因此二维正态随机变量的分布完全可由 X 与 Y 各自的数学期望、方差以及它们的相关系数所确定.

在第 5 章中已经得到结论:若 (X,Y) 服从二维正态分布,则 X 与 Y 相互独立的充要条件是 $\rho = 0$,而 ρ 同时又是 X 与 Y 的相关系数,因此,若 (X,Y) 服从二维正态分布,则 X 与 Y 相互独立,当且仅当 X 与 Y 不相关.

6.3.5 数学期望、方差、协方差及相关系数的 R 实现

由方差、协方差及相关系数的定义及相关计算公式可知,方差、协方差及相关系数的计算本质上均为数学期望的计算,因此本节以介绍数学期望的 R 实现为基础,给出方差、协方差及相关系数的 R 实现过程.

一元离散型随机变量的数学期望的计算可以直接通过向量的内积运算完成.

例 6.23 已知随机变量 X 的分布律如下:

X	0	1	2	3
p	$\dfrac{1}{8}$	$\dfrac{3}{8}$	$\dfrac{3}{8}$	$\dfrac{1}{8}$

利用 R 软件求随机变量 X 的数学期望及方差.

R 程序:

```
>x<-c(0,1,2,3)             #创建随机变量取值向量
>p<-c(1/8,3/8,3/8,1/8)     #创建概率向量
>mu<-sum(x*p)              #求期望
>mu                        #打印期望值
[1]1.5
>mu1<-sum(x^2*p)           #求 X^2 的期望
```

```
>var<-mu1-mu^2              #求方差
>var                        #打印方差值
[1]0.75
```

还有一种更简单的方式是调用 distrEx 程序包的 E() 及 var() 函数直接求随机变量及随机变量函数的期望及方差. 例如, 例 6.23 还可以用如下程序实现.

R 程序:

```
>install.packages(distrEx)   #安装 distrEx 程序包
>library(distrEx)            #加载 distrEx 程序包
>X<-DiscreteDistribution(supp=0:3,prob=c(1,3,3,1)/8)   #定义离散分布
>E(X)      #求期望
[1]1.5
>var(X)    #求方差
[1]0.75
```

例 6.24 已知随机变量 $X \sim b(3, 0.45)$, 求 $E(X)$, $E(5X+4)$, $E(X^2)$, $D(X)$ 及 $D(X^2)$.

R 程序:

```
>X<-Binom(size=3,prob=0.45)  #定义离散分布
>library(distrEx)            #加载 distrEx 程序包
>E(X)                        #求 X 的期望
[1]1.35
>E(5*X+4)                    #求 5X+4 的期望
[1]10.75
>E(X^2)                      #求 X^2 的期望
[1]2.565
>var(X)                      #求 X 的方差
[1]0.7425
>var(X^2)                    #求 X^2 的方差
[1]6.556275
```

一元连续型随机变量的数学期望可以直接调用 R 中的 integrate() 函数求 $xf(x)$ 的积分来计算, 也可以调用 distrEx 程序包中的 E() 函数来实现.

例 6.25 已知一维连续型随机变量 X 的概率密度函数为

$$f(x) = \begin{cases} 3x^2, & 0 \leqslant x \leqslant 1, \\ 0, & 其他, \end{cases}$$

利用 R 软件求随机变量 X 的数学期望及方差.

R 程序 1：

```
>g <-function(x) 3* x^3           #定义函数
>mu <-integrate(g,lower =0,upper =1)   #求 X 的积分, 计算期望
0.75 with absolute error < 8.3e-15
>g1 <-function(x) 3* x^4          #定义函数
>mu1 <-integrate(g1,lower =0,upper =1) #求 X^2 的积分
0.6 with absolute error < 6.7e-15
>var <-mu1-mu^2                   #求方差
>var
[1]0.0375
```

R 程序 2：

```
>h <-function(x) 3 *x^2           #定义密度函数
>X <-AbscontDistribution(d =f,low1 =0,up1 =1)    #定义绝对连续的随机变量
>E(X)                             #求期望
[1]0.7496337
>var(X)                           #求方差
[1]0.03768305
```

R 中没有明确的可以直接计算多维随机变量期望值的函数，但是可以通过创建随机分布的数据框然后进行向量列运算来计算多维离散型随机变量的数学期望、方差及协方差等.

例 6.26 利用 R 软件实现例 6.21.

R 程序：

```
>X <-c(-2,-2,-1,-1,1,1,2,2)
>Y <-c(1,4,1,4,1,4,1,4)
>p <-c(0,1/4,1/4,0,1/4,0,0,1/4)
>S <-data.frame(X,Y,p)
>S
  X  Y    p
1 -2  1  0.00
2 -2  4  0.25
3 -1  1  0.25
4 -1  4  0.00
5  1  1  0.25
6  1  4  0.00
```

```
7    2    1    0.00
8    2    4    0.25
>EX<-sum(S$X*S$p)              #求随机变量X的期望
>EX
[1]0
>EY<-sum(S$Y*S$p)              #求随机变量Y的期望
>EY
[1]2.5
>EXY<-sum(S$X*S$Y*S$p)         #求随机变量XY的期望
>EXY
[1]0
>EXY-EX*EY                     #求X与Y的协方差
[1]0
```

习题 6-3

1. 箱内共有 6 个球,其中红、白、黑球的个数分别为 1,2,3 个,现从中随机地取出 2 个球,记 X 为取到的红球数,Y 为取到的白球数.

(1) 求随机变量 (X,Y) 的联合分布律;

(2) 求 $\text{Cov}(X,Y)$;

(3) 利用 R 实现第(1)问和第(2)问.

2. 设随机变量 X 与 Y 独立同分布,且 X 的分布律为

X	1	2
P	$\frac{2}{3}$	$\frac{1}{3}$

记 $U = \max\{X,Y\}$,$V = \min\{X,Y\}$.

(1) 求 (U,V) 的联合分布;

(2) 求 $\text{Cov}(X,Y)$;

(3) 利用 R 实现第(1)问和第(2)问.

3. 设二维连续型随机变量 (X,Y) 的联合概率密度为

$$f(x,y) = \begin{cases} \frac{1}{8}, & 0 \leq x \leq 2, 0 \leq y \leq 2, \\ 0, & \text{其他}, \end{cases}$$

求 $E(X)$,$E(Y)$,$\text{Cov}(X,Y)$,ρ_{XY},$D(X+Y)$.

4. 设二维离散型随机变量 (X,Y) 的联合分布律为

X	Y				
	-2	-1	0	1	2
-1	0.1	0.1	0.05	0.1	0.1
0	0	0.05	0	0.05	0
1	0.1	0.1	0.05	0.1	0.1

试验证 X 与 Y 是不相关的,且 X 与 Y 是不相互独立的.

5. 设二维连续型随机变量 (X,Y) 的联合概率密度为

$$f(x,y) = \begin{cases} \frac{1}{\pi}, & x^2 + y^2 \leq 1, \\ 0, & \text{其他}. \end{cases}$$

试验证 X 与 Y 是不相关的,且 X 与 Y 是不相互独立的.

6. 设已知三个随机变量 X,Y,Z,且 $E(X)=1$,$E(Y)=2$,$E(Z)=3$,$D(X)=9$,$D(Y)=4$,$D(Z)=1$,$\rho_{XY}=\frac{1}{2}$,$\rho_{XZ}=-\frac{1}{3}$,$\rho_{YZ}=\frac{1}{4}$.

求 (1) $E(X+Y+Z)$;

(2) $D(X+Y+Z)$;

(3) $D(X-2Y+3Z)$.

6.4 矩、协方差矩阵

6.4.1 矩的定义

本节介绍随机变量的另外几个数字特征.

定义 6.6 设 X 是随机变量,若 $E(X^k)$, $k=1,2,\cdots$ 存在,则称 $E(X^k)$ 为 X 的 k 阶原点矩,简称 k 阶矩.

定义 6.7 设 X 是随机变量,$\mu=E(X)$ 存在,若 $E[(X-\mu)]^k$, $k=1,2,\cdots$ 存在,则称 $E[(X-\mu)]^k$ 为 X 的 k 阶中心矩.

定义 6.8 设 (X,Y) 为二维随机变量,若 $E(X^k Y^l)$, $k,l=1,2,\cdots$ 存在,则称 $E(X^k Y^l)$ 为 X 与 Y 的 (k,l) 阶联合原点矩.

定义 6.9 设 (X,Y) 为二维随机变量,$\mu_1=E(X)$, $\mu_2=E(Y)$ 存在,若 $E[(X-\mu_1)^k(Y-\mu_2)^l]$, $k,l=1,2,\cdots$ 存在,则称 $E[(X-\mu_1)^k(Y-\mu_2)^l]$ 是 X 与 Y 的 (k,l) 阶联合中心矩.

显然,X 的数学期望是 X 的一阶原点矩,方差是 X 的一阶中心矩,(X,Y) 的协方差是 X 与 Y 的 $(1,1)$ 阶联合中心矩.

在矩概念的基础上,下面介绍随机变量的偏度和峰度这两个数字特征,其中偏度用来衡量随机变量分布是否偏向某一侧,而峰度是以同方差的正态分布为标准,衡量随机变量分布尾部的分散性.

定义 6.10 设 X 是随机变量,三阶中心矩 $E[(X-\mu)]^3$ 存在,则称

$$G_1 = \frac{E[(X-\mu)]^3}{[\sigma(X)]^3}$$

为 X 的偏度.

定义 6.11 设 X 是随机变量,四阶中心矩 $E[(X-\mu)]^4$ 存在,则称

$$G_2 = \frac{E[(X-\mu)]^4}{[\sigma(X)]^4} - 3$$

为 X 的峰度.

随机变量 X 的偏度是度量 X 的分布是否偏向某一侧的指标. 对于对称分布, 偏度为 0. 例如, 对于正态分布, 因为 $E[(X-\mu)]^3=0$, 因此 $G_1=0$. 若 X 的分布在右侧更为扩展, 则偏度为正, 即 $G_1>0$; 若 X 的分布在左侧更为扩展, 则偏度为负, 即 $G_1<0$. 图 6.1 显示了随机变量 X 的偏度为正和为负的概率密度的图形特点.

图 6.1　偏度为正和为负的概率密度的图形

随机变量 X 的峰度是以同方差的正态分布为标准, 比较 X 的分布尾部分散性的指标. 当 $X \sim N(\mu,\sigma^2)$ 时, 因 $E[(X-\mu)]^4 = 3\sigma^4$, 所以 X 的峰度 $G_2=0$. 当 $G_2>0$ 时, X 的分布中极端数值分布范围较广, 这种分布称为粗尾的. 当 $G_2<0$ 时, 两侧极端数据较少, 这种分布称为细尾的(见图 6.2).

图 6.2　峰度为正、零和负的概率密度函数的图形

6.4.2　协方差矩阵的定义

对二维随机变量 (X,Y), 由其分量 X 与 Y 的数字特征, 以及 X 与 Y 的联合矩, 可构成 (X,Y) 的数字特征矩阵.

定义 6.12　设 (X,Y) 是二维随机变量, 称向量 $\begin{pmatrix} E(X) \\ E(Y) \end{pmatrix}$ 为 (X,Y) 的期望向量(或均值向量), 称矩阵

$$\begin{pmatrix} \mathrm{Cov}(X,X) & \mathrm{Cov}(X,Y) \\ \mathrm{Cov}(X,Y) & \mathrm{Cov}(Y,Y) \end{pmatrix} = \begin{pmatrix} D(X) & \mathrm{Cov}(X,Y) \\ \mathrm{Cov}(X,Y) & D(Y) \end{pmatrix}$$

为 (X,Y) 的协方差矩阵.

上述定义推广至 n 维的情形，得到 n 维随机向量 $(X_1, X_2, \cdots, X_n)$ 的协方差矩阵为

$$\begin{pmatrix} \mathrm{Cov}(X_1, X_1) & \cdots & \mathrm{Cov}(X_1, X_n) \\ \vdots & & \vdots \\ \mathrm{Cov}(X_n, X_1) & \cdots & \mathrm{Cov}(X_n, X_n) \end{pmatrix}.$$

6.4.3 n 维正态分布的概率密度

先考虑二维正态分布的概率密度，再推广至 n 维的情形．

二维正态随机变量 (X, Y) 的概率密度为

$$f(x,y) = \frac{1}{2\pi\sigma_1\sigma_2\sqrt{1-\rho^2}} \exp\left\{\frac{-1}{2(1-\rho^2)}\left[\frac{(x-\mu_1)^2}{\sigma_1^2} - 2\rho\frac{(x-\mu_1)(y-\mu_2)}{\sigma_1\sigma_2} + \frac{(y-\mu_2)^2}{\sigma_2^2}\right]\right\},$$
$$-\infty < x, y < \infty.$$

记 $\boldsymbol{X} = \begin{pmatrix} x \\ y \end{pmatrix}$，$\boldsymbol{\mu} = \begin{pmatrix} \mu_1 \\ \mu_2 \end{pmatrix}$，$\boldsymbol{C}$ 为 (X, Y) 的协方差矩阵，易验算

$$(\boldsymbol{X}-\boldsymbol{\mu})^\mathrm{T} \boldsymbol{C}^{-1}(\boldsymbol{X}-\boldsymbol{\mu}) = \frac{1}{(1-\rho^2)}\left[\frac{(x-\mu_1)^2}{\sigma_1^2} - 2\rho\frac{(x-\mu_1)(y-\mu_2)}{\sigma_1\sigma_2} + \frac{(y-\mu_2)^2}{\sigma_2^2}\right],$$

则二维正态随机变量 (X, Y) 的概率密度可用矩阵表示为

$$f(x,y) = \frac{1}{2\pi|\boldsymbol{C}|^{\frac{1}{2}}} \exp\left\{-\frac{1}{2}(\boldsymbol{X}-\boldsymbol{\mu})^\mathrm{T} \boldsymbol{C}^{-1}(\boldsymbol{X}-\boldsymbol{\mu})\right\}, -\infty < x, y < \infty.$$

其中 $(\boldsymbol{X}-\boldsymbol{\mu})^\mathrm{T}$ 表示 $(\boldsymbol{X}-\boldsymbol{\mu})$ 的转置，$|\boldsymbol{C}|$ 为矩阵 $\boldsymbol{C}$ 的行列式，$\boldsymbol{C}^{-1}$ 为矩阵 $\boldsymbol{C}$ 的逆矩阵．

由此推广至 n 维的情形，得到 n 维正态随机向量 $(X_1, X_2, \cdots, X_n)$ 的概率密度可表示为

$$f(x_1, x_2, \cdots, x_n) = \frac{1}{(2\pi)^{\frac{n}{2}}|\boldsymbol{C}|^{\frac{1}{2}}} \exp\left\{-\frac{1}{2}(\boldsymbol{X}-\boldsymbol{\mu})^\mathrm{T} \boldsymbol{C}^{-1}(\boldsymbol{X}-\boldsymbol{\mu})\right\}, -\infty < x_1, x_2, \cdots, x_n < \infty.$$

其中 $\boldsymbol{X} = (x_1, x_2, \cdots, x_n)^\mathrm{T}$，$\boldsymbol{\mu} = (\mu_1, \mu_2, \cdots, \mu_n)^\mathrm{T}$，$\boldsymbol{C}$ 为 n 维正态分布的协方差矩阵．

6.4.4 n 维正态分布的几个重要性质

性质 1 n 维正态随机向量 $(X_1, X_2, \cdots, X_n)$ 的每一个分量 X_i ($i=1, 2, \cdots, n$) 都是正态变量．反之，若 $X_1, X_2, \cdots, X_n$ 都是正态变量，且相互独立，则 $(X_1, X_2, \cdots, X_n)$ 是 n 维正态随机向量．

性质 2 n 维随机向量 $(X_1, X_2, \cdots, X_n)$ 服从 n 维正态分布的充分必要条件是 $X_1, X_2, \cdots, X_n$ 的任意线性组合 $l_1 X_1 + l_2 X_2 + \cdots + l_n X_n$ 均服从一维正态分布，其中 $l_1, \cdots, l_n$ 为常数，且不全为零．

性质3 若 n 维随机向量 $(X_1, X_2, \cdots, X_n)$ 服从 n 维正态分布，设 $Y_1, Y_2, \cdots, Y_k$ 是 $X_j (j=1,2,\cdots,n)$ 的线性函数，则 $(Y_1, Y_2, \cdots, Y_k)$ 服从 k 维正态分布.

性质4 n 维随机向量 $(X_1, X_2, \cdots, X_n)$ 服从 n 维正态分布，则 "$X_1, X_2, \cdots, X_n$ 相互独立" 与 "$X_1, X_2, \cdots, X_n$ 两两不相关" 等价.

例 6.27 设随机变量 X 与 Y 相互独立，且 $X \sim N(1,2)$，$Y \sim N(0,1)$，试求：$Z = 2X - Y + 3$ 的概率密度.

解：$X \sim N(1,2)$，$Y \sim N(0,1)$，且 X 与 Y 相互独立，则 X 与 Y 的联合分布为正态分布，X 与 Y 的任意线性组合是正态分布，即 Z 服从正态分布，且

$$E(Z) = E(2X - Y + 3) = 2E(X) - E(Y) + 3 = 5,$$
$$D(Z) = D(2X - Y + 3) = 4D(X) + D(Y) = 9,$$

即 $Z \sim N(5, 3^2)$，因此 Z 的概率密度为

$$f_Z(z) = \frac{1}{3\sqrt{2\pi}} e^{-\frac{(z-5)^2}{18}}, \quad -\infty < z < \infty.$$

习题 6-4

1. 设随机变量 X 服从拉普拉斯分布，其概率密度为

$$f(x) = \frac{1}{2\lambda} e^{-\frac{|x|}{\lambda}}, \quad -\infty < x < +\infty,$$

其中，$\lambda > 0$ 为常数，求 X 的 k 阶中心矩.

2. 设 (X,Y) 服从二维正态分布，且 $X \sim N(0,1)$，$Y \sim N(0,4)$，相关系数 $\rho_{XY} = -\frac{1}{4}$，试写出 X 与 Y 的联合概率密度.

6.5 大数定律与中心极限定理

对自然界中的随机现象，虽然无法确切地判断其状态的变化，但是对随机现象进行大量的重复试验，却呈现出明显的规律性. 用极限方法讨论其规律性，所导出的一系列重要命题统称为大数定律和中心极限定理. 大数定律阐明大量随机现象平均值的稳定性，中心极限定理阐述了在某种条件下，n 个独立随机变量之和的分布，当 n 趋于无穷时，以正态分布为极限分布. 这两大类定理是概率统计中的基本理论，在概率统计中具有重要的地位.

6.5.1 切比雪夫不等式

定理 6.3 设随机变量 X 的期望 $E(X)=\mu$，方差 $D(X)=\sigma^2$，则对于任意给定的正数 $\varepsilon>0$，有

$$P(|X-\mu|\geqslant\varepsilon)\leqslant\frac{\sigma^2}{\varepsilon^2},$$

这个不等式称为切比雪夫(chebyshev)不等式.

上述不等式也可以写成

$$P(|X-\mu|<\varepsilon)\geqslant 1-\frac{\sigma^2}{\varepsilon^2}.$$

切比雪夫不等式表明，随机变量的方差越小，则随机变量 X 落在区间 $[\mu-\varepsilon,\mu+\varepsilon]$ 以外的概率就越小，即 X 的分布集中在 $E(X)$ 的附近.

例 6.28 设电站供电网中有 10000 盏电灯，夜晚每盏灯开灯的概率均为 0.7，假定每盏灯的开与关是相互独立，试用切比雪夫不等式估计夜晚同时开着的灯数在 6800~7200 盏之间的概率.

解：设随机变量 X 表示夜晚同时开着的灯数，则 $X\sim b(10000,0.7)$，且 $E(X)=7000$，$D(X)=2100$，所要估计的概率为 $P(6800<X<7200)$. 由切比雪夫不等式可得

$$P(6800<X<7200)=P(|X-7000|<200)\geqslant 1-\frac{2100}{200^2}=0.9475$$

也就是夜晚同时开着的灯数在 6800~7200 盏之间的概率不小于 0.9475.

6.5.2 大数定律

定义 6.13 设随机变量序列 $X_1,X_2,\cdots,X_n,\cdots$，若对任意 $n>1$，$X_1,X_2,\cdots,X_n$ 都相互独立，则称 $X_1,X_2,\cdots,X_n,\cdots$ 相互独立. 若所有的 X_i 都有共同的分布，则称 $X_1,X_2,\cdots,X_n,\cdots$ 为独立同分布的随机变量序列.

定义 6.14 设 $X_1,X_2,\cdots,X_n,\cdots$ 为随机变量序列，若存在随机变量 X，对任意 $\varepsilon>0$，有

$$\lim_{n\to\infty}P(|X_n-X|\geqslant\varepsilon)=0,$$

或

$$\lim_{n\to\infty}P(|X_n-X|<\varepsilon)=1.$$

则称随机变量序列 $X_1, X_2, \cdots, X_n, \cdots$ 依概率收敛于随机变量 X，记为 $X_n \xrightarrow{P} X$.

定理6.4（切比雪夫大数定律） 设随机变量序列 $X_1, X_2, \cdots, X_n, \cdots$ 相互独立且同分布，X_i 的数学期望和方差分别为
$$E(X_i) = \mu, D(X_i) = \sigma^2, i = 1, 2, \cdots.$$

记 $Y_n = \dfrac{1}{n}\sum_{i=1}^{n} X_i$，则对任意 $\varepsilon > 0$，有
$$\lim_{n\to\infty} P(|Y_n - \mu| < \varepsilon) = 1.$$

证明：$E(Y_n) = \dfrac{1}{n}\sum_{i=1}^{n} E(X_i) = \mu$，$D(Y_n) = \dfrac{1}{n^2}\sum_{i=1}^{n} D(X_i) = \dfrac{\sigma^2}{n}$，

由切比雪夫不等式，得
$$P(|Y_n - \mu| < \varepsilon) \geq 1 - \frac{\sigma^2}{n\varepsilon^2},$$

令 $n \to \infty$，且由概率不可能大于1，可得
$$\lim_{n\to\infty} P(|Y_n - \mu| < \varepsilon) = 1$$

成立.

定理6.4的结论表明，随机变量序列 $X_1, X_2, \cdots, X_n, \cdots$ 的算术平均值序列 $\{Y_n\}$ 依概率收敛于其数学期望 μ.

定理6.5（伯努利大数定律） 设 n_A 是 n 重伯努利试验中事件 A 发生的次数，p 是事件 A 在每次试验中发生的概率，则对任意的 $\varepsilon > 0$，有
$$\lim_{n\to\infty} P\left(\left|\frac{n_A}{n} - p\right| < \varepsilon\right) = 1.$$

证明：因为 $n_A \sim b(n, p)$，所以
$$n_A = X_1 + X_2 + \cdots + X_n,$$

其中 $X_1, X_2, \cdots, X_n$ 相互独立同分布，且都服从以 p 为参数的0-1分布. 因而
$$E(X_i) = p, D(X_i) = p(1-p), i = 1, 2, \cdots, n,$$

而 $\dfrac{n_A}{n} = \dfrac{1}{n}\sum_{i=1}^{n} X_i$，则由定理6.4可得定理6.5结论成立.

定理6.5的结论表明，当重复试验次数 n 充分大时，事件 A 发生的频率 $\dfrac{n_A}{n}$ 依概率收敛于事件 A 发生的概率 p. 定理以严格的

数学形式表达了频率的稳定性. 在实际应用中, 当试验次数很大时, 可以用事件发生的频率近似替代事件的概率. 例如, 估计某种商品的不合格率时, 可以从这种商品中随机抽取 n 件进行测试, 当 n 足够大时, 不合格品的频率可以作为该种商品不合格率(概率)的估计值.

6.5.3 中心极限定理

在客观实际中, 有许多随机变量, 它们是由大量相互独立的随机因素的和所影响形成, 而其中每个个别的因素都不起主要作用. 这种随机变量往往近似服从正态分布. 这种现象就是中心极限定理的客观背景. 本节给出两个最常用的中心极限定理.

定理 6.6(独立同分布的中心极限定理) 设随机变量 $X_1, X_2, \cdots, X_n, \cdots$ 相互独立, 服从同一分布, 且 $E(X_i) = \mu$, $D(X_i) = \sigma^2 \neq 0$, $i = 1, 2, \cdots$, 则

$$\lim_{n \to \infty} P\left(\frac{\sum_{i=1}^{n} X_i - n\mu}{\sigma \sqrt{n}} \leqslant x \right) = \int_{-\infty}^{x} \frac{1}{\sqrt{2\pi}} e^{-\frac{t^2}{2}} dt = \Phi(x)$$

上述定理表明, 当 n 充分大时, n 个具有期望和方差的独立同分布的随机变量之和近似服从正态分布, 即

$$\sum_{i=1}^{n} X_i \sim N(n\mu, n\sigma^2)$$

或

$$\frac{\sum_{i=1}^{n} X_i - n\mu}{\sigma \sqrt{n}} \sim N(0, 1).$$

由上式可得

$$\overline{X} = \frac{1}{n} \sum_{i=1}^{n} X_i \sim N\left(\mu, \frac{\sigma^2}{n} \right),$$

即当 n 充分大时, 均值为 μ, 方差为 $\sigma^2 \neq 0$ 的独立同分布的随机变量 $X_1, X_2, \cdots, X_n, \cdots$ 的算术平均值 $\overline{X}$ 近似服从均值为 μ, 方差为 $\frac{\sigma^2}{n}$ 的正态分布. 这一结果是数理统计中大样本统计推断的理论基础.

定理 6.7(棣莫佛-拉普拉斯定理) 设随机变量 $X_1, X_2, \cdots, X_n, \cdots$ 相互独立, 并且都服从参数为 p 的两点分布, 则对任意实数 x, 有

$$\lim_{n\to\infty} P\left(\frac{\sum_{i=1}^{n} X_i - np}{\sqrt{np(1-p)}} \leqslant x\right) = \int_{-\infty}^{x} \frac{1}{\sqrt{2\pi}} e^{-\frac{t^2}{2}} dt = \Phi(x).$$

上述定理表明，正态分布是二项分布的极限，当 n 充分大时，可以利用正态分布来近似计算二项分布的概率.

从上述中心极限定理的内容来看，无论各个随机变量 $X_i (i = 1, 2, \cdots)$ 服从什么分布，只要满足定理的条件，当 n 充分大时，它们的和就近似服从正态分布，这就是正态分布随机变量在概率论中占重要地位的一个基本原因.

例 6.29 设备零件的重量都是随机变量，它们相互独立，且服从相同分布，其数学期望为 0.5 kg，标准差为 0.1 kg，问 5000 个零件的总重量超过 2510 kg 的概率是多少？

解：设 X_i 表示第 i 个零件的重量，$i = 1, 2, \cdots$，由题意 $E(X_i) = 0.5$，$D(X_i) = 0.1^2$.

所求概率为

$$P\left(\sum_{i=1}^{5000} X_i > 2510\right) = 1 - P\left(\sum_{i=1}^{5000} X_i \leqslant 2510\right).$$

由独立同分布的中心极限定理可知

$$P\left(\sum_{i=1}^{5000} X_i \leqslant 2510\right) = P\left(\frac{\sum_{i=1}^{5000} X_i - 5000 \times 0.5}{\sqrt{5000} \times 0.1} \leqslant \frac{2510 - 5000 \times 0.5}{\sqrt{5000} \times 0.1}\right)$$

$$\approx \Phi\left(\frac{2510 - 5000 \times 0.5}{\sqrt{5000} \times 0.1}\right) = \Phi\left(\frac{10}{\sqrt{50}}\right) \approx 0.9207.$$

即有

$$P\left(\sum_{i=1}^{5000} X_i > 2510\right) \approx 1 - 0.9207 = 0.0793.$$

例 6.30 某单位有 200 台电话分机，每台有 5% 的时间需要使用外线电话，假定每台分机是否使用外线独立，问该单位要安装多少条外线，才能以 90% 以上概率保证分机用外线时不等待.

解：设有 X 台电话分机同时使用外线，则 $X \sim b(200, 0.05)$，即 $n = 200$，$p = 0.05$，计算得 $np = 10$，$\sqrt{np(1-p)} \approx 3.082$. 假设有 N 条外线，即

$$P\{X \leqslant N\} \geqslant 0.9$$

由棣莫佛-拉普拉斯定理有

$$P(X \leqslant N) = P\left(\frac{X-np}{\sqrt{np(1-p)}} \leqslant \frac{N-np}{\sqrt{np(1-p)}}\right) \approx \Phi\left(\frac{N-np}{\sqrt{np(1-p)}}\right)$$
$$= \Phi\left(\frac{N-10}{3.08}\right).$$

查表得 $\Phi(1.28) = 0.90$,则 $\frac{N-10}{3.08} \geqslant 1.28$,解得 $N \geqslant 13.94$,取 $N = 14$,即该单位要安装 14 条线,才能以 90% 以上概率保证分机用外线时不等待.

6.5.4 大数定律的 R 实现

伯努利大数定律表明,当随机试验次数很大时,可以用随机事件的频率来代替事件的概率. 下面以抛掷硬币试验为例,利用 R 软件给出伯努利大数定律的试验验证.

试验描述:利用 R 软件模拟抛掷硬币试验,观察正面朝上事件所发生的频率随着试验次数的增加与事件发生概率值 0.5 之间的变化关系. 模拟试验次数分别为 100 次、200 次、500 次和 1000 次.

R 程序:

```
big_number<-function(m=500){
+ f<-function(n){
+ set.seed(1)
+ mean(sample(c(0,1),n,replace=T))    %1 表示正面朝上,0 表示反面朝上
+ }
+ mapply(function(n)f(n),c(1:m))->y
+ x<-seq(1:m)
+ plot(x,y,type="l")
+ abline(h=0.5,col=3)
+ }
par(mfrow=c(2,2))
big_number(100)
big_number(200)
big_number(500)
big_number(1000)
```

运行结果如图 6.3 所示. 从图中可以看出,在试验初期,事件发生的频率波动较大,随着试验次数的增加,频率逐渐逼近事件发生的概率值 0.5.

下面以正态分布 $N(3, 4)$ 为例,给出切比雪夫大数定律的试验验证.

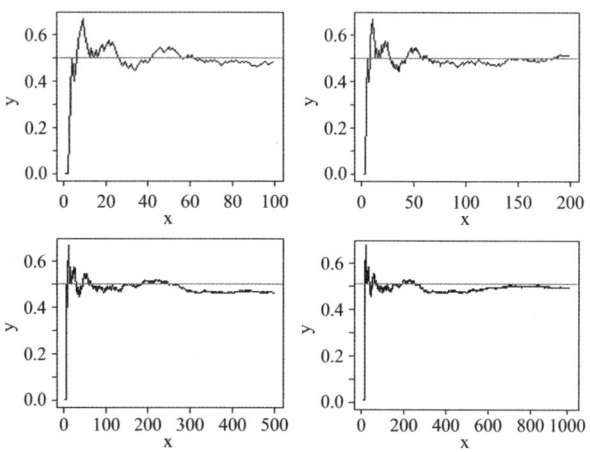

图 6.3 $b(0,1)$ 分布的大数定律的试验验证图

试验描述：利用 R 软件生成正态分布 $N(3,4)$ 的随机数，随着随机数数量的增加，观察随机数的算术平均值与正态分布数学期望值之间的差异变化.

R 程序：

```
x <-numeric(10000)
>   for ( i in 1:10000){
+   set.seed(4)
+   x[i] <-mean(rnorm(i,3,2))
+   }
>plot(seq(0,20,length = length(x)),x,pch =20,ylim = c(2,5),main = "切比雪夫大数定律的试验验证")
>abline(h =3,col =3)
```

运行结果如图 6.4 所示. 从图中可以看出，在试验初期，随机数的算术平均值波动较大，随着随机数数量的增加，数值无限逼近正态分布的数学期望值 3.

图 6.4 切比雪夫大数定律的试验验证图

6.5.5 中心极限定理的 R 实现

中心极限定理表明，无论随机变量服从何种分布，只要满足一定的条件，当随机变量的个数 n 足够大时，随机变量的和近似服从正态分布. 下面利用 R 软件分别给出均匀分布、指数分布及自定义分布在 $n=2,5,30$ 时，随机变量和的分布的直方图，观察随着 n 的增加，随机变量和的分布如何逐步逼近正态分布. 每次试验重复的次数 $N=1000$.

1. 均匀分布 $U(0,1)$

R 程序：

```
par(mfrow = c(2,2))    # 创建 2 * 2 作图界面
uniform <- runif(10000, min = 0, max = 1) # 均匀分布
hist(uniform, main = "Uniform Distribution")
x_bar <- rep(NA, 1000)
n <- 2          # 抽样次数 2
for (i in 1:1000){
  x_bar[i] <- mean(sample(uniform, size = n, replace = FALSE))
}
hist(x_bar, main = "n = 2")
n <- 5   # 抽样次数 5
for (i in 1:1000){
  x_bar[i] <- mean(sample(uniform, size = n, replace = FALSE))
}
hist(x_bar, main = "n = 5")
n <- 30 # 抽样次数 30
for (i in 1:1000){
  x_bar[i] <- mean(sample(uniform, size = n, replace = FALSE))
}
hist(x_bar, main = "n = 30")
```

2. 指数分布(参数 $\lambda = 1$)

R 程序：

```
par(mfrow = c(2,2))                # 创建 2 * 2 作图界面
Exponential <- rexp(10000, 1)      # 产生指数分布随机数
hist(Exponential, main = " Exponential Distribution")   # 画指数分布直方图
x_bar <- rep(NA, 1000)
n <- 2    # 抽样次数 2
```

```
for (i in 1:1000){
  x_bar[i] <-mean(sample(Exponential,size=n,replace=FALSE))
}
hist(x_bar,main="n=2")
n<-5   # 抽样次数 5
for (i in 1:1000){
  x_bar[i] <-mean(sample(Exponential,size=n,replace=FALSE))
}
hist(x_bar,main="n=5")
n<-30 # 抽样次数 30
for (i in 1:1000){
  x_bar[i] <-mean(sample(Exponential,size=n,replace=FALSE))
}
hist(x_bar,main="n=30")
```

3. 自定义分布：混合正态分布 $\frac{1}{2}N(-3,1)+\frac{1}{2}N(3,1)$

R 程序：

```
par(mfrow=c(2,2))
mixnorm<-1/3* rnorm(10000,-3,1) +2/3* rnorm(10000,3,1)
hist(mixnorm,main="mixNorm Distribution")
x_bar<-rep(NA,1000)
n<-2
for (i in 1:1000){
+ x_bar[i] <-mean(sample(mixn,size=n,replace=FALSE))
+ }
hist(x_bar,main="n=2")
n<-5
for (i in 1:1000){
+ x_bar[i] <-mean(sample(mixnorm,size=n,replace=FALSE))
+ }
hist(x_bar,main="n=5")
n<-30
for (i in 1:1000){
+x_bar[i] <-mean(sample(Exponential,size=n,replace=FALSE))
+ }
hist(x_bar,main="n=30")
```

以上程序运行结果如图 6.5~图 6.7 所示. 从图中可以看出,三种分布均随着 n 的增加而逐步逼近正态分布.

图 6.5　均匀分布的渐近正态性

图 6.6　指数分布的渐近正态性

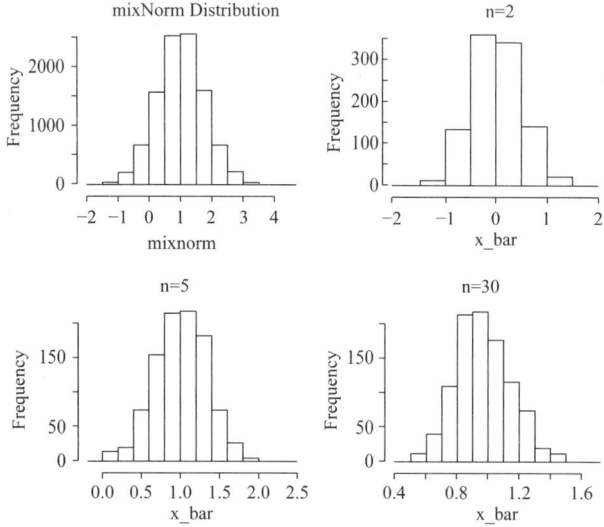

图 6.7 混合正态分布的渐近正态性

R 中程序包 TeachingDemos 包含中心极限定理的演示实例 clt.examp, distrTeach 程序包中包含中心极限定理的解释实例,有兴趣的读者可通过如下程序加载学习.

```
>install.packages("TeachingDemos")
>library(TeachingDemos)
>example(clt.examp)
>install.packages("distrTeach")
>library(distrTeach)
>example(illustrateCLT)
```

例 6.31　用 R 软件实现例 6.29.

R 程序:
```
>num<-3000
>t<-numeric(num)
>for (i in 1:num){
+ t[i]<-sum(rnorm(5000,0.5,0,1))>2510
}
>mean(t)
[1]0.0791
```

例 6.32　用 R 软件实现例 6.30.

R 程序:
```
>N<-1
>repeat{
+ N<-N+1
+ if (pbinom(N,200,0.05)>=0.9){break}
+ }
>N
[1]14
```

习题 6-5

1. 设随机变量 X 服从区间 $(-1,1)$ 上的均匀分布：

   (1) 求 $P(|X|<0.6)$；

   (2) 试用切比雪夫不等式估计 $P(|X|<0.6)$ 的下界.

2. 用切比雪夫不等式确定，掷一枚质地均匀的硬币时，需要掷多少次，才能保证正面出现的频率在 $0.4 \sim 0.6$ 的概率不小于 0.9.

3. 设随机变量 X 的方差为 2，根据切比雪夫不等式估计 $P\{|X-E(X)| \geq 2\} \leq$ _____.

4. 抽样检查产品质量时，若发现次品数多于 10 个，则拒绝接受该批产品. 设某批产品的次品率为 0.1，则应至少抽多少个产品，才能保证拒绝该批产品的概率为 0.9？给出 R 软件的实现程序.

5. 已知某种疾病的发病率为 0.001，某单位有 5000 人，该单位患有该疾病的人数超过 5 人的概率为多大？给出 R 软件的实现程序.

6. 一家保险公司共有 10000 人参加保险，每人每年付保险费 12 元，设一年内参保人的死亡率均为 0.006，某人死亡后，其家属可以从保险公司领取 1000 元保险金. 求

   (1) 保险公司亏损的概率；

   (2) 保险公司一年利润不小于 40000 元的概率；

   (3) 利用 R 软件实现第(1)问和第(2)问.

7. 某个复杂系统由 100 个相互独立的子系统组成，系统在运行期间，每个子系统失效的概率为 0.1，当失效的子系统超过 15 个时，总系统便自动停止运行，求总系统不自动停止运行的概率，并给出 R 软件的实现程序.

6.6 本章小结

6.6.1 内容概要

本章节主要介绍了随机变量的常用的数字特征，包括期望、方差、相关系数、矩、偏度和峰度. 每种数字特征都先给出其定义，随后详细介绍其性质，并通过丰富的习题来强化概念及其应用. 在章节最后，介绍了大数定律和中心极限定理，包括常用的大数定律和中心极限定理以及它们的 R 实现.

本章知识结构如下：

6.6.2 延伸阅读

1. 期望在风险管理决策中的应用

决策有一定的风险,所以称之为风险型决策. 在进行风险决策时,面临不同的客观状态,根据不同的状态会有几种行动方案可供选择. 人们不能选择客观状态,但是可以选择不同的方案. 对于如何选择一个最佳的行动方案,可以通过概率论与数理统计中的期望知识来解决. 一般有以下三种常用的风险决策方法.

方法一:收益期望最大决策法;

方法二:损失期望最小决策法;

方法三:等概率决策法.

假设某商场签字笔需求量的概率分布如下表所示:

需求量	100	200	300	400	500	600
概率	0.05	0.1	0.25	0.35	0.15	0.1

下面分别采用上述三种方法来进行决策分析.

方法一:收益期望最大决策法

收益期望最大决策法就是在各种行动方案中选择收益期望最大的方案作为最优方案.

当签字笔的进货量是 300 支时,如果市场需求量为 100 支,则可以销售 100 支,每支笔卖 6 元,则可获利 600 元,对还剩下 200 支做降价处理,每支笔卖 3 元,则共亏损 600 元. 此时获利为 0;当市场需求量为 200 支时,获利 1200 减去亏损的 300 得 900;市场需求量为 300 支或大于 300 支时,获利 1800 元.

当进货量为 300 支时,收益的期望值为

$(0 \times 0.05 + 900 \times 0.10 + 1800 \times 0.25 + 1800 \times 0.35 + 1800 \times 0.15$
$+ 1800 \times 0.10) 元 = 1620 元.$

当进货量为 400 支时,收益额期望值为

$(-300 \times 0.05 + 600 \times 0.1 + 1500 \times 0.25 + 2400 \times 0.35 + 2400 \times 0.15$
$+ 2400 \times 0.1) 元 = 1860 元.$

同理得进货量分别在 100、200、500 和 600 时得收益分别为 600、1155、1785 和 1575 元.

所以当签字笔的进货量在 400 支时收益的期望为 1860 元. 从长期来看,每年进货量为 400 支,则每年获得的平均利润为 1860 元. 它是所有方案中期望获利最大的,可作为最佳方案.

方法二:损失期望最小决策法

损失期望最小决策法就是在各种行动方案中选择损失的期望最小的方案作为最优方案. 要使得销售年利润最大,也就是使得

各种损失最小. 上表的数据表明, 销售签字笔的损失费有两部分. 一部分是签字笔的进货量大于需求量时, 因滞销而做降价处理; 另一部分是当签字笔的进货量小于需求时, 因缺货而失去销售机会的损失. 总损失费为滞销损失费或缺货损失费. 当决策方案为进货 300 支时, 市场需求 100 支, 则有 200 支需要做降价处理, 每支亏 3 元, 出现滞销损失费 600 元; 若市场需求 300 支时, 此时总损失费为 0. 若市场需求分别为 400、500、600 支时, 出现缺货损失, 损失费为 600、1200、1800 元, 此时没有滞销损失.

进货 300 支时, 损失费的期望值为

$$(600 \times 0.05 + 300 \times 0.10 + 0 \times 0.25 + 600 \times 0.35 + 1200 \times 0.15 + 1800 \times 0.10) 元 = 630 元.$$

同理可算得损失费期望值分别为 1650、1950、630、390、465、675 元. 比较各损失费的期望值可知, 当进货量为 400 支时, 损失费的期望值最小. 每年进货 400 支, 长期看来每年平均总损失费用最小为 390 元, 故为最佳方案.

方法三: 等概率决策法

等概率决策就是根据各种行动方案和各种自然状态的概率相等, 计算可行方案作为最佳方案的收益期望值, 选取收益期望最大的方案作为最佳方案的方法. 客观事物的结果不确定或者信息不足时, 不能确定各种自然状态出现的可能性的大小时, 就应假定各种自然状态发生的可能性是一样的, 即概率大小是相等的. 按此概率分布计算收益期望值并比较大小, 选择期望最大的行动方案为最优方案. 因为是等概率事件, 所以在上表中需求量在 100、200、300、400、500、600 支时的概率都是 $\frac{1}{6}$.

当进货量为 300 支时收益的期望值为

$$(0 + 900 + 1800 + 1800 + 1800 + 1800) \times \frac{1}{6} = 1350 元.$$

同理得, 进货量分别为 100、200、400、500、600 支时得收益为 600、1050、1500、1500、1350 元. 所以当签字笔的进货量在 400 支和 500 支时, 收益期望为 1500 元, 是所有方案中期望获利的最大值, 仍可选择进货 400 支为最佳方案.

综上, 当采用不同的决策方法时, 最优方案可能是不一样的, 这是因为每种决策方法考虑的角度会不一样, 也就是偏好不一样, 虽然都采用了求期望的方法, 但是每种方案计算的期望都不相同, 代表标准不同, 因此要求我们在实际问题中采用合适的决策方法来进行决策.

2. 大数定律和中心极限定理在保险业中的应用

大数定律揭示了大量的、在一定条件下重复出现的随机现象将出现一定规律性和稳定性这一规律，而中心极限定理则指出在自然界与生产中，一些现象受到许多相互独立的随机因素的影响，如果每个因素所产生的影响都很微小，总的影响可以看作服从正态分布．所以大数定律是近代保险业的基础．中心极限定理对保险业具有理论指导意义，一个保险公司的盈亏以及是否破产，可以用大数定律及中心极限定理进行估算和预测．

设在一家保险公司里有 10000 人参加保险，每人每年付 12 元保险费，一年内一个人死亡的概率为 0.006，死亡时其家属可向保险公司领到 1000 元，问

（1）保险公司亏本的概率有多大？

（2）保险公司一年的利润不少于 40000 元、60000 元、80000 元的概率各为多大？

解：（1）设 ξ 表示一年内参保人的死亡数，则 $\xi \sim B(10000, 0.006)$．

已知 ξ 和保险公司盈利近似服从正态分布．要使得保险公司亏本，必须满足 $12 \times 10000 - 1000\xi < 0$，所以 $\xi > 120$．

因为本题中，$E(\xi) = np$，$D(\xi) = npq$，化为标准正态分布

$$\Phi\left(x - \frac{np}{\sqrt{npq}}\right)$$

所以，$P(\xi > 120) = 1 - P(0 \leq \xi \leq 120)$

$$\approx 1 - \left[\Phi\left(120 - \frac{10000 \times 0.006}{\sqrt{10000 \times 0.006 \times 0.994}}\right) - \Phi\left(0 - \frac{10000 \times 0.006}{\sqrt{10000 \times 0.006 \times 0.994}}\right)\right]$$

$= 1 - [2\Phi(7.722) - 1] = 2 - 2 = 0.$

所以，保险公司亏本的概率为 0．

（2）当保险公司一年的利润不少于 40000、60000、80000 元时，必须满足

$$12 \times 10000 - 1000\xi \geq 40000 \text{（或 60000 或 80000）}.$$

所以，$\xi \leq 80$（或 60 或 40）

$$P(0 \leq \xi \leq 80) \approx \Phi\left(80 - \frac{10000 \times 0.006}{\sqrt{10000 \times 0.006 \times 0.994}}\right) - \Phi\left(0 - \frac{10000 \times 0.006}{\sqrt{10000 \times 0.006 \times 0.994}}\right)$$

$= \Phi(2.59) + \Phi(7.77) - 1 \approx 0.9951;$

$$P(0 \leq \xi \leq 60) \approx \Phi\left(60 - \frac{10000 \times 0.006}{\sqrt{10000 \times 0.006 \times 0.994}}\right) - \Phi\left(0 - \frac{10000 \times 0.006}{\sqrt{10000 \times 0.006 \times 0.994}}\right)$$

$= \Phi(0) + \Phi(7.77) - 1 \approx 0.5;$

$$P(0\leq\xi\leq40)\approx\Phi\left(40-\frac{10000\times0.006}{\sqrt{10000\times0.006\times0.994}}\right)-\Phi\left(0-\frac{10000\times0.006}{\sqrt{10000\times0.006\times0.994}}\right)$$
$$=\Phi(-2.59)-\Phi(-7.77)\approx0.0048.$$

所以，保险公司一年的利润不少于 40000 元、60000 元、80000 元的概率分别为 0.9951、0.5 和 0.0048.

在以上事例中，首先我们经过概率计算可以发现保险公司几乎必定是盈利的，其亏本的概率为0，其一年获利40000元的概率也有0.9951，这也是为什么保险公司会那样乐于开展保险业务的原因. 其次，我们可以根据概率统计的知识算出在给定的利润条件下，其相应的概率是多少. 当然以上结果都以有足够多的人投保为前提，因为根据大数定律表明：投保人越多即承保的风险单位越多，实际利润或损失与预期的利润或损失概率的偏差就越小；承保的风险单位越少，实际利润或损失与预期利润或损失概率的偏差就越大. 而实际损失与预期损失概率的偏差又会影响到保险公司的服务稳定与经营效益. 因此，保险公司在根据大量的损失统计资料计算出预期损失概率并制定出合理的保险费的基础上应尽可能多增加投保人，也就越可能有足够的资金赔付保险期内发生的所有索赔，从而使得保险公司运营更加平稳.

第 7 章
数理统计的基础知识

根据统计学的作用不同，可以将统计学知识分为描述统计学和推断统计学. 描述统计学处理的对象是数据，主要作用是对数据分布的特征进行概括，其特点是就事论事，不做任何推断性的判断. 推断统计学也需要处理数据，但是与描述统计学最大的区别在于，它认为所见的数据服从某一分布，推断统计学擅长根据所见的有限的数据去推断数据所来自的分布的相关信息.

什么叫"推断"？可以理解为推算、估计等，就是根据拥有的信息来对现实世界进行某种判断. 人们无时无刻都在做推断，例如，出门时根据天色、云量、风速、湿度等信息判断今天是否会下雨，医生根据望、闻、问、切来估计病人的病情，股民根据前几天的各种数据估计今天的股市行情等. 所以，推断离不开信息，而信息本质上就是数据.

为什么要进行推断？举例说明，上海市政府想要知道 2019 年 7 月在上海推行的四分类垃圾分类新政策的民众知晓度问题，由于短时间内不太可能一一询问 2400 万上海市市民，人们只好进行抽样调查获得部分市民的知晓度状况，并用部分数据的知晓度比例来估计全上海市的真实比例. 一家轮胎制造商正在考虑改进轮胎生产工艺，期望新工艺可以使得轮胎的行驶里程数超过企业现有生产水平. 为了对这种新轮胎的平均使用寿命做出估计，制造商生产了 100 个这种新型轮胎用于检测，利用这 100 个轮胎的行驶里程数，来估计新工艺下所有轮胎的平均使用寿命. 以上例子仅利用了部分数据，目的是推断我们真正关心的现实世界.

推断靠谱吗？一落叶而知秋，而我们只能说推断统计学可以对所得数据以及所提问题做出尽可能正确的结论. 为什么说"尽可能正确"呢？因为数据毕竟只是所研究事物的一部分，以偏概全时难免不够准确. 但是，我们通过科学的分析方法使可能产生的错误越小越好，发生错误的概率越小越好. 这就是数理统计的研究内容. 数理统计是具有广泛应用的一个数学分支，它是以概率论为理论基础，根据试验或观察得到的带有随机误差的数据，通过设定模型(统计模型)来研究客观世界,对所研究的现象或问题的各种规律做出合理的估计和判断.

数理统计的内容包括如何收集、整理数据资料;如何对数据进行分析,从而对所研究的对象的性质、特点做出推断.后者就是我们所说的推断统计或统计推断.本书只讲述推断统计的相关基本内容.通过数理统计的学习,我们将从随机变量及其分布的角度去理解所看见的数据,对数据所反映出的规律性也会有更深刻的认识.

本章将先后介绍总体、样本、统计量、参数、抽样分布等非常基本、非常重要的概念,为后续学好各种统计推断方法打下坚实的基础.

7.1 总体与样本

描述统计学仅归纳现有数据的特征,因此不存在总体和样本的概念.但是,推断统计的观点认为数据都是来自某一变量(分布)的局部或全部的数据,因此需要总体和样本的概念.

7.1.1 总体和总体分布

统计是研究现实世界中的数量特征和数量关系.在每一项不同的研究中,所关心的量是不同的,所对应的研究范围也不同.例如,前述的一个轮胎制造商关心新工艺下轮胎的寿命问题,这里关心的变量是"寿命",研究范围是新工艺下所有生产的轮胎.上海市2019年7月在上海推行的四分类垃圾分类新政策的民众知晓度问题,这里关心的变量是"是否知晓",研究范围是上海市常住人口.

通俗地说,在一个特定研究中所感兴趣的个体组成的集合称为**总体**,组成总体的每个元素称为**个体**.在这个描述下,前面两个例子的总体分别为新工艺下所生产的所有轮胎,调查时点上海市的常住人口.每一个轮胎和每一个居民则构成这个总体中的个体.

注意,同质性是确定总体的基本标准,即根据研究的目的而确定,凡是符合总体特征的个体才能进入这个集合.例如,研究某市城镇居民的消费状况,则该市所有城镇居民构成了总体;但是如果研究的是某市城镇的贫困居民的消费状况,那么,贫困线以下的城镇居民就构成了总体,而贫困线上的城镇居民就是非同质的,不能属于该总体.

总体还应具备大量性.因为统计是对数量特征开展研究,揭示现象在数量方面的规律,而规律需要通过大量观察个体才能显示出来. 因此,总体应该由足够数量的同质性个体构成.

从表面上看,对于大多数实际问题,总体中的个体是一些实在的人或物,但是人们所关心的并不是总体中个体的一切方面,根据研究的目的不同,我们往往关心的是总体中个体的某一项或某几项数量特征,例如,考察轮胎寿命时,我们并不关心轮胎的样式、尺寸,而只研究它的寿命. 考察城镇居民的消费状况时,消费状况该如何反映?消费状况可以通过食品消费金额、衣着消费金额、交通消费金额、家庭设备用品消费金额、医疗保健消费金额、居住消费金额等六项消费金额来体现. 所以,本质上看,总体中的个体实际上都是特定变量下的具体数值. 因此,自然地把新工艺下所有轮胎的寿命值的全体视为总体,而其中每一个轮胎的寿命值则是个体.

如何将总体集合中一大堆杂乱无章的数据赋予数学或概率性质呢?另一个问题,如何区别不同总体中的数据呢?为了解决这些问题,我们可以认为不同总体中的数据的概率分布规律对应某一个随机变量(或向量),随机变量(或向量)的分布特征决定了数据的概率分布特征. 例如,轮胎的寿命数据可能服从了一个指数分布,城镇居民的消费状况数据可能服从六维正态分布. 经过以上分析,我们试图让读者明白,在数理统计学中"总体"这个概念的要旨就是一个随机变量(或向量)的概率分布. 任何一个总体都可以用一个随机变量(或向量)来描述. 总体的分布及数字特征,即表示总体的随机变量(或向量)的分布及数字特征. 对总体的研究也就顺其自然地理解为对表示总体的随机变量(或向量)的研究. 例如,一个轮胎制造商关心新工艺下的轮胎的寿命问题的总体可以定义为该批轮胎的寿命分布 $\exp(\lambda)$;城镇居民的消费状况问题的总体可以定义为六维的正态分布 $N(\mu,\Sigma)$. 综上所述,下面给出总体及总体分布的定义.

总体:统计学中称随机变量(或向量)X 为总体,并把随机变量(或向量)的分布称为**总体分布**.

例7.1 上海市2019年7月在上海推行的四分类垃圾分类新政策的民众知晓度问题的总体是什么?

解:我们调查出市民对于四分类垃圾新政是否知晓,以 0 表示不知晓,以 1 表示知晓,那么总体是由一些"1"和一些"0"所组成. 设市民知晓新政的概率为 p,则这一总体对应于一个具有参数为 p 的 0-1 分布的随机变量,具体总体分布为

$$P(X=x) = p^x(1-p)^{1-x}, \quad x = 0, 1.$$

7.1.2 样本和样本分布

在实际中，总体的分布一般是未知的，分布类型未知或者分布类型已知，但是其中的参数未知. 例如，根据经验某校新生入学时的身高服从正态分布，但是正态分布的 μ，σ^2 未知. 车站等车的时间由于经验不足，服从的是均匀分布、正态分布、指数分布都有可能，或连分布的类型也不甚清楚. 数理统计的任务就是要充分合理地利用总体产生的部分数据，通过对这些数据的统计分析来对总体分布进行推断.

一般的方法是"按一定的规定"从总体中抽取若干的个体进行观察，将个体的表现记录下来，这个过程叫作**抽样**，被抽中的个体叫作**样本**，样本所含个体数目称为**样本容量**，个体的表现就是第 2 章提及的**数据**.

在一个实际的问题中，样本都表现为一些具体的数据，而在理论研究中，则需要把样本定义为一些随机变量，这是为什么呢？首先，在实际中在没有抽样之前，抽到哪些个体是随机的. 其次，理论研究中只有将个体的表现上升到随机变量的高度，才能利用概率论的工具从分布的角度去理解样本的表现. 在后续的学习中，读者需要反复去体会. 这是对"样本"概念需要理解的第一个重要的问题.

另一问题是，什么是"按一定的规定"抽取？简单地说，总体中的每一个个体都有相同的机会被抽中，是否抽中不以个人的主观意志为转移，而是按照客观的程序去确定，例如，利用软件中的随机数发生器. 这样的方法产生的样本有哪些好处呢？因为排除主观的想法，我们更容易认为样本之间满足了"独立性"，即样本 $X_1, X_2, \cdots, X_n$ 之间的取值不相互影响，n 个随机变量之间满足概率上关于多维随机变量互相独立的定义. 在市场调查中，常采用问卷调查的方法获得样本，请问这种抽样方法是否符合数理统计中的随机抽取呢？答案是否定的，请读者思考为什么.

已经理解了样本是随机变量的本质，那么这个随机变量的随机规律是什么呢？不难理解，一对中国夫妻生下的孩子是不会金发碧眼的，就像《西游记》中的孙悟空本领再高也逃不出如来佛祖的手掌心一样，因为样本是来自于总体的，所以样本与生俱来带有和总体一致的随机规律，用数学语言来表达，即样本与所考察的总体有相同的分布. 综上所述，我们给出样本和简单随机样本的定义.

定义 7.1 设 X 是具有分布函数 $F(x)$ 的随机变量，若 $X_1, X_2, \cdots, X_n$ 是具有同一分布函数 $F(x)$，且相互独立的随机变量，则称 $X_1, X_2, \cdots, X_n$ 为从总体 X（或总体 $F(x)$）得到的容量为 n 的简单随机样本，简称**样本**. 也可以将 n 个样本看成一个整体，写成 n 维随机向量的形式，记为 $(X_1, X_2, \cdots, X_n)$.

抽样过程一旦完成或者说完成了 n 次观察，则每一个随机变量 X_i 都会变为具体的实数 x_i，不再具有随机性，我们就会得到一组实数 $x_1, x_2, \cdots, x_n$，或记为 $(x_1, x_2, \cdots, x_n)$，称为样本值，即描述统计学中提及的"数据". 因此，描述统计学的主要任务就是针对样本值进行特征描述.

设总体 X 的分布函数为 $F(x)$，根据定义每一个样本与总体服从相同的分布，即
$$X_i \sim F(x), \quad i = 1, 2, \cdots, n.$$
同时，考虑到样本之间满足互相独立性，独立性在理论上的最大便利在于联合分布等于每一个边缘分布的乘积，则 n 个样本看成一个整体 n 维随机向量 $(X_1, X_2, \cdots, X_n)$ 时的联合分布
$$F(x_1, x_2, \cdots, x_n) = \prod_{i=1}^{n} F_i(x_i) = \prod_{i=1}^{n} F(x_i),$$
并称其分布为**样本分布函数**.

特别地，若总体为离散型随机变量，其概率分布律为 $P(X = x_i) = p(x_i)$，则样本联合的概率分布律为
$$p(x_1, x_2, \cdots, x_n) = P(X_1 = x_1, X_2 = x_2, \cdots, X_n = x_n)$$
$$= \prod_{i=1}^{n} P(X_i = x_i) = \prod_{i=1}^{n} p(x_i).$$
若总体 X 为连续型随机变量，其概率密度为 $f(x)$，则样本的联合概率密度函数为
$$f(x_1, x_2, \cdots, x_n) = \prod_{i=1}^{n} f_i(x_i) = \prod_{i=1}^{n} f(x_i).$$
无论是样本的联合分布函数，还是联合概率分布律或联合密度函数，统称为**样本分布**.

例 7.2 设班级的身高 X 服从正态分布 $N(\mu, \sigma^2)$，为了进一步推断身高 X 的分布中的未知参数，从班级中抽出简单随机样本——10 个同学测其身高，求样本的概率密度函数.

解：因为总体 X 的概率密度函数为
$$f(x) = \frac{1}{\sigma \sqrt{2\pi}} \exp\left\{-\frac{1}{2} \frac{(x-\mu)^2}{\sigma^2}\right\}$$

因此样本容量为 10 的简单随机样本 $(X_1, X_2, \cdots, X_{10})$ 的联合密度函数为

$$f(x_1, x_2, \cdots, x_{10}) = \prod_{i=1}^{10} f(x_i) = \prod_{i=1}^{10} \frac{1}{\sigma\sqrt{2\pi}} \exp\left\{-\frac{1}{2}\frac{(x_i-\mu)^2}{\sigma^2}\right\}$$

$$= \left(\frac{1}{\sigma\sqrt{2\pi}}\right)^{10} \exp\left\{-\frac{1}{2\sigma^2}\sum_{i=1}^{10}(x_i-\mu)^2\right\}$$

例 7.3 上海市 2019 年 7 月在上海推行的四分类垃圾分类新政策的民众知晓度调查中抽取了 100 位市民进行调查，求样本的概率分布律.

解：针对"是否知晓"这个变量，以 0 表示不知晓，以 1 表示知晓，则总体分布是 $P(X=1)=p$，$P(X=0)=1-p$，即 $P(X=k)=p^k(1-p)^{1-k}$，$k=0, 1$.

因此样本容量为 100 的简单随机样本 $(X_1, X_2, \cdots, X_{100})$ 的联合密度函数为

$$p(x_1, x_2, \cdots, x_{100}) = P(X_1=x_1, X_2=x_2, \cdots, X_{100}=x_{100})$$

$$= \prod_{i=1}^{100} P(X_i=x_i) = \prod_{i=1}^{100} p^{x_i}(1-p)^{1-x_i}$$

$$= p^{\sum_{i=1}^{100}x_i}(1-p)^{100-\sum_{i=1}^{100}x_i}.$$

习题 7-1

1. 简述描述统计和推断统计对于总体的概念的区别，并给出推断统计中简单随机样本的定义.

2. 某项研究准备抽取 2000 个职工家庭推断该城市所有职工家庭的平均年收入. 试确定本研究的总体、样本、样本容量.

3. 某厂生产的某种电器的使用寿命服从指数分布，参数 λ 未知. 为此，抽查了 n 件电器，测量其使用寿命. 试确定本研究问题的总体、总体分布、样本及样本的联合概率密度函数.

4. 设总体 X 在区间 $[a,b]$ 上服从均匀分布，试求来自 X 的简单随机样本 $X_1, X_2, \cdots, X_n$ 的联合密度函数 $f(x_1, x_2, \cdots, x_n)$.

5. 设总体 X 服从参数 λ 的泊松分布，试求来自 X 的简单随机样本 $X_1, X_2, \cdots, X_n$ 的联合概率分布律.

6. 设 $X_1, X_2, \cdots, X_n$ 为取自总体 X 的一个样本，总体 X 的密度函数为 $p(x)$，则样本 $(X_1, X_2, \cdots, X_n)$ 的联合密度函数为（　　）.

(A) $p(x_1) + p(x_2) + \cdots + p(x_n)$

(B) $p(x_1)p(x_2)\cdots p(x_n)$

(C) $p^n(x)$

(D) $p(x)$

7. 设 $(X_1, X_2, \cdots, X_n)$ 为来自总体 X 的一个样本，则以下说法错误的是（　　）.

(A) 由于 $X_1, X_2, \cdots, X_n$ 与 X 同分布，因此对于任意的 i，$X_i = X$

(B) 设 X_i 的分布函数为 $F_i(x)$，由于 $X_1, X_2, \cdots, X_n$ 与 X 同分布，则 $F_1(x) = F_2(x) = \cdots = F_n(x) = F(x)$

(C) 设 X_i 的密度函数为 $f_i(x)$，由于 $X_1, X_2, \cdots, X_n$ 与 X 同分布，则 $f_1(x) = f_2(x) = \cdots = f_n(x) = f(x)$

(D) 样本 $(X_1, X_2, \cdots, X_n)$ 的联合分布函数 $F(x_1, x_2, \cdots, x_n) = F(x_1)F(x_2)\cdots F(x_n)$，联合密度函数 $f(x_1, x_2, \cdots, x_n) = f(x_1)f(x_2)\cdots f(x_n)$

7.2 参数与统计量

7.2.1 参数

无论是离散型随机变量的概率分布,还是连续型随机变量的密度函数,每个分布中除了定义了函数形式,还含有数值待定的字母,这个字母常常被称为"参数",例如,泊松分布中含有参数 λ,正态分布含有两个参数 μ 和 σ^2.

$$P(X=k) = \mathrm{e}^{-\lambda}\frac{\lambda^k}{k!},\ \lambda>0,\ k=0,1,2,\cdots.$$

$$f(x) = \frac{1}{\sigma\sqrt{2\pi}}\exp\left\{-\frac{1}{2}\frac{(x-\mu)^2}{\sigma^2}\right\},\ \mu\in\mathbf{R},\ \sigma>0,\ x\in\mathbf{R}.$$

通过概率论知识可知,参数本身就反映了分布的重要特征,例如泊松分布中的 λ 反映了分布的期望,正态分布中的 μ 和 σ^2 依次反映了分布的期望和方差. 在概率论中,分布中待定字母被称为参数,而数理统计给出了更加广义的"参数"的定义.

参数是用来描述总体特征的概括性数字度量,它是研究者想要了解的总体的某种特征值.

定义中的关键字眼是"总体",我们一般会关心总体的特征有总体均值、总体方差(标准差)、总体比例等,这些都是总体的重要参数. 由于总体通常未知,所以参数也是未知的常数. 例如,我们不知道一个地区的人口的平均年龄、一批产品的合格率等. 正因如此,我们会从总体中产生一些样本,利用样本的信息去推断总体的参数.

7.2.2 统计量及常用统计量

样本是总体的代表和反映,样本是进行统计推断的依据,但在抽样之后,并不是直接利用样本进行推断,而是需要对样本进行加工和提炼,即针对不同的问题构造出样本的适当的函数,将样本信息集中起来进行统计推断. 为此,引进统计量的概念.

定义 7.2 设 $(X_1, X_2, \cdots, X_n)$ 为总体 X 的一个样本,$g(X_1, X_2, \cdots, X_n)$ 是 $X_1, X_2, \cdots, X_n$ 的函数,且 g 中不含有任何未知参数,则称 $g(X_1, X_2, \cdots, X_n)$ 为一个**统计量**.

由于 $X_1, X_2, \cdots, X_n$ 是随机变量,由定义知统计量 $g(X_1, X_2, \cdots, X_n)$ 也是随机变量,但是如果抽样一旦完成,将样本值代入函数,则 $g(x_1, x_2, \cdots, x_n)$ 将会是一个实数. 正因为构造统计量的目的是

第 7 章 数理统计的基础知识

推断未知的总体分布,因此,在构造统计量时,不能含有总体未知参数. 如果含有,那么即便样本值代入,统计量仍然是不确定的. 例如,$\frac{1}{n}\sum_{i=1}^{n}(X_i-\mu)^2$ 不是统计量.

定义中的关键字是"样本",如同样本相对于总体,统计量则相对于参数,如果构造统计量的目的是估计总体的某个参数,我们在统计量命名时,习惯性地加入总体参数的名称,例如,常用统计量中的两个重要统计量"样本均值""样本方差"等,顾名思义,构造样本均值统计量的目的是估计总体均值,构造样本方差统计量的目的是估计总体方差.

统计量在数理统计中具有极其重要的地位,统计量在数理统计中的地位相当于随机变量在概率论中的地位,它是统计推断的基础. 下面将逐一给出各种常用的统计量. 但是,统计量的构造方法暂时略去,将在后面章节给出解释.

(1) 样本均值: $\overline{X} = \frac{1}{n}\sum_{i=1}^{n} X_i$;

(2) 样本方差: $S_n^2 = \frac{1}{n}\sum_{i=1}^{n}(X_i - \overline{X})^2 = \frac{1}{n}\sum_{i=1}^{n} X_i^2 - \overline{X}^2$;

注:样本方差的另一种形式,S^2 也被称为修正的样本方差

$$S^2 = \frac{1}{n-1}\sum_{i=1}^{n}(X_i - \overline{X})^2 = \frac{1}{n-1}\left(\sum_{i=1}^{n} X_i^2 - n\overline{X}^2\right);$$

(3) 样本标准差: $S_n = \sqrt{\frac{1}{n}\sum_{i=1}^{n}(X_i - \overline{X})^2}$ 或 $S = \sqrt{\frac{1}{n-1}\sum_{i=1}^{n}(X_i - \overline{X})^2}$;

(4) 样本变异系数: $V = \frac{S}{\overline{X}}$;

(5) 样本 k 阶原点矩: $m_k = \frac{1}{n}\sum_{i=1}^{n} X_i^k$;

(6) 样本 k 阶中心矩: $v_k = \frac{1}{n}\sum_{i=1}^{n}(X_i - \overline{X})^k$;

(7) 样本偏度: $\alpha_3 = \sqrt{n-1}\sum_{i=1}^{n}(X_i - \overline{X})^3 \Big/ \left[\sum_{i=1}^{n}(X_i - \overline{X})^2\right]^{\frac{3}{2}}$;

(8) 样本峰度: $\alpha_4 = (n-1)\sum_{i=1}^{n}(X_i - \overline{X})^4 \Big/ \left[\sum_{i=1}^{n}(X_i - \overline{X})^2\right]^2$.

关于均值、方差、标准差、变异系数、偏度、峰度的概念,我们并不陌生,因为在本书的第 2 章中,针对数据的概括性度量,对以上概念均有详细的介绍. 本章和第 2 章在表达这些计算方法

时的差别:从形式上看,针对数据是用小写字母 x_i,针对样本是大写字母 X_i. 在形式之下,二者解决的问题是不同的:针对数据,计算的结论仅反映数据的特征,但是针对样本,由于统计量仍是随机变量,因此这里仅提供了由样本如何估计总体参数的方法,只有当抽样完成,将具体样本值 $x_1, x_2, \cdots, x_n$ 代入统计量中,才能得到具体数值,而产生这一数值的目的是估计总体的相应特征.

7.2.3 统计推断问题简述

总体和样本是数理统计中的两个基本概念. 实际应用中,总体的分布一般是未知的,分布类型未知或者分布类型已知但含有未知参数. 样本来自总体,自然带有总体的信息,这为我们利用样本信息推断总体带来了可能性,同时利用样本推断总体可以省时省力(特别是针对有破坏性的试验或总体规模特别大的情形). 根据研究的目的不同,为了更加有效地利用样本信息,统计学家设计了很多统计量,利用统计量对总体进行推断,统计量就好比是统计学家为解决某一类问题而发明的具有一定通用性的工具,只要使用工具的条件符合要求,都可以采用同一个工具来解决问题. 当抽样完成,样本有了具体的样本值代入统计量时,针对这一次抽样,推断有了具体结论.

我们称通过总体的样本 $X_1, X_2, \cdots, X_n$ 对总体 X 的分布进行推断的问题为**统计推断问题**. 如果是对总体分布的类型的推断,被称为非参数统计;如果是总体类型已知,对未知参数进行推断,被称为参数统计. 本书重点介绍的是参数统计. 总体、样本、样本值的具体关系如图 7.1 所示.

图 7.1 总体、样本、样本值关系示意图

7.2.4 常用统计量的 R 实现

样本均值、样本方差、样本标准差可以直接调用相关函数,但偏度、峰度、原点矩在 R 的基础包中没有,则需加载相关的包、调用相关的命令,原点矩的 R 实现在第 8 章中介绍,变异系数直接采用标准差和均值计算即可,下面将一一详述:

(1) 样本均值函数 mean() 的调用格式为 mean(x, trim, na, rm = FALSE),其中,x 为一个数值型向量、矩阵或数据框,

trim=0.1 表示去掉 x 两端各 10% 的观测值再计算平均值,默认状态下 trim=0,表示全部数据求平均值,na.rm 为逻辑值,表示是否移除缺失值,默认为 FALSE.

(2) 样本方差 var() 的调用格式为 var(x,na.rm = FALSE),其中,x 是一个数值型向量、矩阵或数据框;na.rm 的含义同上.

(3) 样本标准差 sd() 的调用格式为 sd(x,na.rm = FALSE),其中,各参数的含义与 var() 函数对应的参数相同,但是 x 是一个数值型向量.

(4) 样本峰度、偏度可以加载 fBasics 包、e1071 包或者 moments 包,调用函数 skewness() 和函数 kurtosis(),其调用格式为 skewness(x,na.rm = FALSE) 及 kurtosis(x,na.rm = FALSE),其中各参数的含义与 var() 函数对应的参数相同,但是 x 是一个数值型向量.

例 7.4 请给出 ggplot2 数据包 Diamonds 数据集中钻石重量 carat 的样本中位数、样本均值、样本方差、样本标准差、变异系数、样本峰度、样本偏度.

R 程序:

```
> library("ggplot2")
> median(diamonds $ carat)
[1] 0.7
> mean(diamonds $ carat)
[1] 0.7979397
> var(diamonds $ carat)
[1] 0.2246867
> sd(diamonds $ carat)
[1] 0.4740112
> v <- sd(diamonds $ carat)/mean(diamonds $ carat)
> v
[1] 0.5940439
> library("e1071")
> skewness(diamonds $ carat)
[1] 1.116584
> kurtosis(diamonds $ carat)
[1] 1.25625
```

钻石重量的中位数为 0.7,均值为 0.798,方差为 0.225,标准差为 0.474,变异系数为 0.594,偏度为 1.117,峰度为 1.256.

习题 7-2

1. 说明参数和统计量的概念.
2. 解释描述统计和推断统计的区别.
3. 从总体中抽取容量为 6 的样本，测得样本值为

$$32, 65, 28, 35, 30, 29$$

试求：

(1) 样本中位数、样本均值、样本标准差、样本峰度、样本偏度；

(2) 采用 R 软件实现第(1)问.

4. 举例说明总体、样本、变量、统计量、参数这些概念及概念间的相互联系.

5. 统计学的研究内容分为描述统计和推断统计，则以下陈述错误的是( ).

(A) 描述统计侧重在数据特征的概括

(B) 推断统计侧重用样本去说明总体特征

(C) 描述统计没有总体和样本的概念只有数据

(D) 描述统计没有推断统计重要

6. 设总体 $X \sim N(\mu, \sigma^2)$，其中 μ，σ 均未知. X_1, X_2, X_3 是取自总体 X 的样本，$\bar{X} = \frac{1}{3}(X_1 + X_2 + X_3)$，则下列各式中是统计量的是( ).

(A) $\bar{X} - E(\bar{X})$

(B) $\dfrac{\bar{X} - E(X)}{\sqrt{D(X)}}$

(C) $\dfrac{1}{\sigma^2}(X_1^2 + X_2^2 + X_3^2)$

(D) $\max\{X_1, X_2, X_3\}$

7. 以下哪一个统计量不是样本方差( ).

(A) $S_n^2 = \dfrac{1}{n} \sum_{i=1}^{n} (X_i - \bar{X})^2$

(B) $S_n^2 = \dfrac{1}{n} \sum_{i=1}^{n} X_i^2 - \bar{X}^2$

(C) $S^2 = \dfrac{1}{n-1} \sum_{i=1}^{n} (X_i - \bar{X})^2$

(D) $S^2 = \dfrac{1}{n-1} \sum_{i=1}^{n} X_i^2 - \bar{X}^2$

7.3 抽样分布及正态总体的抽样分布

统计量是随机变量的函数，因此仍是随机变量. 对于随机变量，如果想从概率角度出发去研究，必须要了解它的数字特征或分布形式. 因此，对于统计量，我们仍然不遗余力地去探究它的数字特征和分布形式，这在统计推断的过程中非常重要. 数理统计中泛称统计量的分布为**抽样分布**.

讨论抽样分布的途径通常有两个：一是精确地求出抽样分布；二是求出样本量趋于无穷时，抽样分布的极限分布，当样本容量充分大时，可以利用该极限分布作为抽样分布的近似分布. 在抽样分布的理论中，至今已经求出的抽样分布中的精确分布并不多，通常，很难求得统计量精确分布，或者精确分布存在但是因过于复杂而难以应用. 本节主要介绍来自正态总体抽样的几个常用统计量的分布.

7.3.1 统计三大分布

利用统计量的近似分布作统计推断时，对于样本容量有一定的要求，比如样本个数大于30，近似的效果才比较理想. 但是利

用精确分布做统计推断时,对于样本量 n 没有要求,因此精确分布对于样本量较小情况下的统计推断非常重要. 精确的抽样分布大多数是在正态总体情况下获得的,在正态总体的条件下,主要有 χ^2 分布、t 分布,F 分布,这三个分布被称为统计三大分布.

本节仅对三大分布的定义及性质做简单介绍,因为三大分布的密度函数较为复杂,限于篇幅,本书也不给出三大分布的密度函数. 关于三大分布的密度函数或更详细的讨论,有兴趣的读者可以参见数学形式比较严谨的数理统计类图书.

1. χ^2 分布

设随机变量 $X_1, X_2, \cdots, X_n$ 相互独立,且均服从标准正态分布 $N(0,1)$,则称它们的平方和 $\sum_{i=1}^{n} X_i^2$ 服从自由度为 n 的 χ^2 分布,记为 $\chi^2(n)$.

这里的自由度可以简单理解为独立变量的个数. 当 $n=1$,$n=4$,$n=10$,$n=40$ 时,χ^2 分布的概率密度曲线如图 7.2 所示,当 n 较小时,χ^2 分布为右偏的分布,当 n 增加到足够大时,χ^2 分布的概率密度曲线趋于对称,当 n 趋于无穷大时,χ^2 分布的极限分布是正态分布.

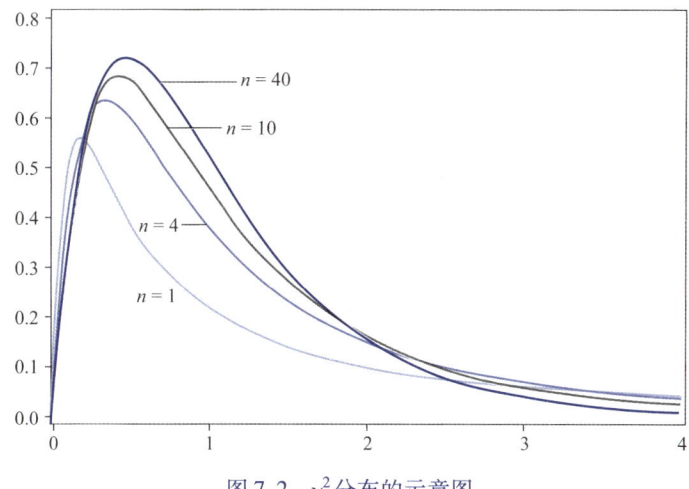

图 7.2 χ^2 分布的示意图

有关 χ^2 分布的几点重要性质如下:

(1)χ^2 分布的期望与方差:$E(\chi^2) = n$,$D(\chi^2) = 2n$;

(2)χ^2 分布具有可加性:若 $X \sim \chi^2(n)$,$Y \sim \chi^2(m)$,且 X 与 Y 相互独立,则 $X + Y \sim \chi^2(n+m)$.

2. t 分布

设随机变量 $X \sim N(0,1)$,$Y \sim \chi^2(n)$,且 X 与 Y 相互独立,则称 $\dfrac{X}{\sqrt{Y/n}}$ 服从自由度为 n 的 t 分布,记为 $t(n)$.

t 分布的概率密度曲线如图 7.3 所示, t 分布的密度曲线与标准正态分布 $N(0,1)$ 的密度函数曲线非常相似, 都是单峰的偶函数. 只是 $t(n)$ 的密度函数在两侧的尾部要比 $N(0,1)$ 的两侧尾部厚一些, 这意味着 $t(n)$ 的方差比 $N(0,1)$ 大一些. 随着自由度的增加, t 分布的密度函数越来越接近 $N(0,1)$, 当 n 趋于无穷大时, t 分布的极限分布是正态分布. 实际应用中, 一般当 $n \geq 30$ 时, t 分布与 $N(0,1)$ 非常接近, 但是 n 较小时, t 分布与 $N(0,1)$ 分布相差较大. 历史上, t 分布的诞生对于数理统计中小样本理论及应用有着重要的促进作用.

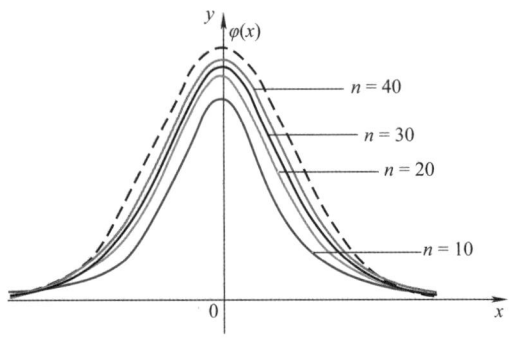

图 7.3 t 分布的示意图

注意到 $n=1$ 的 t 分布又被称为柯西分布, 柯西分布的数学期望是不存在. 所以, 当 $n \geq 2$ 时, t 分布的数学期望存在, 当 $n \geq 3$ 时, t 分布的方差存在. 当 $n \geq 2$ 时, $E(T) = n$; 当 $n \geq 3$ 时, $D(T) = \dfrac{n}{n-2}$.

3. F 分布

设随机变量 $X \sim \chi^2(m)$, $Y \sim \chi^2(n)$, 且 X 与 Y 相互独立, 则称 $\dfrac{X/m}{Y/n}$ 服从第一自由度为 m, 第二自由度为 n 的 F 分布, 记为 $F(m,n)$.

F 分布的概率密度曲线如图 7.4 所示. 注意, 由定义可知, 在 F 分布中, 两个自由度的位置不可互换, 且 F 分布和 t 分布存在如下关系, 如果随机变量 X 服从 $t(n)$ 分布, 则 X^2 服从 $F(1,n)$ 的 F 分布.

有关 F 分布的期望和方差的结论如下, 设随机变量 X 服从 $F(m,n)$ 分布, 当 $n \geq 3$ 时, $E(X) = \dfrac{n}{n-2}$; 当 $n \geq 5$ 时, $D(X) = \dfrac{2n^2(m+n-2)}{m(n-2)^2(n-4)}$.

第 7 章 数理统计的基础知识

图 7.4 F 分布的示意图

7.3.2 概率分布的分位数

数理统计的统计推断方法中有两大类：区间估计和假设检验，这两种方法在操作过程中都需要用到一个概念——分位数. 因此，本节主要讲解这个概念，并给出正态分布和三大统计分布中分位数的相关结论.

上侧分位数：设随机变量 X 的分布函数为 $F(x)$，对于给定的实数 α, $0 < \alpha < 1$，若存在 x_α 满足 $P(X > x_\alpha) = \alpha$，则称 x_α 为随机变量 X 分布的水平 α 的上侧分位数.

下侧分位数：设随机变量 X 的分布函数为 $F(x)$，对于给定的实数 α, $0 < \alpha < 1$，若存在 x_α 满足 $P(X < x_\alpha) = \alpha$，则称 x_α 为随机变量 X 分布的水平 α 的下侧分位数.

本书中的分位数通常即指上侧分位数. 通常直接求解分位数是困难的，对常用的统计分布，一般是查分布函数值表或分位数表来得到分位数的值；同时，注意到某些分布之间的分位数有些转换关系可以利用.

1. 标准正态分布

如果 $X \sim N(0,1)$，将标准正态分布的上侧分位数记为 μ_α（见图 7.5），它满足关系式

$$P(X > \mu_\alpha) = 1 - P(X \leqslant \mu_\alpha) = 1 - \Phi(\mu_\alpha) = \alpha$$

即

$$\Phi(\mu_\alpha) = 1 - \alpha$$

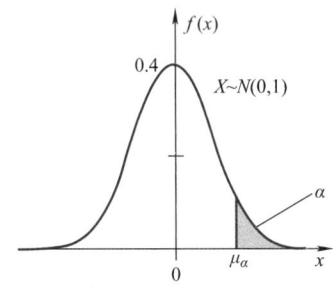

图 7.5 正态分布上侧分位数示意图

例7.5 分别设 $\alpha = 0.05$，0.025，0.01，依次求出标准正态分布的上侧分位点数.

解：由于 $\Phi(\mu_{0.05}) = 1 - 0.05 = 0.95$，查标准正态分布函数值表，当概率为 0.95 时所对应的分布函数的自变量值为 1.65，可得 $\mu_{0.05} = 1.65$；

又因，$\Phi(\mu_{0.025}) = 1 - 0.025 = 0.975$，同理可得 $\mu_{0.025} = 1.96$；

又因，$\Phi(\mu_{0.01}) = 1 - 0.01 = 0.99$，同理可得 $\mu_{0.01} = 2.33$.

注意到标准正态分布是一种对称的分布，因此，对于标准正态分布，不难证明有如下结论，

$$P(|X| > \mu_{\alpha/2}) = \alpha,$$

$$\mu_\alpha = -\mu_{1-\alpha}.$$

2. χ^2 分布

如果 $Y \sim \chi^2(n)$，将自由度为 n 的 χ^2 分布的上侧分位数记为 $\chi_\alpha^2(n)$，它满足关系式

$$P(Y > \chi_\alpha^2(n)) = \alpha.$$

例如，查 χ^2 分布的分位数表，可以得到

$\chi_{0.1}^2(45) = 57.505$，$\chi_{0.025}^2(45) = 65.410$，$\chi_{0.975}^2(45) = 28.366$.

χ^2 分布的分位数表通常仅提供了部分自由度的分位数，如果在表中没有查到，在 n 充分大的条件下，我们还可以利用 χ^2 分布的分位数和标准正态分布的分位数的关系进行近似计算.

费希尔(R. A. Fisher)曾证明，当 n 充分大时，近似地有

$$\chi_\alpha^2(n) \approx \frac{1}{2}(\mu_\alpha + \sqrt{2n-1})^2.$$

例如，$\chi_{0.05}^2(50) \approx \frac{1}{2}(\mu_{0.05} + \sqrt{2 \times 50 - 1})^2 = \frac{1}{2}(1.645 + \sqrt{99})^2 \approx 67.221$.

如果查更全面详细的 χ^2 分布的分位数表，可知 $\chi_{0.05}^2(50) = 67.505$，由此可知，近似存在误差，但是误差可以接受.

第7章 数理统计的基础知识

3. t 分布

如果 $T \sim t(n)$，将自由度为 n 的 t 分布的上侧分位点数记为 $t_\alpha(n)$，它满足关系式

$$P(T > t_\alpha(n)) = \alpha.$$

因为 t 分布也是对称分布，因此也有类似于标准正态分布分位数的相关性质

$$P(|X| > t_{\alpha/2}(n)) = \alpha,$$
$$t_\alpha(n) = -t_{1-\alpha}(n).$$

例如，查 t 分布的分位数表，可以得到

$t_{0.1}(10) = 1.3722$，$t_{0.025}(10) = 2.2281$，$t_{0.975}(10) = -2.2281$.

同时注意到，当自由度 n 充分大时，t 分布近似于标准正态分布，故有

$$t_\alpha(n) \approx \mu_\alpha.$$

例如，查 t 分布的分位数表，可以得到

$t_{0.05}(31) = 1.6955$，$t_{0.025}(31) = 2.0395$，$t_{0.01}(10) = 2.4528$.

读者可以将这个结果与标准正态分布的分位数结果做比较，查看两者之间的误差大小.

4. F 分布

如果 $F \sim F(m,n)$，将自由度为 (m,n) 的 F 分布的上侧分位点数记为 $F_\alpha(m,n)$，它满足关系式

$$P(F > F_\alpha(m,n)) = \alpha.$$

例如，查 F 分布的分位数表，可以得到

$F_{0.05}(10,5) = 4.74$，$F_{0.025}(10,5) = 6.62$.

由 F 分布的定义可知：若 $F \sim F(m,n)$，则 $\dfrac{1}{F} \sim F(n,m)$，根据分位数定义不难证明

$$F_{1-\alpha}(m,n) = \frac{1}{F_\alpha(n,m)}.$$

根据这个性质，可以得到

$$F_{0.95}(10,5) = \frac{1}{F_{0.05}(5,10)} = \frac{1}{3.33} = 0.3003,$$

$$F_{0.975}(10,5) = \frac{1}{F_{0.025}(5,10)} = \frac{1}{4.24} = 0.2359.$$

故上述性质常常用来求分位数表中没有列出的某些上侧分位数.

7.3.3 单正态总体的抽样分布

在各种各样的统计量之中，有两个统计量非常重要，即 $\overline{X}$ 和 S^2，对于它们的相关结论读者需要格外重视，我们首先来讨论这

两个统计量的数字特征.

设 $X_1, X_2, \cdots, X_n$ 是取自总体 X 的一个样本，设总体 X 的期望和方差存在，且
$$E(X) = \mu, \quad D(X) = \sigma^2,$$
则
$$E(\overline{X}) = E\left(\frac{1}{n}\sum_{i=1}^{n} X_i\right) = \frac{1}{n}\sum_{i=1}^{n} E(X_i) = \frac{n\mu}{n} = \mu,$$
$$D(\overline{X}) = D\left(\frac{1}{n}\sum_{i=1}^{n} X_i\right) = \frac{1}{n^2}\sum_{i=1}^{n} D(X_i) = \frac{n\sigma^2}{n^2} = \frac{\sigma^2}{n}.$$

这两个结论说明了什么呢？产生样本均值 $\overline{X}$ 的目的是估计总体均值，每一次抽样后将样本值代入统计量所得数值未必刚好就是总体均值，统计量的样本值是波动的，但是因为 $E(\overline{X}) = \mu$，说明波动的中心就是待估计的参数；又因为 $D(\overline{X}) = \frac{\sigma^2}{n}$，说明波动的程度没有总体分布那么大，是原总体分布的 $\frac{1}{n}$，而且抽样的个数越多，波动程度越小.

$$\begin{aligned}
E(S^2) &= E\left[\frac{1}{n-1}\left(\sum_{i=1}^{n} X_i^2 - n\overline{X}^2\right)\right] \\
&= \frac{1}{n-1}\left[\sum_{i=1}^{n} E(X_i^2) - nE(\overline{X}^2)\right] \\
&= \frac{1}{n-1}\left[\sum_{i=1}^{n}(\sigma^2 + \mu^2) - n\left(\frac{\sigma^2}{n} + \mu^2\right)\right] = \sigma^2.
\end{aligned}$$

产生样本方差 S^2 的目的是估计总体方差，由上面的推导可知，虽然在估计的过程中 S^2 有波动，但是围绕 σ^2 在上下波动，波动的中心仍是 σ^2. $\overline{X}$ 和 S^2 的这一良好性能在数理统计中被称为"无偏性"，关于这一概念的学习将在第 8 章具体展开.

进一步，若假设总体分布为正态分布，即 $X \sim N(\mu, \sigma^2)$，由正态分布的性质，不难理解 $\overline{X}$ 仍服从正态分布，根据上面的推导，方差和期望也是明确的，因此在总体为正态的条件下，统计量 $\overline{X}$ 的精确分布是可以获得的，即
$$\overline{X} \sim N\left(\mu, \frac{\sigma^2}{n}\right).$$

事实上，在总体为正态分布的条件下，可以得到更多关于样本均值 $\overline{X}$ 和样本方差 S^2 的精确分布的结论，现在通过定理的形式总结如下. 限于篇幅，定理的证明过程省略，有兴趣的读者可以参见数学形式比较严谨的数理统计类图书.

定理 7.1 设 $X_1, X_2, \cdots, X_n$ 是来自正态总体 $N(\mu,\sigma^2)$ 的样本，$\overline{X}$ 是样本均值，则
$$\overline{X} \sim N\left(\mu,\frac{\sigma^2}{n}\right) \Leftrightarrow \frac{\overline{X}-\mu}{\sigma/\sqrt{n}} \sim N(0,1).$$

定理 7.2 设 $X_1, X_2, \cdots, X_n$ 是来自正态总体 $N(\mu,\sigma^2)$ 的样本，$\overline{X}$ 是样本均值，S^2 是样本方差，则

(1) $\dfrac{(n-1)S^2}{\sigma^2} = \dfrac{1}{\sigma^2}\sum\limits_{i=1}^{n}(X_i-\overline{X})^2 \sim \chi^2(n-1)$;

(2) $\overline{X}$ 与 S^2 相互独立.

定理 7.3 设 $X_1, X_2, \cdots, X_n$ 是来自正态总体 $N(\mu,\sigma^2)$ 的样本，$\overline{X}$ 是样本均值，S^2 是样本方差，则

(1) $\dfrac{1}{\sigma^2}\sum\limits_{i=1}^{n}(X_i-\mu)^2 \sim \chi^2(n)$;

(2) $\dfrac{\overline{X}-\mu}{S/\sqrt{n}} \sim t(n-1)$.

以上三个定理给出了在不同条件下关于样本均值 $\overline{X}$ 和样本方差 S^2 的精确分布，利用这些分布可以解决相关的概率计算.

例 7.6 假设某物体的实际重量为未知量 μ. 现在用一架天平称量它，共称了 100 次，得到 $X_1, X_2, \cdots, X_{10}$，假设每次称量过程彼此独立且没有系统误差，则可以认为这些测量值都服从正态分布 $N(\mu,\sigma^2)$，其中方差 σ^2 反映了天平及测量过程中的总精度. 在测量重量时，我们的一般做法是用多次测量的样本均值 $\overline{X}$ 去估计 μ. 请问若 $\sigma^2 = 0.01$，则测量值与真实值之间偏差不超过 0.01 的概率是多大？

解：根据定理 7.1，$\overline{X} \sim N\left(\mu,\dfrac{\sigma^2}{n}\right)$，

$$P(|\overline{X}-\mu|<0.01) = P\left(\frac{|\overline{X}-\mu|}{\sigma/\sqrt{n}}<\frac{0.01}{\sigma/\sqrt{n}}\right) = P\left(\frac{|\overline{X}-\mu|}{0.1/\sqrt{10}}<\frac{0.01}{0.1/\sqrt{10}}\right)$$
$$= P\left(\frac{|\overline{X}-\mu|}{0.1/\sqrt{10}}<0.316\right) = 2\Phi(0.316)-1 = 0.248,$$

即测量值与真实值之间偏差不超过 0.01 的概率约是 0.248.

例 7.7 在设计导弹发射装置时，重要事情之一是研究弹着点偏离目标中心的距离的方差. 对于一类导弹发射装置，弹着点偏

离目标中心距离服从正态分布 $N(\mu,\sigma^2)$，这里 $\sigma^2=100\text{m}^2$，现在进行了 25 次发射试验，用 S^2 记这 25 次试验中弹着点偏离目标中心距离的样本方差，试求 S^2 超过 50m^2 的概率.

解：在总体 σ^2 已知的条件下，根据定理 7.2，$\dfrac{(n-1)S^2}{\sigma^2}\sim\chi^2(n-1)$，故

$$P(S^2>50)=P\left(\dfrac{(n-1)S^2}{\sigma^2}>\dfrac{(n-1)50}{\sigma^2}\right)=P\left(\chi^2(24)>\dfrac{24\times 50}{100}\right)$$

$$=P(\chi^2(24)>12)>P(\chi^2(24)>12.401)=0.975.$$

所以，我们认为有超过 97.5% 的概率 S^2 超过了 50m^2.

7.3.4 双正态总体的抽样分布

在实际中，我们常会遇到比较两个总体的平均值比较问题，例如，比较两个不同班级学生考试成绩的接近程度，比较两个地区人均移动电话消费金额的差异等，以上问题都可以概括为比较两个总体均值之差的问题. 可以考虑从两个总体中选出的两个独立随机样本，通过考察它们的样本均值之差 $\bar{X}_1-\bar{X}_2$ 的表现来判断总体均值之差，这就需要 $\bar{X}_1-\bar{X}_2$ 的抽样分布. 同理，我们也需要考察两个总体的样本方差之比的抽样分布. 现将相关的重要结论通过定理形式总结如下.

定理 7.4 设 $X\sim N(\mu_1,\sigma_1^2)$ 与 $Y\sim N(\mu_2,\sigma_2^2)$ 是两个相互独立的正态总体，又设 $X_1,X_2,\cdots,X_{n_1}$ 是来自总体 X 的样本，$\bar{X}$ 与 S_1^2 分别为该样本的样本均值与样本方差；设 $Y_1,Y_2,\cdots,Y_{n_2}$ 是来自正态总体 Y 的样本，$\bar{Y}$ 与 S_2^2 分别为该样本的样本均值与样本方差，则

(1) $\bar{X}-\bar{Y}\sim N(\mu_1-\mu_2,\sigma_1^2/n_1+\sigma_2^2/n_2)\Leftrightarrow\dfrac{(\bar{X}-\bar{Y})-(\mu_1-\mu_2)}{\sqrt{\sigma_1^2/n_1+\sigma_2^2/n_2}}\sim N(0,1)$；

(2) 当 $\sigma_1^2=\sigma_2^2=\sigma^2$ 时，$\dfrac{(\bar{X}-\bar{Y})-(\mu_1-\mu_2)}{S_w\sqrt{1/n_1+1/n_2}}\sim t(n_1+n_2-2)$，

这里 $S_w^2=\dfrac{(n_1-1)S_1^2+(n_2-1)S_2^2}{n_1+n_2-2}$；

(3) $\dfrac{S_1^2/\sigma_1^2}{S_2^2/\sigma_2^2}=\left(\dfrac{\sigma_2}{\sigma_1}\right)^2\dfrac{S_1^2}{S_2^2}\sim F(n_1-1,n_2-1)$.

例 7.8 甲、乙两所著名高校在某年录取新生时，甲校的平均分为 655 分，标准差为 20 分，且服从正态分布；乙校的平均分为 625 分，标准差为 25 分，也服从正态分布. 现从甲、乙两校各随机抽取 8 名新生计算其平均分，出现甲校比乙校的平均分低的可能性有多大？

解：由定理 7.4 的(1)可知，$\overline{X} - \overline{Y} \sim N(\mu_1 - \mu_2, \sigma_1^2/n_1 + \sigma_2^2/n_2)$

甲校新生平均成绩低于乙校新生平均成绩，即 $\overline{X} - \overline{Y} \leq 0$

$$P(\overline{X} - \overline{Y} \leq 0) = P\left(\frac{(\overline{X} - \overline{Y}) - (\mu_1 - \mu_2)}{\sqrt{\sigma_1^2/n_1 + \sigma_2^2/n_2}} \leq \frac{0 - (655 - 625)}{\sqrt{20^2/8 + 25^2/8}}\right)$$

$$= P(Z \leq -2.65).$$

$$= 0.004$$

因此，出现甲校新生平均成绩低于乙校新生成绩的可能性很小，仅有 0.004.

例 7.9 设总体 X 和 Y 相互独立且都服从正态分布 $N(30, 3^2)$，$X_1, X_2, \cdots, X_{20}$ 和 $Y_1, Y_2, \cdots, Y_{25}$ 是分别来自总体 X 和 Y 的样本，$\overline{X}$，$\overline{Y}$，S_1^2，S_2^2 分别是这两个样本的均值和方差，求 $P(S_1^2/S_2^2 \leq 0.4)$.

解：因 $\sigma_1^2 = \sigma_2^2 = 3^2$，由定理 7.4 的(3)，有 $\dfrac{S_1^2}{S_2^2} \sim F(19, 24)$.

因 F 分布的分位数表中没有 $n_1 = 19$，可以按性质转化为

$$\frac{S_2^2}{S_1^2} \sim F(24, 19).$$

故 $P\left(\dfrac{S_1^2}{S_2^2} \leq 0.4\right) = P\left(\dfrac{S_2^2}{S_1^2} \geq \dfrac{1}{0.4}\right) = P\left(\dfrac{S_2^2}{S_1^2} \geq 2.5\right).$

因为查 F 分布的分位数表可得 $F_{0.025}(24, 19) = 2.45$，

即 $P\left(\dfrac{S_2^2}{S_1^2} \geq 2.45\right) = 0.025$，

故 $P\left(\dfrac{S_1^2}{S_2^2} \leq 0.4\right) = P\left(\dfrac{S_2^2}{S_1^2} \geq 2.5\right) \approx P\left(\dfrac{S_2^2}{S_1^2} \geq 2.45\right) = 0.025.$

7.3.5 一般总体抽样分布的极限分布

统计量的分布一般取决于总体分布的情况，对于非正态总体的抽样分布一般是不容易求出，常用统计量中的样本均值 $\overline{X}$ 的分布也只有在总体具有可加性时才容易求得，有时即使能求出统计量的精确分布，使用起来也不一定方便. 基于以上原因，在应用中往往使用统计量的极限分布，在样本量充分大时，做近似计算.

值得庆幸的是，早在 18 世纪至 19 世纪证明的中心极限定理对大样本统计推断提供了强有力的工具，该定理告诉我们不管总体的分布是什么，只要总体方差 σ^2 存在，此时样本均值 $\overline{X}$ 的分布总是近似正态分布. 总体偏离正态越远，则要求 n 越大，然而在实际应用中，总体的分布未知，此时，我们常要求 $n \geq 30$. 一般地，统计学中将 $n \geq 30$ 称为大样本，$n < 30$ 称为小样本，但这只是一种经验说法.

现将极限分布的相关常用结论总结在定理 7.5 和定理 7.6 中.

> **定理 7.5** 设总体 X 的分布是任意的，并且总体的期望和方差都存在，记为
> $$E(X) = \mu, \quad D(X) = \sigma^2.$$
> 设 $X_1, X_2, \cdots, X_n$ 为来自总体 X 的样本，$\overline{X}$ 是样本均值，S^2 是样本方差，当 $n \to \infty$ 时，则
> (1) $\dfrac{\overline{X} - \mu}{\sigma/\sqrt{n}} \xrightarrow{d} N(0,1)$；
> (2) $\dfrac{\overline{X} - \mu}{S/\sqrt{n}} \xrightarrow{d} N(0,1)$.

利用这一定理的结论，我们可以探讨关于样本比例的抽样分布，这在应用中也相当常见. 例如，要估计某产品的合格品率，要比较顾客购买行为中喜欢产品甲的比例与喜欢产品乙的比例的差异.

设总体中具有某一特征的个体比例为 π，这是我们关心的参数，现在从总体中抽取样本 $X_1, X_2, \cdots, X_n$，定义
$$X_i = \begin{cases} 1, & \text{具备某特征}, \\ 0, & \text{不具备某特征}. \end{cases}$$

不难理解，估计 π 的统计量为 $\hat{p} = \dfrac{\sum_{i=1}^{n} X_i}{n} = \overline{X}.$

因为总体 X 的分布为 0-1 分布，不是正态分布，因此需要利用定理 7.5，才能得到 $\hat{p}$ 的近似分布. 这里，$E(X) = \pi$，$D(X) = \pi(1-\pi)$，则当 $n \to \infty$ 时，
$$\frac{\hat{p} - \pi}{\sqrt{\pi(1-\pi)}/\sqrt{n}} \sim N(0,1) \Leftrightarrow \hat{p} \sim N\left(\pi, \frac{\pi(1-\pi)}{n}\right).$$

例 7.10 假定某个统计人员在填写一份报表的过程中有 2% 的概率至少会有一处错误，如果我们检查一个有 600 份报表组成的随机样本，其中至少有一处错误的报表所占的比例在 0.025 ~ 0.070 之间的概率.

解：总体的 $\pi = 0.02$，这里 $n = 600$，$E(X) = \pi = 0.02$，$D(X) = \pi(1-\pi) = 0.02 \times 0.98 = 0.0196$.

当 $n \to \infty$ 时，近似地

$$\frac{\hat{p} - 0.02}{\sqrt{0.02 \times 0.98}/\sqrt{600}} \sim N(0,1).$$

从而所求概率为

$P(0.025 \leq p \leq 0.07)$

$\approx P\left(\dfrac{0.025 - 0.02}{\sqrt{0.02 \times 0.98}/\sqrt{600}} \leq \dfrac{\hat{p} - 0.02}{\sqrt{0.02 \times 0.98}/\sqrt{600}} \leq \dfrac{0.07 - 0.02}{\sqrt{0.02 \times 0.98}/\sqrt{600}}\right)$

$= P(0.877 \leq Z \leq 8.77) = 0.1902.$

即统计人员在 600 份报告中至少有一处错误的报告所占的比例在 0.025～0.070 之间的概率为 19.02%.

再进一步讨论两个样本比例之差的抽样分布.

> **定理 7.6** 设分别从具有参数 π_1 和参数 π_2 的 0-1 总体中独立抽取包含 n_1 样本 $X_1, X_2, \cdots, X_{n_1}$ 和 n_2 样本 $Y_1, Y_2, \cdots, Y_{n_2}$，则估计两个样本比例之差的统计量为
> $$\hat{p}_1 - \hat{p}_2 = \overline{X} - \overline{Y},$$
> 该统计量具备如下结论：
> (1) $E(\hat{p}_1 - \hat{p}_2) = \pi_1 - \pi_2$；
> (2) $D(\hat{p}_1 - \hat{p}_2) = \dfrac{\pi_1(1-\pi_1)}{n_1} + \dfrac{\pi_2(1-\pi_2)}{n_2}$；
> (3) 当 n_1 和 n_2 充分大时，$\hat{p}_1 - \hat{p}_2$ 的抽样分布近似为正态分布，其均值为(1)，方差为(2)，即
> $$\hat{p}_1 - \hat{p}_2 \sim N\left(\pi_1 - \pi_2, \dfrac{\pi_1(1-\pi_1)}{n_1} + \dfrac{\pi_2(1-\pi_2)}{n_2}\right).$$

例 7.11 一项市场调查表明甲城市的消费者中有 15% 的人喝过某品牌矿泉水，而乙城市的消费者中只有 8% 的人喝过这种矿泉水. 如果这些数据是真实的，那么当我们分别从甲城市抽取 120 人，乙城市抽取 140 人组成两个独立随机样本时，样本比例之差 $\hat{p}_1 - \hat{p}_2$ 不低于 0.08 的概率有多大？

解：根据题意，$\pi_1 = 0.15$，$\pi_2 = 0.08$，$n_1 = 120$，$n_2 = 140$，$\hat{p}_1 - \hat{p}_2$ 的抽样分布可以近似为正态分布，即

$$\hat{p}_1 - \hat{p}_2 \sim N\left(\pi_1 - \pi_2, \frac{\pi_1(1-\pi_1)}{n_1} + \frac{\pi_2(1-\pi_2)}{n_2}\right),$$

即 $\hat{p}_1 - \hat{p}_2 \sim N(0.07, 0.00159)$.

从而所求概率为

$$P(\hat{p}_1 - \hat{p}_2 \geq 0.08) = P\left(\frac{(\hat{p}_1 - \hat{p}_2) - 0.07}{\sqrt{0.00159}} \geq \frac{0.08 - 0.07}{\sqrt{0.00159}}\right)$$

$$= P(Z \geq 0.251) = 0.4009.$$

7.3.6 抽样分布概率的 R 实现

常用分布的密度函数，累积分布函数，分位函数 R 中都可直接获得，只需在各类分布函数(正态分布——norm, t 分布——t, F 分布——f, χ^2 分布——chisq, 二项分布——binom)前加上相应前缀获得(d,p,q). 下面以正态分布为例阐述上述分布函数的 R 调用格式.

(1) 概率密度函数 dnorm() 的调用格式

dnorm(x,mean,sd,log=FALSE)

其中，x 为数值或数值向量，mean 为均值，sd 为标准差，当 log=TRUE 时函数返回值不再是正态分布而是对数分布；此函数表示正态分布的密度函数在 x 处的值.

(2) 累积分布函数 pnorm() 的调用格式

pnorm(x,mean=mu,sd=sigma,lower.tail=FALSE)

其中，各参数定义同上. lower.tail 为一逻辑值，当 lower.tail=FALSE 时，表示正态分布在 x 处的累积概率的值，即 $P(X \leq x)$.

(3) 分位数函数 qnorm() 的调用格式

qnorm(x,mean=mu,sd=sigma,lower.tail=FALSE)

其参数定义同上，当 lower.tail=FALSE 时，表示正态分布在 x 处的上侧分位数，反之，则为下侧分位数.

相应地，其他分布的调用格式为

t 分布：dt(x,df), pt(x,df), pt(x,df), 其中，df 表示 t 分布的自由度.

F 分布：df(x,df1,df2), pf(x,df1,df2), qf(x,df1,df2), 其中，df1、df2 分别表示 F 分布的两个自由度.

χ^2 分布：dchisq(x,df), pchisq(x,df), qchisq(x,df).

第 7 章 数理统计的基础知识

例 7.12 利用 R 软件计算下列分位数 $u_{0.05}$，$u_{0.025}$，$\chi^2_{0.1}(45)$，$t_{0.05}(31)$，$F_{0.05}(10, 5)$.

R 程序：

```
> qnorm(c(0.05,0.025),lower.tail=FALSE)
[1] 1.644854 1.959964
> qchisq(0.1,45,lower.tail=FALSE)
[1] 57.5053
> qt(0.05,31,lower.tail=FALSE)
[1] 1.695519
> qf(0.05,10,5,lower.tail=FALSE)
[1] 4.735063
```

根据结果可知，$u_{0.05} = 1.65$，$u_{0.025} = 1.96$，$\chi^2_{0.1}(45) = 57.51$，$t_{0.05}(31) = 1.70$，$F_{0.05}(10,5) = 4.74$.

例 7.13 利用 R 实现例 7.6.

R 程序：

```
> pnorm(0.01/(0.1/sqrt(10)),0,1)-pnorm(-0.01/(0.1/sqrt(10)),0,1)
[1] 0.2481704
```

或，

```
> pnorm(0.01,0,0.1/sqrt(10))-pnorm(-0.01,0,0.1/sqrt(10))
[1] 0.2481704
```

根据结果可知，测量值与真实值之间偏差不超过 0.01 的概率约是 0.248.

习题 7-3

1. 证明：$F_{1-\alpha}(n_1, n_2) = \dfrac{1}{F_\alpha(n_2, n_1)}$.

2. 采用查表和 R 两种方式获得以下分布的上侧分位数：

(1) 标准正态分布的上侧分位数：$\mu_{0.1}$，$\mu_{0.9}$，$\mu_{0.05}$，$\mu_{0.95}$；

(2) χ^2 分布的上侧分位数：$\chi^2_{0.95}(5)$，$\chi^2_{0.025}(5)$，$\chi^2_{0.95}(50)$，$\chi^2_{0.025}(50)$；

(3) t 分布的上侧分位数：$t_{0.1}(10)$，$t_{0.9}(10)$，$t_{0.05}(50)$，$t_{0.95}(50)$；

(4) F 分布的上侧分位数：$F_{0.01}(10,20)$，$F_{0.99}(10,20)$，$F_{0.95}(18,30)$.

3. 假设总体 X 服从二项分布 $B(10, 0.03)$，设 $X_1, X_2, \cdots, X_n$ 为来自该总体的简单随机样本，$\bar{X} = \dfrac{1}{n}\sum_{i=1}^{n} X_i$ 表示样本均值，$S_n^2 = \dfrac{1}{n}\sum_{i=1}^{n}(X_i - \bar{X})^2$ 样本二阶中心矩，试求 $E(\bar{X})$，$E(S_n^2)$.

4. 设 $X \sim N(21, 4)$，$X_1, X_2, \cdots, X_{25}$ 为 X 的一个样本，求

(1) 样本均值 $\bar{X}$ 的数学期望与方差；

(2) $P(|\bar{X} - 21| < 0.24)$；

(3) 利用 R 计算(2).

5. 从总体 $X \sim N(\mu,\sigma^2)$ 中抽取容量为 16 的样本,在下列情形下分别求 $\bar{X}$ 与 μ 之差的绝对值小于 2 的概率.

(1) 已知 $\sigma^2 = 25$;

(2) σ^2 未知,但 $s^2 = 20.8$.

6. 设 $X_1, X_2, \cdots, X_{10}$ 取自正态总体 $N(0, 0.3^2)$,试求

(1) $P\left(\sum\limits_{i=1}^{10} X_i^2 > 1.44\right)$;

(2) $P\left(\dfrac{1}{2} \times 0.3^2 \le \dfrac{1}{10}\sum\limits_{i=1}^{10}(X_i - \bar{X})^2 \le 2 \times 0.3^2\right)$;

(3) 利用 R 软件计算第(1)问和第(2)问.

7. 已知离散均匀总体 X,其分布律为

X	2	4	6
p_i	$\dfrac{1}{3}$	$\dfrac{1}{3}$	$\dfrac{1}{3}$

取样本容量 $n = 54$ 的样本,求

(1) 样本均值 $\bar{X}$ 的数学期望与方差;

(2) 样本均值 $\bar{X}$ 落在 4.1 到 4.4 之间的概率;

(3) 样本均值 $\bar{X}$ 超过 4.5 的概率.

8. 设总体 $X \sim f(x) = \begin{cases} x, & |x| < 1, \\ 0, & \text{其他}, \end{cases}$ $X_1, X_2, \cdots, X_{50}$ 为取自 X 的一个样本,求

(1) 样本均值 $\bar{X}$ 的数学期望与方差;

(2) 样本方差 S^2 的数学期望;

(3) $P(|\bar{X}| > 0.02)$.

9. 设总体 X 任意,期望为 μ,方差为 σ^2,若至少要以 95% 的概率保证 $|\bar{X} - \mu| < 0.1\sigma$ 问样本容量 n 应取多大?

10. 设 $X_1, X_2, \cdots, X_{16}$ 及 $Y_1, Y_2, \cdots, Y_{25}$ 分别来自两个独立总体 $N(0,16)$ 及 $N(1,9)$ 的样本,以 $\bar{X}$ 和 $\bar{Y}$ 分别表示两个样本均值,求 $P(|\bar{X} - \bar{Y}| > 1)$,并利用 R 软件实现.

11. 设从两个方差相等,且互相独立的正态总体分别抽取容量为 15 与 20 的样本,若其样本方差分别为 S_1^2 和 S_2^2,试求 $P\left(\dfrac{S_1^2}{S_2^2} > 2\right)$,并利用 R 软件实现.

12. 设随机变量 X 服从 $\chi^2(n)$,对给定的 $\alpha(0 < \alpha < 1)$,数 χ_α 满足 $P(X > \chi_\alpha) = \alpha$,则 $P(\chi_{1-\frac{\alpha}{2}} < X < \chi_{\frac{\alpha}{2}}) = (\quad)$.

(A) α (B) $1 - \alpha$

(C) $1 + \alpha$ (D) 1

13. 设随机变量 X 服从正态分布 $N(0,1)$,对给定的 $\alpha(0 < \alpha < 1)$,数 μ_α 满足 $P(X > \mu_\alpha) = \alpha$,若 $P(|X| < x) = \alpha$,则 $x = (\quad)$.

(A) $\mu_{\frac{\alpha}{2}}$ (B) $\mu_{1-\frac{\alpha}{2}}$

(C) $\mu_{\frac{1-\alpha}{2}}$ (D) $\mu_{1-\alpha}$

14. 设随机变量 X 和 Y 都服从标准正态分布,则( ).

(A) $X + Y$ 服从正态分布

(B) X^2 和 Y^2 服从 χ^2 分布

(C) $X^2 + Y^2$ 服从 χ^2 分布

(D) $\dfrac{X^2}{Y^2}$ 服从 F 分布

15. 设 $X_1, X_2, \cdots, X_n$ 为取自总体 X 的一个样本,$E(X) = -1$,$E(X^2) = 4$,$\bar{X} = \dfrac{1}{n}\sum\limits_{i=1}^{n} X_i$,则 $\bar{X}$ 的方差为( ).

(A) $\dfrac{3}{n}$ (B) $\dfrac{-3}{n}$

(C) $\dfrac{5}{n}$ (D) $\dfrac{5}{\sqrt{n}}$

16. 某考试的通过率为 0.7,设抽样人群 100 人中的通过率为 p,则 p 的抽样分布是( ).

(A) $N(0,1)$ (B) $N(70,21)$

(C) $N(0.7, 0.21)$ (D) $N(0.7, 0.0021)$

17. 设 $X_1, X_2, \cdots, X_n$ 是取自正态总体 $N(0,9)$ 的简单随机样本,$\bar{X}$ 和 S^2 为样本均值和样本方差,则下列陈述正确的是( ).

(A) $\bar{X}$ 服从标准正态分布

(B) $\dfrac{n}{3}\bar{X}$ 服从标准正态分布

(C) $\sum\limits_{i=1}^{n} X_i^2$ 服从自由度为 n 的 χ^2 分布

(D) $\bar{X}$ 与 S^2 相互独立

18. 设 $X_1, X_2, \cdots, X_n$ 为取自正态总体 X 的一组样本,$Y_1, Y_2, \cdots, Y_m$ 为取自正态总体 Y 的一组样本,

总体 X 与 Y 相互独立，且方差相等．令 $\bar{X}$ 和 S_1^2，$\bar{Y}$ 和 S_2^2 为各自总体样本均值和样本方差，以下结论中正确的是（　　）．

(A) $\dfrac{(\bar{X}-\bar{Y})-(\mu_1-\mu_2)}{\dfrac{S_1}{n}+\dfrac{S_2}{m}} \sim N(0,1)$

(B) $\dfrac{(\bar{X}-\bar{Y})-(\mu_1-\mu_2)}{\sqrt{\dfrac{S_1^2}{n}+\dfrac{S_2^2}{m}}} \sim N(0,1)$

(C) $\dfrac{(\bar{X}-\bar{Y})-(\mu_1-\mu_2)}{\sqrt{\dfrac{(n-1)S_1^2+(m-1)S_2^2}{n+m-2}}\sqrt{\dfrac{1}{n}+\dfrac{1}{m}}} \sim t(n+m-2)$

(D) $\dfrac{(\bar{X}-\bar{Y})-(\mu_1-\mu_2)}{\dfrac{S_1}{\sqrt{n}}+\dfrac{S_2}{\sqrt{m}}} \sim t(n+m)$

7.4　本章小结

7.4.1　内容概要

本章是推断统计部分的基础内容，为后续各章的学习奠定基础．首先给出了数理统计中关于总体和样本的定义，该定义透过现象抓住本质，用 n 维随机向量定义了 n 维总体，本书聚焦研究一维总体．基于总体和样本的定义，给出了总体分布和样本分布的定义．推断统计的核心问题是利用样本对总体进行推断，同时聚焦如何推断总体分布中的参数问题即参数统计问题．

参数统计中的重要工具是统计量，本章给出了统计量的定义，并给出了八个重要且常见的统计量．由于统计量是随机变量，因此我们关注统计量的数字特征和服从的分布即抽样分布．本章需要重点掌握样本均值的均值和方差，样本方差的均值等三个结论．

为了更好地讨论抽样分布，本章先后给出了一维总体推断中的三大分布：χ^2 分布、t 分布、F 分布的定义与性质；根据区间估计和假设检验的需要，在给出分布定义的同时，本章给出了概率分布的分位数的概念以及分位数的求法．

由于抽样分布的求解是相当困难的，因此，本书主要讨论了来自正态总体抽样时的若干重要结论，其中包括单正态总体和双正态总体的若干结论．如果样本并不是来自正态总体，在大样本的条件下，利用中心极限定理可知，单总体的样本均值和双总体的均值差近似服从正态分布，样本百分比近似服从正态分布．利用抽样分布，可以计算统计量落在某区间的概率大小．

本章的知识结构如下：

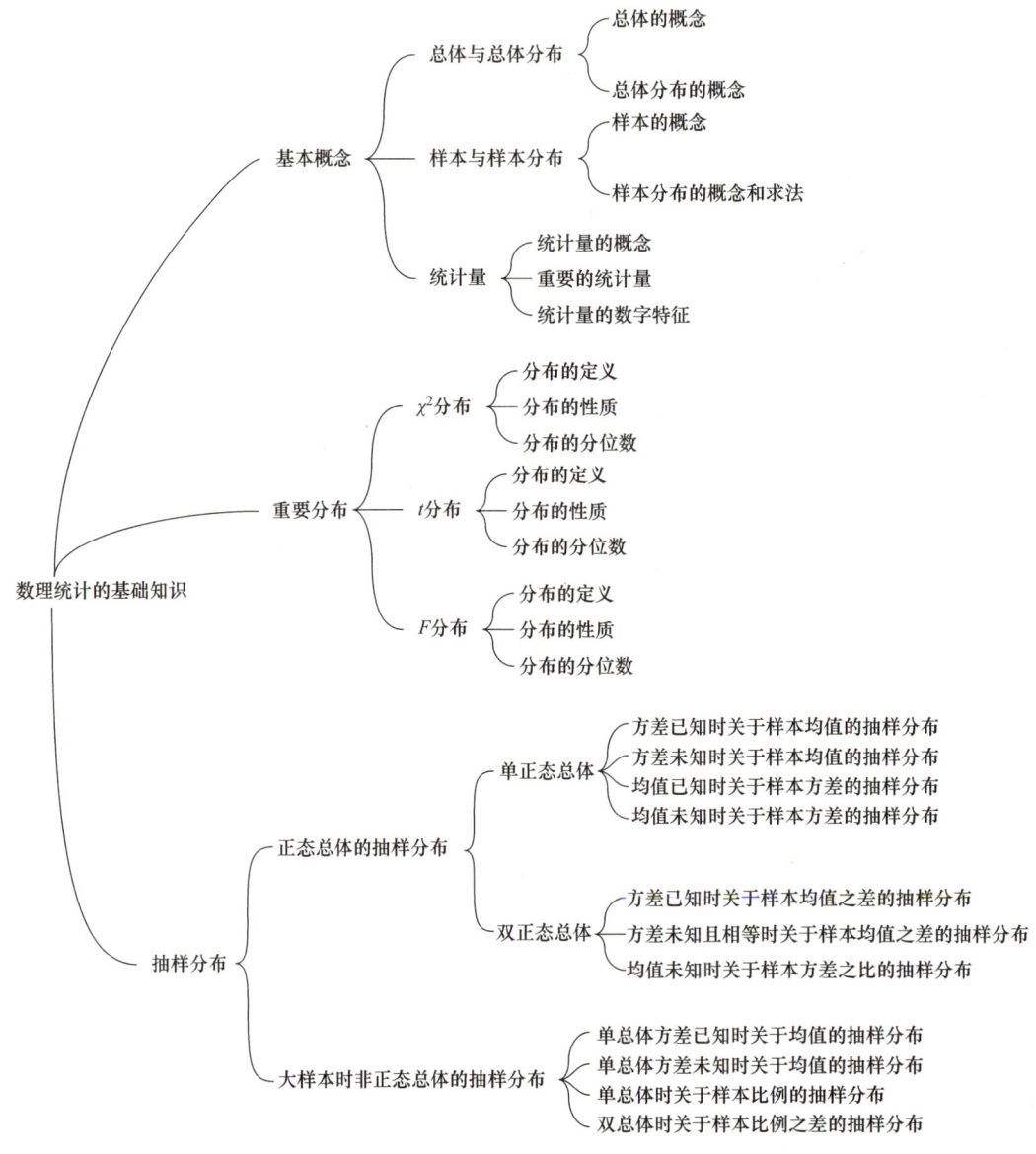

7.4.2 延伸阅读

数理统计学的起源和发展

数理统计学是伴随着概率论的发展而发展起来的一个数学分支,研究如何有效的收集、整理和分析受随机因素影响的数据,并对所考虑的问题做出推断或预测,为采取某种决策和行动提供依据或建议. 其主要内容有参数估计、假设检验、相关分析、试验设计、非参数统计、过程统计等.

数理统计学起源于人口统计、社会调查等各种描述性统计活动. 在西方统计工作始于公元前 3050 年,埃及建造金字塔,为征收建筑费用,对全国人口进行普查和统计. 在我国古代,公元前

2250 年, 大禹治水, 根据山川土质、人力和物力的多寡, 分全国为九州. 随着数学知识应用的增多, 统计工作开始往理性演变, 逐渐地, 统计在卫生、保险、国内外贸易、军事和行政管理方面都有应用. 学者格朗特在 1662 年发表的著作《关于死亡公报的自然和政治观察》, 标志着统计学科的诞生. 但是, 此时的统计工作还停留在描述性统计的阶段. 因为, 那时概率论处在萌芽阶段, 不足以给数理统计学的发展提供充分的理论支持. 后续学者在人口、社会、经济等领域的工作, 特别是天文学家兼统计学家凯特勒 19 世纪的工作, 对促成现代数理统计学的诞生起了很大的作用.

  数理统计学的发展大致可以分为古典时期、近代时期和现代时期三个阶段. 古典时期(19 世纪以前), 描述性统计占据主导地位. 描述性统计就是收集大量的数据, 并进行一些简单的运算, 如求和、求平均值、求百分比等, 或用图形、表格把它们表示出来. 早期这些统计工作都与国家实施统治有关, 统计学的英文 statistics 源出于拉丁文, 由 status(状态、国家)和 statista(政治家)衍化而来. 这是数理统计学的萌芽时期. 近代时期(19 世纪末至 1945 年), 由于概率论的概念和方法是数理统计学的理论基础, 概率论的进展也必然对数理统计学的发展起促进作用, 加之工农业生产、遗传学和天文学等应用领域的迫切需要, 推动着这门学科的蓬勃发展. 这个时期, 小样本理论形成, 数理统计的主要分支如假设检验、回归分析、方差分析、正交设计等建立, 并形成了该学科的理论框架, 使数理统计成为应用广泛、方法独特的一门数学学科, 这是数理统计学的形成时期. 现代时期(1945 年以后), 由于计算机的发明和使用, 一方面提供了必要的计算工具, 另一方面, 计算机促进了统计理论研究. 同时, 现实问题不断提出了复杂的问题与模型, 推动着数理统计学在理论研究和应用方面都不断地向纵深发展, 并产生一些新的分支和边缘性的新学科, 如最优设计和非参数统计推断等. 当前, 数理统计的应用范围越来越广泛, 已渗透到许多学科领域, 应用到国民经济各个部门, 成为科学研究不可缺少的工具.

  在大数据时代, 现实问题越来越涉及体量巨大、结构复杂、价值密度低、生成和处理速度快的数据, 按现行的数理统计学规范去处理, 显得力所不及, 需要一些带有根本性创新的思路, 使统计学的发展登上一个新的台阶, 数理统计学正面临一个新的突破.

戈塞特与 t 分布

戈塞特（William Sealey Gosset，1876—1937），英国统计学家，年轻时在牛津大学学习数学和化学. 1899 年，戈塞特进入都柏林的一家酿酒厂担任酿酒化学技师，从事实验和数据分析工作.

1908 年以前，统计学的主要用武之地先是社会统计，尤其是人口统计，后来加入生物统计的问题. 这些问题的特点是数据一般都是大量的、自然采集的，所用的方法多以中心极限定理为依据，总是归结到正态分布. 皮尔逊是此时统计界的权威，他认为"正态分布是上帝赐给人们唯一正确的分布". 但是到了 20 世纪，受到人工控制的试验条件下所得数据的统计分析方法问题日渐引人注意. 因为此时的数据量一般不大，故这种仅依赖于中心极限定理的传统方法开始受到质疑. 这个方向的先驱就是戈塞特和费希尔.

由于戈塞特在酿酒厂接触的样本容量都较小，只有四五个，通过大量实验数据的积累，戈塞特发现 $t = \dfrac{\bar{x} - \mu}{\dfrac{s}{\sqrt{n}}}$ 的分布与传统认为的 $N(0,1)$ 分布并不同，特别是尾部概率相差较大（见图 7.6）. 由此，戈塞特怀疑是否有另一个分布族存在.

图 7.6 正态分布与 t 分布的密度函数对比

由于此时的戈塞特的统计学功底不足以解决它发现的问题，于是，戈塞特于 1906～1907 年到伦敦大学的皮尔逊生物统计学实验室学习并着重研究少量数据的统计分析问题，并于 1908 年他在《生物统计》杂志上以"Student"的笔名发表了他名垂统在统计史的论文《均值的或然误差》. 之所以用笔名发表论文，是因为戈塞特所在的酿酒厂规定禁止发表酿酒过程变化性的研究成果. 在这篇论文阐明，如果是小样本，那么 $\dfrac{\bar{x} - \mu}{\dfrac{s}{\sqrt{n}}}$ 服从自由度为 $n-1$ 的 t 分布. 由于论文的作者是"Student",导致该统计量服从的分布被称为"t 分布",该检验被称为"t 检验". 可以说, t 分布的发现在统计学史上具有划时代的意义,打破了正态分布一统天下的局面,开创了小样本统计推断的先河,为研究样本分布理论奠定了重要基础. 为此,许多统计学家把 1908 年看作统计推断理论发展史的里程碑,有人把戈塞特推崇为推断统计学的先驱者(见图 7.7).

在此后的 30 年里, Student 陆续发表了许多优秀论文,并且刊登在《生物统计》杂志上,神秘的 Student 成为统计学界的知名人物.

图 7.7 英国统计学家戈塞特(William Sealey Gosset)

中国概率统计事业的奠基人—许宝騄

许宝騄(1910—1970),出生于北京,祖籍浙江杭州,数学家,中国科学院学部委员,北京大学数学系教授. (见图 7.8)在中国开创了概率论、数理统计的教学与研究工作. 在内曼-皮尔逊理

图 7.8 中国数学家许宝騄

论、参数估计理论、多元分析、极限理论等方面取得卓越成就，是多元统计分析学科的开拓者之一，其研究成果推动了概率论与数理统计的发展.

许宝騄是20世纪最富创造性的统计学家之一，也正是许宝騄拉开了中国概率论与数理统计学科研究的帷幕，他被公认为在数理统计和概率论方面第一位具有国际声望的中国数学家.《中国大百科全书 数学》称赞道："许宝騄是中国早期从事数理统计学和概率论研究并达到世界先进水平的一位杰出学者."1983年，德国施普林格出版社刊印了《许宝騄全集》(Pao-Lu Hsu Collected Papers) 由斯普林格(Springer-Verlag)出版社刊印，全集是由钟开莱主编的，共收集了已发表的、未被发表的论文40篇. 书评中有这样一句话："许宝騄被公认为在数理统计和概率论方面第一个具有国际声望的中国数学家". 许宝騄的相片悬挂在斯坦福大学统计系的走廊上，与世界著名的统计学家并列.

许宝騄对中国统计学科的贡献重要体现在以下几个方面. (1) 奠基与发展统计学教育. 1956年，许宝騄在北京大学成立了全国第一个概率统计教研室，并担任教研室主任，这一举措对中国统计教学科研队伍的形成和发展起到了巨大的推动作用. (2) 统计人才培养. 许宝騄非常重视人才的培养，他主持制定了概率统计专门化学生的培养计划和教学大纲，并亲自讲授了一些重要的基础课和专门化课程. 他的课程内容精心选材、深入浅出、简明扼要、严谨生动，堪称典范. (3) 推动学科国际化. 许宝騄不仅在国内推动了统计学的发展，还促进了学科的国际化，在1956年周恩来总理主持制定的全国科技发展规划中，概率统计和计算数学、微分方程一起被列为数学科学的重点发展方向. 许宝騄参与组织领导了概率统计方面规划的制定和落实，与苏联、东欧的学术交流一度也比较活跃，对学科的发展起了有益的推动作用. (4) 推动统计学成为独立学科. 1998年颁布的本科专业目录中，数学类的"数理统计"和经济类的"统计学"专业合并成"统计学类"归入理学门类，成为与数学、物理学、经济学等并列的学科类. 2011年国务院学位委员会设立了"统计学"一级学科. 这一变化标志着统计学作为一门独立的学科得到了官方的认可和重视，而许宝騄等前辈的努力为此奠定了基础.

综上所述，许宝騄通过他的学术研究、教育贡献以及学科建设的努力，对中国统计学科的发展产生了深远的影响，使统计学成了一门与数学、物理学等传统学科并列的重要学科.

第 8 章 参数估计

实际生活中,人们经常会碰到预测问题,譬如,灯泡寿命的预测、废品率的预测、股票价格的涨跌预测、房屋成交的价格预测、人口数量的预测等,这些问题可以采用经验的方法预测,也可以采用函数关系预测. 在这一章中主要从概率统计的角度出发,讲述如何采用统计推断的方法(参数估计)去做预测.

例如,灯泡寿命的预测中,如果将灯泡的寿命 X 看作一个总体,根据实际经验知道,X 服从 $N(\mu,\sigma^2)$,如果参数 μ,σ^2 是已知的,灯泡寿命就直接可以预测出来,但对每一批灯泡而言,参数 μ,σ^2 是未知的,要想预测灯泡寿命,就必须确定出寿命分布的参数,这就是参数估计问题.

概括地说,参数估计问题是指当所研究的总体分布类型已知,但分布中含有一个或多个未知参数时,如何根据样本来估计未知参数的问题. 即设有一个统计总体,总体的分布函数为 $F(x,\theta)$,其中 θ 为未知参数(θ 可以是向量). 现从该总体中随机抽样,得到一样本 $X_1,X_2,\cdots,X_n$,再依据该样本对参数 θ 做出估计,或估计参数 θ 的某已知函数 $g(\theta)$.

本章将从参数估计的方法、估计量的优劣、正态总体的参数估计、比例的参数估计四个方面对参数估计问题进行详细阐述,其中参数估计方法分为点估计与区间估计两类.

8.1 点估计

本节主要讲述点估计的基本概念、点估计的评价标准,从而使读者对点估计有初步认识和整体了解.

8.1.1 点估计的基本概念

定义 8.1 设 $X_1,X_2,\cdots,X_n$ 是取自总体 X 的一个样本,$x_1,x_2,\cdots,x_n$ 是相应的一个样本值. θ 是总体分布中的未知参数,为估计未知参数 θ,需构造一个适当的统计量

$$\hat{\theta}(X_1, X_2, \cdots, X_n).$$

再用其观察值

$$\hat{\theta}(x_1, x_2, \cdots, x_n)$$

来估计 θ 的值. 称 $\hat{\theta}(X_1, X_2, \cdots, X_n)$ 为 θ 的**估计量**, 称 $\hat{\theta}(x_1, x_2, \cdots, x_n)$ 为 θ 的**估计值**. 在不致混淆的情况下, 估计量与估计值统称为**点估计**, 简称为估计, 并简记为 $\hat{\theta}$.

从定义 8.1 可以看出, **寻找估计量的关键是建立 θ 与 $X_1, X_2, \cdots, X_n$ 的关系, 构造一个关于样本 $X_1, X_2, \cdots, X_n$ 的函数 (即统计量 $\hat{\theta}(X_1, X_2, \cdots, X_n)$)**. 下面用例 8.1 具体阐述.

例 8.1 设 X 表示某种型号的电子元件的寿命 (以小时计), 它服从指数分布 $f\left(x, \dfrac{1}{\theta}\right)$, 其概率密度为

$$X \sim f\left(x, \dfrac{1}{\theta}\right) = \begin{cases} \dfrac{1}{\theta} \mathrm{e}^{-\frac{x}{\theta}}, & x > 0, \\ 0, & x \leqslant 0, \end{cases}$$

其中 $\theta(\theta > 0)$ 为未知参数. 现得样本值

167, 131, 169, 144, 173, 199, 109, 212, 222, 250.

试估计未知参数 θ.

解: 根据指数分布的数字特征可知,

$$\theta = E(X).$$

根据点估计的定义 8.1, 很自然地可将样本均值 $\overline{X}$ 代替 $E(X)$, 从而作为 θ 的估计量, 即

$$\hat{\theta} = \overline{X}.$$

然后, 采用样本值求 θ 的估计值

$$\hat{\theta} = \overline{x} = \dfrac{1}{10}(167 + 131 + \cdots + 250) = 177.6.$$

故 $\hat{\theta} = \overline{X}$ 与 $\hat{\theta} = \overline{x} = 177.6$ 分别为 θ 的估计量与估计值.

注: 显然, 根据指数分布的方差可知, $\theta^2 = D(X)$, 这里也可以将样本方差 S^2 作为 θ^2 的估计量, 即 $\hat{\theta}^2 = S^2$, 可得 $\hat{\theta} = S$, 再采用样本值求 θ 的估计值

$$\hat{\theta} = S = \sqrt{\dfrac{1}{9}} \sqrt{[(167-177.6)^2 + (131-177.6)^2 + \cdots + (250-177.6)^2]}$$
$$= 43.5487,$$

这也是 θ 的一个估计值.

从例 8.1 可以看出,点估计的概念相当宽松:

(1) 对同一参数,可用不同的方法来估计,因而得到不同的估计量;

(2) 对同一个估计量而言,不同的样本值,点估计值也不一样.

因此有必要建立一些评价估计量好坏的标准.

8.1.2 评价估计量的标准

评价一个估计量的好坏,不能仅根据一次试验的结果,而必须由多次试验结果来衡量. 因为估计量是样本 $X_1, X_2, \cdots, X_n$ 的函数,是一个随机变量,不同的观测结果,就会获得不同的参数估计值. 因此,一个好的估计应在多次重复试验中体现出良好的稳健性.

本节中将介绍估计量的三条评价标准: 1. 无偏性; 2. 有效性; 3. 相合性.

1. 无偏性

估计量是随机变量,不同的样本值会得到不同的估计值. 因此,一个基本的标准就是希望估计值在未知参数真值的附近,不要偏大也不要偏小,也就是说多次估计值的期望是未知参数真值(见图 8.1). 这就是无偏性标准,定义如下:

图 8.1 估计量无偏性示意图

定义 8.2 设 $\hat{\theta}(X_1, \cdots, X_n)$ 是未知参数 θ 的估计量,若
$$E(\hat{\theta}) = \theta$$
则称 $\hat{\theta}$ 为 θ 的**无偏估计量**(Unbiased Estimator).

注:无偏性是对估计量的一个常见而重要的要求,其实际意义是指估计量没有系统偏差($E(\hat{\theta}) - \theta$),只有随机偏差. 例如,用样本均值作为总体均值的估计时,虽然每次抽样时估计值的偏差各不相同,但这种偏差随机地在 0 的附近波动,对同一统计问题大量重复使用不会产生系统偏差.

例 8.2 设 $X_1, X_2, X_3, \cdots, X_n (n>3)$ 是总体 $N(\mu, \sigma^2)$ 的一个简单随机样本,

$$\hat{\mu}_1 = X_1, \quad \hat{\mu}_2 = \frac{1}{4}X_1 + \frac{3}{4}X_2, \quad \hat{\mu}_3 = \frac{1}{3}X_1 + \frac{1}{3}X_2 + \frac{1}{3}X_3,$$

$$\hat{\mu}_4 = aX_1 + bX_2 + cX_3 \,(a+b+c=1), \quad \hat{\mu}_5 = \overline{X} = \frac{X_1 + X_2 + \cdots + X_n}{n},$$

试证:$\hat{\mu}_1, \hat{\mu}_2, \hat{\mu}_3, \hat{\mu}_4, \hat{\mu}_5$ 均为 μ 的无偏估计.

证明: 由 $E(X) = \mu$,又根据样本与总体具有相同的分布,所以
$$E(X_i) = \mu \quad (i=1,2,3,\cdots,n),$$

则有
$$E(\hat{\mu}_1) = E(X_1) = \mu,$$

$$E(\hat{\mu}_2) = E\left(\frac{1}{4}X_1 + \frac{3}{4}X_2\right) = \frac{1}{4}E(X_1) + \frac{3}{4}E(X_2) = \frac{1}{4}\mu + \frac{3}{4}\mu = \mu,$$

$$E(\hat{\mu}_3) = \frac{1}{3}E(X_1) + \frac{1}{3}E(X_2) + \frac{1}{3}E(X_3) = \mu,$$

$$E(\hat{\mu}_4) = aE(X_1) + bE(X_2) + cE(X_3) = (a+b+c)\mu = \mu,$$

$$E(\hat{\mu}_5) = \frac{1}{n}E(X_1) + \frac{1}{n}E(X_2) + \cdots + \frac{1}{n}E(X_n) = n \times \frac{1}{n}\mu = \mu.$$

故 $\hat{\mu}_1, \hat{\mu}_2, \hat{\mu}_3, \hat{\mu}_4, \hat{\mu}_5$ 均为 μ 的无偏估计.

定理 8.1 设 $X_1, \cdots, X_n$ 为取自总体 X 的样本,总体 X 的均值为 μ,方差为 σ^2. 则

(1) 样本均值 $\overline{X}$ 是 μ 的一个无偏估计量,但 $\overline{X}^2$ 不是 μ^2 的一个无偏估计量;

(2) 样本方差 S^2 是 σ^2 的一个无偏估计量;

(3) 样本二阶中心矩 $\frac{1}{n}\sum_{i=1}^{n}(X_i - \overline{X})^2$ 是 σ^2 的一个有偏估计量.

证明: (1) $E(X) = \mu$,由样本与总体具有相同的分布得,
$$E(X_i) = \mu \quad (i=1,2,\cdots,n),$$

于是,
$$E(\overline{X}) = E\left(\frac{1}{n}\sum_{i=1}^{n}X_i\right) = \frac{1}{n}\sum_{i=1}^{n}E(X_i) = \mu,$$

故样本均值 $\overline{X}$ 是 μ 的一个无偏估计量.

又由
$$E(\overline{X}^2) = D(\overline{X}) + [E(\overline{X})]^2 = \frac{\sigma^2}{n} + \mu^2 \neq \mu^2$$

故 $\overline{X}^2$ 不是 μ^2 的一个无偏估计量.

(2) $D(X) = \sigma^2$,由样本与总体具有相同的分布,可得
$$D(X) = \sigma^2, \quad i = 1, 2, \cdots, n,$$
再由样本的独立性,
$$D(\overline{X}) = D\left(\frac{1}{n}\sum_{i=1}^{n} X_i\right) = \frac{1}{n^2} D\left(\sum_{i=1}^{n} X_i\right) = \frac{1}{n^2}\sum_{i=1}^{n} D(X_i) = \frac{\sigma^2}{n}.$$
于是,
$$E(S^2) = E\left(\frac{1}{n-1}\sum_{i=1}^{n}(X_i - \overline{X})^2\right) = E\left\{\frac{1}{n-1}\left[\sum_{i=1}^{n} X_i^2 - n(\overline{X})^2\right]\right\}$$
$$= \frac{1}{n-1}\left[\sum_{i=1}^{n} E(X_i^2) - nE(\overline{X})^2\right]$$
$$= \frac{1}{n-1}\left\{\sum_{i=1}^{n}\left[D(X_i) + (EX_i)^2\right] - n\left[D(\overline{X}) + (E\overline{X})^2\right]\right\}$$
$$= \frac{1}{n-1}\left[n(\sigma^2 + \mu^2) - n\left(\frac{\sigma^2}{n} + \mu^2\right)\right]$$
$$= \sigma^2.$$

故样本方差 S^2 是 σ^2 的一个无偏估计量.

(3) $E\left[\frac{1}{n}\sum_{i=1}^{n}(X_i - \overline{X})^2\right] = E\left(\frac{n-1}{n}S^2\right) = \frac{n-1}{n}E(S^2) = \frac{n-1}{n}\sigma^2 \neq \sigma^2.$

故样本二阶中心矩 $\frac{1}{n}\sum_{i=1}^{n}(X_i - \overline{X})^2$ 是 σ^2 的一个有偏估计量.

注:根据第(1)问可知,如果 $\hat{\theta}$ 为 θ 的无偏估计量,$g(\theta)$ 是 θ 的函数,未必能推出 $g(\hat{\theta})$ 是 $g(\theta)$ 的无偏估计量.

2. 有效性

例 8.2 可以看出,一个参数 θ 可以有多个无偏估计量,哪个估计量更好呢?如图 8.2 所示,应该选对 θ 估计波动程度较小的,即方差较小的估计量,这就是有效性标准.

图 8.2 估计量有效性示意图

定义 8.3 设 $\hat{\theta}_1 = \hat{\theta}_1(X_1, \cdots, X_n)$ 和 $\hat{\theta}_2 = \hat{\theta}_2(X_1, \cdots, X_n)$ 都是参数 θ 的无偏估计量,若
$$D(\hat{\theta}_1) < D(\hat{\theta}_2),$$
则称 $\hat{\theta}_1$ 较 $\hat{\theta}_2$ **有效**.

另外，在数理统计中常用到最小方差无偏估计，其定义如下：

> **定义 8.4** 设 $X_1, \cdots, X_n$ 是取自总体 X 的一个样本，$\hat{\theta}(X_1, \cdots, X_n)$ 是未知参数 θ 的一个估计量，若 $\hat{\theta}$ 满足：
> (1) $E(\hat{\theta}) = \theta$，即 $\hat{\theta}$ 为 θ 的无偏估计；
> (2) $E(\hat{\theta}) \leqslant (\hat{\theta}^*)$，$\hat{\theta}^*$ 是 θ 的任一无偏估计，
> 则称 $\hat{\theta}$ 为 θ 的**最小方差无偏估计**.

例 8.3 （接例 8.2）试问：

(1) 无偏估计量 $\hat{\mu}_1$，$\hat{\mu}_2$，$\hat{\mu}_3$，$\hat{\mu}_5$ 哪一个更有效？

(2) 当常数 a，b，c 取何值时，$\hat{\mu}_4$ 为此种线性组合中有最小方差的无偏估计.

解：(1) 根据例 8.2 可知，μ_1，μ_2，μ_3，μ_5 为 μ 的无偏估计量，且有

$$D(\hat{\mu}_1) = D(X_1) = \sigma^2,$$

$$D(\hat{\mu}_2) = D\left(\frac{1}{4}X_1 + \frac{3}{4}X_2\right) = \frac{1}{16}D(X_1) + \frac{9}{16}D(X_2) = \frac{5}{8}\sigma^2,$$

$$D(\hat{\mu}_3) = D\left(\frac{1}{3}X_1 + \frac{1}{3}X_2 + \frac{1}{3}X_3\right) = \frac{1}{3}\sigma^2,$$

$$D(\hat{\mu}_5) = \frac{1}{n^2}[D(X_1) + D(X_2) + \cdots + D(X_n)] = \frac{\sigma^2}{n}.$$

对于 $n > 3$，则有

$$D(\hat{\mu}_5) < D(\hat{\mu}_3) < D(\hat{\mu}_2) < D(\hat{\mu}_1)$$

故 $\hat{\mu}_5$ 较 $\hat{\mu}_1$，$\hat{\mu}_2$，$\hat{\mu}_3$ 更有效.

(2) 根据 $D(\hat{\mu}_4) = D(aX_1 + bX_2 + cX_3) = (a^2 + b^2 + c^2)\sigma^2$，求最小方差无偏估计即转化为在 $a + b + c = 1$ 条件下求 $a^2 + b^2 + c^2$ 最小.

故构造拉格朗日函数 $L(a, b, c, \lambda) = a^2 + b^2 + c^2 + \lambda(a + b + c - 1)$，

令

$$\begin{cases} \dfrac{\partial L}{\partial a} = 2a + \lambda = 0, \\ \dfrac{\partial L}{\partial b} = 2b + \lambda = 0, \\ \dfrac{\partial L}{\partial c} = 2c + \lambda = 0, \\ \dfrac{\partial L}{\partial \lambda} = a + b + c - 1 = 0. \end{cases}$$

可得
$$a = b = c = \frac{1}{3}$$

故 $a = b = c = \frac{1}{3}$ 时，$D(\hat{\mu}_4)$ 达到最小，即 $\hat{\mu}_4$ 为此种线性组合中有最小方差的无偏估计.

注：$\hat{\mu}_5$ 是 μ 的最小方差无偏估计，证明略.

例8.4 设总体 X 在 $[0,\theta]$ 上服从均匀分布，$X_1, X_2, \cdots, X_n$ 是取自总体 X 的简单随机样本，$\overline{X} = \frac{1}{n}\sum_{i=1}^{n}X_i$，$X_{(n)} = \max(X_1, \cdots, X_n)$，试求常数 a，b，使 $\hat{\theta}_1 = a\overline{X}$，$\hat{\theta}_2 = bX_{(n)}$ 均为 θ 的无偏估计，并比较其有效性.

解：根据均匀分布的数字特征可知，$E(X) = \frac{\theta}{2}$，$D(X) = \frac{\theta^2}{12}$，

所以，
$$E(\hat{\theta}_1) = aE(\overline{X}) = a \cdot \frac{\theta}{2}.$$

故当 $a = 2$ 时，$E(\hat{\theta}_1) = \theta$，$\hat{\theta}_1$ 为 θ 无偏估计，且有
$$D(\hat{\theta}_1) = D(2\overline{X}) = 4D(\overline{X}) = \frac{4\theta^2}{12n} = \frac{\theta^2}{3n}.$$

由 $X_{(n)}$ 的分布函数得
$$F_n(x) = P(X_{(n)} \leq x) = P(\max(X_1, X_2, \cdots, X_n) \leq x)$$
$$= P(X_1 \leq x, X_2 \leq x, \cdots, X_n \leq x) = [F(x)]^n$$

再根据 X 的分布函数
$$F(x) = \int_{-\infty}^{x} f(t)\mathrm{d}t = \begin{cases} 0, & x < 0, \\ \dfrac{x}{\theta}, & 0 \leq x \leq \theta, \\ 1, & \theta < x. \end{cases}$$

可知 $X_{(n)}$ 的概率密度函数为
$$f_n(x) = n[F(x)]^{n-1}f(x) = \begin{cases} \dfrac{nx^{n-1}}{\theta^n}, & 0 \leq x \leq \theta, \\ 0, & \text{其他}. \end{cases}$$

所以
$$E(X_{(n)}) = \int_0^{\theta} \frac{nx^n}{\theta^n}\mathrm{d}x = \frac{n}{n+1} \cdot \frac{x^{n+1}}{\theta^n}\bigg|_0^{\theta} = \frac{n\theta}{n+1}.$$

故
$$E(\hat{\theta}_2) = bE(X_{(n)}) = b\frac{n\theta}{n+1}.$$

因此，当 $b = \dfrac{n+1}{n}$ 时，$\hat{\theta}_2 = \dfrac{n+1}{n} X_{(n)}$ 为 θ 的无偏估计，且

$$E(X_{(n)}^2) = \int_0^\theta \frac{nx^{n+1}}{\theta^n} dx = \frac{n\theta^2}{n+2},$$

$$D(X_{(n)}) = \frac{n\theta^2}{(n+2)(n+1)^2}.$$

可得

$$D(\hat{\theta}_2) = b^2 D(X_{(n)}) = \left(\frac{n+1}{n}\right)^2 \cdot \frac{n\theta^2}{(n+2)(n+1)^2}$$

$$= \frac{\theta^2}{n(n+2)} < \frac{\theta^2}{3n} = D(\hat{\theta}_1).$$

所以 $\hat{\theta}_2$ 比 $\hat{\theta}_1$ 更有效.

3. 相合性

根据第 6 章大数定律可知，若 $X_1, X_2, \cdots, X_n, \cdots$ 符合独立同分布，均值为 θ，$\overline{X}_n = \dfrac{\sum\limits_{i=1}^{n} X_i}{n}$，则对任给 $\varepsilon > 0$，都有 $\lim\limits_{n\to\infty} P(|\overline{X}_n - \theta| \geq \varepsilon) = 0$. 如果将 $X_1, X_2, \cdots, X_n$ 看作从某一总体中抽出的样本，大数定律就可以理解为只要样本量 n 足够大，用样本均值去估计总体均值，其误差可以任意小. 也就是说样本均值依概率收敛于总体均值. 因此，可以将 $\overline{X}_n$ 看作 θ 的估计，这种性质称为相合性，即随着样本量的增加，被估计的量与估计量逐渐"合"在一起了.

相合性是对一个估计量的最基本要求，如果一个估计量没有相合性，那么无论样本量多大，都不可能把未知参数估计到任意预定的精度. 显然，这种估计量是不可取的.

定义 8.5 设 $\hat{\theta} = \hat{\theta}(X_1, \cdots, X_n)$ 为未知参数 θ 的估计量，若 $\hat{\theta}$ 依概率收敛于 θ，即对任意 $\varepsilon > 0$，有

$$\lim_{n\to\infty} P(|\hat{\theta} - \theta| < \varepsilon) = 1,$$

或

$$\lim_{n\to\infty} P(|\hat{\theta} - \theta| \geq \varepsilon) = 0,$$

则称 $\hat{\theta}$ 为 θ 的(弱)相合估计量.

例 8.5 设 $X_1, \cdots, X_n$ 是取自总体 X 的样本，且 $E(X^k)$ 存在，k 为正整数，则 $\dfrac{1}{n} \sum\limits_{i=1}^{n} X_i^k$ 为 $E(X^k)$ 的相合估计量.

第8章 参数估计

证明： 令 $Y = X^k$, $Y_i = X_i^k$, 则 $Y_1, Y_2, \cdots, Y_n$ 相互独立且与 Y 同分布，则有

$$E(Y) = E(Y_i) = E(X_i^k).$$

根据大数定律，可得

$$\lim_{n \to \infty} P\left(\left| \frac{1}{n} \sum_{i=1}^{n} Y_i - E(Y) \right| < \varepsilon \right) = \lim_{n \to \infty} P\left(\left| \frac{1}{n} \sum_{i=1}^{n} X_i^k - E(X^k) \right| < \varepsilon \right) = 1.$$

故 $\dfrac{1}{n} \sum_{i=1}^{n} X_i^k$ 是 $E(X^k)$ 的相合估计量.

特别地，样本均值 $\overline{X}$ 是总体均值 $E(X)$ 的相合估计量.

例 8.6 设总体 $X \sim N(\mu, \sigma^2)$, $X_1, \cdots, X_n$ 为其样本. 试证样本方差 S^2 是 σ^2 的相合估计量.

证明： 根据第 7 章样本方差的分布可知，

$$\frac{(n-1)S^2}{\sigma^2} \sim \chi^2(n-1).$$

因此

$$D\left(\frac{(n-1)S^2}{\sigma^2} \right) = 2(n-1).$$

即

$$D(S^2) = \frac{2\sigma^4}{n-1}.$$

又由

$$E(S^2) = \sigma^2.$$

根据切比雪夫不等式，对任意 $\varepsilon > 0$,

$$0 \leqslant P(|S^2 - E(S^2)| \geqslant \varepsilon) = P\{|S^2 - \sigma^2| \geqslant \varepsilon\} \leqslant \frac{1}{\varepsilon^2} D(S^2) = \frac{2\sigma^4}{\varepsilon^2(n-1)},$$

即

$$\lim_{n \to \infty} P(|S^2 - E(S^2)| \geqslant \varepsilon) = 0.$$

所以样本方差 S^2 是 σ^2 的相合估计量.

习题 8-1

1. 设 $X_1, X_2, \cdots, X_n$ 是取自正态总体 $X \sim N(0, \sigma^2)$ 的简单随机样本，则 σ^2 的无偏估计量是（　　）.

(A) $\dfrac{1}{n} \sum_{i=1}^{n} X_i^2$　　　(B) $\dfrac{1}{n-1} \sum_{i=1}^{n} X_i^2$

(C) $\dfrac{1}{n^2} \sum_{i=1}^{n} X_i^2$　　　(D) $\dfrac{1}{n+1} \sum_{i=1}^{n} X_i^2$

2. 设 $X_1, X_2, \cdots, X_n$ 是总体 X 的简单随机样本，$E(X) = \mu$, μ 未知，$D(X) = \sigma^2$, $\overline{X} = \dfrac{1}{n} \sum_{i=1}^{n} X_i$, 则 σ^2 的无偏估计量是（　　）.

(A) $\dfrac{1}{n} \sum_{i=1}^{n} (X_i - \mu)^2$　(B) $\dfrac{1}{n} \sum_{i=1}^{n} (X_i - \overline{X})^2$

(C) $\dfrac{1}{n-1} \sum_{i=1}^{n} (X_i - \mu)^2$　(D) $\dfrac{1}{n-1} \sum_{i=1}^{n} (X_i - \overline{X})^2$

3. 已知总体 X 的期望为 0, 方差为 σ^2, $X_1, X_2,$

$\cdots, X_n$ 是来自总体 X 的样本,其均值为 $\overline{X}$,方差为 S^2,则下列为 σ^2 的无偏估计是( ).

(A) $n\overline{X}^2 + S^2$ (B) $\frac{1}{2}(n\overline{X}^2 + S^2)$

(C) $\frac{1}{3}n\overline{X}^2 + S^2$ (D) $\frac{1}{4}(n\overline{X}^2 + S^2)$

4. 设总体 $X \sim P(\lambda)$,$X_1, X_2, \cdots, X_n$ 是来自总体 X 的样本,其均值为 $\overline{X}$,方差为 S^2,若 $\hat{\lambda} = a\overline{X} + (2-3a)S^2$,为 λ 的无偏估计,则 a 等于( ).

(A) -1 (B) 0

(C) 0.5   (D) 1

5. 已知总体均值 μ,总体方差 σ^2,样本均值 $\overline{X}$,样本方差 S^2,则( ).

(A) S 是 σ 的无偏估计

(B) $\overline{X}^2$ 是 μ^2 的无偏估计

(C) $\overline{X}$ 是 μ 的相合估计

(D) S 与 $\overline{X}$ 独立

6. 设从均值 μ,方差为 σ^2 的总体中,分别抽取容量为 n_1,n_2 的两个简单随机样本.$\overline{X}_1$,$\overline{X}_2$ 分别为两个样本的均值.证明:(1)对于任意常数 a,b $(a+b=1)$,$Y = a\overline{X}_1 + b\overline{X}_2$ 是 μ 的无偏估计;(2)确定常数 a,b,使得 $D(Y)$ 最小.

7. 设 X_1, X_2, X_3, X_4 是来自均值为 θ 的指数分布总体的样本,其中 θ 未知,设 $T_1 = \frac{1}{6}(X_1 + X_2) + \frac{1}{3}(X_3 + X_4)$,$T_2 = \frac{X_1 + X_2 + 2X_3 + X_4}{6}$,$T_3 = \frac{X_1 + X_2 + X_3 + X_4}{4}$ 为 θ 的三个不同的估计量.试问:(1) T_1,T_2,T_3 是否为无偏估计量;(2)哪个无偏估计量更有效.

8.2 点估计的常用方法

上一节讨论了估计量的概念和评价标准,本节将着重讨论如何寻找点估计量,在此介绍两种经典的点估计方法——矩估计法和极大似然估计法.

8.2.1 矩估计法

从例 8.5 也可以看出,当总体的 k 阶矩存在时,样本的 k 阶矩依概率收敛于总体的 k 阶矩(见表 8.1).这就给出了估计未知参数的一种方法:**用样本矩估计总体矩**,这一替换思想是由英国统计学家皮尔逊(K. Pearson)在 19 世纪末到 20 世纪初的一系列文章中引入的.

定义 8.6   用相应的样本矩去估计总体矩的方法就称为**矩估计法**.用矩估计法确定的估计量称为**矩估计量**.相应的估计值称为**矩估计值**.矩估计量与矩估计值统称为**矩估计**.

表 8.1   总体与样本 k 阶矩的公式

	总体	样本
k 阶原点矩	$\mu_k = E(X^k)$	$A_k = \frac{1}{n}\sum_{i=1}^{n} X_i^k$
k 阶中心矩	$V_k = E[X - E(X)]^k$	$B_k = \frac{1}{n}\sum_{i=1}^{n}(X_i - \overline{X})^k$

值得注意的是,用矩估计估计未知参数值时,前提要求其总体矩

存在，例如柯西分布 $f(x) = \dfrac{1}{\pi} \dfrac{1}{\sqrt{1+(x-\theta)^2}}$，$-\infty < x < +\infty$，期望、方差均不存在，也就无法采用矩估计求参数 θ.

下面具体阐述求矩估计的步骤：设总体 X 的分布函数 $F(x;\theta_1,\cdots,\theta_k)$ 中含有 k 个未知参数 $\theta_1,\cdots,\theta_k$，则

步骤 1：求总体 X 的前 k 阶原点矩 $\mu_1,\cdots,\mu_k$，构造 k 个等式
$$\mu_i = g_i(\theta_1,\cdots,\theta_k),$$
这里，$i=1,2,\cdots,k$.

步骤 2：从 k 个等式中解得
$$\theta_j = h_j(\mu_1,\cdots,\mu_k),$$
这里 $j=1,2,\cdots,k$.

步骤 3：再用 μ_i 的估计量 A_i 分别代替上式中的 μ_i，即可得 $\theta_1,\cdots,\theta_k$ 的矩估计量：
$$\hat{\theta}_j = h_j(A_1,\cdots,A_k).$$

注：矩估计也可以用 k 阶中心矩 $V_1,\cdots,V_k$ 来求解.

例 8.7 设总体 X 的概率分布为

X	1	2	3
P_k	θ^2	$2\theta(1-\theta)$	$(1-\theta)^2$

其中 θ 为未知参数. 现抽得一个样本 $x_1=1$，$x_2=2$，$x_3=2$，试求 θ 的矩估计量、矩估计值.

解：先求总体一阶原点矩
$$\mu_1 = E(X) = 1 \times \theta^2 + 2 \times 2\theta(1-\theta) + 3 \times (1-\theta)^2 = 3 - 2\theta,$$
可得
$$\theta = \frac{3-\mu_1}{2}.$$

又根据矩估计法的替换原则
$$\mu_1 = \overline{X},$$
可得矩估计量为
$$\hat{\theta} = \frac{3-\overline{X}}{2}.$$

根据抽样结果，可得一阶样本矩
$$\overline{x} = \frac{1}{3}(1+2+2) = \frac{5}{3}.$$

故矩估计值为
$$\hat{\theta} = \frac{2}{3}.$$

例 8.8 设总体 X 的概率密度为
$$f(x) = \begin{cases} (\alpha+1)x^\alpha, & 0<x<1, \\ 0, & \text{其他}, \end{cases}$$

其中 $\alpha(\alpha>-1)$ 是未知参数,$X_1,X_2,\cdots,X_n$ 是取自 X 的样本,现抽得一个样本 $x_1=0.1$,$x_2=0.2$,$x_3=0.2$,求参数 α 的矩估计量、矩估计值.

解:先求一阶原点矩
$$\mu_1 = E(X) = \int_0^1 (\alpha+1)x^\alpha dx = (\alpha+1)\int_0^1 x^{\alpha+1}dx = \frac{\alpha+1}{\alpha+2}.$$

根据矩估计的替换原则,
$$\mu_1 = E(X) = \overline{X},$$

可得 α 的矩估计
$$\hat{\alpha} = \frac{2\overline{X}-1}{1-\overline{X}}.$$

由抽样结果可得 α 的矩估计值
$$\hat{\alpha} = \frac{2\overline{x}-1}{1-\overline{x}} = -\frac{4}{5}.$$

例 8.9 研究表明,猫的听觉神经纤维反应速度 X 近似服从未知参数 λ 的泊松分布. 现随机抽取 10 只猫,测得它们的听觉神经纤维反应速度(记为噪声爆发的每 200ms 的脉冲个数)数据如下:
15.1, 14.6, 12.0, 19.2, 16.1, 15.5, 11.3, 18.7, 17.1, 17.2
用矩估计法计算平均反应速度 λ 的估计值.

解:根据 X 的分布 $X \sim P(\lambda)$,可得一阶原点矩
$$\mu_1 = E(X) = \lambda.$$

根据矩估计的替换原则
$$\mu_1 = \overline{X},$$

可得 λ 的矩估计为
$$\hat{\lambda} = \overline{X}.$$

又由
$$\overline{x} = \frac{15.1+14.6+\cdots+17.2}{10} = 15.68.$$

故 λ 的矩估计值为
$$\hat{\lambda} = 15.68.$$

因此,估计的听觉神经纤维平均反应速度是每 200ms 15.68 个脉冲.

注:此问题中也可用二阶中心矩估计,即 $V_2 = B_2$,则有矩估计量

第8章 参数估计

为 $\hat{\lambda} = \dfrac{1}{n}\sum_{i=1}^{n}(X_i - \overline{X})^k$,估计值为 6.028. 从这个例子也可以看出,矩估计量不唯一. 一般情况下,矩估计采取这样的原则:能用低阶矩处理的就不用高阶矩.

例 8.10 设 $X_1, \cdots, X_n$ 为取自参数为 λ 的泊松分布的简单随机样本,试求:λ^2 的无偏估计量.

解:由 $X \sim P(\lambda)$,可得
$$E(X) = \lambda,$$
$$E(X^2) = D(X) + [E(x)]^2 = \lambda + \lambda^2.$$

所以
$$\lambda^2 = E(X^2) - E(X) = E(X^2 - X).$$

用样本矩 $A_1 = \overline{X}$, $A_2 = \dfrac{1}{n}\sum_{i=1}^{n}X_i^2$ 代替相应的总体矩 $E(X)$,$E(X^2)$,可得无偏估计量为
$$\hat{\lambda}^2 = A_2 - A_1 = \dfrac{1}{n}\sum_{i=1}^{n}X_i^2 - \overline{X}.$$

例 8.11 设总体 X 在 $[a,b]$ 上服从均匀分布,a,b 未知.$X_1, X_2, \cdots, X_n$ 是来自 X 的样本,现抽得一个样本 $x_1 = -2$,$x_2 = 0$,$x_3 = 4$,$x_4 = -1$,$x_5 = 1$,试求 a,b 的矩估计量和矩估计值.

解:根据均匀分布的数字特征可知,
$$\mu_1 = E(X) = \dfrac{a+b}{2},$$
$$\mu_2 = E(X^2) = D(X) + [E(X)]^2 = \dfrac{(b-a)^2}{12} + \dfrac{(a+b)^2}{4},$$

解得
$$a = \mu_1 - \sqrt{3(\mu_2 - \mu_1^2)},\ b = \mu_1 + \sqrt{3(\mu_2 - \mu_1^2)}.$$

用样本矩 A_1, A_2 代替 μ_1, μ_2,得到 a,b 的矩估计量分别为

$$\hat{a} = A_1 - \sqrt{3(A_2 - A_1^2)} = \overline{X} - \sqrt{\dfrac{3}{n}\sum_{i=1}^{n}(X_i - \overline{X})^2} = \overline{X} - \sqrt{3}S_n,$$

$$\hat{b} = A_1 + \sqrt{3(A_2 - A_1^2)} = \overline{X} + \sqrt{\dfrac{3}{n}\sum_{i=1}^{n}(X_i - \overline{X})^2} = \overline{X} + \sqrt{3}S_n.$$

经计算 $\overline{X} = 0.4$,$S_n = 2.05913$,代入后得矩估计值为
$$\hat{a} = -3.167,\ \hat{b} = 3.967.$$

注:矩估计值有时不合理,上述例子中 x_3 并不在估计的区间 $[-3.167, 3.967]$ 中.

例8.12 设总体 X 的均值 μ 及方差 σ^2 都存在，且有 $\sigma^2 > 0$，但 μ，σ^2 均为未知，又设 $X_1, X_2, \cdots, X_n$ 是来自 X 的样本，试求 μ，σ^2 的矩估计量.

解：根据一阶原点矩和二阶原点矩，可得
$$\mu_1 = E(X) = \mu,$$
$$\mu_2 = E(X^2) = D(X) + [E(X)]^2 = \sigma^2 + \mu^2.$$
则有
$$\mu = \mu_1, \quad \sigma^2 = \mu_2 - \mu_1^2.$$
以 A_1，A_2 代替 μ_1，μ_2，得 μ 和 σ^2 的矩估计量分别为
$$\hat{\mu} = A_1 = \overline{X},$$
$$\hat{\sigma}^2 = A_2 - A_1^2 = \frac{1}{n}\sum_{i=1}^{n} X_i^2 - \overline{X}^2 = \frac{1}{n}\sum_{i=1}^{n}(X_i - \overline{X})^2.$$

注：本例表明，总体均值与方差的矩估计量的表达式不因总体分布的不同而不同.

8.2.2 极大似然估计法

极大似然估计法是一种非常重要的点估计方法. 它首先由德国数学家高斯于1821年提出，英国统计学家费希尔于1922年重新发现并做了进一步的研究.

引例8.1 某池塘里有鲤鱼和鲫鱼两种鱼类，但是不知道其比例，试想一下，能否通过多次有放回捕鱼的结果判断池塘里鲤鱼的比例呢？

假设捕了 n 次鱼，用随机变量 X_i，$i = 1, 2, \cdots, n$，表示，即
$$X_i = \begin{cases} 1, & \text{捕到的是鲤鱼}, \\ 0, & \text{捕到的是鲫鱼}. \end{cases}$$

假定将鱼放回后，鱼有足够的时间可以和其他的鱼混合，所以可以将多次捕鱼看作独立同分布的0-1分布，假设鲤鱼的比例是 p，则捕获鲤鱼的概率为
$$L(p) = P(X_1 = x_1, X_2 = x_2, \cdots, X_n = x_n) = P(X_1 = x_1)P(X_2 = x_2)\cdots P(X_n = x_n)$$
$$= p^{x_1}(1-p)^{x_1}p^{x_2}(1-p)^{x_2}\cdots p^{x_n}(1-p)^{x_n} = p^{\Sigma x_i}(1-p)^{n-\Sigma x_i}$$

不妨设捕了10次鱼，分别看一下捕获3次鲤鱼 $\left(\text{即}\sum_{i=1}^{n} x_i = 3\right)$、5次鲤鱼、6次鲤鱼的概率分布（见图8.3）.

概率分布函数 $L(p)$ 给出了样本发生概率随参数 p 的变化规律. 从图8.3可以看出，根据捕到3次鲤鱼的概率曲线可知，当 p 等于0.3时，$L(p)$ 最大；根据捕到5次鲤鱼的概率曲线可知，当 p

等于 0.5 时，$L(p)$ 最大；根据捕到 6 次鲤鱼的概率曲线可知，当 p 等于 0.6 时，$L(p)$ 最大. 不难理解，毕竟试验结果已经出现，那么鲤鱼的比例应该是使得结果发生的概率最大，这种推断的思路很符合人们的经验事实. 因此，如果捕到 3 次鲤鱼，推出鲤鱼的比例为 0.3；如果捕到 5 次鲤鱼，推出鲤鱼的比例为 0.5；如果捕到 6 次鲤鱼，推出鲤鱼的比例为 0.6.

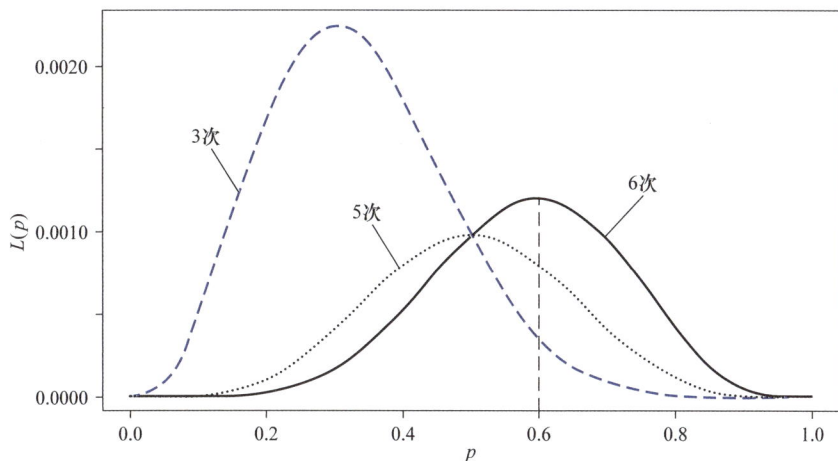

图 8.3　不同鲤鱼比例下分别捕到 3 次、5 次、6 次鲤鱼的概率曲线图

总结一下，极大似然估计的思想为在已经得到实验结果的情况下，应该寻找使这个结果出现的可能性最大的那个 θ 作为 θ 的估计 $\hat{\theta}$. 这种方法就称为极大似然估计. 我们写出该结果出现的概率，它一般依赖于参数 θ，将该概率看成 θ 的函数，用 $L(\theta)$ 表示，称为似然函数. 设 $X_1, X_2, \cdots, X_n$ 是取自总体 X 的样本，样本观察值为 $x_1, x_2, \cdots, x_n$，表 8.2 给出了离散型总体、连续型总体下的似然函数表达式.

表 8.2　离散型总体、连续型总体下的似然函数

	离散型总体	连续型总体
分布	$P(X=x) = p(x, \theta)$ 其中 θ 为未知参数	概率密度为 $f(x, \theta)$ 其中 θ 为未知参数，
似然函数	$L(\theta) = P(X_1 = x_1, \cdots, X_n = x_n)$ $= \prod_{i=1}^{n} p(x_i, \theta)$	$L(\theta) = L(x_1, x_2, \cdots, x_n, \theta)$ $= \prod_{i=1}^{n} f(x_i, \theta)$

定义 8.7　若对任意给定的样本值 $x_1, x_2, \cdots, x_n$，存在
$$\hat{\theta} = \hat{\theta}(x_1, x_2, \cdots, x_n),$$
使
$$L(\hat{\theta}) = \max_{\theta} L(\theta),$$

则称 $\hat{\theta} = \hat{\theta}(x_1, x_2, \cdots, x_n)$ 为 θ 的极大似然估计值. 称相应的统计量 $\hat{\theta}(X_1, X_2, \cdots, X_n)$ 为 θ 的极大似然估计量. 它们统称为 θ 的**极大似然估计**.

从定义中看出,求未知参数 θ 的极大似然估计问题,归结为求似然函数 $L(\theta)$ 的最大值点的问题. 可分为两种情况探讨:

(1) 当似然函数关于未知参数可微时,可利用微分学中求最值的方法求解.

步骤1: 写出似然函数 $L(\theta) = L(x_1, x_2, \cdots, x_n, \theta)$;

步骤2: 令 $\dfrac{\mathrm{d}L(\theta)}{\mathrm{d}\theta} = 0$ 或 $\dfrac{\mathrm{d}\ln L(\theta)}{\mathrm{d}\theta} = 0$,求驻点;

步骤3: 判断并求出最大值点,在最大值点的表达式中,用样本值代入求得参数的极大似然估计值.

(2) 当似然函数关于未知参数不可微时,只能按极大似然估计法的基本思想求出最大值点.

注:上述方法可推广至多个未知参数的极大似然估计.

例8.13 (接例8.7) 求 θ 的极大似然估计值.

解:似然函数为
$$L(\theta) = \theta^2 \cdot 2\theta(1-\theta) \cdot 2\theta(1-\theta) = 4\theta^4(1-\theta)^2.$$

令
$$\frac{\mathrm{d}}{\mathrm{d}\theta}\ln L(\theta) = \frac{4}{\theta} - \frac{2}{1-\theta} = 0.$$

解得 θ 的极大似然估计值
$$\hat{\theta} = \frac{2}{3}.$$

注:这一极大似然估计值与矩估计值一样.

例8.14 设 $X \sim B(1,p)$,$X_1, X_2, \cdots, X_n$ 是取自总体 X 的一个样本,试求参数 p 的极大似然估计.

解:设 $x_1, x_2, \cdots, x_n$ 是 $X_1, X_2, \cdots, X_n$ 的一个样本值,X 的分布律为
$$P(X=x) = p^x(1-p)^{1-x}, \quad x = 0,1.$$

故似然函数为
$$L(p) = \prod_{i=1}^{n} p^{x_i} = p^{\sum\limits_{i=1}^{n} x_i}(1-p)^{n - \sum\limits_{i=1}^{n} x_i}.$$

令
$$\frac{\mathrm{d}}{\mathrm{d}p}\ln L(p) = \frac{\sum\limits_{i=1}^{n} x_i}{p} - \frac{n - \sum\limits_{i=1}^{n} x_i}{1-p} = 0.$$

可得 p 的极大似然估计值
$$\hat{p} = \frac{1}{n}\sum_{i=1}^{n} x_i = \bar{x}.$$

从而 p 的极大似然估计量
$$\hat{p} = \frac{1}{n}\sum_{i=1}^{n} X_i = \bar{X}.$$

注：这一估计量与矩估计量是相同的. 同时,由本例题得出的关于比例 p 的点估计方法也为引例 8.1 中鲤鱼比例估计方法提供了理论支撑.

例 8.15 设总体 X 服从 $[0,\theta]$ 上的均匀分布, θ 未知. $X_1,\cdots,X_n$ 为 X 的样本, $x_1,\cdots,x_n$ 为样本值. 试求 θ 的极大似然估计.

解：似然函数为
$$L(\theta) = \begin{cases} \dfrac{1}{\theta^n}, & 0 \le x_1,\cdots,x_n \le \theta, \\ 0, & \text{其他} \end{cases}$$

因 $L(\theta)$ 不可导, 可按极大似然法的基本思想确定 $\hat{\theta}$. 欲使 $L(\theta)$ 最大, θ 应尽量小同时必须满足 $\theta \ge x_i (i=1,\cdots,n)$, 即 $\theta \ge \max\{x_1,\cdots,x_n\}$, 否则 $L(\theta)=0$.

因此, 当 $\theta = \max\{x_1,\cdots,x_n\}$ 时, $L(\theta)$ 可达最大.

故 θ 的极大似然估计值与极大似然估计量分别为
$$\hat{\theta} = \max\{x_1,\cdots,x_n\}, \quad \hat{\theta} = \max\{X_1,\cdots,X_n\}.$$

例 8.16 设总体 X 服从指数分布, 其概率密度函数
$$f(x,\lambda) = \begin{cases} \lambda e^{-\lambda x}, & x>0, \\ 0, & x \le 0, \end{cases}$$

其中未知参数 $\lambda > 0$. $x_1, x_2, \cdots, x_n$ 是来自总体 X 的样本观察值, 求参数 λ 的极大似然估计值.

解：似然函数为
$$L(x_1,x_2,\cdots,x_n;\lambda) = \begin{cases} \lambda^n e^{-\lambda \sum_{i=1}^{n} x_i}, & x_i>0, \\ 0, & \text{其他}. \end{cases}$$

显然, $L(x_1,x_2,\cdots x_n;\lambda)$ 的最大值点一定是 $L_1(x_1,x_2,\cdots,x_n;\lambda) = \lambda^n e^{-\lambda \sum_{i=1}^{n} x_i}$ 的最大值点, 对其取对数 $\ln L_1(x_1,x_2,\cdots,x_n;\lambda) = n\ln\lambda - \lambda \sum_{i=1}^{n} x_i.$

令 $\dfrac{d\ln L_1(x_1,x_2,\cdots,x_n;\lambda)}{d\lambda} = \dfrac{n}{\lambda} - \sum_{i=1}^{n} x_i = 0$, 可得 λ 的极大似然估计值

$$\hat{\lambda} = \frac{n}{\sum_{i=1}^{n} x_i} = \frac{1}{\bar{x}}.$$

例 8.17 设 $x_1, x_2, \cdots, x_n$ 是正态总体 $N(\mu, \sigma^2)$ 的样本观察值，其中 μ, σ^2 是未知参数，试求 μ 和 σ^2 的极大似然估计值.

解：似然函数为

$$L(\mu, \sigma^2) = \prod_{i=1}^{n} \left(\frac{1}{\sqrt{2\pi}\sigma} e^{-\frac{(x_i-\mu)^2}{2\sigma^2}} \right)$$

$$= (\sqrt{2\pi})^{-n} (\sigma^2)^{-\frac{n}{2}} \exp\left(-\frac{1}{2\sigma^2} \sum_{i=1}^{n} (x_i - \mu)^2 \right).$$

对其取对数

$$\ln L(\mu, \sigma^2) = -n\ln\sqrt{2\pi} - \frac{n}{2}\ln\sigma^2 - \frac{1}{2\sigma^2} \sum_{i=1}^{n} (x_i - \mu)^2.$$

令

$$\begin{cases} \dfrac{\partial \ln L}{\partial \mu} = \dfrac{1}{\sigma^2} \sum_{i=1}^{n} (x_i - \mu) = 0, \\ \dfrac{\partial \ln L}{\partial \sigma^2} = \dfrac{1}{2\sigma^4} \sum_{i=1}^{n} (x_i - \mu)^2 - \dfrac{n}{2\sigma^2} = 0, \end{cases}$$

可得 μ 和 σ^2 的极大似然估计值

$$\hat{\mu} = \frac{1}{n} \sum_{i=1}^{n} x_i = \bar{x}, \quad \hat{\sigma}^2 = \frac{1}{n} \sum_{i=1}^{n} (x_i - \bar{x})^2.$$

注：本例表明极大似然估计量为 $\hat{\mu} = \dfrac{1}{n} \sum_{i=1}^{n} X_i = \bar{X}$，$\hat{\sigma}^2 = \dfrac{1}{n} \sum_{i=1}^{n} (X_i - \bar{X})^2$，这与例 8.12 中的矩估计量相同.

例 8.18 利用 R 中 stats4 包中关于植物生长的重量的数据，假定其总体服从 $N(\mu, \sigma^2)$，随机抽取了 30 株植物进行观察，试用 R 求 μ 和 σ^2 的极大似然估计值.

解：采用 stats4 包中的 mle() 函数求解，得到 μ 和 σ^2 的极大似然估计值分别为 5.0730，0.4753（见第 8.2.3 节例 8.18 的 R 程序 1），这与例 8.17 计算出的极大似然估计值完全吻合（见第 8.2.3 节例 8.18 的 R 程序 2）.

回顾这一节对矩估计、极大似然估计两种点估计方法的阐述与应用，总结如下（见表 8.3）：

表 8.3 矩估计法和极大似然估计法的对比

统计方法	思想	计算	特点
矩估计(ME)	样本矩 = 总体矩	较简单	某阶总体矩存在
极大似然估计(MLE)	极大似然原理	较复杂	需有观测值

8.2.3 点估计的 R 实现

点估计分为矩估计和极大似然估计两种方法,下面分别详述其 R 实现.

1. 矩估计的 R 实现

在 R 的软件包中是没有直接命令计算各阶原点矩或者中心矩的. 计算各阶矩可以自编程序,常会用到均值函数 mean()、方差函数 var() 和标准差函数 sd();也可以调用程序包 actuar,用函数 emm() 计算各阶的原点矩.

emm() 函数的调用格式为

emm(x,order,...)

其中,x 可以是数据向量或者矩阵,如果是分组数据,x 也可以是由 grouped.data() 函数生成的数据框;order 是阶数,可以赋值一个向量,这样可以计算多个原点矩.

下面给出本知识点相应例题的 R 实现程序.

(1)自编程序

例 8.1 的 R 实现

R 程序:

```
> x <-c(167,131,169,144,173,199,109,212,222,250)
> mean(x)
[1] 177.6
> sd(x)
[1] 43.5487
```

例 8.7 的 R 实现.

R 程序:

```
> x <-c(1,2,2)
> theta <-(3-mean(x))/2
> theta
[1] 0.6666667
```

例 8.9 的 R 实现.

R 程序：

```
> x <-c(15.1,14.6,12.0,19.2,16.1,15.5,11.3,18.7,
17.1,17.2)
> mean(x)
[1] 15.68
n <-length(x)
> (n-1)/n* var(x)
[1] 6.028
```

（2）函数调用

例 8.11 的 R 实现.

R 程序：

```
> library("actuar")
> x <-c(-2,0,4,-1,1)
> M <-emm(x,1:2)
> a <-M[1] - sqrt(3* (M[2]-M[1]^2))
> b <-M[1] +sqrt(3* (M[2]-M[1]^2))
> a
[1]-3.166511
> b
[1] 3.966511
```

2. 极大似然估计的 R 实现

在 R 的基础包中也没有直接命令计算极大似然估计值的，可以先定义似然函数再用函数 nlminb() 对参数进行估计，也可以调用包 stats4，用函数 mle() 计算极大似然估计值.

nlminb() 函数的调用格式为

nlminb(start,objective,gradient = NULL,hessian = NULL,lower =-Inf,upper = Inf,...)，其中 start 是数值向量，用于设置参数的初始值；objective 指要优化的函数；gradient 和 hessian 用于设置对数似然的梯度，通常采用默认状态；lower 和 upper 设置参数的下限和上限，如果未指定，则假设所有参数都不受约束.

mle() 函数的调用格式为

mle(minuslogl, start)

其中，minuslogl 是非负的对数似然函数；start 是数值向量，用于设置参数的初始值.

例 8.18 的 R 程序 1.

```
> library("stats4")
> x <-PlantGrowth$weight
> minuslogL <-function(mu,sigma2)
+ {-sum(dnorm(x,mean = mu,sd = sqrt(sigma2),log = TRUE))} #对数似然函数
> MaxLikeEst <-mle(minuslogL,start = list(mu =5,sigma2 = 0.5))
> summary(MaxLikeEst)
Maximum likelihood estimation
Call:
mle(minuslogl = minuslogL,start = list(mu = 5,sigma2 = 0.5))
Coefficients:
       Estimate Std. Error
mu      5.0730    0.1259
sigma2  0.4753    0.1227
-2 log L: 62.82
```

给定初始值 $\mu = 5$，$\sigma^2 = 0.5$，dnorm(z) 函数返回的是正态分布概率密度函数 $f(x)$ 在 $x = z$ 处的函数值，-sum(dnorm(x, mean =mu,sd = sqrt(sigma2),log = TRUE)) 是对数似然函数(例 8.17 中对数似然函数)，通过 mle() 函数求解此对数似然函数，可以获得参数的极大似然估计值为 5.0730，0.4753.

例 8.18 的 R 程序 2.

```
> mean(x)
[1] 5.073
> var(x)*(length(x) -1)/length(x)
[1] 0.4753
```

3. 本节试验的 R 实现

引例 8.1 的 R 程序.

```
> curve(x^3*(1-x)^7,0,1,xlab ="p",ylab ="L(p)",col = 2,lty =2) #画曲线
> curve(x^5*(1-x)^5,0,1,add =TRUE,col = 3,lty =3)
> curve(x^6*(1-x)^4,0,1,add =TRUE,col = 4,lty =1)
> x <-6
> L <-function(p,x)p^x*(1-p)^(10-x) #构造函数
> optimize(L,interval =c(0,1),x =x,maximum =TRUE) #最优化
$`maximum`
[1] 0.600002

$objective
[1] 0.001194394
```

习题 8-2

1. 设 $X_1, X_2, \cdots, X_n$ 是来自总体 X 的样本，X 的密度函数为
$$f(x) = \begin{cases} \dfrac{\theta_2 \theta_1^{\theta_2}}{x^{\theta_2+1}}, & x \geq \theta_1, \\ 0, & x < \theta_1, \end{cases}$$
其中 $\theta_1 > 0$，$\theta_2 > 0$，则 θ_1 和 θ_2 的极大似然估计分别为（　）.

(A) $\hat{\theta}_1 = \max\limits_{1 \leq i \leq n} X_i$，$\theta_2 = \dfrac{n}{\dfrac{n}{\theta_1}}$

(B) $\hat{\theta}_1 = \max\limits_{1 \leq i \leq n} X_i$，$\theta_2 = \dfrac{\sum\limits_{i=1}^{n} \ln X_i}{n}$

(C) $\hat{\theta}_1 = \min\limits_{1 \leq i \leq n} X_i$，$\theta_2 = \dfrac{1}{n}\sum\limits_{i=1}^{n}(\ln X_i - \hat{\theta}_1)$

(D) $\hat{\theta}_1 = \min\limits_{1 \leq i \leq n} X_i$，$\theta_2 = \dfrac{n}{\sum\limits_{i=1}^{n}(\ln X_i - \ln \hat{\theta}_1)}$

2. 设 σ 是总体 X 的标准差，$X_1, X_2, \cdots, X_n$ 是它的样本，则样本标准差 S 是总体标准差 σ 的（　）.

(A) S 是 σ 的无偏估计
(B) S^2 是 σ^2 的极大似然估计
(C) $\overline{X}$ 是 μ 的相合估计
(D) S 与 $\overline{X}$ 独立

3. 设总体为二项分布 $B(n,p)$，求未知参数 p 的矩估计量.

4. 设 $X_1, X_2, \cdots, X_n$ 是来自参数为 n, p 的二项分布总体. 试求：p^2 的无偏估计量.

5. 在某班期末数学考试成绩中随机抽取 9 人的成绩，
94, 89, 85, 78, 75, 71, 65, 63, 55.
试求该班数学成绩的平均分数，标准差的矩估计值，并给出 R 实现的程序.

6. 设总体 X 的概率分布为

Y	0	1	2	3
P	θ^2	$3\theta(1-\theta)$	$2\theta^2$	$1-3\theta$

其中 $\theta\left(0 < \theta < \dfrac{1}{3}\right)$ 为未知参数，随机抽取获得如下样本值：
3, 1, 3, 0, 3, 1, 2, 3
试求 θ 的矩估计值和极大似然估计值，并给出 R 实现的程序.

7. 设总体 X 具有概率密度
$$f(x, \lambda, \theta) = \begin{cases} \lambda e^{-\lambda(x-\theta)}, & x > \theta, \\ 0, & x \leq \theta, \end{cases}$$
其中 $\lambda > 0$，θ 为未知参数. $X_1, X_2, \cdots, X_n$ 是来自总体 X 的样本，求 θ, λ 的矩估计量.

8. 设总体 X 在 $[a, b]$ 上服从均匀分布，a, b 未知，$x_1, x_2, \cdots, x_n$ 是一个样本值. 试求 a, b 的极大似然估计量.

9. 设总体 X 的概率密度函数
$$f(x, \lambda) = \begin{cases} \lambda^2 e^{-\lambda x}, & x > 0, \\ 0, & x \leq 0, \end{cases}$$
其中未知参数 $\lambda > 0$. $x_1, x_2, \cdots, x_n$ 是来自总体 X 的样本观察值，求参数 λ 的极大似然估计值和极大似然估计量.

10. 设总体 X 的概率密度函数
$$f(x, \theta) = \begin{cases} \dfrac{1}{1-\theta}, & 0 \leq x \leq 1, \\ 0, & \text{其他}, \end{cases}$$
其中 θ 为未知参数. $X_1, X_2, \cdots, X_n$ 是来自总体 X 的简单随机样本，求参数 θ 的矩估计量和极大似然估计量.

8.3 区间估计

前面讨论了未知参数的点估计法，它是用样本的观测值计算出的一个值去估计未知参数. 正如引例 8.1 所述，若估计某湖泊中鲤鱼的比例，可根据一个实际样本，利用极大似然估计法估计出鲤鱼的比例为 0.6，但是这种估计结果使用起来把握不大. 实际

上,鲫鱼的比例既可能大于0.6,也可能小于0.6,且可能偏差较大. 因此,如果能给出这个估计值的一个估计区间,以便能较大把握地(其程度可用概率来度量)相信鲤鱼比例的真值被包含在这个区间内,这样的估计显然更有实用价值. 故本节将要引入另一类估计方法——区间估计,在区间估计理论中,被广泛接受的一种观点是置信区间,它由波兰统计学家奈曼(J. Neyman)于1934年提出的.

由中心极限定理可知,当样本容量大($n \geqslant 30$)时,样本均值的抽样分布近似服从正态分布$\left(\text{均值为}\mu,\text{标准差为}\dfrac{\sigma}{\sqrt{n}}\right)$. 由此可见,样本均值等可能地落在$\mu$的左右,且以0.95的概率与$\mu$的偏离不会大于$1.96\dfrac{\sigma}{\sqrt{n}}$(见图8.4),因此可以根据样本均值给出$\mu$的区间估计.

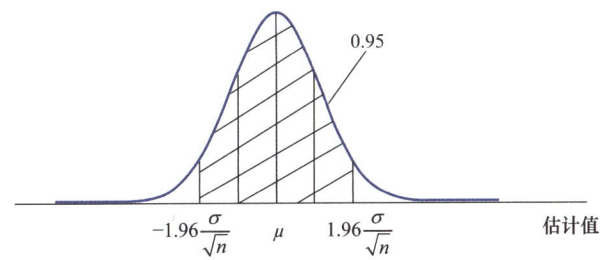

图8.4 大样本下样本均值的抽样分布

> **定义 8.8** 设θ为总体分布的未知参数,$X_1, X_2, \cdots, X_n$是取自总体X的一个样本,对给定的数$1-\alpha(0 < \alpha < 1)$,若存在统计量
> $$\underline{\theta} = \underline{\theta}(X_1, X_2, \cdots, X_n), \quad \overline{\theta} = \overline{\theta}(X_1, X_2, \cdots, X_n),$$
> 使得
> $$P(\underline{\theta} < \theta < \overline{\theta}) = 1 - \alpha, \tag{8.1}$$
> 则称随机区间$(\underline{\theta}, \overline{\theta})$为$\theta$的$1-\alpha$**双侧置信区间**,称$1-\alpha$为**置信度**或**置信水平**,又分别称$\underline{\theta}$与$\overline{\theta}$为$\theta$的**双侧置信下限**与**双侧置信上限**.

从定义8.8可以看出,寻求置信区间也就是寻找相应的$\underline{\theta}$与$\overline{\theta}$,但是θ的分布未知,概率也就无法求解,故寻找置信区间的基本思想:在点估计的基础上,需构造合适的函数U,这个函数中包含未知参数θ和样本,且U的分布已知,从而可利用U的分布和

置信度推导出关于 θ 的置信区间. 具体步骤为

步骤1：选取未知参数 θ 的某个较优估计量 $\hat{\theta}$；

步骤2：围绕 $\hat{\theta}$ 构造一个依赖于样本与参数 θ 的函数
$$u = u(X_1, X_2, \cdots, X_n, \theta),$$
且该函数分布已知，称此随机变量为枢轴变量；

步骤3：对给定的置信度 $1-\alpha$，确定 λ_1 与 λ_2，使
$$P(\lambda_1 < u < \lambda_2) = 1-\alpha;$$

步骤4：对不等式作恒等变形化后为
$$P\{\underline{\theta} < \theta < \overline{\theta}\} = 1-\alpha,$$
则 $(\underline{\theta}, \overline{\theta})$ 就是 θ 的置信度为 $1-\alpha$ 的双侧置信区间.

注：由于步骤3中 λ_1 与 λ_2 的选取有很多种，因此对于置信度为 $1-\alpha$ 的置信区间就有很多组 $(\underline{\theta}, \overline{\theta})$，在这里置信区间的选取通常以置信区间上下限偏离 θ 的概率为 $\dfrac{1-\alpha}{2}\left(\text{即} P(u \leqslant \lambda_1) = P(u \geqslant \lambda_2) = \dfrac{\alpha}{2}\right)$ 作为计算的准则，具体原因后面详述.

例8.19 设总体 $X \sim N(\mu, \sigma^2)$，σ^2 为已知，μ 为未知，设 $X_1, X_2, \cdots, X_n$ 是来自 X 的样本，求 μ 的置信度为 $1-\alpha$ 的置信区间.

解：因为 $\overline{X}$ 是 μ 的无偏估计，且 $\dfrac{\overline{X}-\mu}{\dfrac{\sigma}{\sqrt{n}}} \sim N(0,1)$，根据标准正态分布的双侧 α 分位数的定义，有
$$P\left(\left|\dfrac{\overline{X}-\mu}{\dfrac{\sigma}{\sqrt{n}}}\right| < u_{\frac{\alpha}{2}}\right) = 1-\alpha,$$

即
$$P\left\{\overline{X} - \dfrac{\sigma}{\sqrt{n}} u_{\frac{\alpha}{2}} < \mu < \overline{X} + \dfrac{\sigma}{\sqrt{n}} u_{\frac{\alpha}{2}}\right\} = 1-\alpha.$$

故得到了 μ 的一个置信度为 $1-\alpha$ 的置信区间
$$\left(\overline{X} - \dfrac{\sigma}{\sqrt{n}} u_{\frac{\alpha}{2}},\ \overline{X} + \dfrac{\alpha}{\sqrt{n}} u_{\frac{\alpha}{2}}\right).$$

在这里，只要知道样本容量 n，置信度 $1-\alpha$，以及总体方差 σ，样本均值 $\overline{x}$ 就可以计算出 μ 的置信区间. 若取 $\alpha=0.05$，$\sigma=1$，$n=16$，查表得 $u_{\frac{\alpha}{2}} = u_{0.025} = 1.96$，则得到一个置信度为 0.95 的置信区间 $(\overline{X} \pm 0.49)$. 若一个样本的样本均值的观察值 $\overline{x} = 10.2$，则得到一个置信度为 0.95 的置信区间 $(10.2 \pm 0.49) = (9.71, 10.69)$.

注1：置信度 $1-\alpha$ 的含义为在随机抽样中，若重复抽样多次，得

到样本 $X_1,X_2,\cdots,X_n$ 的多组样本值$(x_1,x_2,\cdots,x_n)$,对应每组样本值都确定了一个置信区间$(\underline{\theta},\overline{\theta})$,每个这样的区间要么包含了 θ 的真值,要么不包含 θ 的真值. 根据伯努利大数定理,当抽样次数 N 充分大时,这些区间中包含 θ 的真值的频率接近于置信度(即概率) $1-\alpha$, 即在这些区间中包含 θ 的真值的区间大约有 $N(1-\alpha)$ 个,不包含 θ 的真值的区间大约有 $N\alpha$ 个. 例如,若令 $1-\alpha=0.95$,重复抽样 100 次,则其中大约有 95 个区间包含 θ 的真值,大约有 5 个区间不包含 θ 的真值.

下面用两次试验来展示:从一个已知 $\mu=10$, $\sigma=1$ 的正态分布中随机取样本容量 $n=10$ 的 100 个样本,对每一个样本计算出一个 μ 的置信度为 0.95 的置信区间. 一次试验如图 8.5 所示,可以看出有八组置信区间并不含有真值(粗线表示);另一次试验的结果见表 8.4,可以看出有五组置信区间并不含有真值(粗体表示).

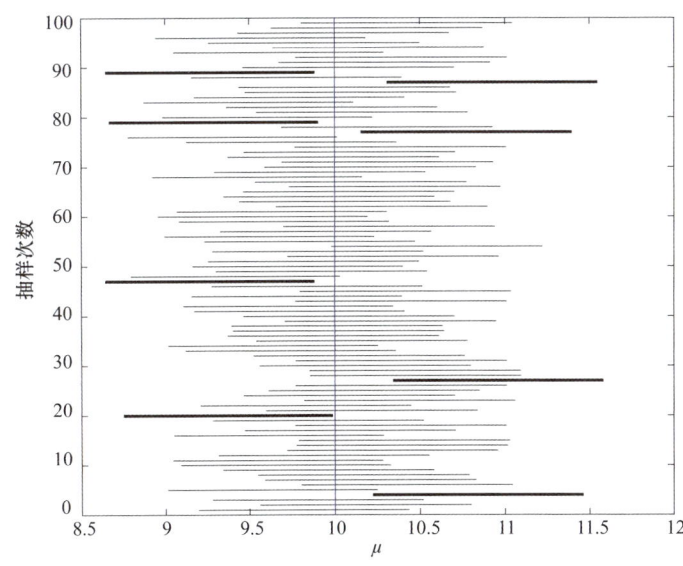

图 8.5 100 组样本的 μ 的置信度为 0.95 的置信区间

表 8.4 100 组样本的 μ 的置信度为 0.95 的置信区间

编号	置信下限	置信上限	编号	置信下限	置信上限	编号	置信下限	置信上限
1	9.484806	10.724419	8	9.201855	10.441467	15	9.508166	10.747778
2	9.902985	11.142597	9	9.634712	10.874325	16	9.712959	10.952572
3	9.479470	10.719082	10	9.691962	10.931575	17	9.316817	10.556430
4	9.414977	10.654590	11	9.012297	10.251910	18	9.217281	10.456894
5	9.198077	10.437690	12	9.589340	10.828953	19	9.115578	10.355191
6	9.599240	10.838853	**13**	**8.536724**	**9.776337**	20	9.403295	10.642908
7	8.979598	10.219211	14	9.456653	10.696266	21	9.351803	10.591416

(续)

编号	置信下限	置信上限	编号	置信下限	置信上限	编号	置信下限	置信上限
22	9.284861	10.524474	49	9.439641	10.679253	76	9.386585	10.626197
23	9.524251	10.763864	50	9.208151	10.447764	77	9.439999	10.679612
24	9.395424	10.635036	51	9.682396	10.922009	78	8.794764	10.034377
25	9.419369	10.658982	52	9.262542	10.502155	79	8.815083	10.054696
26	9.414482	10.654095	53	9.299753	10.539366	80	9.430957	10.670570
27	9.268546	10.508159	54	9.171054	10.410667	81	9.292957	10.532570
28	9.302543	10.542156	55	9.336120	10.575733	82	9.706807	10.946420
29	9.057275	10.296888	56	9.662946	10.902559	83	9.353884	10.593497
30	9.185954	10.425567	57	9.635081	10.874694	84	8.985103	10.224716
31	9.568615	10.808228	58	9.457482	10.697095	85	9.208100	10.447713
32	9.349651	10.589264	59	9.618823	10.858436	86	9.792756	11.032369
33	9.820521	11.060134	60	9.137275	10.376888	87	9.723773	10.963386
34	9.259037	10.498650	61	9.139475	10.379088	88	9.380929	10.620542
35	9.345356	10.584969	62	9.887207	11.126820	89	9.568864	10.808477
36	9.452955	10.692568	63	9.122686	10.362299	90	9.506211	10.745824
37	9.231867	10.471480	64	9.345593	10.585206	**91**	**10.050264**	**11.289877**
38	8.819215	10.058828	**65**	**10.082637**	**11.322250**	92	9.601947	10.841560
39	**10.015336**	**11.254949**	66	9.103422	10.343035	93	9.184679	10.424292
40	9.198530	10.438142	67	8.910868	10.150481	94	8.914464	10.154077
41	9.390125	10.629737	68	9.256605	10.496218	95	9.714231	10.953844
42	8.861574	10.101187	69	8.869772	10.109385	96	8.961950	10.201563
43	9.417807	10.657420	70	9.356864	10.596477	97	9.444195	10.683808
44	9.615632	10.855245	71	9.452233	10.691845	98	9.116024	10.355637
45	8.865768	10.105381	**72**	**10.196829**	**11.436442**	99	9.523918	10.763531
46	9.276812	10.516425	73	8.813132	10.052745	100	9.643677	10.883290
47	9.313275	10.552888	74	9.437799	10.677412			
48	9.795248	11.034860	75	9.044527	10.284140			

注2：置信度与估计精度是一对矛盾. 对于固定样本量 n，置信度 $1-\alpha$ 越大, 置信区间 $(\underline{\theta},\overline{\theta})$ 包含 θ 的真值的概率就越大, 区间 $(\underline{\theta},\overline{\theta})$ 的长度就越长, 对未知参数 θ 的估计精度也就越差. 反之, 对参数 θ 的估计精度越高, 置信区间 $(\underline{\theta},\overline{\theta})$ 长度就越小, $(\underline{\theta},\overline{\theta})$ 包含 θ 的真值的概率就越低, 置信度 $1-\alpha$ 越小. 具体关系见表 8.5.

表 8.5 置信度与估计精度的关系（固定样本量 n）

置信度	准确度	包含真值 θ 的概率	区间长度	估计精度
大	高	大	长	低
小	低	小	短	高

如何来解决这对矛盾呢？只追求精度并不可靠, 首先必须具备一定的准确度. 因此, **寻求置信区间的一般准则是在保证置信**

度的条件下，尽可能提高估计精度. 以枢轴变量 $U \sim N(0,1)$ 为例，要求置信度为 0.95 的置信区间，则有 $P(\lambda_1 < u < \lambda_2) = 1 - \alpha$，这里左右 λ_1，λ_2 的选择有很多种（见图 8.6），图中举了两个区间，区间 1：$P(u_{-0.025} < u < u_{0.025}) = 0.95$，区间 2：$P(-u_{0.01} < u < u_{0.04}) = 0.95$. 虽然这两个区间的置信度都是 0.95，但很明显区间 1 的长度（1.24）< 区间 2 的长度（1.289）（见本书第 8.4.3 节 R 程序）. 尽可能提高精度就是寻求最短的置信区间，由于正态分布具有对称性，利用双侧分位数来计算未知参数的置信度为 $1-\alpha$ 的置信区间，其区间长度在所有这类区间中是最短的，即区间 1 是最好的.

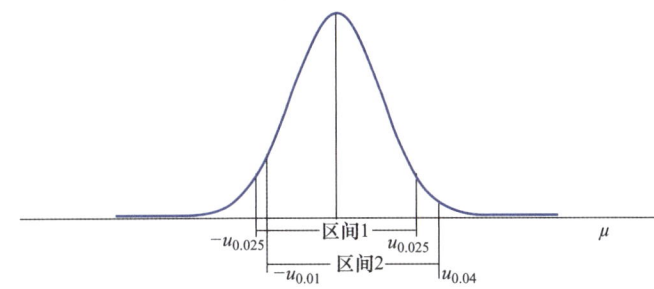

图 8.6　相同置信度下的不同置信区间比较

注 3：在置信区间的长度及估计精度不变的条件下，要提高置信度，就需要加大样本的容量 n，以获得总体更多的信息（见例 8.27）.

注 4：点估计和区间估计也是一对矛盾. 点估计精确，但不准确；区间估计准确，但不精确.

例 8.20　（接例 8.18）利用 R 中 stats4 包中关于植物生长的重量的数据，假定其总体服从 $N(\mu, \sigma^2)$，随机抽取了 30 株植物进行观察，试求 μ 的置信度为 0.95 的置信区间（用 R 实现）.

解：如 R 程序所示（见第 8.4.3 节例 8.20），μ 的置信度为 0.95 的置信区间为 (4.822, 5.324).

例 8.21　设总体 $X \sim N(\mu, 8)$，μ 为未知参数，$X_1, \cdots, X_{36}$ 是取自总体 X 的简单随机样本，如果以区间 $(\overline{X} - 1, \overline{X} + 1)$ 作为 μ 的置信区间，那么置信度是多少？

解：由 $\dfrac{\overline{X} - \mu}{\dfrac{\sigma}{\sqrt{n}}} \sim N(0,1)$，可得

$$\frac{\overline{X} - \mu}{\dfrac{\sqrt{2}}{3}} \sim N(0,1).$$

根据已知
$$P(\overline{X}-1<\mu<\overline{X}+1)=1-\alpha,$$
即
$$P(\mu-1<\overline{X}<\mu+1)=\Phi\left(\frac{3}{\sqrt{2}}\right)-\Phi\left(\frac{-3}{\sqrt{2}}\right)=2\Phi\left(\frac{3}{\sqrt{2}}\right)-1$$
$$=2\Phi(2.121)-1=0.966=1-\alpha.$$

所求的置信度为 0.966.

习题 8-3

1. 在其他条件相同的情况下,置信度为 0.95 的置信区间要比置信度为 0.9 的置信区间( ).

（A）要宽　　　　　（B）要窄
（C）相同　　　　　（D）可能宽也可能窄

2. 区间估计理论中,在准确度一定的情况下,若要提高估计的精确度,则( ).

（A）减少样本量　　（B）增大样本量
（C）降低总体离散程度（D）增大总体离散程度

3. 总体均值 μ 置信度为 0.95 的置信区间为 $(\hat{\theta}_1,\hat{\theta}_2)$,其含义是( ).

（A）总体均值 μ 的真值以 95% 的概率落入区间 $(\hat{\theta}_1,\hat{\theta}_2)$

（B）样本均值以 95% 的概率落入区间 $(\hat{\theta}_1,\hat{\theta}_2)$

（C）区间 $(\hat{\theta}_1,\hat{\theta}_2)$ 包含总体均值 μ 的真值的概率为 95%

（D）区间 $(\hat{\theta}_1,\hat{\theta}_2)$ 包含样本均值 $\overline{X}$ 的概率为 95%

4. 设总体 $X \sim N(\mu,\sigma^2)$,其中 σ^2 为已知,则总体均值 μ 的置信区间长度 L 与置信度 $1-\alpha$ 的关系是( ).

（A）当 $1-\alpha$ 减小时,L 变小
（B）当 $1-\alpha$ 减小时,L 增大
（C）当 $1-\alpha$ 减小时,L 不变
（D）当 $1-\alpha$ 减小时,L 增减不定

8.4 正态总体均值和方差的区间估计

与其他总体相比,正态总体参数的置信区间是最完善的,应用也是最为广泛的. 本节分别介绍单正态总体、双正态总体均值和方差的置信区间.

8.4.1 单正态总体的区间估计

1. 单正态总体均值的置信区间

设总体 $X \sim N(\mu,\sigma^2)$,μ 为未知参数,$X_1,X_2,\cdots,X_n$ 是取自总体 X 的一个样本. 对给定的置信度 $1-\alpha$,μ 的置信区间为

（1）σ^2 已知
$$\left(\overline{X}-u_{\frac{\alpha}{2}}\cdot\frac{\sigma}{\sqrt{n}},\ \overline{X}+u_{\frac{\alpha}{2}}\cdot\frac{\sigma}{\sqrt{n}}\right). \tag{8.2}$$

（2）σ^2 未知

用 σ^2 的无偏估计 S^2 代替 σ^2,构造枢轴变量

第 8 章 参 数 估 计

$$T = \frac{\overline{X} - \mu}{\frac{S}{\sqrt{n}}}.$$

由第 7 章可知

$$T = \frac{\overline{X} - \mu}{\frac{S}{\sqrt{n}}} \sim t(n-1).$$

对给定的置信度 $1-\alpha$，由

$$P\left(-t_{\frac{\alpha}{2}}(n-1) < \frac{\overline{X} - \mu}{\frac{S}{\sqrt{n}}} < t_{\frac{\alpha}{2}}(n-1)\right) = 1 - \alpha,$$

即

$$P\left(\overline{X} - t_{\frac{\alpha}{2}}(n-1) \cdot \frac{S}{\sqrt{n}} < \mu < \overline{X} + t_{\frac{\alpha}{2}}(n-1) \cdot \frac{S}{\sqrt{n}}\right) = 1 - \alpha.$$

因此，均值 μ 的置信度为 $1-\alpha$ 的置信区间为

$$\left(\overline{X} - t_{\frac{\alpha}{2}}(n-1) \cdot \frac{S}{\sqrt{n}},\ \overline{X} + t_{\frac{\alpha}{2}}(n-1) \cdot \frac{S}{\sqrt{n}}\right). \tag{8.3}$$

注：求单正态总体均值 μ 的 $1-\alpha$ 置信区间的关键是要审清题意，首先确定总体的方差是否已知.

例 8.22 某旅行社为调查当地旅游者的平均消费额，随机访问了 100 名旅游者，得知平均消费额 $\bar{x} = 80$ 元. 根据经验，已知旅游者消费服从正态分布，且标准差为 $\sigma = 12$ 元，求该地旅游者平均消费额 μ 的置信度为 0.95 的置信区间.

解：σ^2 已知，故均值 μ 的置信度为 0.95 的置信区间为

$$\left(\overline{X} - u_{\frac{\alpha}{2}} \cdot \frac{\sigma}{\sqrt{n}},\quad \overline{X} + u_{\frac{\alpha}{2}} \cdot \frac{\sigma}{\sqrt{n}}\right).$$

对于给定的置信度 $1 - \alpha = 0.95$，有 $\alpha = 0.05$，$\frac{\alpha}{2} = 0.025$，查（附表 2）标准正态分布表 $u_{0.025} = 1.96$，由 $n = 100$，$\bar{x} = 80$，$\sigma = 12$，代入可得均值 μ 的置信度为 0.95 的置信区间为

$$\bar{x} \pm u_{\frac{\alpha}{2}} \frac{\sigma}{\sqrt{n}} = \bar{x} \pm u_{0.025} \frac{\sigma}{\sqrt{n}} = 80 \pm 1.96 \frac{12}{\sqrt{100}} \approx 80 \pm 2.35,$$

即 μ 的置信度为 0.95 的置信区间为 $(77.65, 82.35)$.

所以，95% 的把握认为每个旅游者的平均消费额在 77.65 元至 82.35 元之间.

例 8.23 （接例 8.22）某旅行社随机访问了 100 名旅游者，得知平均消费额 $\bar{x} = 80$ 元，样本标准差 $s = 12$ 元，已知旅游者消费额服从正态分布，求旅游者平均消费额 μ 的置信度为 0.95 的置信区间.

解: σ^2 未知,故均值 μ 的置信度为 0.95 的置信区间为

$$\left(\overline{X} - t_{\frac{\alpha}{2}}(n-1)\left(\frac{S}{\sqrt{n}}\right), \quad \overline{X} + t_{\frac{\alpha}{2}}(n-1)\left(\frac{S}{\sqrt{n}}\right)\right)$$

对于给定的置信度 $1-\alpha = 0.95$,有 $\alpha = 0.05$,$\frac{\alpha}{2} = 0.025$,查表 $t_{\frac{\alpha}{2}}(n-1) = t_{0.025}(99) = 1.98$,由 $n = 100$,$\overline{x} = 80$,$s = 12$,代入可得均值 μ 的置信度为 0.95 的置信区间为

$$\overline{x} \pm t_{0.025}(99)\left(\frac{s}{\sqrt{n}}\right) = 80 \pm 1.98\left(\frac{12}{\sqrt{100}}\right) \approx 80 \pm 2.38,$$

即 μ 的置信度为 0.95 的置信区间为 (77.62, 82.38).

所以,95% 的把握认为每个旅游者的平均消费额在 77.62 元至 82.38 元之间.

例 8.24 假设需要估计一台计算机的硬盘存储系统的性能. 一个指标是检测硬盘驱动器故障之间的平均时间间隔. 为了估计这个值,对 45 个硬盘驱动器故障的随机样本记录了故障时间间隔,经计算得到如下样本统计量:

$$\overline{x} = 1762\text{h}, \quad s = 215\text{h}.$$

(1) 用置信度为 0.9 的置信区间估计平均故障时间间隔的真值;

(2) 如果硬盘驱动存储系统运转正常,平均故障时间间隔的真值将超过 1700h. 依据上述估计,你对这个硬盘存储系统能推断出什么?

解: (1) 根据 $1 - \alpha = 0.9$,可得 $\frac{\alpha}{2} = 0.05$,查表 $z_{0.05} = 1.645$.

根据 $\overline{x} = 1762$,$s = 215$,可得到均值 μ 的置信度为 0.9 的置信区间为

$$\overline{x} \pm u_{\frac{\alpha}{2}} \frac{\sigma}{\sqrt{n}} = \overline{x} \pm u_{0.05} \frac{\sigma}{\sqrt{n}} \approx \overline{x} \pm u_{0.05} \frac{s}{\sqrt{n}} = 1762 \pm 1.645 \frac{215}{\sqrt{45}} \approx 1762 \pm 52.7,$$

即 (1709.3, 1814.7).

故有 90% 的把握相信区间 (1709.3, 1814.7) 包含了硬盘故障时间间隔的真值.

(2) 因为 90% 置信区间内的所有值都超过了 1700h,所以推断(以 90% 的把握)硬盘存储系统正常.

注: 在这里并没有说明总体服从怎样的分布,但是由中心极限定理保证了当样本数量足够多时,无论抽样总体服从什么分布,$\overline{X}$ 均近似正态. 这里需要特别注意的是中心极限定理只适合大样本情况(一般情况 $n \geq 30$). 对于小样本,$\overline{X}$ 的抽样分布依赖于被抽样总体的分布.

例 8.25 有一大批糖果,现从中随机地取 16 袋,称得重量(单位:g)如下:

506, 508, 499, 503, 504, 510, 497, 512,
514, 505, 493, 496, 506, 502, 509, 496.

设袋装糖果的重量近似地服从正态分布,试求总体均值 μ 的置信度为 0.95 的置信区间.

解:根据 $1-\alpha=0.95$,可得 $\frac{\alpha}{2}=0.025$,查表 $t_{0.025}(15)=2.1315$

σ^2 未知,由 $\bar{x}=503.75$,$s=6.2022$,可得到均值 μ 的置信度为 0.95 的置信区间为 $\left(\bar{x}\pm t_{\frac{\alpha}{2}}(n-1)\times\frac{s}{\sqrt{n}}\right)=\left(503.75\pm 2.1315\times\frac{6.2022}{\sqrt{16}}\right)$,即 $(500.4,507.1)$.

例 8.26 (接例 8.25)设袋装糖果的重量近似地服从正态分布,方差为 36,试求总体均值 μ 的置信度为 0.95 的置信区间.

解:σ^2 已知,μ 的置信度为 0.95 的置信区间为

$$\left(\bar{x}\pm u_{\frac{\alpha}{2}}\times\frac{s}{\sqrt{n}}\right)=\left(503.75\pm 1.96\times\frac{6}{\sqrt{16}}\right)=(500.8,506.7).$$

例 8.27 设总体 $X\sim N(\mu,\sigma^2)$,其中 μ 未知,$\sigma^2=4$,$X_1,\cdots,X_n$ 为其样本.

(1)当 $n=16$ 时,试求置信度分别为 0.9 及 0.95 的 μ 的置信区间的长度.

(2)n 多大能使 μ 的置信度为 0.9 的置信区间的长度不超过 1?

(3)n 多大能使 μ 的置信度为 0.95 的置信区间的长度不超过 1?

解:(1)记 μ 的置信区间长度为 Δ,则

$$\Delta=\left(\bar{X}+u_{\frac{\alpha}{2}}\cdot\frac{\sigma}{\sqrt{n}}\right)-\left(\bar{X}-u_{\frac{\alpha}{2}}\cdot\frac{\sigma}{\sqrt{n}}\right)=2u_{\frac{\alpha}{2}}\cdot\frac{\sigma}{\sqrt{n}}.$$

于是,当 $1-\alpha=0.9$ 时,

$$\Delta=2\times 1.65\times\frac{2}{\sqrt{16}}=1.65;$$

当 $1-\alpha=0.95$ 时,

$$\Delta=2\times 1.96\times\frac{2}{\sqrt{16}}=1.96.$$

(2)欲使 $\Delta\leqslant 1$,即 $2u_{\frac{\alpha}{2}}\cdot\frac{\sigma}{\sqrt{n}}\leqslant 1$,必须 $n\geqslant(2\sigma u_{\frac{\alpha}{2}})^2$.

于是,当 $1-\alpha=0.9$ 时,$n\geq(2\times 2\times 1.65)^2$,即 $n\geq 44$.

即 n 至少为 44 时,μ 的 90% 置信区间的长度不超过 1.

(3) 当 $1-\alpha=0.95$ 时,类似可得 $n\geq 62$.

注:此例题反映了区间估计注解中的注 2 和注 3(详见本书第 8.3 节例 8.19),通过增加样本容量可提高置信度.

2. 单正态总体方差的置信区间

实际问题中要考虑精度或稳定性时,也需要对正态总体的方差 σ^2 进行区间估计. 设总体 $X\sim N(\mu,\sigma^2)$,其中 μ,σ^2 未知,$X_1,X_2,\cdots,X_n$ 是取自总体 X 的一个样本,求方差 σ^2 的置信度为 $1-\alpha$ 的置信区间.

首先根据 σ^2 的无偏估计为 S^2,从第 7 章的定理知,

$$\frac{n-1}{\sigma^2}S^2\sim\chi^2(n-1).$$

对给定的置信度 $1-\alpha$,由

$$P\left(\chi^2_{1-\frac{\alpha}{2}}(n-1)<\frac{n-1}{\sigma^2}S^2<\chi^2_{\frac{\alpha}{2}}(n-1)\right)=1-\alpha,$$

即

$$P\left(\frac{(n-1)S^2}{\chi^2_{\frac{\alpha}{2}}(n-1)}<\sigma^2<\frac{(n-1)S^2}{\chi^2_{1-\frac{\alpha}{2}}(n-1)}\right)=1-\alpha.$$

于是方差 σ^2 的 $1-\alpha$ 置信区间为

$$\left(\frac{(n-1)S^2}{\chi^2_{\frac{\alpha}{2}}(n-1)},\frac{(n-1)S^2}{\chi^2_{1-\frac{\alpha}{2}}(n-1)}\right), \tag{8.4}$$

而方差 σ^2 的 $1-\alpha$ 置信区间

$$\left(\sqrt{\frac{(n-1)S^2}{\chi^2_{\frac{\alpha}{2}}(n-1)}},\sqrt{\frac{(n-1)S^2}{\chi^2_{1-\frac{\alpha}{2}}(n-1)}}\right). \tag{8.5}$$

例 8.28 为考察某大学中成年男性的胆固醇水平,现抽取了样本容量为 25 的一样本,并测得样本均值 $\bar{x}=186$,样本标准差 $s=12$. 假定胆固醇水平 $X\sim N(\mu,\sigma^2)$,μ 与 σ^2 均未知. 试分别求出 μ 以及 σ 的置信度为 0.9 的置信区间.

解:σ^2 未知,μ 的置信度为 $1-\alpha$ 的置信区间为

$$\left(\bar{X}\pm t_{\frac{\alpha}{2}}(n-1)\cdot\frac{S}{\sqrt{n}}\right).$$

根据已知 $\alpha=0.1$,$\bar{x}=186$,$s=12$,$n=25$,查表得 $t_{\frac{0.1}{2}}(25-1)=1.7109$.

故 μ 的置信度为 0.9 的置信区间为

$$\bar{x}\pm t_{\frac{\alpha}{2}}(n-1)\cdot\frac{s}{\sqrt{n}}=186\pm 1.7109\times\frac{12}{\sqrt{25}}=186\pm 4.106,$$

即 μ 的置信度为 0.9 的置信区间 (181.89, 190.11).

σ 的置信度为 $1-\alpha$ 置信区间为

$$\left(\sqrt{\frac{(n-1)S^2}{\chi^2_{\frac{\alpha}{2}}(n-1)}},\ \sqrt{\frac{(n-1)S^2}{\chi^2_{1-\frac{\alpha}{2}}(n-1)}}\right).$$

查表得 $\chi^2_{\frac{0.1}{2}}(25-1)=36.42$, $\chi^2_{1-\frac{0.1}{2}}(25-1)=13.85$, 可得 σ 的置信度为 0.9 的置信区间为

$$\left(\sqrt{\frac{24\times 12^2}{36.42}},\ \sqrt{\frac{24\times 12^2}{13.85}}\right),$$

即 σ 的置信度为 0.9 的置信区间为 (9.74, 15.80).

例 8.29 某手表厂生产的手表, 它的走时误差(单位: s/日)服从正态分布, 检验员从装配线上随机地抽取 9 只进行检测, 检测的结果如下:

$-4.0, 3.1, 2.5, -2.9, 0.9, 1.1, 2.0, -3.0, 2.8.$

若置信水平为 0.95, 求该手表走时误差的均值 μ 和方差 σ^2 的置信区间.

解: (1) 根据 $1-\alpha=0.95$, 可得 $\frac{\alpha}{2}=0.025$, 查表 $t_{0.025}(n-1)=t_{0.025}(8)=2.306$.

σ^2 未知, 由 $\bar{x}=0.28$, $s^2=7.80$, $s=2.79$, 可得到均值 μ 的置信度为 0.95 的置信区间为 $\left(\bar{x}\pm t_{\frac{\alpha}{2}}(n-1)\times\frac{s}{\sqrt{n}}\right)=(0.28\pm 2.306\times 2.79/3)$, 即 $(-1.865, 2.425)$.

(2) σ^2 的 $1-\alpha$ 置信区间为 $\left(\sqrt{\frac{(n-1)S^2}{\chi^2_{\frac{\alpha}{2}}(n-1)}},\ \sqrt{\frac{(n-1)S^2}{\chi^2_{1-\frac{\alpha}{2}}(n-1)}}\right).$

由 $\chi^2_{\frac{\alpha}{2}}(n-1)=\chi^2_{0.025}(8)=17.535$, $\chi^2_{1-\frac{\alpha}{2}}(n-1)=\chi^2_{0.975}(8)=2.180$, 代入可得 σ^2 的置信区间为 (3.559, 28.624).

例 8.30 设 0.5, 1.25, 0.8, 2 是来自总体 X 的简单随机样本, 已知 $Y=\ln X$ 服从 $N(\mu,1)$, 求:

(1) $E(X)$(记作 b);

(2) μ 的置信度为 0.95 的置信区间;

(3) b 的置信度为 0.95 的置信区间.

解: (1) 由 $Y\sim N(\mu,1)$, 则的概率密度函数为

$$f(y)=\frac{1}{\sqrt{2\pi}}e^{-\frac{(y-\mu)^2}{2}}.$$

根据 $Y=\ln X$, 可得 $X=e^Y$, 所以

$$E(X) = E(e^Y) = \int_{-\infty}^{+\infty} e^y f(y) dy = \int_{-\infty}^{+\infty} e^y \frac{1}{\sqrt{2\pi}} e^{-\frac{(y-\mu)^2}{2}} dy$$

$$\overset{t=y-\mu}{=} \int_{-\infty}^{+\infty} e^{t+\mu} \frac{1}{\sqrt{2\pi}} e^{-\frac{t^2}{2}} dt$$

$$= e^{\frac{1}{2}+\mu} \int_{-\infty}^{+\infty} \frac{1}{\sqrt{2\pi}} e^{-\frac{(t-1)^2}{2}} dt = e^{\frac{1}{2}+\mu}.$$

(2) σ^2 已知，μ 的置信度为 0.95 的置信区间为 $\left(\bar{y} - u_{\frac{\alpha}{2}}\frac{\sigma}{\sqrt{n}}, \bar{y} + u_{\frac{\alpha}{2}}\frac{\sigma}{\sqrt{n}}\right)$。根据样本值可得 $\bar{y} = \frac{1}{4}(\ln 0.5 + \ln 1.25 + \ln 0.8 + \ln 2) = 0$，则 μ 的置信度为 0.95 的置信区间为

$$\left(\bar{y} - u_{\frac{\alpha}{2}}\frac{\sigma}{\sqrt{n}}, \bar{y} + u_{\frac{\alpha}{2}}\frac{\sigma}{\sqrt{n}}\right) = \left(0 - 1.96 \times \frac{1}{2}, 0 + 1.96 \times \frac{1}{2}\right)$$

$$= (-0.98, 0.98).$$

(3) $b = e^{\frac{1}{2}+\mu}$ 的置信度为 0.95 的置信区间为 $(e^{-0.48}, e^{1.48})$。

8.4.2 双正态总体的区间估计

在实际问题中，往往会遇到类似下面的问题，已知产品的某一质量指标服从正态分布，但由于原料、设备条件、操作人员不同或者工艺过程的改变等因素，引起总体均值、总体方差有所改变，这就需要考虑两个正态总体均值之间或方差之间是否有差异的问题，从而有必要研究两个正态总体的均值差或者方差比的置信区间。

1. 双正态总体均值差的置信区间

设 $X \sim N(\mu_1, \sigma_1^2)$，$Y \sim N(\mu_2, \sigma_2^2)$，两总体相互独立，$X_1, X_2, \cdots, X_{n_1}$ 为取自总体 $N(\mu_1, \sigma_1^2)$ 的一个样本，$Y_1, Y_2, \cdots, Y_{n_2}$ 为取自总体 $N(\mu_2, \sigma_2^2)$ 的一个样本。设 $\bar{X}$ 是总体 $N(\mu_1, \sigma_1^2)$ 的样本均值，$\bar{Y}$ 是总体 $N(\mu_2, \sigma_2^2)$ 的样本均值，因 $\bar{X}$ 与 $\bar{Y}$ 分别是 μ_1 与 μ_2 的无偏估计，故均值差 $\mu_1 - \mu_2$ 的置信区间如下：

(1) σ_1^2，σ_2^2 已知

从第 7 章可知

$$\frac{(\bar{X}-\bar{Y})-(\mu_1-\mu_2)}{\sqrt{\frac{\sigma_1^2}{n_1}+\frac{\sigma_2^2}{n_2}}} \sim N(0, 1),$$

对给定的置信度 $1-\alpha$，由

$$P\left(\left|\frac{(\bar{X}-\bar{Y})-(\mu_1-\mu_2)}{\sqrt{\frac{\sigma_1^2}{n_1}+\frac{\sigma_2^2}{n_2}}}\right| < u_{\frac{\alpha}{2}}\right) = 1-\alpha,$$

可导出 $\mu_1 - \mu_2$ 的置信度为 $1-\alpha$ 的置信区间为

$$\left(\overline{X} - \overline{Y} - u_{\frac{\alpha}{2}} \cdot \sqrt{\frac{\sigma_1^2}{n_1} + \frac{\sigma_2^2}{n_2}}, \ \overline{X} - \overline{Y} + u_{\frac{\alpha}{2}} \cdot \sqrt{\frac{\sigma_1^2}{n_1} + \frac{\sigma_2^2}{n_2}} \right). \quad (8.6)$$

(2) $\sigma_1^2 = \sigma_2^2 = \sigma^2$，未知

从第 7 章知

$$T = \frac{(\overline{X} - \overline{Y}) - (\mu_1 - \mu_2)}{S_w \sqrt{\frac{1}{n_1} + \frac{1}{n_2}}} \sim t(n_1 + n_2 - 2),$$

其中 $S_w^2 = \dfrac{n_1 - 1}{n_1 + n_2 - 2} S_1^2 + \dfrac{n_2 - 1}{n_1 + n_2 - 2} S_2^2$.

对给定的置信度 $1-\alpha$，根据 t 分布的对称性，由

$$P(|T| < t_{\frac{\alpha}{2}}(n_1 + n_2 - 2)) = 1 - \alpha,$$

可导出 $\mu_1 - \mu_2$ 的置信度为 $1-\alpha$ 的置信区间为

$$\left((\overline{X} - \overline{Y}) - t_{\frac{\alpha}{2}}(n_1 + n_2 - 2) \cdot S_w \sqrt{\frac{1}{n_1} + \frac{1}{n_2}}, \ (\overline{X} - \overline{Y}) + t_{\frac{\alpha}{2}}(n_1 + n_2 - 2) \cdot S_w \sqrt{\frac{1}{n_1} + \frac{1}{n_2}} \right) \quad (8.7)$$

例 8.31 2003 年在某地区分行业调查职工平均工资情况：已知体育、卫生、社会福利事业职工工资 X（单位：元），$X \sim N(\mu_1, 218^2)$；文教、艺术、广播事业职工工资 Y（单位：元），$Y \sim N(\mu_2, 227^2)$，从总体 X 中调查 25 人，平均工资 1286 元，从总体 Y 中调查 30 人，平均工资 1272 元，求这两大类行业职工平均工资之差的置信度为 0.99 的置信区间.

解：σ_1^2，σ_2^2 已知，两大类行业职工平均工资之差的置信度为 0.99 的置信区间为

$$\left(\overline{X} - \overline{Y} - u_{\frac{\alpha}{2}} \cdot \sqrt{\frac{\sigma_1^2}{n_1} + \frac{\sigma_2^2}{n_2}}, \ \overline{X} - \overline{Y} + u_{\frac{\alpha}{2}} \cdot \sqrt{\frac{\sigma_1^2}{n_1} + \frac{\sigma_2^2}{n_2}} \right).$$

根据已知 $n_1 = 25$，$n_2 = 30$，$\sigma_1^2 = 218^2$，$\sigma_2^2 = 227^2$，$\bar{x} = 1286$，$\bar{y} = 1272$，

由 $1 - \alpha = 0.99$，故 $\alpha = 0.01$，查表得 $u_{0.005} = 2.576$，

故 $\mu_1 - \mu_2$ 的置信度为 0.99 的置信区间为

$$\left(1286 - 1272 - 2.576 \cdot \sqrt{\frac{218^2}{25} + \frac{227^2}{30}}, \right.$$
$$\left. 1286 - 1272 + 2.576 \cdot \sqrt{\frac{218^2}{25} + \frac{227^2}{30}} \right).$$

即两大类行业职工平均工资相差在 $-140.95 \sim 168.95$ 之间的置信度为 0.99.

例8.32 A, B 两个地区种植同一型号的小麦. 现抽取了 19 块面积相同的麦田, 其中 9 块属于地区 A, 另外 10 块属于地区 B, 测得它们的小麦产量(单位: kg)分别如下:

地区 A: 100, 105, 110, 125, 110, 98, 105, 116, 112;

地区 B: 101, 100, 105, 115, 111, 107, 106, 121, 102, 92

设地区 A 的小麦产量 $X \sim N(\mu_1, \sigma^2)$, 地区 B 的小麦产量 $Y \sim N(\mu_2, \sigma^2)$, μ_1, μ_2, σ^2 均未知. 试求这两个地区小麦的平均产量之差 $\mu_1 - \mu_2$ 的置信度为 0.9 的置信区间.

解: $\sigma_1^2 = \sigma_2^2 = \sigma^2$ 未知, 两个地区小麦的平均产量之差 $\mu_1 - \mu_2$ 的置信度为 0.9 的置信区间为

$$\left((\overline{X} - \overline{Y}) - t_{\frac{\alpha}{2}}(n_1 + n_2 - 2) \cdot S_w \sqrt{\frac{1}{n_1} + \frac{1}{n_2}}, \ (\overline{X} - \overline{Y}) + t_{\frac{\alpha}{2}}(n_1 + n_2 - 2) \cdot S_w \sqrt{\frac{1}{n_1} + \frac{1}{n_2}} \right).$$

根据已知数据计算, $\bar{x} = 109$, $\bar{y} = 106$, $s_1^2 = \frac{550}{8}$, $s_2^2 = \frac{606}{9}$, $n_1 = 9$, $n_2 = 10$,

可得 $s_w = \sqrt{\dfrac{(n_1-1)s_1^2 + (n_2-1)s_2^2}{n_1+n_2-2}} = 8.246$.

又由 $\alpha = 0.1$, 查表得 $t_{\frac{0.1}{2}}(17) = 1.7396$, 于是置信区间为

$$\left((109 - 106) - 1.7396 \times 8.246 \times \sqrt{\frac{1}{9} + \frac{1}{10}}, \ (109 - 106) + 1.7396 \times 8.246 \times \sqrt{\frac{1}{9} + \frac{1}{10}} \right).$$

故两个地区小麦的平均产量之差 $\mu_1 - \mu_2$ 的置信度为 0.9 的置信区间为 $(-3.59, 9.59)$.

2. 双正态总体方差比的置信区间

设 S_1^2 是总体 $N(\mu_1, \sigma_1^2)$ 的容量为 n_1 的样本方差, S_2^2 是总体 $N(\mu_2, \sigma_2^2)$ 的容量为 n_2 的样本方差, 且两总体相互独立, 其中 μ_1, σ_1^2, μ_2, σ_2^2 未知. S_1^2 与 S_2^2 分别是 σ_1^2 与 σ_2^2 的无偏估计, 从第 7 章知

$$F = \left(\frac{\sigma_2}{\sigma_1}\right)^2 \frac{S_1^2}{S_2^2} \sim F(n_1 - 1, \ n_2 - 1),$$

对给定的置信度 $1 - \alpha$, 由

$$P(F_{1-\frac{\alpha}{2}}(n_1 - 1, \ n_2 - 1) < F < F_{\frac{\alpha}{2}}(n_1 - 1, \ n_2 - 1)) = 1 - \alpha,$$

即

$$P\left(\frac{1}{F_{\frac{\alpha}{2}}(n_1-1, \ n_2-1)} \cdot \frac{S_1^2}{S_2^2} < \frac{\sigma_1^2}{\sigma_2^2} < \frac{1}{F_{1-\frac{\alpha}{2}}(n_1-1, \ n_2-1)} \cdot \frac{S_1^2}{S_2^2} \right) = 1 - \alpha,$$

可导出方差比 $\dfrac{\sigma_1^2}{\sigma_2^2}$ 的置信度为 $1 - \alpha$ 的置信区间为

$$\left(\frac{1}{F_{\frac{\alpha}{2}}(n_1-1, n_2-1)} \cdot \frac{S_1^2}{S_2^2}, \frac{1}{F_{1-\frac{\alpha}{2}}(n_1-1, n_2-1)} \cdot \frac{S_1^2}{S_2^2} \right). \quad (8.8)$$

例 8.33 某钢铁公司的管理人员为比较新旧两个电炉的温度状况，抽取了新电炉的 31 个温度数据及旧电炉的 25 个温度数据，并计算得样本方差分别为 $S_1^2 = 75$ 及 $S_2^2 = 100$. 设新电炉的温度 $X \sim N(\mu_1, \sigma_1^2)$，旧电炉的温度 $Y \sim N(\mu_2, \sigma_2^2)$. 试求 $\dfrac{\sigma_1^2}{\sigma_2^2}$ 的置信度为 0.95 的置信区间.

解：$\dfrac{\sigma_1^2}{\sigma_2^2}$ 的置信度为 $1-\alpha$ 的置信区间为

$$\left(\frac{1}{F_{\frac{\alpha}{2}}(n_1-1,\ n_2-1)} \cdot \frac{S_1^2}{S_2^2}, \frac{1}{F_{1-\frac{\alpha}{2}}(n_1-1,\ n_2-1)} \cdot \frac{S_1^2}{S_2^2} \right).$$

根据已知 $n_1 = 31$，$n_2 = 25$，$S_1^2 = 75$，$S_2^2 = 100$，又由 $\alpha = 0.05$，查表得 $F_{\frac{0.05}{2}}(30, 24) = 2.21$，$F_{\frac{0.05}{2}}(24, 30) = 2.14$. 故置信区间为

$$\left(\frac{1}{2.21} \times \frac{75}{100},\ 2.14 \times \frac{75}{100} \right)$$

即 $\dfrac{\sigma_1^2}{\sigma_2^2}$ 的置信度为 0.95 的置信区间为 $(0.34, 1.61)$.

例 8.34 工厂以组装线的两种不同物理排列对生产线进行试验，已经确定两种排列每天已完成单位的平均数近似相同. 为了得到使生产处于最好过程控制的排列，提议采用每天生产的已完成单位个数较小方差的排列，测得结果如下：

[生产线1] 448 523 506 500 533 447 524 469 470 494 536 481 492 567 492 457 497 483 533 408 453；

[生产线2] 372 446 537 592 536 487 592 605 550 489 461 500 430 543 459 429 494 538 540 481 484 374 495 503 547.

构造两种组装线排列的日加工零件个数方差比的 95% 置信区间，并依据此结果，你推荐哪一种排列？（用 R 实现）

解：根据本书第 8.4.2 节例 8.34 的 R 程序结果可知，构造两种组装线排列的日加工零件个数方差比的置信度为 0.95 的置信区间为 $(0.162, 0.909)$. 因为区间内的所有值都小于 1，所以第一条组装线的日产零件数的方差小于第二条组装线的日产零件数的方差，故推荐第一条组装线.

8.4.3 正态总体的区间估计的 R 实现

1. 单正态总体均值和方差的区间估计

单正态总体均值的估计中根据方差已知和未知两种不同的情况采用不同的枢轴变量，故在 R 实现中也分这两种情况. 方差未知采用 t.test() 函数；方差已知，可以调包求解，例如 UsingR 软件包，调用 simple.z.test() 函数或者 BSDA 包，调用函数 z.test().

单正态总体方差的区间估计一般可自行编写函数.

t.test() 函数的调用格式为

t.test(x,y = NULL,alternative = c("two.sided", "less","greater"),mu = 0,paired = TRUE,var.equal = FALSE,conf.level = 0.95,...)

其中，x，y 为样本数据，单样本时忽略 y；alternative 选择检验类型为双侧或是单侧；mu 为检验的均值；paired 设置是否为成对检验；var.equal 设置双样本时方差是否相等；conf.level 为置信度.

函数 simple.z.test() 的调用格式为

simple.z.test(x,sigma,conf.level=0.95,...)

其中 x 是数据向量；sigma 是已知的总体标准差；conf.level 是置信度.

函数 z.test() 的调用格式为

z.test(x,y = NULL,alternative = "two.sided",mu = 0,sigma.x = NULL,sigma.y = NULL,conf.level = 0.95,...)

其中 x，y 为样本数据，单样本时忽略 y；alternative 选择检验类型；mu 为检验的均值；sigma.x，sigma.y 为标准差；conf.level 为置信度.

(1) 自编程序

例 8.20 均值的区间估计的 R 实现.

R 程序：

```
> library("aplpack")
> x <-PlantGrowth $ weight
> mean(x)
[1] 5.073
> sd(x)/30 * 29
[1] 0.6778
```

> lcl <-mean(x) - qnorm(0.975) * sd(x)/sqrt(30) #计算置信区间下限

> ucl <-mean(x) + qnorm(0.975) * sd(x)/sqrt(30) #计算置信区间上限

> lcl

[1] 4.822

> ucl

[1] 5.324

例8.28 方差的区间估计的 R 实现.

R 程序：

> alpha < -0.1

> xmean < -186

> s < -12

> n < -25

> interval1 <-c(xmean-qt(alpha/2,n-1,lower.tail = F)* s/sqrt(n),xmean + qt(alpha/2,n-1,lower.tail = F)* s/sqrt(n))

> interval1

[1] 181.8939 190.1061

> l <-sqrt((n-1)/qchisq(alpha/2,n-1,lower.tail = F))* s

> u <-sqrt((n-1)/qchisq(1-alpha/2,n-1,lower.tail = F))* s

> interval2 <-c(l,u)

> interval2

[1] 9.741964 15.797439

qchisq(p,df,lower.tail = FALSE,...)计算 χ^2 分布的水平 p 的上侧分位数，p 是概率，df 是自由度；qt(p,df,lower.tail = FALSE,...)计算 t 分布的水平 p 的上侧分位数.

(2)调用函数

例8.25 的 R 实现

R 程序：

> x <-c(506,508,499,503,504,510,497,512,514,505,493,496,506,502,509,496)

> t.test(x,conf.level =0.95)

One Sample t-test

```
data: x
t = 324.89,df = 15,p-value < 2.2e-16
alternative hypothesis: true mean is not equal to 0
95 percent confidence interval:
500.4451 507.0549
sample estimates:
mean of x
   503.75
```

从上述结果可以得到，x 的均值为 503.75，统计量 T 的观测值为 324.89，自由度为 15，均值 μ 的置信度为 0.95 的置信区间为 (500.4, 507.1)。

例 8.26 的 R 实现.

R 程序：

```
install.packages("UsingR")
library("UsingR")
> x<-c(506,508,499,503,504,510,497,512,514,505,493,496,506,502,509,496)
> simple.z.test(x,6,conf.level=0.95)
[1] 500.8101 506.6899
```

均值 μ 的置信度为 0.95 的置信区间为 (500.8, 506.7)。

例 8.27 的 R 实现.

R 程序：

```
> y<-rnorm(16,0,2)
> interval <-simple.z.test (y,2,conf.level=0.95)
> gap<-interval[2]-interval[1]
> gap
[1] 1.959964
> y<-rnorm(16,0,2)
> interval <-simple.z.test (y,2,conf.level=0.9)
> gap<-interval[2]-interval[1]
> gap
[1] 1.644854
> for(i in 2:50)
+ {y<-rnorm(i,0,2)
```

```
+ interval <-simple.z.test(y,2,conf.level =
0.9)
+ gap <-interval[2]-interval[1]
+ if (gap < =1)
+ {break}
+   }
> i
[1] 44
> for(i in 2:100)
+ {y<-rnorm(i,0,2)
+ interval <-simple.z.test(y,2,conf.level =
0.95)
+ gap <-interval[2]-interval[1]
+ if (gap < =1)
+ {break}
+   }
> i
[1] 62
```

2. 双正态总体均值和方差的区间估计

双正态总体均值和方差的区间估计可以自行编写程序，也可调用函数实现. 均值差的估计采用的命令类似于单正态总体均值的估计，譬如，方差已知，采用 BSDA 包中函数 z.test()，方差未知但相等，采用函数 t.test(). 方差比的区间估计可以采用函数 var.test().

函数 var.test() 的调用格式为

var.test(x,y,ratio = 1,alternative = c("two.sided","less","greater"),conf.level = 0.95,...)
其中，x，y 为样本数据，ratio 为原假设的方差比值，两样本比较时可以用默认值 1，alternative 设置检验类型为双侧或是单侧，conf.level 为置信度.

(1) 自编程序

例 8.31 均值差的区间估计的 R 实现.

R 程序：

```
> xmean < -1286
> ymean < -1272
> sigma1 < -218
> sigma2 < -227
```

```
> n1 <-25
> n2 <-30
> alpha <-0.01
> delta <-sqrt(sigma1^2/n1 + sigma2^2/n2)*qnorm(alpha/2,lower.tail = F)
> interval <-c(xmean-ymean-delta,xmean-ymean + delta)
> interval
[1] -140.9484  168.9484
```

例 8.33 方差比的区间估计的 R 实现.

R 程序：

```
> s1square <-75
> s2square <-100
> n1 <-31
> n2 <-25
> alpha <-0.05
> l <-s1square/s2square/qf(alpha/2, n1-1, n2-1, lower.tail = FALSE)
> u <-s1square/s2square/qf(1-alpha/2, n1-1, n2-1, lower.tail = FALSE)
> interval <-c(l, u)
> interval
[1] 0.3395239 1.6019090
```

qnorm(p, df, lower.tail = FALSE,...) 计算标准正态分布的水平 p 的上侧分位数，p 是概率，df 是自由度；qf(p, df, lower.tail = FALSE,...) 计算 F 分布的水平 p 的上侧分位数.

（2）调用函数

例 8.32 的 R 实现.

R 程序：

```
> x <-c(100,105,110,125,110,98,105,116,112)
> y <-c(101,100,105,115,111,107,106,121,102,92)
> t.test(x,y,alternative = "two.sided",mu = 0, paired = FALSE,var.equal = TRUE,conf.level = 0.90)
        Two Sample t-test
data:  x and y
```

t = 0.79179,df = 17,p-value = 0.4394

alternative hypothesis: true difference in means is not equal to 0

90 percent confidence interval:

-3.591148 9.591148

sample estimates:

mean of x mean of y

     109   106

var.equal = TRUE 表示方差相等，x 的均值为 109，y 的均值为 106，统计量 T 的观测值为 0.79179，自由度为 17，均值差的置信度为 0.9 的置信区间为 (-3.59，9.59)。

例 8.34 的 R 实现.

R 程序：

> x <-c (448,523,506,500,533,447,524,469,470, 494,536,481,492,567,492,457,497,483,533,408,453)

> y <-c (372,446,537,592,536,487,592,605,550, 489,461,500,430,543,459,429,494,538,540,481,484, 374,495,503,547)

> var.test(x,y,ratio = 1,alternative = "two.sided",conf.level = 0.95)

       F test to compare two variances

data: x and y

F = 0.37751,num df = 20,denom df = 24,p-value = 0.03043

alternative hypothesis: true ratio of variances is not equal to 1

95 percent confidence interval:

0.1622117 0.9088800

sample estimates:

ratio of variances

     0.3775106

统计量 F 的观测值为 0.37751，自由度 (20，24)，方差比的置信度为 0.95 的置信区间为 (0.16，0.91)，样本的方差比为 0.38.

(3) 本节试验的 R 实现

表 8.4 的 R 实现.

R 程序：

```
l <- 0
u <- 0
c <- 0
for (i in 1:100)
 {a = mean(rnorm(10,mean =10,sd =1))
  l[i] = a -1.96* 1/sqrt(10)
  u[i] = a +1.96* 1/sqrt(10)
  if (l[i] >10){c = c +1}
  if(u[i] <10){c = c +1}
 }
m <-cbind(l,u)
write.csv(m,file ="confidence_inteRval.csv",
row.names = FALSE)
```

图 8.6 的 R 实现.

R 程序：

```
> a = mean(rnorm(10,mean =10,sd =1))
> l1 = a +qnorm(0.025)* 1/sqrt(10)
> u1 = a +qnorm(0.975)* 1/sqrt(10)
> l2 = a +qnorm(0.04)* 1/sqrt(10)
> u2 = a +qnorm(0.99)* 1/sqrt(10)
> interval1 <-u1-l1
> interval2 <-u2-l2
> interval1
[1] 1.24
> interval2
[1] 1.289
```

习题 8-4

1. 设总体 $X \sim N(\mu,\sigma^2)$，σ^2 已知，为使总体均值 μ 的置信度为 $1-\alpha$ 的置信区间的长度不大于 L，则样本容量至少应取(　　).

(A) $\dfrac{4\sigma^2}{L^2}u_{\frac{\alpha}{2}}^2$　　　(B) $\dfrac{2\sigma^2}{L^2}u_{\frac{\alpha}{2}}^2$

(C) $\dfrac{4\sigma^2}{L^2}t_{\frac{\alpha}{2}}^2$　　　(D) $\dfrac{2\sigma^2}{L^2}t_{\frac{\alpha}{2}}^2$

2. 设 $X \sim N(\mu,\sigma^2)$，其中 σ^2 未知，$X_1,X_2,\cdots,X_n$ 为来自总体 X 的一个样本，则 μ 的置信度为 95% 的置信区间为(　　).

(A) $\left(\overline{X} - \dfrac{\sigma}{\sqrt{n}}u_{0.025},\ \overline{X} + \dfrac{\sigma}{\sqrt{n}}u_{0.025}\right)$

(B) $\left(\overline{X} - \dfrac{\sigma}{\sqrt{n}}t_{0.025},\ \overline{X} + \dfrac{\sigma}{\sqrt{n}}t_{0.025}\right)$

(C) $\left(\overline{X} - \dfrac{\sigma}{\sqrt{n}}u_{0.05},\ \overline{X} + \dfrac{\sigma}{\sqrt{n}}u_{0.05}\right)$

(D) $\left(\overline{X} - \dfrac{\sigma}{\sqrt{n}}t_{0.05},\ \overline{X} + \dfrac{\sigma}{\sqrt{n}}t_{0.05}\right)$

3. 设总体 $X \sim N(\mu,\sigma^2)$，σ^2 未知，若样本容量 n 和置信度 $1-\alpha$ 均不变，则对于不同的样本观测值，总体均值 μ 的置信区间长度 L 与样本标准差 s 的关系是（　　）．

(A) 当 s 较大时，L 也较大

(B) 当 s 较大时，L 较小

(C) 区间长度 L 与 s 无关

(D) 不能确定

4. 设总体 X 和 Y 分别服从正态分布 $N(\mu_1,\sigma_1^2)$ 及 $N(\mu_2,\sigma_2^2)$．$X_1,X_2,\cdots,X_n$ 是从总体 X 中抽取的简单随机样本，$Y_1,Y_2,\cdots,Y_m$ 是从总体 Y 中抽取的简单随机样本，其中 $\mu_1,\sigma_1^2,\mu_2,\sigma_2^2$ 均未知，S_1^2,S_2^2 分别是两个样本的方差，则 $\dfrac{\sigma_1^2}{\sigma_2^2}$ 的 $1-\alpha$ 置信区间为（　　）．

(A) $\left(\dfrac{S_1^2/S_2^2}{F_\alpha(n,m)},\dfrac{S_1^2/S_2^2}{F_{1-\alpha}(n,m)}\right)$

(B) $\left(\dfrac{S_1^2/S_2^2}{F_\alpha(n-1,m-1)},\dfrac{S_1^2/S_2^2}{F_{1-\alpha}(n-1,m-1)}\right)$

(C) $\left(\dfrac{S_1^2/S_2^2}{F_{\frac{\alpha}{2}}(n,m)},\dfrac{S_1^2/S_2^2}{F_{1-\frac{\alpha}{2}}(n,m)}\right)$

(D) $\left(\dfrac{S_1^2/S_2^2}{F_{\frac{\alpha}{2}}(n-1,m-1)},\dfrac{S_1^2/S_2^2}{F_{1-\frac{\alpha}{2}}(n-1,m-1)}\right)$

5. 设某种清漆的 9 个样品，其干燥时间（单位：h）分别为 6.0，5.7，5.8，6.5，7.0，6.3，5.6，6.1，5.0．设干燥时间的总体服从正态分布 $X \sim N(\mu,\sigma^2)$，求在以下条件下 μ 的置信度为 0.95 的置信区间

(1) 若由以往经验知 $\sigma=0.6$（单位：h）；

(2) 方差 σ^2 未知；

(3) 利用 R 实现第(1)问和第(2)问．

6. 已知某种材料的抗压强度 $X \sim N(\mu,\sigma^2)$，现随机抽取 10 个试件进行抗压试验，测得数据如下（单位：10^5Pa）：482 493 457 510 466 435 418 394 469 480，试求：

(1) 平均抗压强度 μ 的矩估计值和方差 σ^2 的极大似然估计值；

(2) 平均抗压强度 μ 的置信度为 0.95 的置信区间；

(3) 若已知 $\sigma=30$，求 μ 的置信度为 0.95 的置信区间；

(4) σ^2 的置信度为 0.95 的置信区间；

(5) 利用 R 实现前 4 问．

7. 研究两种固体燃料火箭推进器的燃烧率．设两者都服从正态分布，并且已知燃烧率的标准差的近似值为 0.05cm/s，取样本容量为 $n_1=n_2=20$，得燃烧率的样本均值分别为 $\bar{x}_1=18\text{cm/s}$，$\bar{x}_2=24\text{cm/s}$．设两样本相互独立，试求两燃烧率总体均值差的置信度为 0.99 的置信区间，并给出 R 实现的程序．

8. 为比较Ⅰ、Ⅱ两种型号步枪子弹的枪口速度，随机地取Ⅰ型子弹 10 发，得到枪口速度的平均值为 $\bar{x}_1=500(\text{m/s})$，标准差 $s_1=1.10(\text{m/s})$，随机地取Ⅱ型子弹 20 发，得到枪口速度的平均值为 $\bar{x}_2=496(\text{m/s})$，标准差 $s_2=1.20(\text{m/s})$．假设两总体都可认为近似地服从正态分布，且由生产过程可认为方差相等．求两总体均值差 $\mu_1-\mu_2$ 的一个置信度为 0.95 的置信区间，并给出 R 实现的程序．

9. 为了考察温度对某物体断裂强度的影响，在 70℃与 80℃时分别重复了 8 次试验，测试值的样本方差依次为

$$s_1^2=0.8857,\ s_2^2=0.8266.$$

假定 70℃下的断裂强度 $X \sim N(\mu_1,\sigma_1^2)$，80℃下的断裂强度 $Y \sim N(\mu_2,\sigma_2^2)$，且 X 与 Y 相互独立，试求方差比 $\dfrac{\sigma_1^2}{\sigma_2^2}$ 的置信度为 0.9 的置信区间，并给出 R 实现的程序．

8.5　单侧置信区间

前面讨论的置信区间的形式为 $(\underline{\theta},\bar{\theta})$，称之为双侧置信区间，但对产品设备、电子元件等来说，关心的是平均寿命的置信下限，而在讨论产品的废品率时，感兴趣的是其置信上限．于是本节引入了单侧置信区间的概念．

8.5.1 单侧置信区间的方法

定义 8.9 设 θ 为总体分布的未知参数，$X_1, X_2, \cdots, X_n$ 是取自总体 X 的一个样本，对给定的 $1-\alpha (0<\alpha<1)$，若存在统计量
$$\underline{\theta} = \underline{\theta}(X_1, X_2, \cdots, X_n)$$
满足
$$P(\underline{\theta} < \theta) = 1-\alpha,$$
则称 $(\underline{\theta}, +\infty)$ 为 θ 的置信度为 $1-\alpha$ 的**单侧置信区间**，称 $\underline{\theta}$ 为 θ 的**单侧置信下限**；若存在统计量
$$\overline{\theta} = \overline{\theta}(X_1, X_2, \cdots, X_n)$$
满足
$$P(\theta < \overline{\theta}) = 1-\alpha,$$
则称 $(-\infty, \overline{\theta})$ 为 θ 的置信度为 $1-\alpha$ 的**单侧置信区间**，称 $\overline{\theta}$ 为 θ 的**单侧置信上限**。

例 8.35 为考虑某种香烟的尼古丁含量（单位：mg），抽取了 8 支香烟并测得尼古丁的平均含量为 $\overline{x} = 0.26$，设该香烟尼古丁含量 $X \sim N(\mu, 2.3)$。试求 μ 的置信度为 0.95 的单侧置信上限。

解：对于给定的置信度 $1-\alpha = 0.95$，有 $\alpha = 0.05$，σ^2 已知，有

$$P\left(\frac{\overline{X}-\mu}{\sigma/\sqrt{n}} > -u_\alpha\right) = 1-\alpha,$$

即
$$P\left(\mu < \overline{X} + u_\alpha \frac{\sigma}{\sqrt{n}}\right) = 1-\alpha.$$

故均值 μ 的一个置信度为 0.95 的单侧置信上限为 $\overline{x} + u_\alpha \frac{\sigma}{\sqrt{n}}$，查表 $u_{0.05} = 1.645$，由 $\overline{x} = 0.26$，$n = 8$，代入可得到均值 μ 的一个置信度为 0.95 的置信区间的上限为

$$\overline{x} + u_\alpha \frac{\sigma}{\sqrt{n}} = 1.142,$$

所以该批香烟的尼古丁含量低于 1.142mg，可靠程度为 95%。

例 8.36 从一批灯泡中随机地抽取 5 只做寿命试验，其寿命如下（单位：h）

$$1050, 1100, 1120, 1250, 1280.$$

已知这批灯泡寿命 $X \sim N(\mu, \sigma^2)$，求平均寿命 μ 的置信度为 0.95 的单侧置信下限。

解：对于给定的置信度 $1-\alpha = 0.95$，有 $\alpha = 0.05$，σ^2 未知，有

$$P\left(\frac{\overline{X}-\mu}{S/\sqrt{n}} < t_\alpha(n-1)\right) = 1-\alpha,$$

即 $$P\left(\mu > \overline{X} - t_\alpha(n-1)\frac{S}{\sqrt{n}}\right) = 1-\alpha.$$

故均值 μ 的一个置信度为 0.95 的单侧置信下限为 $\overline{x} - t_\alpha(n-1)\frac{s}{\sqrt{n}}$. 查表 $t_{0.05}(4) = 2.14$, 由 $\overline{x} = 1160$, $s = 99.57$, $n = 5$, 代入可得到均值 μ 的一个置信度为 0.95 的置信区间的下限为

$$\overline{x} - t_\alpha(n-1)\frac{s}{\sqrt{n}} = 1064.9,$$

所以该批灯泡的平均寿命至少在 1064.9h 以上, 可靠程度为 95%.

8.5.2 单侧置信区间的 R 实现

单侧均值或者方差的区间估计所用命令与双侧命令一致, 只是对命令中参数 alternative 进行选择, 当 alternative = greater 时, 可得到单侧置信下限, 当 alternative = less 时, 可得到单侧置信上限.

例 8.36 的 R 实现.

R 程序:

```
> x<-c(1050,1100,1120,1250,1280)
> t.test(x,alternative="greater",conf.level=0.95)

    One Sample t-test
data:  x
t = 26.003,df = 4,p-value = 6.497e-06
alternative hypothesis: true mean is greater than 0
95 percent confidence interval:
 1064.9    Inf
sample estimates:
mean of x
    1160
```

x 的均值为 1160, 统计量 T 的观测值为 26.003, 自由度为 4, 均值 μ 的置信度为 0.95 的单侧置信下限为 1064.9, 单侧置信区间为 $(1064.9, +\infty)$.

习题 8-5

1. 假设一个正态分布的总体，样本均值是 80，样本标准差是 5，样本大小是 200. 在 90% 置信水平下，均值的单侧置信区间的下限是（　　）.

　　(A) 75　　(B) 77　　(C) 79　　(D) 81

2. 如果一个正态分布的总体均值是 400，样本均值是 420，样本标准差是 60，样本大小是 100. 在 95% 置信水平下，均值的单侧置信区间的上限是（　　）.

　　(A) 450　　(B) 460　　(C) 470　　(D) 480

3. 假设总体 $X \sim N(\mu, \sigma^2)$，从总体 X 中抽取容量为 10 的一个样本，算得样本均值 $\bar{x} = 41.3$，样本标准差 $S = 1.05$，求未知参数 μ 的置信度为 0.95 的单侧置信区间的下限，并给出 R 实现的程序.

4. 已知某地区农户人均生产蔬菜量为 X（单位：kg），且 $X \sim N(\mu, \sigma^2)$，现随机抽取 9 个农户，得人均生产蔬菜量为

　75，143，156，340，400，287，256，244，249.

问该地区农户人均生产蔬菜量最多为多少（$\alpha = 0.05$）？并给出 R 实现的程序.

8.6　0-1 分布比例的区间估计

在实际生活中，人们往往关心总体中比例的问题，例如，质检员可能关心装配线上生产的产品不合格的比例，电信供应商可能关心服务区内使用电信用户的比例，引例 8.1 中鲤鱼的比例问题等. 本节将会讲述比例的区间估计.

8.6.1　0-1 分布比例的区间估计的方法

设 X 服从 0-1 分布，其分布律为 $P(X=1) = p$，$P(X=0) = 1-p$，其中 p 为未知参数，$0 < p < 1$. 0-1 分布的均值和方差分别为 $E(X) = p$，$D(X) = p(1-p)$. 设 $X_1, X_2, \cdots, X_n$ 是总体 X 的一个样本，由中心极限定理知，当 n 充分大时，

$$u = \frac{\bar{X} - E(X)}{\sqrt{D(X)/n}} = \frac{\bar{X} - p}{\sqrt{p(1-p)/n}},$$

近似地服从 $N(0,1)$，于是，对给定的置信度 $1-\alpha$，则有

$$P\left(\left|\frac{\bar{X} - p}{\sqrt{p(1-p)/n}}\right| < u_{\frac{\alpha}{2}}\right) \approx 1 - \alpha.$$

经不等式变形得

$$P(ap^2 + bp + c < 0) \approx 1 - \alpha,$$

其中 $a = n + (u_{\frac{\alpha}{2}})^2$，$b = -2n\bar{X} - (u_{\frac{\alpha}{2}})^2$，$c = n(\bar{X})^2$. 解上述不等式得

$$P(p_1 < p < p_2) \approx 1 - \alpha,$$

其中　$p_1 = \frac{1}{2a}(-b - \sqrt{b^2 - 4ac})$，$p_2 = \frac{1}{2a}(-b + \sqrt{b^2 - 4ac})$.

故 (p_1, p_2) 可作为 p 的置信度为 $1-\alpha$ 的置信区间.

注：关于 0-1 分布比例的 p 的区间估计方法不唯一，本书仅提供了其中一种估计方法. 感兴趣的读者可以进一步参考其他统计学

教材以进一步了解.

例 8.37 设抽自一大批产品的 100 个样品中,一级品 60 个,求这批产品的一级品率 p 的置信水平为 0.95 的置信区间.

解:对于给定的置信度 $1-\alpha=0.95$,有 $\alpha=0.05$,由

$$P\left(\left|\frac{\overline{X}-p}{\sqrt{p(1-p)/n}}\right|<u_{\frac{\alpha}{2}}\right)\approx 1-\alpha,$$

解得

$$P(p_1<p<p_2)\approx 1-\alpha,$$

其中 $p_1=\frac{1}{2a}(-b-\sqrt{b^2-4ac})$,$p_2=\frac{1}{2a}(-b+\sqrt{b^2-4ac})$.
又有 $a=n+(u_{\frac{\alpha}{2}})^2=103.84$,$b=-2n\overline{X}-(u_{\frac{\alpha}{2}})^2=-123.84$,$c=n(\overline{X})^2=36$,所以

$$p_1=0.50,\ p_2=0.69,$$

即 p 的一个置信度为 0.95 的近似置信区间为 $(0.50,0.69)$.

8.6.2　0-1 分布比例的区间估计的 R 实现

当样本量足够大时,比例的估计可采用 Hmisc 包中函数 binconf(),也可直接采用函数 prop.test().

函数 binconf 的调用格式为

binconf(x, n, method = c("exact"," asymptotic","wilson"))

其中,x 为具有某种特征的样本个数,n 为样本量,参数 method 中的选择 exact 是使用 F 分布计算的精确区间,asymtotic 是使用大样本时正态分布的近似区间,wilson 是得分检验.

函数 prop.test() 的调用格式为

prop.test(x,n,alternative = c("two.sided", "less","greater"),conf.level = 0.95,correct = TRUE,...)

其中,x 为具有某种特征的样本个数,n 为样本量,correct 是逻辑值,FALSE 代表用 Yates 连续性修正,默认为 TRUE,不进行修正.

例 8.37 的 R 实现.

R 程序:

```
> library(Hmisc)
> binconf(x =60, n =100, method = "exact")
 PointEst    Lower     Upper
      0.6 0.4972092 0.6967052
```

```
> binconf(x=60, n=100, method="asymptotic")
PointEst     Lower      Upper
    0.6  0.5039818  0.6960182
> binconf(x=60, n=100, method="wilson")
PointEst     Lower      Upper
    0.6  0.5020026  0.6905987
> prop.test(x=60, n=100, alternative="two.sided", conf.level = 0.95, correct =FALSE)

    1-sample proportions test without continuity correction
data:    60 out of 100, null probability 0.5
X-squared = 4, df = 1, p-value = 0.0455
alternative hypothesis: true p is not equal to 0.5
95 percent confidence interval:
0.5020026 0.6905987
sample estimates:
  p
0.6
> prop.test(x=60, n=100, alternative="two.sided", conf.level = 0.95, correct =TRUE)

    1-sample proportions test with continuity correction
data:    60 out of 100, null probability 0.5
X-squared = 3.61, df = 1, p-value = 0.05743
alternative hypothesis: true p is not equal to 0.5
95 percent confidence interval:
0.4970036 0.6952199
sample estimates:
  p
0.6
```

比例 p 的点估计为 0.6. 各种方法 exact，asymptotic，wilson 求得的置信区间有一定差异. 有无 Yates 修正时求得的置信区间也不一致. 此题中有 Yates 修正时的置信区间与 exact 法的置信区间基本一致. wilson 方法和无 Yates 修正时求得的置信区间一致，本题所采用的置信区间就是此置信区间 (0.50, 0.69).

习题 8-6

1. 化工厂经常用不锈钢工具处理腐蚀性液体，但是，这些不锈钢在某种环境下特别容易受到应力腐蚀断裂. 发生在日本炼油厂和石油化学制品厂地295 个合金钢失效样本中，有 118 个是由于应力腐蚀断裂与腐蚀疲劳引起的. 构造由应力腐蚀断裂引起的合金钢失效比例真值的95%置信区间,并给出 R 软件实现的程序.

2. 2013 年 7 月某软件公司发布了一个关于受到安全漏洞影响的软件的安全公告. 在最近一年发布的 50 个公告样本中,有 32 个报告了此软件的安全问题. 试求:

(1) 这一年中报告此软件安全问题的安全公告所占比例的一个点估计;

(2) 此比例的置信度为 0.9 的置信区间,并给出 R 软件实现的程序.

8.7　本章小结

8.7.1　内容概要

参数估计问题分为点估计和区间估计. 点估计是适当地选择一个统计量作为未知参数的估计(称为估计量),若已取得一样本,将样本值代入估计量,得到估计量的值,以估计量的值作为未知参数的近似值(称为估计值).

本章介绍了两种求点估计的方法:矩估计法和极大似然估计法.

矩估计法:以样本矩作为总体矩的估计量,而以样本矩的连续函数作为相应的总体矩的连续函数的估计量,从而得到总体未知参数的估计.

极大似然估计法:若已观察到样本的样本值,而取到这一样本值的概率与未知参数有关,则使概率最大的未知参数的值就是其估计值.

对于一个未知参数可以提出不同的估计量,因此自然提出比较估计量的好坏的问题,这就需要给出评定估计量好坏的标准. 本章介绍了三个标准:无偏性、有效性和相合性.

点估计不能反映估计的精度，因此引入了区间估计，以区间的形式给出包含参数真值的可信程度(见表 8.6 和表 8.7).

表 8.6　单正态总体参数的置信区间

待估参数	条件	枢轴变量	分布	双侧置信区间	单侧置信下、上限
均值 μ	σ^2 已知	$\dfrac{\bar{X}-\mu}{\sigma/\sqrt{n}}$	$N(0,1)$	$\left(\bar{X}-u_{\frac{\alpha}{2}}\cdot\dfrac{\sigma}{\sqrt{n}},\ \bar{X}+u_{\frac{\alpha}{2}}\cdot\dfrac{\sigma}{\sqrt{n}}\right)$	$\bar{X}-u_{\alpha}\cdot\dfrac{\sigma}{\sqrt{n}}$ $\bar{X}+u_{\alpha}\cdot\dfrac{\sigma}{\sqrt{n}}$
均值 μ	σ^2 未知	$\dfrac{\bar{X}-\mu}{S/\sqrt{n}}$	$t(n-1)$	$\left(\bar{X}-t_{\frac{\alpha}{2}}(n-1)\cdot\dfrac{S}{\sqrt{n}},\ \bar{X}+t_{\frac{\alpha}{2}}(n-1)\cdot\dfrac{S}{\sqrt{n}}\right)$	$\bar{X}-t_{\alpha}(n-1)\cdot\dfrac{S}{\sqrt{n}}$ $\bar{X}+t_{\alpha}(n-1)\cdot\dfrac{S}{\sqrt{n}}$
方差 σ^2	μ 已知	$\dfrac{\sum_{i=1}^{n}(X_i-\mu)^2}{\sigma^2}$	$\chi^2(n)$	$\left(\dfrac{\sum_{i=1}^{n}(X_i-\mu)^2}{\chi^2_{\frac{\alpha}{2}}(n)},\ \dfrac{\sum_{i=1}^{n}(X_i-\mu)^2}{\chi^2_{1-\frac{\alpha}{2}}(n)}\right)$	$\dfrac{\sum_{i=1}^{n}(X_i-\mu)^2}{\chi^2_{\alpha}(n)}$ $\dfrac{\sum_{i=1}^{n}(X_i-\mu)^2}{\chi^2_{1-\alpha}(n)}$
方差 σ^2	μ 未知	$\dfrac{(n-1)S^2}{\sigma^2}$	$\chi^2(n-1)$	$\left(\dfrac{(n-1)S^2}{\chi^2_{\frac{\alpha}{2}}(n-1)},\ \dfrac{(n-1)S^2}{\chi^2_{1-\frac{\alpha}{2}}(n-1)}\right)$	$\dfrac{(n-1)S^2}{\chi^2_{\alpha}(n-1)}$ $\dfrac{(n-1)S^2}{\chi^2_{1-\alpha}(n-1)}$

表 8.7　双正态总体参数的置信区间

待估参数	条件	枢轴变量	分布	双侧置信区间	单侧置信下、上限
均值差 $\mu_1-\mu_2$	$\sigma_1^2,\ \sigma_2^2$ 均已知	$\dfrac{(\bar{X}-\bar{Y})-(\mu_1-\mu_2)}{\sqrt{\sigma_1^2/n_1+\sigma_2^2/n_2}}$	$N(0,1)$	$\left((\bar{X}-\bar{Y})-u_{\frac{\alpha}{2}}\sqrt{\dfrac{\sigma_1^2}{n_1}+\dfrac{\sigma_2^2}{n_2}},\right.$ $\left.(\bar{X}-\bar{Y})+u_{\frac{\alpha}{2}}\sqrt{\dfrac{\sigma_1^2}{n_1}+\dfrac{\sigma_2^2}{n_2}}\right)$	$(\bar{X}-\bar{Y})-u_{\alpha}\sqrt{\dfrac{\sigma_1^2}{n_1}+\dfrac{\sigma_2^2}{n_2}}$ $(\bar{X}-\bar{Y})+u_{\alpha}\sqrt{\dfrac{\sigma_1^2}{n_1}+\dfrac{\sigma_2^2}{n_2}}$
均值差 $\mu_1-\mu_2$	$\sigma_1^2,\ \sigma_2^2$ 均未知但 $\sigma_1^2=\sigma_2^2$	$\dfrac{(\bar{X}-\bar{Y})-(\mu_1-\mu_2)}{S_w\sqrt{1/n_1+1/n_2}}$, 其中 $S_w^2=\dfrac{(n_1-1)S_1^2+(n_2-1)S_2^2}{n_1+n_2-2}$	$t(n_1+n_2-2)$	$\left((\bar{X}-\bar{Y})-t_{\frac{\alpha}{2}}(n_1+n_2-2)\cdot S_w\sqrt{\dfrac{1}{n_1}+\dfrac{1}{n_2}},\right.$ $\left.(\bar{X}-\bar{Y})+t_{\frac{\alpha}{2}}(n_1+n_2-2)\cdot S_w\sqrt{\dfrac{1}{n_1}+\dfrac{1}{n_2}}\right)$	$(\bar{X}-\bar{Y})-t_{\alpha}(n_1+n_2-2)\cdot S_w\sqrt{\dfrac{1}{n_1}+\dfrac{1}{n_2}}$ $(\bar{X}-\bar{Y})+t_{\alpha}(n_1+n_2-2)\cdot S_w\sqrt{\dfrac{1}{n_1}+\dfrac{1}{n_2}}$
方差比 $\dfrac{\sigma_1^2}{\sigma_2^2}$	$\mu_1,\ \mu_2$ 均未知	$\dfrac{S_1^2/\sigma_1^2}{S_2^2/\sigma_2^2}$	$F(n_1-1,\ n_2-1)$	$\left(\dfrac{1}{F_{\frac{\alpha}{2}}(n_1-1,\ n_2-1)}\cdot\dfrac{S_1^2}{S_2^2},\right.$ $\left.F_{\frac{\alpha}{2}}(n_2-1,\ n_1-1)\cdot\dfrac{S_1^2}{S_2^2}\right)$	$\dfrac{1}{F_{\alpha}(n_1-1,\ n_2-1)}\cdot\dfrac{S_1^2}{S_2^2}$ $F_{\alpha}(n_2-1,\ n_1-1)\cdot\dfrac{S_1^2}{S_2^2}$

8.7.2 延伸阅读

(一) 风险估测

风险估测就是对风险进行衡量,是风险管理中不可或缺的重要一环. 衡量风险的重要性在于它能使风险管理人员判断各类风险发生的可能性及后果的严重性,并选择相应的控制风险的方法. 概率统计在风险衡量中运用非常广泛,对损失风险的测量就可以运用概率分布的知识加以实现.

设某公司货物运输过程中 200 次货物损耗资料,得到其分组频数分布如下表:

损失金额(元)	次数
(0, 200]	5
(200, 400]	8
(400, 600]	13
(600, 800]	30
(800, 1000]	45
(1000, 1200]	37
(1200, 1400]	28
(1400, 1600]	22
(1600, 1800]	7
(1800, 2000]	5

试对公司货物损失金额情况进行估计.

分析:设货物的损失金额为随机变量 X,假设其服从正态分布 $X \sim N(\mu, \sigma^2)$. 上表为 200 次的抽样结果,对公司货物损失金额进行估计则是求 μ, σ^2 的估计值.

下面采用极大似然估计法进行估计,首先建立似然函数

$$L(\mu, \sigma^2) = \prod_{i=1}^{n} f(x_i) = \prod_{i=1}^{n} \frac{1}{\sqrt{2\pi}\sigma} e^{-\frac{(x_i-\mu)^2}{2\sigma^2}} = \left(\frac{1}{\sqrt{2\pi}}\right)^n \left(\frac{1}{\sigma}\right)^n e^{-\sum_{i=1}^{n} \frac{(x_i-\mu)^2}{2\sigma^2}}$$

取对数可得

$$\ln L = -n\ln\sqrt{2\pi} - \frac{n}{2}\ln\sigma^2 - \frac{1}{2\sigma^2}\sum_{i=1}^{n}(x_i-\mu)^2,$$

对 μ, σ^2 求偏导,可得似然方程组为

$$\begin{cases} \dfrac{\partial \ln L}{\partial \mu} = \dfrac{1}{\sigma^2}\sum_{i=1}^{n}(x_i-\mu) = 0, \\ \dfrac{\partial \ln L}{\partial \sigma^2} = -\dfrac{n}{2\sigma^2} + \dfrac{1}{\sigma^2}\sum_{i=1}^{n}(x_i-\mu)^2 = 0. \end{cases}$$

解得

$$\begin{cases} \hat{\mu} = \dfrac{1}{n}\sum_{i=1}^{n} x_i = \bar{x}, \\ \hat{\sigma}^2 = \dfrac{1}{n}\sum_{i=1}^{n}(x_i - \bar{x})^2. \end{cases}$$

假定每个区间的损失金额用区间的平均值来代替，则 200 次结果为

损失金额(元)	次数
100	5
300	8
500	13
700	30
900	45
1100	37
1300	28
1500	22
1700	7
1900	5

将上述值代入极大似然估计量可得

$$\hat{\mu} = \frac{1}{200}(100 \times 5 + 300 \times 8 + 500 \times 13 + 700 \times 30 + 900 \times 45 +$$
$$1100 \times 37 + 1300 \times 28 + 1500 \times 22 + 1700 \times 7 + 1900 \times 5)$$
$$= 1005,$$
$$\hat{\sigma}^2 = 151105, \quad \hat{\sigma} = 388.$$

所以，货物损失金额的平均估计值为 1005 元，标准差的估计值为 388 元.

上面所给出的是点估计，实际生活中为了提高估计的准确性，通常采用区间估计，根据单正态总体均值的置信区间，总体 σ^2 未知，$1-\alpha$ 的置信区间为 $\left(\bar{x} - \dfrac{s}{\sqrt{n}} t_{\frac{\alpha}{2}}(n-1), \bar{x} + \dfrac{s}{\sqrt{n}} t_{\frac{\alpha}{2}}(n-1)\right)$

计算可得样本的 $s^2 = 151864, s = 390$.

因此，95% 的置信区间为 (948.6, 1061.4)，即有 95% 的可能性货物的损失金额为 948.6 ~ 1061.4 元.

注：采用概率统计中的极大似然估计法可以对风险进行衡量，衡量风险的重要性在于它能使风险管理人员判断各类风险发生的可能性及后果的严重性，并选择相应的控制风险的方法，从而降低风险的发生.

(二) 遗传学

随机调查 1000 人，按性别和是否色盲将这 1000 人分类，分

类结果如下：男性正常、女性正常、男性色盲和女性色盲人数分别为 442，514，38，6.

按遗传学的理论，有如下结论：

1. 性别决定于两个染色体，女性是 XX，男性是 XY，人群中女性和男性，也就是有 XX 和 XY 染色体的人所占的比例都是 $\frac{1}{2}$；

2. 染色体 X 与非色盲遗传因子 A，或与色盲遗传因子 a 成对出现，而染色体 Y 不可能与 A，或与 a 成对出现. A 和 a 与 X 成对出现的概率分别为 p 和 q，$p+q=1$；

3. 遗传因子有显性和隐性之分，非色盲遗传因子 A 是显性因子，色盲遗传因子 a 是隐性因子.

因而，对男性来说，(XA)Y 的情况没有色盲，其概率为 $\frac{p}{2}$；(Xa)Y 的情况有色盲，其概率为 $\frac{q}{2}$. 对女性来说，(XA)(XA)、(XA)(Xa) 和 (Xa)(XA) 三种情况都没有色盲，它们的概率之和为 $\frac{p^2}{2}+pq$；(Xa)(Xa) 的情况有色盲，其概率为 $\frac{q^2}{2}$，即男性正常、女性正常、男性色盲和女性色盲这四类人所占的比例分别为 $\frac{p}{2}$、$\frac{p^2}{2}+pq$、$\frac{q}{2}$ 和 $\frac{q^2}{2}$，其中 p 未知，$q=1-p$. 试求这四类人群所占比例的极大似然估计.

解：首先建立似然函数
$$L(p) \propto \left(\frac{p}{2}\right)^{442}\left(\frac{p^2}{2}+pq\right)^{514}\left(\frac{q}{2}\right)^{38}\left(\frac{q^2}{2}\right)^{6} \propto p^{956}(2-p)^{514}(1-p)^{50},$$

取对数可得
$$\ln L(p) \propto 956\ln p + 514\ln(2-p) + 50\ln(1-p),$$

对 p 求偏导，可得似然方程组为
$$\frac{\partial \ln L(p)}{\partial p} = \frac{956}{p} - \frac{514}{2-p} - \frac{50}{1-p} = 0,$$

解得
$$\hat{p} = 0.91.$$

从而得到男性正常、女性正常、男性色盲和女性色盲这四类人的极大似然估计为 0.455，0.49595，0.045 和 0.00405.

第 9 章 假设检验

实际生活中，人们处处都在做决策，例如，新药是否有效、产品的检验是否合格、同一类商品买哪种品牌等．虽然处处都在做决策，但所有决策的制定都遵循同样的模式，都是先考虑各种可能的结果，然后根据自己的偏好得出结论并采取适当的行动．在这一章中讲述如何采用统计推断的方法（假设检验）去做决策．

例如，根据以往实际经验知道，灯泡的寿命 X 服从 $N(\mu, \sigma^2)$，参数 μ 和 σ^2 已知，现在随机抽取一批灯泡，想通过观察这批灯泡的寿命去判断生产线是否工作正常，即生产出的灯泡寿命的分布有无发生改变，这就是假设检验的问题．

概括地说，假设检验问题是指当总体分布未知或虽知其类型但含有未知参数时，为推断总体的某些未知特性，提出某些关于总体的假设，然后根据样本所提供的信息以及运用适当的统计量，对提出的假设做出接受或拒绝的决策．

假设检验包括参数假设检验和非参数假设检验，前者针对总体分布函数中的未知参数提出的假设进行检验，后者针对总体分布函数形式或类型的假设进行检验．本章将主要从假设检验的基本概念、单正态总体参数的假设检验、双正态总体参数的假设检验、其他类型的假设检验（比例检验、卡方检验）四个方面对假设检验问题进行详细阐述．

9.1 假设检验的基本概念

9.1.1 假设检验问题的提法

引例 9.1 设一箱中有红、白两种颜色的球共 100 个，甲说这里有 98 个白球，乙从箱中任取 1 个，发现是红球，问甲的说法是否正确？

如何说明甲的说法是否正确呢？这里考虑反证法，如果甲的说法是正确的（箱中确有 98 个白球），那么乙从箱中任取 1 个球是红球的概率只有 0.02（实际中，通常认为概率小于 0.05 的事件为小概率事件),而小概率事件在一次随机试验中是不易发生的. 根据乙取出的是红球,故有理由认为甲的说法是错误的.

归纳一下上述问题的思考过程:

提出假设:甲的说法正确;

计算概率:如果甲的说法正确,乙取到红球的概率为 $0.02 < 0.05$;

做出决策:小概率事件发生了,故认为甲的说法是错误的.

这就是假设检验问题,把要检验的假设称为**原假设**(零假设或基本假设),记为 H_0,把原假设 H_0 的对立面称为**备择假设或对立假设**,记为 H_1. 在此问题中,H_0:甲的说法正确,H_1:甲的说法错误. 但是,原假设和备择假设的说法未必一定要对立,只要两种说法的参数区间的交集为空集即可. 例如,原假设为灯泡的平均寿命为 2000h,对立假设为灯泡的寿命大于 2000h.

H_0 和 H_1 可以互换吗?如何选择原假设 H_0 和备择假设 H_1 呢?假设检验的基本思想是找到证据"驳斥"原假设. 为什么要努力"驳斥"原假设呢?原因是假设检验背后的哲学基础:肯定什么结论很难,而要否定相对容易得多. 原假设是可能被证据证明为错误的陈述,你认为正确的情况或者你想要的结果应被表示在备择假设中. 因此,假设检验就是通过证明原假设不可能为真,进而说明"推测"可能是正确的. 所以备择假设有时被称为研究假设,因为它是研究者希望证明为"真"的假设.

假设检验是英国统计学家费希尔 1935 年在《The Design of Experiment》中提出的,文中给了这样一个例子,有一位女士声称自己在喝英式茶的时候能区分出来是先倒茶还是先倒奶. 费希尔教授就设计了这样一个实验:10 杯奶茶,5 杯先加奶,5 杯先加茶,让女士来品尝,来验证这位女士是否真的具有她描述的这种能力. 结果是女士全部回答正确. 在这个例子中,正是基于女士全部回答正确的结果,所以我们想要获得结论"该女士有鉴别能力". 因此,针对这个问题的原假设为 H_0:该女士无鉴别能力,备择假设为 H_1:该女士有鉴别能力.

再例如,有一封装罐装可乐的生产流水线,每罐的标准容量规定为 350ml. 质检员每天都要检验可乐的容量是否合格,已知每罐的容量服从正态分布,且生产比较稳定时,其标准差 $\sigma = 5$ml. 某日上班后,质检员每隔半小时从生产线上取一罐,共抽测了 6 罐,测得容量(单位:ml)如下:

$$353, 345, 357, 339, 355, 360.$$

试问生产线工作是否正常?

生产线是否正常的问题,在罐装容量服从正态分布且方差保持不变的条件下,归纳为正态分布的均值问题. 又因为,经过计算,$\bar{x}=351.5$,抽样的结果显示罐装可乐的平均容量不是350ml,因此,我们怀疑"$\mu=350$",换句话说,我们想要驳倒"$\mu=350$". 因此,此问题的假设为

$$H_0: \mu=\mu_0, \ H_1: \mu \neq \mu_0, \ (\mu_0=350) \tag{9.1}$$

形如式(9.1)的备择假设 H_1,表示 μ 可能大于 μ_0,也可能小于 μ_0,称为**双侧备择假设**. 形如式(9.1)的假设检验称为**双侧假设检验**.

在实际问题中,有时还需要检验下列形式的假设:

$$H_0: \mu \leq \mu_0, \ H_1: \mu > \mu_0; \tag{9.2}$$

$$H_0: \mu \geq \mu_0, \ H_1: \mu < \mu_0. \tag{9.3}$$

形如式(9.2)的假设检验称为右侧检验;形如式(9.3)的假设检验称为左侧检验;右侧检验和左侧检验统称为单侧检验.

9.1.2 假设检验的基本思想

从引例9.1中可以看出,**假设检验的基本思想实质上是带有某种概率性质的反证法**. 为了检验一个假设 H_0 是否正确,首先假定该假设 H_0 正确,然后根据样本对假设 H_0 做出接受或拒绝的决策. 如果样本观察值导致了不合理的现象的发生,就应拒绝假设 H_0,否则应接受假设 H_0.

假设检验中所谓"不合理"是和概率论中的"小概率原理"相矛盾的. 所谓"小概率原理"是指对于发生概率很小的事件在一次试验中几乎不可能发生. 这是一个人们在实践中广泛采用的原则,比如买彩票中大奖的概率微乎其微,所以我们偶然买一次彩票几乎是不可能中奖的. 但"小概率原理"仅是原理而非定理,因此,它也可能出错. 因为毕竟概率再小的事件由于偶然性在一次试验中也是可能发生的. 因此,假设检验中的所谓的"不合理"并非逻辑中的绝对矛盾,经过假设检验后所做的决策也有可能犯错.

但概率小到什么程度才能算作"小概率事件"呢?显然,"小概率事件"的概率越小,否定原假设 H_0 就越有说服力. 常记这个概率值为 $\alpha(0<\alpha<1)$,称为**检验的显著性水平**. 对不同的问题,检验的显著性水平 α 不一定相同,但一般应取为较小的值,如 0.1, 0.05 或 0.01 等.

9.1.3 假设检验的一般步骤

假设检验中最关键的问题是基于假设和抽样结果判断小概率

事件是否发生. 因为涉及计算概率,所以需要构造检验工具即检验统计量,且该统计量的分布必须已知.

通常有两种不同的方法来做假设检验:临界值法和 p 值法.

临界值法是指根据显著性水平 α 求拒绝原假设 H_0 的区域 W,这里区域 W 为**拒绝域**,拒绝域的边界点称为临界点. 具体步骤为

(1) 提出假设:原假设 H_0 及备择假设 H_1;

(2) 选择统计量:确定检验统计量 U,并在原假设 H_0 成立的前提下导出 U 的概率分布,要求 U 的分布不依赖于任何未知参数;

(3) 确定拒绝域:根据显著性水平 α,由
$$P(拒绝\ H_0 \mid H_0\ 为真) = \alpha$$
确定拒绝域的临界值,从而确定拒绝域;

(4) 做出决策:做一次具体的抽样,根据得到的样本观察值和所得的拒绝域,对假设 H_0 做出拒绝或接受的判断.

p 值法主要因为其利用计算机操作的简便性和强大的数字处理功能而广泛流行,具体步骤为

(1) 提出假设:原假设 H_0 及备择假设 H_1;

(2) 选择统计量:确定检验统计量 U,并在原假设 H_0 成立的前提下导出 U 的概率分布,要求 U 的分布不依赖于任何未知参数;

(3) 求 p 值:做一次具体的抽样,根据得到的样本观察值 u 计算在原假设为真的前提下,检验统计量 U 等于 u 或更极端值(备择假设所示方向)的概率 p;

(4) 做出决策:根据显著性水平 α 比较 p 和 α 的大小. 若 $p < \alpha$,拒绝原假设 H_0,反之,接受原假设 H_0.

例 9.1 某化学日用品有限责任公司用包装机包装洗衣粉,洗衣粉包装机在正常工作时,装包量 $X \sim N(500, 2^2)$(单位:g),每天开工后,需先检验包装机工作是否正常. 某天开工后,在装好的洗衣粉中任取 9 袋,其重量如下:

505,499,502,506,498,498,497,510,503.

假设总体标准差 σ 不变,即 $\sigma = 2$,试问这天包装机工作是否正常?($\alpha = 0.05$)

解:临界值法:

(1) 提出假设:$H_0: \mu = 500$,$H_1: \mu \neq 500$;

(2) 选择统计量:$U = \dfrac{\overline{X} - \mu_0}{\sigma/\sqrt{n}} = \dfrac{\overline{X} - 500}{2/3} \sim N(0,1)$;

(3) 确定拒绝域：由 $\alpha = 0.05$，根据 $P(|U| > u_{\frac{\alpha}{2}}) = \alpha$，可知 $u_{\frac{\alpha}{2}} = 1.96$，故 H_0 的拒绝域为 $W = (-\infty, 1.96) \cup (1.96, +\infty)$；

(4) 做出决策：由样本计算统计量 U 的值 $u = \dfrac{502-500}{2/3} = 3$，$u \in W$.

故拒绝原假设 H_0，认为这天洗衣粉包装机工作不正常.

p 值法：

(1) 提出假设：$H_0: \mu = 500$，$H_1: \mu \neq 500$；

(2) 选择统计量：$U = \dfrac{\overline{X} - \mu_0}{\sigma/\sqrt{n}} = \dfrac{\overline{X} - 500}{2/3} \sim N(0, 1)$；

(3) 求 p 值：由样本计算统计量 U 的值 $u = \dfrac{502-500}{2/3} = 3$，计算 $P(|U| > 3) = 0.0027$；

(4) 做出决策：根据 $\alpha = 0.05$，$p = 0.0027 < 0.05$.

故拒绝原假设 H_0，认为这天洗衣粉包装机工作不正常.

9.1.4 假设检验的两类错误

引例 9.1 中也可能会发生这样的情况，甲的说法是正确的，但乙取出的是红球，如果按照反证法的思想，做出的决策是错误的；或者甲的说法是错误的，但乙取出的是白球，做出的决策也是错误的.

因此，按照反证法进行假设检验时，通常会发生两类错误. 当假设 H_0 正确时，小概率事件也有可能发生，此时拒绝假设 H_0，因而犯了"**弃真**"的错误，称此为**第 I 类错误**. 犯第 I 类错误的概率恰好就是"小概率事件"发生的概率 α，即

$$P(拒绝 H_0 | H_0 为真) = \alpha. \tag{9.4}$$

反之，若假设 H_0 不正确，但一次抽样检验结果，未发生不合理结果，此时会接受 H_0，因而犯了"**取伪**"的错误，称此为**第 II 类错误**. 记 β 为犯第 II 类错误的概率，即

$$P(接受 H_0 | H_0 不真) = \beta. \tag{9.5}$$

表 9.1 总结了四种假设检验的结果及相应的概率.

表 9.1 假设检验的结果及概率

决策	H_0 为真	H_0 为假
接受 H_0	正确 $(1-\alpha)$	第 II 类错误 (β)
拒绝 H_0	第 I 类错误 (α)	正确 $(1-\beta)$

引例 9.2 某笔记本电脑生产商认为，20% 以上的购买者可能同时购买某种软件包. 随机选取 10 名笔记本电脑的预期购买者，

询问他们是否对此软件包感兴趣,其中有 4 人表示打算购买此软件包. 这个样本能提供充分的证据证明多于 20% 的电脑购买者会购买此软件包吗?

分析:令 p 表示所有笔记本电脑预期购买者中会购买此软件包的真实比例. 根据决策目的建立假设如下:

$$H_0: p = 0.2, \quad H_1: p > 0.2.$$

令 Y 为样本中打算购买此软件包的人数,作为检验统计量,且 $Y \sim B(10, p)$. 设 Y 的观测值为 y,定义本例的拒绝域为 $W = \{y \geq 4\}$. H_0 为真时的概率分布如图 9.1 所示.

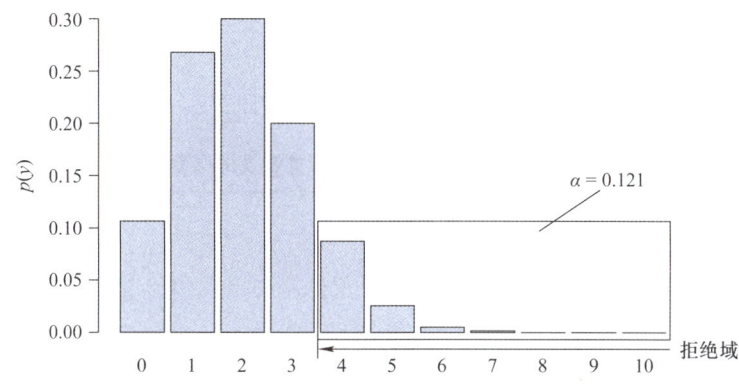

图 9.1 $p = 0.2$ 时的概率图

犯第 I 类错误的概率就是 H_0 为真,但拒绝了 H_0 的概率,实际上是在 $p = 0.2$ 时,检验统计量 Y 落入拒绝域的概率

$$\alpha = 1 - \sum_{y=0}^{3} p(y) = 0.121.$$

所以犯第 I 类错误的概率为 0.121.

如果计算犯第 II 类错误的概率,不妨设真实的概率为 $p = 0.6$,接受原假设的概率为

$$\beta = \sum_{y=0}^{3} p(y) = 0.055,$$

这是犯第 II 类错误的概率(见图 9.2).

实际中,希望这两类错误尽量小,但当样本容量 n 固定时,α, β 不能同时都变小,即 α 变小时,β 就变大;而 β 变小时,α 就变大(见表 9.2). 一般只有当样本容量 n 增大时,才有可能使两者变小(见例 9.2). 那 α, β 这一对矛盾如何处理呢? 在实际应用中,一般原则是**控制犯第 I 类错误的概率,即给定 α,然后通过增大样本容量 n 来减小 β**. 对于显著性水平 α 的选取要结合实际情况,例如,针对企业产品检验问题,若注重经济效益,α 可

取小些，如 $\alpha = 0.01$；若注重社会效益，α 可取大些，如 $\alpha = 0.1$；若要兼顾经济效益和社会效益，一般可取 $\alpha = 0.05$.

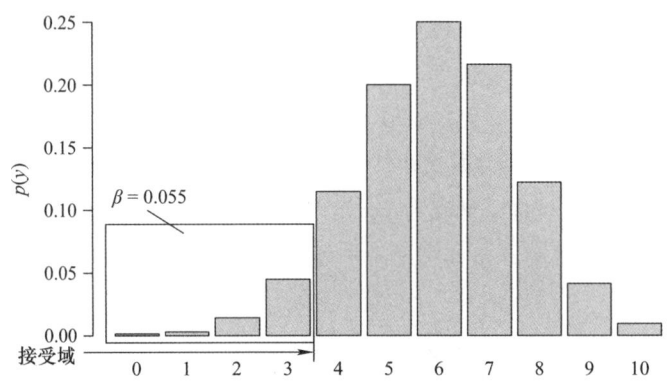

图 9.2　$p = 0.6$ 时的概率图

表 9.2　不同拒绝域下的两类错误的概率

拒绝域	第 I 类错误概率	第 II 类错误概率
$y \geqslant 3$	0.322	0.012
$y \geqslant 4$	0.121	0.055
$y \geqslant 5$	0.006	0.166

例 9.2　某厂生产的一种螺钉，标准要求长度是 68mm. 实际生产的产品，其长度服从正态分布 $N(\mu, 3.6^2)$，考虑假设检验问题

$$H_0: \mu = 68, \quad H_1: \mu \neq 68.$$

设 $\overline{X}$ 为样本均值，按下列方式进行假设检验：

当 $|\overline{X} - 68| > 1$ 时，拒绝假设 H_0，当 $|\overline{X} - 68| \leqslant 1$ 时，接受假设 H_0. 试求：

(1) 当样本容量 $n = 36$ 时，犯第 I 类错误的概率 α；

(2) 当样本容量 $n = 64$ 时，犯第 I 类错误的概率 α；

(3) 当 H_0 不成立（设 $\mu = 70$），分别计算 $n = 36$ 和 $n = 64$ 时，犯第 II 类错误的概率 β.

解：选择统计量 $U = \dfrac{\overline{X} - \mu_0}{\sigma/\sqrt{n}} = \dfrac{\overline{X} - 68}{3.6/\sqrt{n}} \sim N(0,1)$.

(1) 当 $n = 36$ 时，

$$\alpha = P(|\overline{X} - 68| > 1 | H_0 \text{ 成立}) = P(\overline{X} < 67 | H_0 \text{ 成立}) + P(\overline{X} > 69 | H_0 \text{ 成立})$$

$$= \Phi\left(\frac{67-68}{0.6}\right) + \left[1 + \Phi\left(\frac{69-68}{0.6}\right)\right] = \Phi(-1.67) + [1 - \Phi(1.67)]$$

$$= 2[1 - \Phi(1.67)] = 2[1 - 0.9525] = 0.0950.$$

(2) 当 $n=64$ 时,
$$\begin{aligned}\alpha &= P(|\overline{X}|<67|H_0 \text{ 成立}) + P(|\overline{X}>69|H_0 \text{ 成立})\\ &= \Phi\left(\frac{67-68}{0.45}\right) + \left[1-\Phi\left(\frac{69-68}{0.45}\right)\right]\\ &= 2[1-\Phi(2.22)] = 2[1-0.9868] = 0.0264.\end{aligned}$$

(3) 当 $n=36$, $\mu=70$ 时, $\overline{X} \sim N(70, 0.6^2)$, 犯第 II 类错误的概率

$$\begin{aligned}\beta &= P(67 \leq \overline{X} \leq 69 | \mu=70) = \Phi\left(\frac{69-70}{0.6}\right) - \Phi\left(\frac{67-70}{0.6}\right)\\ &= \Phi(-1.67) - \Phi(-5) = \Phi(5) - \Phi(1.67)\\ &= 1-0.9525 = 0.0475\end{aligned}$$

当 $n=64$ 时, $\mu=70$ 时, $\overline{X} \sim N(70, 0.45^2)$, 犯第 II 类错误的概率

$$\begin{aligned}\beta &= P(67 \leq \overline{X} \leq 69 | \mu=70) = \Phi\left(\frac{69-70}{0.45}\right) - \Phi\left(\frac{67-70}{0.45}\right)\\ &= \Phi(2.22) - \Phi(-6.67) = \Phi(6.67) - \Phi(2.22)\\ &= 1-0.9868 = 0.0132\end{aligned}$$

注:通过(1)和(2)可以看出,随着样本容量 n 的增大,得到关于总体的信息更多,从而犯"弃真"错误的概率越小. 由(3)可知,随着样本容量 n 的增大,犯取伪错误的概率也越小. 因此,实际中原则是:可以在控制第 I 类错误的条件下,增大样本容量,从而减小第 II 类错误的概率. 考虑单侧检验问题 $H_0: \mu \leq 68$, $H_1: \mu > 68$, 拒绝域为 $\overline{X} > 69$, 样本容量 $n=36$, 则犯第 I 类错误的概率为 0.0475, 当 H_0 不成立(设 $\mu=70$), 犯第 II 类错误的概率为 0.0475, 两类错误的示意图如图 9.3 所示. 显然,随着拒绝域临界点的移动, α 变小时, β 就变大;而 β 变小时, α 就变大,再次说明了 α 和 β 这一对矛盾.

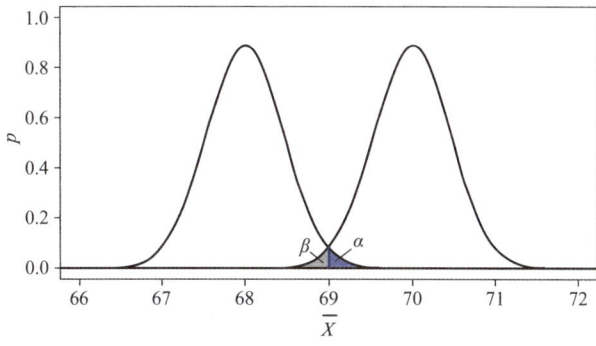

图 9.3 两类错误的示意图

9.1.5 假设检验的 R 实现

引例 9.2 的实现.

R 程序:

```
>p < -0.2
>n < -10
>barplot(dbinom(0:n,n,p),ylab = "p(y)",names = 0:n)
>zp < -0
>k < -3
>for(i in 0:k)
+ {zp = zp + dbinom(i,n,p)}
>jg < -1 - zp
>jg
[1] 0.1208739
>p < -0.6
>n < -10
>barplot(dbinom(0:n,n,p),ylab = "p(y)",names = 0:n)
>zp < -0
>k < -3
>for(i in 0:k)
+ {zp = zp + dbinom(i,n,p)}
>zp
[1] 0.05476188
```

结果说明：dbinom(x,n,p) 函数中，x 可以是一个数值也可以是数值向量，n 是试验的次数，p 表示每次试验成功概率. 此命令给出二项分布在 x 的概率或概率分布.

习题 9-1

1. 研究者想收集证据予以支持的假设通常称为( ).
   (A) 原假设 (B) 备择假设
   (C) 合理假设 (D) 正常假设

2. 在假设检验中，记 H_1 为备择假设，则犯第 I 类错误是指( ).
   (A) H_1 为真，接受 H_1
   (B) H_1 不真，接受 H_1
   (C) H_1 为真，拒绝 H_1
   (D) H_1 不真，拒绝 H_1

3. 在假设检验中，显著性水平是指( ).
   (A) $P(接受 H_0 | H_0 为假) = \alpha$
   (B) $P(接受 H_1 | H_1 为假) = \alpha$
   (C) $P(拒绝 H_0 | H_0 为真) = \alpha$
   (D) $P(拒绝 H_1 | H_1 为真) = \alpha$

4. 某项研究表明，司机驾车时因接打手机而发生事故的比例超过20%，用来检验这一结论的原假设和备择假设为( ).
   (A) $H_0: \pi = 0.2$，$H_1: \pi > 0.2$
   (B) $H_0: \pi = 0.2$，$H_1: \pi \neq 0.2$

(C) $H_0: \pi \leq 0.2$，$H_1: \pi > 0.2$

(D) $H_0: \pi \geq 0.2$，$H_1: \pi < 0.2$

5. 在假设检验中，不拒绝原假设意味着（　）.

(A) 原假设肯定是正确的

(B) 原假设肯定是错误的

(C) 没有证据证明原假设是正确的

(D) 没有证据证明原假设是错误的

6. 检验的 p 值为下列（　）值时拒绝原假设的理由最充分.

(A) 98%　　(B) 50%

(C) 5%　　(D) 2%

7. 某 350ml 饮料的脂肪含量的均值不超过 100g，在对标签上的说明进行检验时，建立的原假设和备择假设为 $H_0: \mu \leq 100$，$H_1: \mu > 100$，该检验所犯的第 I 类错误是（　）.

(A) 实际情况是 $\mu \geq 100$，检验认为 $\mu > 100$

(B) 实际情况是 $\mu \leq 100$，检验认为 $\mu < 100$

(C) 实际情况是 $\mu \geq 100$，检验认为 $\mu < 100$

(D) 实际情况是 $\mu \leq 100$，检验认为 $\mu > 100$

8. 你正在检测一种新型的汽车安全气囊，你担心气囊不能正常弹出. 给出原假设和备择假设.

9. 你怀疑某个品牌的洗衣粉比商店的自有品牌好，你希望检验这两种洗衣粉，因为你想买便宜的商店品牌. 给出原假设和备择假设，并描述可能产生的 4 种结果.

10. 设 X_1, X_2, X_3, X_4 为取自总体 $X \sim N(\mu, 4^2)$ 的样本，对假设检验问题 $H_0: \mu = 5$，$H_0: \mu \neq 5$，试求：

(1) 在显著性水平 0.05 下求拒绝域；

(2) 若 $\mu = 6$，求上述检验所犯的第 II 类错误的概率；

(3) 利用 R 软件实现第(1)问和第(2)问.

9.2　单正态总体的假设检验

鉴于正态总体是统计应用中最为常见的总体，在第 9.2 节和第 9.3 节中，将分别讨论单正态总体与双正态总体的参数假设检验.

9.2.1　单正态总体均值的假设检验

设总体 $X \sim N(\mu, \sigma^2)$，当检验关于总体均值 μ 的假设时，方差 σ^2 是否已知会影响到对于检验统计量的选择，故下面分两种情形进行讨论.

设总体 $X \sim N(\mu, \sigma^2)$，μ 未知，$X_1, X_2, \cdots, X_n$ 是取自总体 X 的一个样本，$\overline{X}$ 为样本均值，S^2 为样本方差.

1. σ^2 已知

(1) 双侧检验

步骤 1：提出假设

假设 $H_0: \mu = \mu_0$　　$H_1: \mu \neq \mu_0$，其中 μ_0 为已知常数.

步骤 2：选择统计量

由第 7 章知，当 H_0 为真时，

$$U = \frac{\overline{X} - \mu_0}{\sigma/\sqrt{n}} \sim N(0,1) \qquad (9.6)$$

故选取 U 作为检验统计量，记其样本观察值为 u. 相应的检验法

称为 u **检验法**.

步骤 3：求拒绝域

因为 $\bar{X}$ 是 μ 的无偏估计量，当 H_0 成立时，$|u|$ 不应太大，当 H_1 成立时，$|u|$ 有偏大的趋势，故拒绝域形式为

$$|u| = \left| \frac{\bar{x} - \mu_0}{\sigma/\sqrt{n}} \right| > k \quad (k \text{ 待定})$$

根据给定的显著性水平 α，查标准正态分布表得 $k = u_{\frac{\alpha}{2}}$，使

$$P(|U| > u_{\frac{\alpha}{2}}) = \alpha$$

可得拒绝域为

$$W = \left\{ u \mid |u| = \left| \frac{\bar{x} - \mu_0}{\sigma/\sqrt{n}} \right| > u_{\frac{\alpha}{2}} \right\}$$

即 $W = (-\infty, u_{\frac{\alpha}{2}}) \cup (u_{\frac{\alpha}{2}}, +\infty)$，或者表达为 $W = \{|u| > u_{\frac{\alpha}{2}}\}$.

步骤 4：做出决策

根据一次抽样后得到的样本观察值 $x_1, x_2, \cdots, x_n$ 计算出 U 的观察值 u，若 $|u| > u_{\frac{\alpha}{2}}$，则拒绝原假设 H_0，即认为总体均值与 μ_0 有显著差异；若 $|u| \leqslant u_{\frac{\alpha}{2}}$，则接受原假设 H_0，即认为总体均值与 μ_0 无显著差异.

(2) 单侧检验

右侧检验：检验假设 $H_0: \mu \leqslant \mu_0$，$H_1: \mu > \mu_0$，拒绝域为

$$W = \left\{ u \mid u = \frac{\bar{x} - \mu_0}{\sigma/\sqrt{n}} > u_\alpha \right\};$$

左侧检验：检验假设 $H_0: \mu \geqslant \mu_0$，$H_1: \mu < \mu_0$，拒绝域为

$$W = \left\{ u \mid = \frac{\bar{x} - \mu_0}{\sigma/\sqrt{n}} < -u_\alpha \right\};$$

双侧检验、单侧检验拒绝域的示意图如图 9.4 和图 9.5 所示.

图 9.4 双侧检验示意图

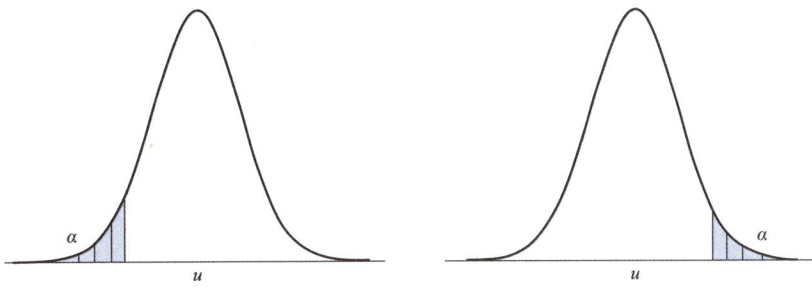

图 9.5　单侧检验示意图

2. σ^2 未知

（1）双侧检验

步骤 1：提出假设

假设 $H_0:\mu = \mu_0$　$H_1:\mu \neq \mu_0$. 其中 μ_0 为已知常数.

步骤 2：选择统计量

由第 7 章知，当 H_0 为真时，

$$T = \frac{\overline{X} - \mu_0}{S/\sqrt{n}} \sim t(n-1), \tag{9.7}$$

故选取 T 作为检验统计量，记其样本观察值为 t. 相应的检验法称为 t **检验法**.

步骤 3：求拒绝域

由于 $\overline{X}$ 是 μ 的无偏估计量，S^2 是 σ^2 的无偏估计量，当 H_0 成立时，$|t|$ 不应太大，当 H_1 成立时，$|t|$ 有偏大的趋势，故拒绝域形式为

$$|t| = \left| \frac{\overline{x} - \mu_0}{s/\sqrt{n}} \right| > k, \; k \text{ 待定},$$

对于给定的显著性水平 α，查分布表得 $k = t_{\frac{\alpha}{2}}(n-1)$，使

$$P(|T| > t_{\frac{\alpha}{2}}(n-1)) = \alpha$$

可得拒绝域为

$$W = \left\{ t \; \middle| \; |t| = \left| \frac{\overline{x} - \mu_0}{s/\sqrt{n}} \right| > t_{\frac{\alpha}{2}}(n-1) \right\}$$

即 $W = (-\infty, -t_{\frac{\alpha}{2}}(n-1)) \cup (t_{\frac{\alpha}{2}}(n-1), +\infty)$，或者表达为 $W = \{|t| > t_{\frac{\alpha}{2}}(n-1)\}$.

步骤 4：做出决策

根据一次抽样后得到的样本观察值 $x_1, x_2, \cdots, x_n$ 计算出 T 的观察值 t，若 $|t| > t_{\frac{\alpha}{2}}(n-1)$，则拒绝原假设 H_0，即认为总体均值与 μ_0 有显著差异；若 $|t| \leq t_{\frac{\alpha}{2}}(n-1)$，则接受原假设 H_0，即认为总体均值与 μ_0 无显著差异.

(2) 单侧检验

右侧检验：检验假设 $H_0:\mu\leqslant\mu_0$，$H_1:\mu>\mu_0$，拒绝域为

$$W=\left\{t\,\middle|\,t=\frac{\bar{x}-\mu_0}{s/\sqrt{n}}>t_\alpha(n-1)\right\};$$

左侧检验：检验假设 $H_0:\mu\geqslant\mu_0$，$H_1:\mu<\mu_0$，拒绝域为

$$W=\left\{t\,\middle|\,t=\frac{\bar{x}-\mu_0}{s/\sqrt{n}}<-t_\alpha(n-1)\right\}.$$

综上所述，单正态总体均值的假设检验关键是根据总体方差 σ^2 是否已知而选择不同的统计量，方差 σ^2 已知选 u 检验法，方差 σ^2 未知选 t 检验法.

例 9.3 某车间生产钢丝，用 X 表示钢丝的折断力，由经验判断 $X\sim N(\mu,\sigma^2)$，其中 $\mu=570$，$\sigma^2=8^2$. 现换了一批材料，从性能上看估计折断力的方差 σ^2 不会有什么变化（即仍有 $\sigma^2=8^2$），但不知折断力的均值 μ 和原先有无差别. 现抽得样本，测得其折断力为

578，572，570，568，572，570，570，572，596，584.

取 $\alpha=0.05$，试检验折断力均值有无变化？

解：(1) 建立假设：$H_0:\mu=\mu_0=570$，$H_1:\mu\neq 570$；

(2) 选择统计量：σ^2 已知，选择统计量 $U=\dfrac{\bar{X}-\mu_0}{\sigma/\sqrt{n}}\sim N(0,1)$；

(3) 求拒绝域：$P(|U|>u_{\frac{\alpha}{2}})=\alpha$，查正态分布表得 $u_{\frac{\alpha}{2}}=u_{0.025}=1.96$，从而拒绝域为 $W=\{|u|>1.96\}$；

(4) 做出决策：根据 $\bar{x}=\dfrac{1}{10}\sum\limits_{i=j}^{10}x_i=575.20$，可得

$$|u|=\left|\frac{\bar{x}-\mu_0}{\sigma/\sqrt{n}}\right|=2.06>1.96.$$

故拒绝原假设 H_0，即认为折断力的均值发生了变化.

例 9.4 有一工厂生产一种灯管，已知灯管的寿命 X 服从正态分布 $N(\mu,40000)$，根据以往的生产经验，知道灯管的平均寿命不会超过 1500h. 为了提高灯管的平均寿命，工厂采用了新的工艺. 为了弄清楚新工艺是否真的能提高灯管的平均寿命，测试了采用新工艺生产的 25 支灯管的寿命，其平均值是 1575h. 尽管样本的平均值大于 1500h，试问：可否由此判定这恰是新工艺的效应，而非偶然的原因使得抽出的这 25 支灯管的平均寿命较长呢？（$\alpha=0.05$）

解：(1) 建立假设：$H_0:\mu\leqslant 1500$，$H_1:\mu>1500$；

(2) 选择统计量：σ^2 已知，选择统计量 $U = \dfrac{\overline{X} - \mu_0}{\sigma/\sqrt{n}} \sim N(0,1)$；

(3) 求拒绝域：$P(U > u_\alpha) = \alpha$，查正态分布表得 $u_\alpha = u_{0.05} = 1.645$，从而拒绝域为 $W = \{u > 1.645\}$；

(4) 做出决策：根据 $\mu_0 = 1500$，$\sigma = 200$，$n = 25$，$\bar{x} = 1575$，可得

$$u = \dfrac{\bar{x} - u_0}{\sigma/\sqrt{n}} = \dfrac{1575 - 1500}{200} \cdot \sqrt{25} = 1.875 > 1.645.$$

故拒绝原假设 H_0，即认为新工艺事实上提高了灯管的平均寿命.

例 9.5 水泥厂用自动包装机包装水泥，每袋额定重量是 50kg，某日开工后随机抽查了 9 袋，称得重量如下：

49.6，49.3，50.1，50.0，49.2，49.9，49.8，51.0，50.2.

设每袋重量服从正态分布，问包装机工作是否正常？（$\alpha = 0.05$）

解：(1) 建立假设：$H_0: \mu = \mu_0 = 50$，$H_1: \mu \neq 50$；

(2) 选择统计量：σ^2 未知，选择统计量 $T = \dfrac{\overline{X} - \mu_0}{S/\sqrt{n}} \sim t(n-1)$；

(3) 求拒绝域：$P(|T| > t_{\frac{\alpha}{2}}(n-1)) = \alpha$ 查 t 分布表得 $t_{\frac{\alpha}{2}}(n-1) = t_{0.025}(8) = 2.306$，从而拒绝域为 $W = \{|t| > 2.306\}$；

(4) 做出决策：根据 $\bar{x} = 49.9$，$s^2 = 0.29$，可得

$$|t| = \left|\dfrac{\bar{x} - 50}{s/\sqrt{n}}\right| = 0.56 < 2.306.$$

故接受原假设 H_0，即认为包装机工作正常.

例 9.6 某公司声称某种类型的电池的平均寿命至少为 21.5h. 有一实验室检验了该公司制造的 6 种电池，得到如下的寿命小时数：

19，18，22，20，16，25.

试问：这些结果是否表明这种类型的电池低于该公司所声称的寿命？（$\alpha = 0.05$）

解：(1) 建立假设：$H_0: \mu \geq 21.5$，$H_1: \mu < 21.5$；

(2) 选择统计量：σ^2 未知，选择统计量 $T = \dfrac{\overline{X} - \mu_0}{S/\sqrt{n}} \sim t(n-1)$；

(3) 求拒绝域：$P(T < -t_\alpha(n-1)) = \alpha$，查 t 分布表得 $t_\alpha(n-1) = t_{0.05}(5) = 2.015$，从而拒绝域为 $W = \{t < -2.015\}$；

(4) 做出决策：根据已知数据计算 $\bar{x} = 20$，$s^2 = 10$，可得

$$t = \frac{\bar{x} - \mu_0}{s/\sqrt{n}} = \frac{20 - 21.5}{\sqrt{10}}\sqrt{6} = -1.162 > -2.015.$$

故接受原假设 H_0，即认为这种类型电池的寿命并不比公司宣称的寿命短.

例 9.7 用传统工艺加工的某种水果罐头中，每瓶平均维生素 C 的含量为 19mg. 现改进了加工工艺，抽查了 16 瓶罐头，测得维生素含量（单位：mg）为

23, 20.5, 21, 22, 20, 22.5, 19, 20,
23, 20.5, 18.8, 20, 19.5, 22, 18, 23.

已知水果罐头中的维生素 C 含量服从正态分布. 分别在方差 $\sigma^2 = 4$ 和 σ^2 未知的情况下，问新工艺下维生素 C 含量是否比旧工艺下维生素 C 含量有显著（$\alpha = 0.01$）提高？

解：设 X 为新工艺下水果罐头的维生素 C 含量，则 $X \sim N(\mu, \sigma^2)$，

当方差 $\sigma^2 = 4$ 时，

(1) 建立假设：$H_0: \mu \leq 19$，$H_1: \mu > 19$；

(2) 选择统计量：σ^2 已知，选择统计量 $U = \dfrac{\bar{X} - \mu_0}{\sigma/\sqrt{n}} \sim N(0,1)$；

(3) 求拒绝域：$P(U > u_\alpha) = \alpha$，查正态分布表得 $u_\alpha = u_{0.01} = 2.33$，从而拒绝域为 $W = \{u > 2.33\}$；

(4) 做出决策：根据 $\mu_0 = 19$，$\sigma = 2$，$n = 16$，$\bar{x} = \dfrac{1}{16}\sum_{i=1}^{16} x_i = 20.8$，可得

$$u = \frac{\bar{x} - \mu_0}{\sigma/\sqrt{n}} = \frac{20.8 - 19}{2/\sqrt{16}} = 3.6 > 2.33$$

故拒绝原假设 H_0，即认为新工艺下维生素 C 的含量比旧工艺下维生素 C 的含量有显著提高.

当方差 σ^2 未知时，

(1) 建立假设：$H_0: \mu \leq 19$ $H_1: \mu > 19$；

(2) 选择统计量：σ^2 未知，选择统计量 $T = \dfrac{\bar{X} - \mu_0}{S/\sqrt{n}} \sim t(n-1)$；

(3) 求拒绝域：$P(t > t_\alpha(n-1)) = \alpha$，查 t 分布表得 $t_{0.01}(15) = 2.6025$，从而拒绝域为 $W = \{t > 2.6025\}$；

(4) 做出决策：根据 $n = 16$，$\bar{x} = \dfrac{1}{16}\sum_{i=1}^{16} x_i = 20.8$，$s = \sqrt{\dfrac{1}{15}\sum_{i=1}^{16}(x_i - \bar{x})^2} = 1.617$，可得

$$t = \frac{\bar{x}-\mu_o}{s/\sqrt{n}} = \frac{20.8-19}{1.617/\sqrt{16}} = 4.45 > 2.6025.$$

故拒绝原假设 H_0,即认为新工艺下维生素 C 的含量比旧工艺下维生素 C 的含量有显著提高.

9.2.2 单正态总体方差的假设检验

设总体 $X \sim N(\mu, \sigma^2)$,μ、σ^2 未知,$X_1, X_2, \cdots, X_n$ 是取自总体 X 的一个样本,$\bar{X}$ 为样本均值,S^2 为样本方差.

(1) 双侧检验

步骤 1:提出假设

假设 $H_0: \sigma^2 = \sigma_0^2$,$H_1: \sigma^2 \neq \sigma_0^2$,其中 σ_0 为已知常数.

步骤 2:选择统计量

由第 7 章知,当 H_0 为真时,

$$\chi^2 = \frac{n-1}{\sigma_0^2} S^2 \sim \chi^2(n-1). \tag{9.8}$$

故选取 χ^2 作为检验统计量. 相应的检验法称为 χ^2 **检验法**.

步骤 3:求拒绝域

因为 S^2 是 σ^2 的无偏估计量,当 H_0 成立时,S^2 应在 σ_0^2 附近,当 H_1 成立时,χ^2 有偏小或偏大的趋势,故拒绝域形式为

$$\chi^2 = \frac{n-1}{\sigma_0^2} s^2 < k_1 \text{ 或 } \chi^2 = \frac{n-1}{\sigma_0^2} s^2 > k_2 \quad (k_1, k_2 \text{ 待定})$$

根据给定的显著性水平 α,查 χ^2 分布表得 $k_1 = \chi^2_{1-\frac{\alpha}{2}}(n-1)$,$k_2 = \chi^2_{\frac{\alpha}{2}}(n-1)$,使

$$P(\chi^2 < \chi^2_{1-\frac{\alpha}{2}}(n-1)) = \frac{\alpha}{2}, \quad P(\chi^2 > \chi^2_{\frac{\alpha}{2}}(n-1)) = \frac{\alpha}{2}$$

即得拒绝域为

$$W = \left\{ \chi^2 \,\middle|\, \chi^2 = \frac{n-1}{\sigma_0^2} s^2 < \chi^2_{1-\frac{\alpha}{2}}(n-1) \text{ 或 } \chi^2 = \frac{n-1}{\sigma_0^2} s^2 > \chi^2_{\frac{\alpha}{2}}(n-1) \right\}$$

即 $W = [0, \chi^2_{1-\frac{\alpha}{2}}(n-1)) \cup (\chi^2_{\frac{\alpha}{2}}(n-1), +\infty)$.

步骤 4:做出决策

根据一次抽样后得到的样本观察值 $x_1, x_2, \cdots, x_n$ 计算出 χ^2 的观察值,若 $\chi^2 < \chi^2_{1-\frac{\alpha}{2}}(n-1)$ 或 $\chi^2 > \chi^2_{\frac{\alpha}{2}}(n-1)$,则拒绝原假设 H_0,即认为总体方差与 σ_0^2 无显著差异;若 $\chi^2_{1-\frac{\alpha}{2}}(n-1) \leq \chi^2 \leq \chi^2_{\frac{\alpha}{2}}(n-1)$,则接受原假设 H_0,即认为总体方差与 σ_0^2 无显著差异.

(2) 单侧检验

右侧检验:检验假设:$H_0: \sigma^2 \leq \sigma_0^2$,$H_1: \sigma^2 > \sigma_0^2$,拒绝域为

$$W = \left\{\chi^2 \,\bigg|\, \chi^2 = \frac{n-1}{\sigma_0^2}s^2 > \chi_\alpha^2(n-1)\right\}.$$

左侧检验：检验假设：$H_0: \sigma^2 \geq \sigma_0^2$，$H_1: \sigma^2 < \sigma_0^2$，拒绝域为

$$W = \left\{\chi^2 \,\bigg|\, \chi^2 = \frac{n-1}{\sigma_0^2}s^2 < \chi_{1-\alpha}^2(n-1)\right\}.$$

例9.8 某厂生产的某种型号的电池，其寿命（单位：h）长期以来服从方差 $\sigma^2 = 5000$ 的正态分布，现有一批这种电池，从它的生产情况来看，寿命的波动性有所改变。现随机取 26 节电池，测出其寿命的样本方差 $s^2 = 9200$。问根据这一数据能否推断这批电池寿命的波动性较以往的电池有显著的变化？（$\alpha = 0.02$）

解：（1）建立假设：$H_0: \sigma^2 = 5000$，$H_1: \sigma^2 \neq 5000$；

（2）选择统计量：$\chi^2 = \dfrac{n-1}{\sigma_0^2}S^2 \sim \chi^2(n-1)$；

（3）求拒绝域：$P(\chi^2 < \chi_{1-\frac{\alpha}{2}}^2(n-1)) = \dfrac{\alpha}{2}$，$P(\chi^2 > \chi_{\frac{\alpha}{2}}^2(n-1)) = \dfrac{\alpha}{2}$，查 χ^2 分布表得 $\chi_{\frac{\alpha}{2}}^2(n-1) = \chi_{0.01}^2(25) = 44.314$，$\chi_{1-\frac{\alpha}{2}}^2(n-1) = \chi_{0.99}^2(25) = 11.524$，从而拒绝域为 $W = [0, 11.524) \cup (44.314, +\infty)$；

（4）做出决策：根据已知 $s^2 = 9200$，可得

$$\chi^2 = \frac{(n-1)s^2}{\sigma_0^2} = 46 > 44.314.$$

故拒绝原假设 H_0，即认为这批电池寿命的波动性较以往电池有显著的变化。

例9.9 某工厂生产金属丝，产品指标为折断力。折断力的方差被用作工厂生产精度的表征。方差越小，表明精度越高。以往工厂一直把该方差保持在 64（kg^2）与 64 以下。最近从一批产品中抽取 10 根做折断力试验，测得的结果（单位：kg）如下：

578, 572, 570, 568, 572, 570, 572, 596, 584, 570.

由上述样本数据算得

$$\bar{x} = 575.2, \quad s^2 = 75.74.$$

为此，厂方怀疑金属丝折断力的方差是否变大了。如确实增大了，表明生产精度不如以前，就需要对生产流程做一番检验，以发现生产环节中存在的问题。试在 $\alpha = 0.05$ 的显著性水平下，检验厂方的怀疑。

解：（1）建立假设：$H_0: \sigma^2 \leq 64$，$H_1: \sigma^2 > 64$；

(2) 选择统计量：$\chi^2 = \dfrac{n-1}{\sigma_0^2} S^2 \sim \chi^2(n-1)$；

(3) 求拒绝域：$P(\chi^2 > \chi^2_{\frac{\alpha}{2}}(n-1)) = \dfrac{\alpha}{2}$，

查 χ^2 分布表得 $\chi^2_\alpha(n-1) = \chi^2_{0.05}(9) = 16.919$，从而拒绝域为 $W = \{\chi^2 \mid \chi^2 > 16.919\}$.

(4) 做出决策：根据已知 $s^2 = 75.74$，可得

$$\chi^2 = \dfrac{n-1}{\sigma_0^2} s^2 = \dfrac{9 \times 75.74}{64} = 10.65 < 16.919.$$

故接受原假设 H_0，即认为样本方差的偏大系偶然因素，生产流程正常，故不需再做进一步的检查.

例 9.10 设某机器生产的零件长度（单位：cm）$X \sim N(\mu, \sigma^2)$，今抽取容量为 16 的样本，测得样本均值 $\bar{x} = 10$，样本方差 $s^2 = 0.16$. 求：(1) μ 的置信度为 0.95 的置信区间；(2) 在显著性水平 0.05 下检验假设 $H_0: \sigma^2 \leq 0.1$.

解：(1) σ^2 未知，μ 的置信度为 $1-\alpha$ 的置信区间为 $\left(\bar{x} \pm t_{\frac{\alpha}{2}}(n-1) \cdot \dfrac{s}{\sqrt{n}}\right)$.

根据已知 $1 - \alpha = 0.95$，$\bar{x} = 10$，$s = 0.4$，$n = 16$，查表得 $t_{\frac{\alpha}{2}}(n-1) = t_{0.025}(15) = 2.132$.

故 μ 的置信度为 0.95 的置信区间为

$$\bar{x} \pm t_{\frac{\alpha}{2}}(n-1) \cdot \dfrac{s}{\sqrt{n}} = 10 \pm t_{0.025}(15) \cdot 0.4/4 = 10 \pm 0.2132$$

即 μ 的置信度为 0.95 的置信区间 $(9.7868, 10.2132)$.

(2) μ 未知，

① 建立假设：$H_0: \sigma^2 \leq 0.1$，$H_1: \sigma^2 > 0.1$；

② 选择统计量：$\chi^2 = \dfrac{n-1}{\sigma_0^2} S^2 \sim \chi^2(n-1)$；

③ 求拒绝域：$P(\chi^2 > \chi^2_\alpha(n-1)) = \alpha$，查 χ^2 分布表得 $\chi^2_\alpha(n-1) = \chi^2_{0.05}(15) = 24.996$，从而拒绝域为 $W = \{\chi^2 \mid \chi^2 > 24.996\}$；

④ 做出决策：根据已知 $s^2 = 75.74$，可得

$$\chi^2 = \dfrac{(n-1)s^2}{\sigma_0^2} = \dfrac{15 \times 0.16}{0.01} = 24 < 24.996.$$

故接受原假设 H_0.

9.2.3 单正态总体假设检验的 R 实现

单正态总体均值的假设检验根据总体方差是否已知分为两种情况. 当方差已知时, 除了可以采用第 8 章区间估计中所提到的 BSDA 包中函数 z.test(), 也可以采用 TeachingDemos 包中函数 z.test(), 但 UsingR 软件包中函数 simple.z.test() 不能做假设检验, 只能做区间估计. 当方差未知时, 依然采用 t.test(), 调用格式见均值置信区间的调用格式. 当然, 除了调用函数外, 均值的假设检验也可以用自编程序实现(见表 9.3).

表 9.3 单正态总体假设检验

	H_0	H_1	条件	检验统计量及分布	拒绝域
均值的假设检验	$\mu = \mu_0$	$\mu \neq \mu_0$	方差 σ^2 已知	$U = \dfrac{\overline{X} - \mu_0}{\sigma/\sqrt{n}} \sim N(0,1)$	$\lvert u \rvert > u_{\frac{\alpha}{2}}$
	$\mu \leq \mu_0$	$\mu > \mu_0$			$u > u_\alpha$
	$\mu \geq \mu_0$	$\mu < \mu_0$			$u < -u_\alpha$
	$\mu = \mu_0$	$\mu \neq \mu_0$	方差 σ^2 未知	$T = \dfrac{\overline{X} - \mu_0}{S/\sqrt{n}} \sim t(n-1)$	$\lvert t \rvert > t_{\frac{\alpha}{2}}(n-1)$
	$\mu \leq \mu_0$	$\mu > \mu_0$			$t > t_\alpha(n-1)$
	$\mu \geq \mu_0$	$\mu < \mu_0$			$t < -t_\alpha(n-1)$
方差的假设检验	$\sigma^2 = \sigma_0^2$	$\sigma^2 \neq \sigma_0^2$	均值 μ 未知	$\chi^2 = \dfrac{(n-1)S^2}{\sigma_0^2} \sim \chi^2(n-1)$	$\chi^2 < \chi^2_{1-\frac{\alpha}{2}}(n-1)$ 或 $\chi^2 > \chi^2_{\frac{\alpha}{2}}(n-1)$
	$\sigma^2 \leq \sigma_0^2$	$\sigma^2 > \sigma_0^2$			$\chi^2 > \chi^2_\alpha(n-1)$
	$\sigma^2 \geq \sigma_0^2$	$\sigma^2 < \sigma_0^2$			$\chi^2 < \chi^2_{1-\alpha}(n-1)$

单正态总体方差的假设检验既可以用自编程序实现, 也可以调用 TeachingDemos 包中函数 sigma.test().

函数 z.test() 的调用格式为

z.test (x, mu = 0, alternative = c (" two.sided ", "less", "greater"),sd = stdev, conf.level = 0.95,...)

其中 x 为样本数据; alternative 选择检验类型; mu 为检验的均值; sd 为标准差; conf.level 为置信度.

函数 sigma.test() 的调用格式为

sigma.test(x, sigma = 1, sigmasq = sigma^2, alternative = c (" two.sided ", " less ", " greater"), conf.level = 0.95,...)

其中 x 为样本数据; sigma 为检验的标准差, sigmasq 为检验的方差; alternative 选择检验类型; conf.level 为置信度.

1. 自编程序

例 9.4 均值的假设检验的 R 实现.

R 程序：
```
> p < -1 -pnorm((1575 -1500)/200* sqrt(25))
> p
[1] 0.03039636
```
函数 pnorm(q, mean = 0, sd = 1, lower.tail = TRUE, log.p = FALSE) 返回的是标准正态分布的分布函数值，即 $P(X \leq q)$. $p = 0.03 < 0.05$，故拒绝原假设 H_0，即认为应用新工艺提高了灯管的平均寿命.

例9.11 方差的假设检验的 R 实现

R 程序：
```
>n < -26
>s2 < -9200
>sigma2 < -5000
>p < -1 -pchisq((n -1)* s2/sigma2,n -1)
>p
[1] 0.006417833
```
函数 pchisq(q, df, ncp = 0, lower.tail = TRUE, log.p = FALSE) 返回的是 χ^2 分布的分布函数值，$P(X \leq q)$，df 是自由度. $p = 0.006 < 0.05$，拒绝原假设 H_0，即认为这批电池寿命的波动性较以往有显著的变化.

2. 调用函数

例9.3 的 R 实现.

R 程序：
```
> library("TeachingDemos")
> x <-c(578,572,570,568,572,570,570,572,596,584)
> z.test(x,mu =570,sd =8, alternative = "two.sided")
        One Sample z-test
data:  x
z = 2.0555, n = 10.0000, Std.Dev. = 8.0000, Std.Dev.of
the sample mean = 2.5298, p-value = 0.03983
alternative hypothesis: true mean is not equal to 570
95 percent confidence interval:
570.2416 580.1584
sample estimates:
mean of x
    575.2
```

在方差已知情况下，检验统计量 U 的观察值为 2.055，样本量为 10，样本均值为 575.2，样本均值的标准误为 2.5298，均值 μ 的置信度为 0.95 的置信区间为 (570.2, 580.2)，$p = 0.0398 < 0.05$，故拒绝原假设 H_0，即认为折断力的均值发生了变化.

例 9.5 的 R 实现.

R 程序：

```
> x<-c(49.6,49.3,50.1,50.0,49.2,49.9,49.8,51.0,50.2)
> t.test(x,mu=50,alternative = "two.sided")
        One Sample t-test
data:  x
t = -0.5595, df = 8, p-value = 0.5911
alternative hypothesis: true mean is not equal to 50
95 percent confidence interval:
49.48785 50.31215
sample estimates:
mean of x
     49.9
```

在方差未知情况下，检验统计量 T 的观察值为 -0.5595，自由度为 8，样本均值为 49.9，均值 μ 的置信度为 0.95 的置信区间为 (49.5, 50.3). $p = 0.5911 > 0.05$，故接受原假设 H_0，即认为包装机工作正常.

例 9.6 的 R 实现.

R 程序：

```
> x<-c(19,18,22,20,16,25)
> t.test(x,mu=21.5,alternative = "less")
One Sample t-test
data:  x
t = -1.1619, df = 5, p-value = 0.1489
alternative hypothesis: true mean is less than 21.5
95 percent confidence interval:
-Inf 22.60142
sample estimates:
mean of x
20
```

这里采用的是左侧 t 检验，检验统计量 T 的观察值为 -1.1619，自由度为 5，样本均值为 20，均值 μ 的置信度为 0.95 的左侧置信区间为 $(-\infty, 22.60)$. $p = 0.1489 > 0.05$，接受原假设 H_0，即认为这种类型电池的寿命并不比公司宣称的寿命短.

习题 9-2

1. 对正态分布的数学期望进行 μ 检验，如果在显著水平 0.05 下接受 $H_0: \mu = \mu_0$ 那么在显著水平 0.01 下，下列结论中正确的是(　　).

   (A) 必接受 H_0

   (B) 可能接受，也可能拒绝 H_0

   (C) 必拒绝 H_0

   (D) 不接受，也不拒绝 H_0

2. (　　)情景适用 t 检验统计量.

   (A) 样本为大样本，且总体方差已知

   (B) 样本为小样本，且总体方差已知

   (C) 样本为小样本，且总体方差未知

   (D) 样本为大样本，且总体方差未知

3. 若检验的假设为 $H_0: \mu \leq \mu_0$，$H_1: \mu > \mu_0$，则拒绝域为(　　).

   (A) $u > u_\alpha$

   (B) $u < -u_\alpha$

   (C) $u > u_{\frac{\alpha}{2}}$ 或 $u < -u_{\frac{\alpha}{2}}$

   (D) $u > u_\alpha$ 或 $u < -u_\alpha$

4. 公司从生产商购买牛奶，但怀疑生产商在牛奶中掺水以谋利. 通过测定牛奶的冰点，可以检测出牛奶是否掺水. 天然牛奶的冰点温度近似服从正态分布，均值 $\mu_0 = -0.545\,℃$，标准差 $\sigma = 0.008\,℃$. 牛奶掺水可使冰点温度升高而接近于水的冰点温度($0\,℃$)，测得生产商提交的 5 批牛奶的冰点温度，其均值为 $-0.535\,℃$，试问可否认为生产商在牛奶中掺了水($\alpha = 0.05$)？并给出 R 实现的程序.

5. 某批矿砂的 5 个样品中的镍含量，经测定为(%): 3.25, 3.27, 3.24, 3.26, 3.24, 设测定值总体服从正态分布，但参数均未知，是否能认为这批矿砂的镍含量均值为 $3.25\,(\alpha = 0.01)$？并给出 R 实现的程序.

6. 根据环境保护条例，在排放的工业废水中，某有害物质不得超过 0.0005，假定有害物质含量 X 服从正态分布. 现在取 5 份水样，测定该有害物质含量，得如下数据：0.000530, 0.000542, 0.000510, 0.000495, 0.000515. 能否据此抽样结果说明有害物质含量超过了规定($\alpha = 0.05$)？并给出 R 实现的程序.

7. 某饲养厂规定，屠宰的肉用鸡体重不得少于 3kg，现从该饲养厂的鸡群中，随机抓 16 只，且计算平均体重 $\bar{x} = 2.8\,\text{kg}$，标准差 $s = 0.2\,\text{kg}$，设肉用鸡重量 X 服从正态分布，试以 $\alpha = 0.025$ 的显著性水平做出该批肉用鸡可否屠宰的判断，并给出 R 实现的程序.

8. 按规定，100g 罐头盘茄汁中的平均维生素 C 含量不得少于 21mg/g. 现从工厂的产品中抽取 17 个罐头，其 100g 番茄汁中，测得维生素 C 含量(mg/g)记录如下：16, 25, 21, 20, 23, 21, 19, 15, 13, 23, 17, 20, 29, 18, 22, 16, 22. 设维生素含量服从正态分布，试问这批罐头是否符合要求($\alpha = 0.05$)？并给出 R 实现的程序.

9. 某厂生产一种保险丝，规定保险丝熔化时间的方差不超过 400，现从一批产品中抽取 25 个，测得其熔化时间的方差为 388.58，假定保险丝熔化时间服从正态分布，试根据所给数据，检验这批产品的方差是否符合要求($\alpha = 0.05$)？并给出 R 实现的程序.

9.3 双正态总体的假设检验

上节已讨论单正态总体的参数假设检验，基于同样的思想，本节将考虑双正态总体的参数假设检验. 与单正态总体的参数假设检验不同的是，这里所关心的不是逐一对每个参数的值做假设检验，而是着重考虑两个总体之间的差异，即两个总体的均值或方差是否相等.

设 $X \sim N(\mu_1, \sigma_1^2)$，$Y \sim N(\mu_2, \sigma_2^2)$，$X_1, X_2, \cdots, X_{n_1}$ 为取自总体

$N(\mu_1, \sigma_1^2)$ 的一个样本，$Y_1, Y_2, \cdots, Y_{n_2}$ 为取自总体 $N(\mu_2, \sigma_2^2)$ 的一个样本，并且两样本相互独立，记 $\bar{X}$ 与 $\bar{Y}$ 分别为样本 $X_1, X_2, \cdots, X_{n_1}$ 与 $Y_1, Y_2, \cdots, Y_{n_2}$ 的均值，S_1^2 与 S_2^2 分别为 $X_1, X_2, \cdots, X_{n_1}$ 与 $Y_1, Y_2, \cdots, Y_{n_2}$ 的方差.

9.3.1 双正态总体均值差的假设检验

双正态总体均值差的假设检验根据方差是否已知分为三种情况：(1) 方差 σ_1^2，σ_2^2 已知；(2) 方差 σ_1^2，σ_2^2 未知，但 $\sigma_1^2 = \sigma_2^2 = \sigma^2$；(3) 方差 σ_1^2，σ_2^2 未知，但 $\sigma_1^2 \neq \sigma_2^2$，下面逐一详述.

1. 方差 σ_1^2，σ_2^2 已知

(1) 双侧检验

步骤1：提出假设

假设 $H_0: \mu_1 - \mu_2 = \mu_0$，$H_1: \mu_1 - \mu_2 \neq \mu_0$，其中 μ_0 为已知常数.

步骤2：选择统计量

由第7章可知，方差 σ_1^2，σ_2^2 已知，当 H_0 为真时，

$$U = \frac{\bar{X} - \bar{Y} - \mu_0}{\sqrt{\sigma_1^2/n_1 + \sigma_1^2/n_2}} \sim N(0,1).$$

故选取 U 作为检验统计量，记其样本观察值为 u. 相应的检验法称为 u 检验法.

步骤3：求拒绝域

由于 $\bar{X}$ 与 $\bar{Y}$ 是 μ_1 与 μ_2 的无偏估计量，当 H_0 成立时，$|u|$ 不应太大，当 H_1 成立时，$|u|$ 有偏大的趋势，故拒绝域形式为

$$|u| = \left|\frac{\bar{x} - \bar{y} - \mu_0}{\sqrt{\sigma_1^2/n_1 + \sigma_2^2/n_2}}\right| > k, k \text{ 待定},$$

根据给定的显著性水平 α，查标准正态分布表得 $k = u_{\frac{\alpha}{2}}$，使

$$P(|U| > u_{\frac{\alpha}{2}}) = \alpha,$$

即得拒绝域为

$$W = \left\{u \,\Big|\, |u| = \left|\frac{\bar{x} - \bar{y} - \mu_0}{\sqrt{\sigma_1^2/n_1 + \sigma_2^2/n_2}}\right| > u_{\frac{\alpha}{2}}\right\},$$

即 $W = (-\infty, -u_{\frac{\alpha}{2}}) \cup (u_{\frac{\alpha}{2}}, +\infty)$；

步骤4：做出决策

根据一次抽样后得到的样本观察值 $x_1, x_2, \cdots, x_{n_1}$ 和 $y_1, y_2, \cdots, y_{n_2}$ 计算出 U 的观察值 u，若 $|u| > u_{\frac{\alpha}{2}}$，则拒绝原假设 H_0，当 $\mu_0 = 0$ 时，即认为总体均值 μ_1 与 μ_2 有显著差异；若 $|u| \leq u_{\frac{\alpha}{2}}$，则接受原假设 H_0，当 $\mu_0 = 0$ 时，即认为总体均值 μ_1 与 μ_2 无显著差异.

(2)单侧检验

右侧检验:检验假设 $H_0: \mu_1 - \mu_2 \leq \mu_0$ $H_1: \mu_1 - \mu_2 > \mu_0$,拒绝域为

$$W = \left\{ u \,\bigg|\, u = \frac{\bar{x} - \bar{y} - \mu_0}{\sqrt{\sigma_1^2/n_1 + \sigma_2^2/n_2}} > u_\alpha \right\}.$$

左侧检验:检验假设 $H_0: \mu_1 - \mu_2 \geq \mu_0$ $H_1: \mu_1 - \mu_2 < \mu_0$,拒绝域为

$$W = \left\{ u \,\bigg|\, u = \frac{\bar{x} - \bar{y} - \mu_0}{\sqrt{\sigma_1^2/n_1 + \sigma_2^2/n_2}} < -u_\alpha \right\}.$$

2. 方差 σ_1^2, σ_2^2 未知,但 $\sigma_1^2 = \sigma_2^2 = \sigma^2$

(1)双侧检验

步骤1:提出假设

假设 $H_0: \mu_1 - \mu_2 = \mu_0$,$H_1: \mu_1 - \mu_2 \neq \mu_0$,其中 μ_0 为已知常数.

步骤2:选择统计量

由第7章可知,方差 σ_1^2, σ_2^2 未知,$\sigma_1^2 = \sigma_2^2 = \sigma^2$,当 H_0 为真时,

$$T = \frac{\bar{X} - \bar{Y} - \mu_0}{S_w \sqrt{1/n_1 + 1/n_2}} \sim t(n_1 + n_2 - 2),$$

其中 $S_w^2 = \dfrac{n_1 - 1}{n_1 + n_2 - 2} S_1^2 + \dfrac{n_2 - 1}{n_1 + n_2 - 2} S_2^2$.

故选取 T 作为检验统计量,记其样本观察值为 t. 相应的检验法称为 t 检验法.

步骤3:求拒绝域

由于 S_w^2 是 σ^2 的无偏估计量,当 H_0 成立时,$|t|$ 不应太大,当 H_1 成立时,$|t|$ 有偏大的趋势,故拒绝域形式为

$$|t| = \left| \frac{\bar{x} - \bar{y} - \mu_0}{s_w \sqrt{1/n_1 + 1/n_2}} \right| > k, k \text{ 待定},$$

对于给定的显著性水平 α,查分布表得 $k = t_{\frac{\alpha}{2}}(n_1 + n_2 - 2)$,使

$$P\{|T| > t_{\frac{\alpha}{2}}(n_1 + n_2 - 2)\} = \alpha,$$

可得拒绝域为

$$W = \left\{ t \,\bigg|\, |t| = \left| \frac{\bar{x} - \bar{y} - \mu_0}{s_w \sqrt{1/n_1 + 1/n_2}} \right| > t_{\frac{\alpha}{2}}(n_1 + n_2 - 2) \right\},$$

即 $W = (-\infty, -t_{\frac{\alpha}{2}}(n_1 + n_2 - 2)) \cup (t_{\frac{\alpha}{2}}(n_1 + n_2 - 2), +\infty)$.

步骤4:做出决策

根据一次抽样后得到的样本观察值 $x_1, x_2, \cdots, x_{n_1}$ 和 $y_1, y_2, \cdots,$

y_{n_2} 计算出 T 的观察值 t,若 $|t|>t_{\frac{\alpha}{2}}(n_1+n_2-2)$,则拒绝原假设 H_0,当 $\mu_0=0$ 时,即认为总体均值 μ_1 与 μ_2 有显著差异;若 $|t|\leqslant t_{\frac{\alpha}{2}}(n_1+n_2-2)$,则接受原假设 H_0,当 $\mu_0=0$ 时,即认为总体均值 μ_1 与 μ_2 无显著差异.

(2) 单侧检验

右侧检验:检验假设 $H_0:\mu_1-\mu_2\leqslant\mu_0$,$H_1:\mu_1-\mu_2>\mu_0$,拒绝域为

$$W=\left\{t\ \bigg|\ t=\frac{\bar{x}-\bar{y}-\mu_0}{s_w\sqrt{1/n_1+1/n_2}}>t_\alpha(n_1+n_2-2)\right\}.$$

左侧检验:检验假设 $H_0:\mu_1-\mu_2\geqslant\mu_0$,$H_1:\mu_1-\mu_2<\mu_0$,拒绝域为

$$W=\left\{t\ \bigg|\ t=\frac{\bar{x}-\bar{y}-\mu_0}{s_w\sqrt{1/n_1+1/n_2}}<-t_\alpha(n_1+n_2-2)\right\}.$$

3. 方差 σ_1^2,σ_2^2 未知,但 $\sigma_1^2\neq\sigma_2^2$

(1) 双侧检验

步骤1:提出假设

假设 $H_0:\mu_1-\mu_2=\mu_0$,$H_1:\mu_1-\mu_2\neq\mu_0$,其中 μ_0 为已知常数.

步骤2:选择统计量

由第7章知,方差 σ_1^2,σ_2^2 未知,$\sigma_1^2\neq\sigma_2^2$,当 H_0 为真时,

$$T=\frac{\bar{X}-\bar{Y}-\mu_0}{\sqrt{S_1^2/n_1+S_2^2/n_2}}\overset{近似}{\sim}t(f),$$

其中 $f=\dfrac{\left(\dfrac{S_1^2}{n_1}+\dfrac{S_2^2}{n_2}\right)^2}{\dfrac{S_1^4}{n_1^2(n_1-1)}+\dfrac{S_2^4}{n_2^2(n_2-1)}}.$

故选取 T 作为检验统计量,记其样本观察值为 t.

步骤3:求拒绝域

拒绝域形式为

$$|t|=\left|\frac{\bar{x}-\bar{y}-\mu_0}{\sqrt{s_1^2/n_1+s_2^2/n_2}}\right|>k\quad(k\ 待定),$$

对于给定的显著性水平 α,查分布表得 $k=t_{\frac{\alpha}{2}}(f)$,使

$$P(|T|>t_{\frac{\alpha}{2}}(f))=\alpha,$$

可得拒绝域为

$$W=\left\{t\ \bigg|\ |t|=\left|\frac{\bar{x}-\bar{y}-\mu_0}{\sqrt{s_1^2/n_1+s_2^2/n_2}}\right|>t_{\frac{\alpha}{2}}(f)\right\},$$

即 $W=(-\infty,-t_{\frac{\alpha}{2}}(f))\cup(t_{\frac{\alpha}{2}}(f),+\infty)$.

步骤4：做出决策

根据一次抽样后得到的样本观察值 $x_1, x_2, \cdots, x_{n_1}$ 和 $y_1, y_2, \cdots, y_{n_2}$ 计算出 T 的观察值 t，若 $|t| > t_{\frac{\alpha}{2}}(f)$，则拒绝原假设 H_0，当 $\mu_0 = 0$ 时，即认为总体均值 μ_1 与 μ_2 有显著差异；若 $|t| \leqslant t_{\frac{\alpha}{2}}(f)$，则接受原假设 H_0，当 $\mu_0 = 0$ 时，即认为总体均值 μ_1 与 μ_2 无显著差异.

（2）单侧检验

右侧检验：检验假设 $H_0: \mu_1 - \mu_2 \leqslant \mu_0$，$H_1: \mu_1 - \mu_2 > \mu_0$，拒绝域为

$$W = \left\{ t \,\middle|\, t = \frac{\bar{x} - \bar{y} - \mu_0}{\sqrt{s_1^2/n_1 + s_2^2/n_2}} > t_\alpha(f) \right\};$$

左侧检验：检验假设 $H_0: \mu_1 - \mu_2 \geqslant \mu_0$，$H_0: \mu_1 - \mu_2 < \mu_0$，拒绝域为

$$W = \left\{ t \,\middle|\, t = \frac{\bar{x} - \bar{y} - \mu_0}{\sqrt{s_1^2/n_1 + s_2^2/n_2}} < -t_\alpha(f) \right\}.$$

注：当 n_1，n_2 充分大 $(n_1 + n_2 \geqslant 50)$ 时，

$$U = \frac{\bar{X} - \bar{Y} - \mu_0}{\sqrt{S_1^2/n_1 + S_2^2/n_2}} \overset{\text{近似}}{\sim} N(0,1)$$

则可以用 U 检验法进行检验.

例9.12 设甲、乙两厂生产同样的灯泡，其寿命 X，Y 分别服从正态分布 $N(\mu_1, \sigma_1^2)$，$N(\mu_2, \sigma_2^2)$，已知它们生产灯泡寿命的标准差分别为 84h 和 96h，现从两厂生产的灯泡中各取 60 个，测得平均寿命甲厂为 1295h，乙厂为 1230h，能否认为两厂生产的灯泡寿命无显著差异？（$\alpha = 0.05$）

解：（1）建立假设：$H_0: \mu_1 = \mu_2$，$H_1: \mu_1 \neq \mu_2$.

（2）选择统计量：σ_1^2，σ_2^2 已知，选择统计量 $U = \dfrac{\bar{X} - \bar{Y}}{\sqrt{\dfrac{\sigma_1^2}{n_1} + \dfrac{\sigma_2^2}{n_2}}} \sim N(0,1)$.

（3）求拒绝域：$P(|U| > u_{\frac{\alpha}{2}}) = \alpha$，

查正态分布表得 $u_{\frac{\alpha}{2}} = u_{0.025} = 1.96$，从而拒绝域为 $W = \{u \mid |u| > 1.96\}$.

（4）做出决策：根据 $\bar{x} = 1295$，$\bar{y} = 1230$，$\sigma_1 = 84$，$\sigma_2 = 96$，可得

$$|u| = \left| \frac{\bar{x} - \bar{y}}{\sqrt{\dfrac{\sigma_1^2}{n_1} + \dfrac{\sigma_1^2}{n_2}}} \right| = 3.95 > 1.96.$$

故拒绝原假设 H_0，即认为两厂生产的灯泡寿命有显著差异.

例 9.13 某地某年高考后随机抽得 15 名男生、12 名女生的物理考试成绩如下：

男生：49，48，47，53，51，43，39，57，56，46，42，44，55，44，40；

女生：46，40，47，51，43，36，43，38，48，54，48，34.

其成绩的箱线图如图 9.6 所示，这 27 名学生的成绩能说明这个地区男女生的物理考试成绩不相上下吗？（$\alpha = 0.05$）

解： 把男生和女生物理考试的成绩分别近似地看作服从正态分布的随机变量 $X \sim N(\mu_1, \sigma^2)$ 与 $Y \sim N(\mu_2, \sigma^2)$，则可归结为双侧检验问题.

(1) 建立假设：$H_0: \mu_1 = \mu_2$，$H_1: \mu_1 \neq \mu_2$.

(2) 选择统计量：σ_1^2，σ_2^2 未知，$\sigma_1^2 = \sigma_2^2 = \sigma^2$，选择统计量

$$T = \frac{\overline{X} - \overline{Y}}{S_w \sqrt{1/n_1 + 1/n_2}} \sim t(n_1 + n_2 - 2).$$

(3) 求拒绝域：$P(|T| > t_{\frac{\alpha}{2}}(n_1 + n_2 - 2)) = \alpha$

由 $n_1 = 15$，$n_2 = 12$，查 t 分布表得 $t_{\frac{\alpha}{2}}(n-2) = t_{0.025}(25) = 2.060$，从而拒绝域为 $W = \{t \mid |t| > 2.060\}$.

(4) 做出决策：根据已知数据计算 $\overline{x} = 47.6$，$\overline{y} = 44$，

$$(n_1 - 1)s_1^2 = \sum_{i=1}^{15}(x_i - \overline{x})^2 = 469.6, \quad (n_2 - 1)s_2^2 = \sum_{i=1}^{12}(y_i - \overline{y})^2 = 412,$$

$$s_w = \sqrt{\frac{1}{n_1 + n_2 - 2}[(n_1 - 1)s_1^2 + (n_2 - 1)s_2^2]}$$

$$= \sqrt{\frac{1}{25}(469.6 + 412)} = 5.94,$$

可得 $t = \dfrac{\overline{x} - \overline{y}}{s_w \sqrt{1/n_1 + 1/n_2}} = \dfrac{47.6 - 44}{5.94 \sqrt{1/15 + 1/12}} = 1.566 < 2.060.$

故接受原假设 H_0，即认为这一地区男女生的物理考试成绩不相上下.

图 9.6 男生女生成绩的箱线图

第 9 章 假设检验

例 9.14 设有种植玉米的甲、乙两个农业试验区，各分为 10 个小区，各小区的面积相同，除甲区各小区增施磷肥外，其他试验条件均相同，两个试验区的玉米产量(单位：kg)如下(假设玉米产量服从正态分布)：

甲区：65, 60, 62, 57, 58, 63, 60, 57, 60, 58；

乙区：59, 56, 56, 58, 57, 57, 55, 60, 57, 55.

试统计推断，有否增施磷肥对玉米产量的影响？($\alpha = 0.05$)

解：情况 1　假设方差相等

(1) 建立假设：$H_0: \mu_1 = \mu_2$，$H_1: \mu_1 \neq \mu_2$.

(2) 选择统计量：σ_1^2, σ_2^2 未知，$\sigma_1^2 = \sigma_2^2 = \sigma^2$，选择统计量

$$T = \frac{\overline{X} - \overline{Y}}{S_w \sqrt{1/n_1 + 1/n_2}} \sim t(n_1 + n_2 - 2).$$

(3) 求拒绝域：$P(|T| > t_{\frac{\alpha}{2}}(n_1 + n_2 - 2)) = \alpha$.

由 $n_1 = n_2 = 10$，查 t 分布表得 $t_{\frac{\alpha}{2}}(n_1 + n_2 - 2) = t_{0.025}(18) = 2.101$，从而拒绝域为 $W = \{t \mid |t| > 2.101\}$.

(4) 做出决策：根据已知数据计算 $\overline{x} = 60$，$(n_1 - 1)s_1^2 = 64$，$\overline{y} = 57$，$(n_1 - 1)s_2^2 = 24$，可得

$$|t| = \left| -\frac{60 - 57}{\sqrt{\frac{64 + 24}{10 + 10 - 2}} \sqrt{\frac{1}{10} + \frac{1}{10}}} \right| = 3.03 > 2.101$$

故拒绝原假设 H_0，即可认为增施磷肥对玉米产量的改变有统计意义.

情况 2　假设方差不等

(1) 建立假设：$H_0: \mu_1 = \mu_2$，$H_1: \mu_1 \neq \mu_2$.

(2) 选择统计量：σ_1^2, σ_2^2 未知，$\sigma_1^2 \neq \sigma_2^2$，选择统计量

$$T = \frac{\overline{X} - \overline{Y}}{\sqrt{S_1^2/n_1 + S_2^2/n_2}} \stackrel{\text{近似}}{\sim} t(f),$$

其中 $f = \dfrac{\left(\dfrac{S_1^2}{n_1} + \dfrac{S_2^2}{n_2}\right)^2}{\dfrac{S_1^4}{n_1^2(n_1 - 1)} + \dfrac{S_2^4}{n_2^2(n_2 - 1)}}$.

(3) 求拒绝域：$P(|T| > t_{\frac{\alpha}{2}}(f)) = \alpha$.

根据数据可知 $n_1 = n_2 = 10$，$s_1^2 = 7.11$，$s_2^2 = 2.67$，可得 $f \approx 15$，查 t 分布表得 $t_{\frac{\alpha}{2}}(f) = t_{0.025}(15) = 2.131$，从而拒绝域为 $W = \{t \mid |t| > 2.131\}$.

(4) 做出决策：根据已知数据计算 $\overline{x} = 60$，$\overline{y} = 57$，可得

$$|t| = \left| \frac{60-57}{\sqrt{\frac{7.11}{10}+\frac{2.67}{10}}} \right| = 3.03 > 2.131$$

故拒绝原假设 H_0，即可认为增施磷肥对玉米产量的改变有统计意义.

例 9.15 甲、乙两机床加工同一种零件，抽样测量其产品的数据(单位：mm)，经计算得

甲机床：$n_1 = 80$，$\bar{x} = 33.75$，$s_1 = 0.1$，

乙机床：$n_2 = 100$，$\bar{y} = 34.15$，$s_2 = 0.15$.

试问在 $\alpha = 0.01$ 下，两机床加工的产品尺寸有无显著差异?

解：当 $n \geq 50$ 时，即可认为是大样本问题.

(1) 建立假设：$H_0: \mu_1 = \mu_2$，$H_1: \mu_1 \neq \mu_2$

(2) 选择统计量：选择统计量 $U = \dfrac{\bar{X}-\bar{Y}}{\sqrt{S_1^2/n_1 + S_2^2/n_2}} \overset{\text{近似}}{\sim} N(0,1)$

(3) 求拒绝域：$P(|U| > u_{\frac{\alpha}{2}}) = \alpha$.

查正态分布表得 $u_{\frac{\alpha}{2}} = u_{0.005} = 2.57$，从而拒绝域为 $W = \{u \mid |u| > 2.57\}$.

(4) 做出决策：根据 $n_1 = 80$，$\bar{x} = 33.75$，$s_1 = 0.1$，$n_2 = 100$，$\bar{y} = 34.15$，$s_2 = 0.15$，可得

$$|u| = \left| \frac{\bar{x}-\bar{y}}{\sqrt{\frac{s_1^2}{n_1}+\frac{s_2^2}{n_2}}} \right| = 21.39 > 2.57$$

故拒绝原假设 H_0，即认为两机床加工的产品尺寸有显著差异.

9.3.2 双总体方差相等的假设检验

(1) 双侧检验

步骤 1：提出假设

$$H_0: \sigma_1^2 = \sigma_2^2, \quad H_1: \sigma_1^2 \neq \sigma_2^2.$$

步骤 2：选择统计量

由第 7 章知，当 H_0 为真时，

$$F = \frac{S_1^2}{S_2^2} \sim F(n_1-1, n_2-1),$$

故选取 F 作为检验统计量. 相应的检验法称为 **F 检验法**.

步骤 3：求拒绝域

由于 S_1^2 与 S_2^2 是 σ_1^2 与 σ_2^2 的无偏估计量，当 H_0 成立时，F 的取值应集中在 1 的附近，当 H_1 成立时，F 的取值有偏小或偏大的

趋势，故拒绝域形式为
$$F < k_1 \text{ 或 } F > k_2 \quad (k_1, k_2 \text{ 待定}),$$
根据给定的显著性水平 α，查 F 分布表得 $k_1 = F_{1-\frac{\alpha}{2}}(n_1 - 1, n_2 - 1)$，$k_2 = F_{\frac{\alpha}{2}}(n_1 - 1, n_2 - 1)$，使
$$P(F < F_{1-\frac{\alpha}{2}}(n_1-1, n_2-1) \text{ 或 } F > F_{\frac{\alpha}{2}}(n_1-1, n_2-1)) = \alpha,$$
即得拒绝域为
$$W = \{F | F < F_{1-\frac{\alpha}{2}}(n_1-1, n_2-1) \text{ 或 } F > F_{\frac{\alpha}{2}}(n_1-1, n_2-1)\}$$
即 $W = (0, F_{1-\frac{\alpha}{2}}(n_1-1, n_2-1)) \cup (F_{\frac{\alpha}{2}}(n_1-1, n_2-1), +\infty)$。

步骤 4：做出决策

根据一次抽样后得到的样本观察值 $x_1, x_2, \cdots, x_{n_1}$ 和 $y_1, y_2, \cdots, y_{n_2}$ 计算出 F 的观察值，若 $F < F_{1-\frac{\alpha}{2}}(n_1-1, n_2-1)$ 或 $F > F_{\frac{\alpha}{2}}(n_1-1, n_2-1)$，则拒绝原假设 H_0，即认为总体方差 σ_1^2 与 σ_2^2 有显著差异；若 $F_{1-\frac{\alpha}{2}}(n_1-1, n_2-1) \leq F \leq F_{\frac{\alpha}{2}}(n_1-1, n_2-1)$，则接受原假设 H_0，即认为总体方差 σ_1^2 与 σ_2^2 无显著差异。

（2）单侧检验

右侧检验：检验假设 $H_0: \sigma_1^2 \leq \sigma_2^2$，$H_1: \sigma_1^2 > \sigma_2^2$，拒绝域为
$$W = \{F | F > F_\alpha(n_1-1, n_2-1)\};$$

左侧检验：检验假设 $H_0: \sigma_1^2 \geq \sigma_2^2$，$H_1: \sigma_1^2 < \sigma_2^2$，拒绝域为
$$W = \{F | F < F_{1-\alpha}(n_1-1, n_2-1)\}.$$

例 9.16 两台机床加工同种零件，分别从两台车床加工的零件中抽取 6 个和 9 个测量其直径，并计算得：$s_1^2 = 0.345$，$s_2^2 = 0.375$。假定零件直径服从正态分布，试比较两台车床加工精度有无显著差异？（$\alpha = 0.10$）

解：设两总体 $X \sim N(\mu_1, \sigma_1^2)$，$Y \sim N(\mu_2, \sigma_2^2)$，$\mu_1$，$\mu_2$，$\sigma_1^2$，$\sigma_2^2$ 未知。

（1）建立假设：$H_0: \sigma_1^2 = \sigma_2^2$，$H_1: \sigma_1^2 \neq \sigma_2^2$。

（2）选择统计量：$F = \dfrac{S_1^2}{S_2^2} \sim F(n_1-1, n_2-1)$。

（3）求拒绝域：$P(F < F_{1-\frac{\alpha}{2}}(n_1-1, n_2-1) \text{ 或 } F > F_{\frac{\alpha}{2}}(n_1-1, n_2-1)) = \alpha$。

查 F 分布表，可得 $F_{1-\frac{\alpha}{2}}(n_1-1, n_2-1) = F_{0.95}(5, 8) = \dfrac{1}{F_{0.05}(8, 5)} = 0.207$，

$F_{\frac{\alpha}{2}}(n_1-1, n_2-1) = F_{0.05}(5, 8) = 3.69$，从而拒绝域为 $W = \{F | F < 0.207 \text{ 或 } F > 3.69\}$。

（4）做出决策：根据 $s_1^2 = 0.345$，$s_2^2 = 0.375$，可得

$$0.207 < F = \frac{s_1^2}{s_2^2} = 0.92 < 3.69.$$

故接受原假设 H_0，即认为两车床加工精度无差异.

例9.17 甲、乙两厂生产同一种电阻，现从甲、乙两厂的产品中分别随机抽取12个和10个样品，测得它们的电阻值后，计算出样本方差分别为 $s_1^2 = 1.40$, $s_2^2 = 4.38$. 假设电阻值服从正态分布，在显著性水平 $\alpha = 0.10$ 下，是否可以认为甲厂生产的电阻更稳定?

解：(1) 建立假设：$H_0: \sigma_1^2 \geq \sigma_2^2$, $H_1: \sigma_1^2 < \sigma_2^2$.

(2) 选择统计量：$F = \dfrac{S_1^2}{S_2^2} \sim F(n_1 - 1, n_2 - 1)$.

(3) 求拒绝域：$P(F < F_{1-\alpha}(n_1 - 1, n_2 - 1)) = \alpha$.

查 F 分布表，可得 $F_{1-\alpha}(n_1 - 1, n_2 - 1) = \dfrac{1}{F_{0.1}(9,11)} = 0.44$，从而拒绝域为 $W = \{F \mid F < 0.44\}$.

(4) 做出决策：根据 $s_1^2 = 1.40$, $s_2^2 = 4.38$，可得

$$\frac{s_1^2}{s_2^2} = 0.32 < 0.44$$

故拒绝原假设 H_0，即认为甲厂生产的电阻更稳定.

例9.18 为比较甲、乙两种安眠药的疗效，将20名患者分成两组，每组10人，如服药后延长的睡眠时间分别服从正态分布，其数据为(单位：h)：

甲：5.5, 4.6, 4.4, 3.4, 1.9, 1.6, 1.1, 0.8, 0.1, -0.1;

乙：3.7, 3.4, 2.0, 2.0, 0.8, 0.7, 0, -0.1, -0.2, -1.6.

试问在显著性水平 $\alpha = 0.05$ 下两种药的疗效有无显著差别？

解：设甲药服后延长的睡眠时间 $X \sim N(\mu_1, \sigma_1^2)$，乙药服后延长的睡眠时间 $Y \sim N(\mu_2, \sigma_2^2)$，其中 $\mu_1, \mu_2, \sigma_1^2, \sigma_2^2$ 均为未知，先在 μ_1, μ_2 未知条件下检验假设 $H_0: \sigma_1^2 = \sigma_2^2$，后再检验 $H_0': \mu_1 = \mu_2$.

步骤1：方差检验

(1) 建立假设：$H_0: \sigma_1^2 = \sigma_2^2$, $H_1: \sigma_1^2 \neq \sigma_2^2$.

(2) 选择统计量：$F = \dfrac{S_1^2}{S_2^2} \sim F(n_1 - 1, n_2 - 1)$.

(3) 求拒绝域：$P(F < F_{1-\frac{\alpha}{2}}(n_1 - 1, n_2 - 1)$ 或 $F > F_{\frac{\alpha}{2}}(n_1 - 1, n_2 - 1)) = \alpha$，

根据 $n_1 = 10$, $n_2 = 10$，查 F 分布表，可得 $F_{0.025}(9,9) = 4.03$，

$F_{0.975}(9,9) = \dfrac{1}{F_{0.025}(9,9)} = 0.25$，从而拒绝域为 $W = \{F$

$\{F < 0.25$ 或 $F > 4.03\}$.

(4) 做出决策：根据 $s_1^2 = 4.01$，$s_2^2 = 2.84$，可得

$$0.25 < \frac{s_1^2}{s_2^2} = 1.41 < 4.03$$

故接受原假设 H_0，即认为在 $\alpha = 0.05$ 下认为 $\sigma_1^2 = \sigma_2^2$.

步骤 2：均值检验

(1) 建立假设：$H_0: \mu_1 = \mu_2$，$H_1: \mu_1 \neq \mu_2$.

(2) 选择统计量：σ^2 未知，$\sigma_1^2 = \sigma_2^2 = \sigma^2$，选择统计量

$$T = \frac{\overline{X} - \overline{Y}}{S_w \sqrt{1/n_1 + 1/n_2}} \sim t(n_1 + n_2 - 2).$$

(3) 求拒绝域：$P(|T| > t_{\frac{\alpha}{2}}(n_1 + n_2 - 2)) = \alpha$.

由 $n_1 = n_2 = 10$，查 t 分布表得 $t_{\frac{\alpha}{2}}(n_1 + n_2 - 2) = t_{0.025}(18) = 2.101$，从而拒绝域为 $W = \{t \mid |t| > 2.101\}$.

(4) 做出决策：根据已知数据计算 $\bar{x} = 2.33$，$\bar{y} = 1.07$，$s_w = 1.85$，

可得

$$t = \frac{2.33 - 0.75}{1.899 \sqrt{1/10 + 1/10}} = 1.86 < 2.101.$$

故接受原假设 H_0，即认为两种药的疗效无显著差别.

双正态总体假设检验总结如表 9.4 所示.

表 9.4 双正态总体假设检验

	H_0	H_1	条件	检验统计量及分布	拒绝域
均值差的假设检验	$\mu_1 - \mu_2 = \mu_0$	$\mu_1 - \mu_2 \neq \mu_0$	方差 σ_1^2、σ_2^2 已知	$U = \dfrac{\overline{X} - \overline{Y} - \mu_0}{\sqrt{\sigma_1^2/n_1 + \sigma_2^2/n_2}}$ $\sim N(0,1)$	$\|u\| > u_{\frac{\alpha}{2}}$
	$\mu_1 - \mu_2 \leq \mu_0$	$\mu_1 - \mu_2 > \mu_0$			$u > u_\alpha$
	$\mu_1 - \mu_2 \geq \mu_0$	$\mu_1 - \mu_2 < \mu_0$			$u < -u_\alpha$
	$\mu_1 - \mu_2 = \mu_0$	$\mu_1 - \mu_2 \neq \mu_0$	方差 σ_1^2、σ_2^2 已知且 $\sigma_1^2 = \sigma_2^2$	$T = \dfrac{\overline{X} - \overline{Y} - \mu_0}{S_w \sqrt{1/n_1 + 1/n_2}}$ $\sim t(n_1 + n_2 - 2)$	$\|t\| > t_{\frac{\alpha}{2}}(n_1 + n_2 - 2)$
	$\mu_1 - \mu_2 \leq \mu_0$	$\mu_1 - \mu_2 > \mu_0$			$t > t_\alpha(n_1 + n_2 - 2)$
	$\mu_1 - \mu_2 \geq \mu_0$	$\mu_1 - \mu_2 < \mu_0$			$t < -t_\alpha(n_1 + n_2 - 2)$
	$\mu_1 - \mu_2 = \mu_0$	$\mu_1 - \mu_2 \neq \mu_0$	方差 σ_1^2、σ_2^2 已知 且 $\sigma_1^2 \neq \sigma_2^2$	$T = \dfrac{\overline{X} - \overline{Y} - \mu_0}{\sqrt{S_1^2/n_1 + S_2^2/n_2}}$ $\sim t(f)$	$\|t\| > t_{\frac{\alpha}{2}}(f)$
	$\mu_1 - \mu_2 \leq \mu_0$	$\mu_1 - \mu_2 > \mu_0$			$t > t_\alpha(f)$
	$\mu_1 - \mu_2 \geq \mu_0$	$\mu_1 - \mu_2 < \mu_0$			$t < -t_\alpha(f)$
方差相等的假设检验	$\sigma_1^2 = \sigma_2^2$	$\sigma_1^2 \neq \sigma_2^2$	均值 μ_1，μ_2 未知	$F = \dfrac{S_1^2}{S_2^2} \sim$ $F(n_1 - 1, n_2 - 1)$	$F < F_{1-\frac{\alpha}{2}}(n_1 - 1, n_2 - 1)$ 或 $F > F_{\frac{\alpha}{2}}(n_1 - 1, n_2 - 1)$
	$\sigma_1^2 \leq \sigma_2^2$	$\sigma_1^2 > \sigma_2^2$			$F > F_\alpha(n_1 - 1, n_2 - 1)$
	$\sigma_1^2 \geq \sigma_2^2$	$\sigma_1^2 < \sigma_2^2$			$F < F_{1-\alpha}(n_1 - 1, n_2 - 1)$

9.3.3 双正态总体假设检验的 R 实现

双正态总体均值差的假设检验分三种情况：(1) 方差 σ_1^2，σ_2^2 已知，(2) 方差 σ_1^2，σ_2^2 未知但 $\sigma_1^2 = \sigma_2^2 = \sigma^2$，(3) 方差 σ_1^2，σ_2^2 未知，但 $\sigma_1^2 \neq \sigma_2^2$。情况(1)可调用在第 8 章区间估计中所提到的 BSDA 包中函数 z.test()。情况(2)和情况(3)可调用函数 t.test()。当然，也可以自编程序。

双正态总体方差比的假设检验可以自编程序，也可以调用函数第 8 章区间估计中的函数 var.test()。

1. 自编程序

例 9.12 均值差的假设检验的 R 实现。

R 程序：

```
> mean1 <-1295
> mean2 <-1230
> sigma1 <-84
> sigma2 <-96
> n1 <-60
> n2 <-60
> z <-(mean1-mean2)/sqrt(sigma1^2/n1 +sigma2^2/n2)
> abs(z)
[1] 3.947013
> P <-2* (1-pnorm(abs(z),lower.tail =TRUE,log.p =FALSE))
> P
[1] 7.913e-05
```

$p = 0.00008 < 0.05$，故拒绝原假设 H_0，即认为两厂生产的灯泡寿命有显著差异。

例 9.19 方差比的假设检验的 R 实现。

R 程序：

```
> s1square < -0.345
> s2square < -0.375
> n1 < -6
> n2 < -9
> p < -1-pf(s1square/s2square,n1-1,n2-1)
> p
[1] 0.5143397
```

$p = 0.514 > 0.025$，应接受原假设 H_0，即认为两车床加工精度无差异。

2. 调用函数

例 9.14 的 R 实现.

R 程序:

情况 1 方差相等.

```
> x1 <-c(65,60,62,57,58,63,60,57,60,58)
> x2 <-c(59,56,56,58,57,57,55,60,57,55)
> x <-c(x1,x2)
> y1 <-rep(1,length(x1))
> y2 <-rep(2,length(x2))
> y <-c(y1,y2)
> t.test(x~y,var.equal =TRUE)
Two Sample t-test
data:  x by y
t = 3.0339, df = 18, p-value = 0.007139
alternative hypothesis: true difference in means is not equal to 0
95 percent confidence interval:
0.9225527 5.0774473
sample estimates:
mean in group 1 mean in group 2
60                57
```

在方差未知且相等情况下,函数 t.test() 中参数 var.equal=TRUE,获得检验统计量 T 的观测值为 3.0339,两个区域平均差的 95% 的置信区间为 (0.9225527, 5.0774473),两样本的均值分别为 60、57. $p=0.007139<0.05$ 应拒绝原假设 H_0,即可认为增施磷肥对玉米产量的改变有统计意义.

情况 2 方差不等

```
> x1 <-c(65,60,62,57,58,63,60,57,60,58)
> x2 <-c(59,56,56,58,57,57,55,60,57,55)
> x <-c(x1,x2)
> y1 <-rep(1,length(x1))
> y2 <-rep(2,length(x2))
> y <-c(y1,y2)
> t.test(x~y,var.equal =FALSE,paired =FALSE)
Welch Two Sample t-test
data:  x by y
t = 3, df = 15, p-value = 0.008
alternative hypothesis: true difference in means is not equal to 0
```

95 percent confidence interval:
0.8914 5.1086
sample estimates: mean in group 1 mean in group 2
60   57

结果说明：在方差未知且不相等情况下，函数 t.test() 中参数 var.equal = FALSE，这里的检验进行了 Welch 调整，自由度调整为 15，检验统计量 T 的观测值为 3. $p = 0.008 < 0.05$ 应拒绝原假设 H_0，即认为两机床加工的产品尺寸有显著差异.

例 9.18 的 R 实现.

R 程序：

```
> x1 <- c(5.5,4.6,4.4,3.4,1.9,1.6,1.1,0.8,0.1,-0.1)
> x2 <- c(3.7,3.4,2.0,2.0,0.8,0.7,0,-0.1,-0.2,-1.6)
> var.test(x1,x2,ratio =1,alternative = "two.sided")

        F test to compare two variances

data:   x1 and x2
F = 1.4127, num df = 9, denom df = 9, p-value = 0.6151
alternative hypothesis: true ratio of variances is not equal to 1
95 percent confidence interval:
0.3508872 5.6874005
sample estimates:
ratio of variances
         1.41267

> x <- c(x1,x2)
> y1 <- rep(1,length(x1))
> y2 <- rep(2,length(x2))
> y <- c(y1,y2)
> t.test(x~y,var.equal =TRUE)

        Two Sample t-test

data:   x by y
t = 1.5227, df = 18, p-value = 0.1452
alternative hypothesis: true difference in means is not equal to 0
95 percent confidence interval:
-0.4784275  2.9984275
sample estimates:
mean in group 1 mean in group 2
         2.33            1.07
```

统计量 F 的观测值为 1.41，自由度 (9,9)，方差比的置信度为 0.95 的置信区间为 (0.35,5.69)，样本的方差比为 1.413. $p = 0.61 > 0.05$，应接受原假设 H_0，即认为两种药的方差相等. 统计量 T 的观测值为 1.52，自由度 18，两样本均值分别为 2.33 和 1.07，均值差的置信度为 0.95 的置信区间为 (−0.48,3.00)，样本的方差比为 1.413. $p = 0.15 > 0.05$，应接受原假设 H_0，两种药的疗效无显著差别.

习题 9-3

1. 制造厂家宣称，线 A 的平均张力比线 B 至少强 120N. 为证实其说法，在同样情况下测试两种线各 50 条. 线 A 的平均张力为 $\bar{x} = 867$N，标准差为 $\sigma_1 = 62.8$N；而线 B 的平均张力为 $\bar{x} = 778$N，标准差 $\sigma_2 = 56.1$N. 试检验此制造厂家的说法 ($\alpha = 0.05$)，并给出 R 实现的程序.

2. 下面列出了两位文学家马克·吐温的 8 篇小品文以及斯诺特格拉斯的 10 篇小品文中由 3 个字母组成的单字的比例

马克·吐温 0.225，0.262，0.217，0.240，0.230，0.229，0.235，0.217；

斯诺特格拉斯 0.209，0.205，0.196，0.210，0.202，0.207，0.224，0.223，0.220，0.201.

设两组数据分别来自正态总体，且两总体方差相等，但参数均未知. 两样本相互独立. 试问两位作家所写的小品文中包含由 3 个字母组成的单字的比例是否有显著的差异 ($\alpha = 0.05$)？并给出 R 实现的程序.

3. 在平炉上进行一项试验以确定改变操作方法的建议是否会增加钢的得率，试验是在同一只炉上进行的. 每炼一炉钢时除操作方法外，其他条件都尽可能做到相同. 先用标准方法炼一炉，然后用建议的新方法炼一炉，以后交替进行，各炼了 10 炉，其得率分别为

标准方法：78.1，72.4，76.2，74.3，77.4，78.4，76.0，75.5，76.7，77.3；

新方法：79.1，81.0，77.3，79.1，80.0，79.1，79.1，77.3，80.2，82.1.

设这两个样本相互独立，且分别来自正态总体 (μ_1, σ^2) 和 $N(\mu_2, \sigma^2)$，μ_1, μ_2, σ^2 均未知. 问：建议的新操作方法能否提高得率 ($\alpha = 0.05$)？并用 R 实现.

4. 检验了 26 匹马，测得每 100ml 的血清中所含的无机磷平均为 3.29ml，标准差为 0.27ml；又检验了 18 头羊，每 100ml 血清中所含的无机磷平均为 3.96ml，标准差为 0.40ml；设马和羊血清中所含的无机磷的量都服从正态分布，试问马和羊血清中所含的无机磷的量有无显著差异 ($\alpha = 0.05$)？并给出 R 实现的程序.

5. 有两台车床生产同一型号的滚珠. 根据过去的经验，可以认为这两台车床生产的滚珠的直径都服从正态分布. 现要比较两台车床所生产的滚珠的直径的方差，分布抽出 8 个和 9 个样品，测得滚珠的直径如下 (单位：mm)

甲车床：15.0，14.5，15.2，15.5，14.8，15.1，15.2，14.8；

乙车床：15.2，15.0，14.8，15.2，15.0，15.0，14.8，15.1，14.8.

试问乙车床产品的方差是否比甲车床的小 ($\alpha = 0.05$)？并给出 R 实现的程序.

9.4 其他类型的假设检验

前两节介绍了正态总体关于均值和方差的假设检验，在实际生活中，还有很多重要的检验，本节主要讲述比例检验和分布拟合检验.

9.4.1 比例检验

引例9.2关于笔记本电脑购买者中同时购买某种软件包的比例就是比例的假设检验问题,即针对总体为两点分布$B(1,p)$,关于参数p的假设检验,这里p可以理解为一个事件发生的概率.

1. 一个0-1分布总体参数的检验

设总体$X \sim B(1,p)$,$X_1, X_2, \cdots, X_n$是取自X的一个样本,p为未知参数. 可知,$E(\overline{X}) = p$,$D(\overline{X}) = \dfrac{p(1-p)}{n}$,根据中心极限定理,当$n$充分大($n \geq 30$)时,有

$$\frac{\overline{X} - p}{\sqrt{p(1-p)/n}} \overset{\text{近似}}{\sim} N(0,1)$$

(1)双侧检验

步骤1:提出假设

$$\text{假设 } H_0: p = p_0, \ H_1: p \neq p_0.$$

步骤2:选择统计量

当H_0为真时,

$$U = \frac{\overline{X} - p_0}{\sqrt{p_0(1-p_0)/n}} \overset{\text{近似}}{\sim} N(0,1)$$

其中$\overline{X} = \dfrac{\mu_n}{n}$,$\mu_n$是$n$次独立重复试验中事件$A$发生(即$X=1$)的次数.

步骤3:求拒绝域

因为$\overline{X}$是p的无偏估计量,当H_0成立时,$|u|$不应太大,当H_1成立时,$|u|$有偏大的趋势,故拒绝域形式为

$$|u| = \left| \frac{\overline{x} - p_0}{\sqrt{p_0(1-p_0)/n}} \right| > k, \ k \text{ 待定,}$$

根据给定的显著性水平α,查标准正态分布表得$k = u_{\frac{\alpha}{2}}$,使

$$P\{|U| > u_{\frac{\alpha}{2}}\} = \alpha$$

即得拒绝域为

$$W = \left\{ u \ \bigg| \ |u| = \left| \frac{\overline{x} - p_0}{\sqrt{p_0(1-p_0)/n}} \right| > u_{\frac{\alpha}{2}} \right\}$$

即$W = (-\infty, -u_{\frac{\alpha}{2}}) \cup (u_{\frac{\alpha}{2}}, +\infty)$

步骤4:做出决策

根据一次抽样后得到的样本观察值$x_1, x_2, \cdots, x_n$计算出U的观察值u,若$|u| > u_{\frac{\alpha}{2}}$,则拒绝原假设$H_0$,即认为总体比例与$p_0$有显著差异;若$|u| \leq u_{\frac{\alpha}{2}}$,则接受原假设$H_0$,即认为总体比例与

p_0 无显著差异.

(2) 单侧检验

右侧检验：检验假设 $H_0: p \leq p_0$，$H_1: p > p_0$，拒绝域为 $W = \{u \mid u > u_\alpha\}$；

左侧检验：检验假设 $H_0: p \geq p_0$，$H_1: p < p_0$，拒绝域为 $W = \{u \mid u < -u_\alpha\}$.

2. 两个 0-1 分布总体参数的检验

对两个独立 0-1 总体 X 与 Y，要检验的是两个总体参数 p_1，p_2 差异性. 根据中心极限定理，当 H_0 为真，且 n_1，n_2 充分大（n_1，n_2 均大于 100）时，有

$$U = \frac{\overline{P}_1 - \overline{P}_2}{\sqrt{\overline{P}(1-\overline{P})(1/n_1 + 1/n_2)}} \overset{\text{近似}}{\sim} N(0,1),$$

其中 $\overline{P}_1 = \dfrac{\mu_{n_1}}{n_1}$，$\overline{P}_2 = \dfrac{\mu_{n_2}}{n_2}$，$\overline{P} = \dfrac{(\mu_{n_1} + \mu_{n_2})}{(n_1 + n_2)}$，$\mu_{n_1}$ 是 n_1 次独立重复试验中事件 A 发生（即 $X=1$）的次数，μ_{n_2} 是 n_2 次独立重复试验中事件 B 发生（即 $Y=1$）的次数.

(1) 双侧检验

步骤 1：提出假设

假设 $H_0: p_1 = p_2$，$H_1: p_1 \neq p_2$.

步骤 2：选择统计量

当 H_0 为真时，

$$U = \frac{\overline{P}_1 - \overline{P}_2}{\sqrt{\overline{P}(1-\overline{P})(1/n_1 + 1/n_2)}} \overset{\text{近似}}{\sim} N(0,1)$$

步骤 3：求拒绝域

拒绝域形式为

$$|u| = \left| \frac{\overline{p}_1 - \overline{p}_2}{\sqrt{\overline{p}(1-\overline{p})(1/n_1 + 1/n_2)}} \right| > k, \ k \text{ 待定},$$

根据给定的显著性水平 α，查标准正态分布表得 $k = u_{\frac{\alpha}{2}}$，使

$$P(|U| > u_{\frac{\alpha}{2}}) = \alpha,$$

即得拒绝域为

$$W = \left\{ u \ \middle| \ |u| = \left| \frac{\overline{p}_1 - \overline{p}_2}{\sqrt{\overline{p}(1-\overline{p})(1/n_1 + 1/n_2)}} \right| > u_{\frac{\alpha}{2}} \right\}$$

即 $W = (-\infty, -u_{\frac{\alpha}{2}}) \cup (u_{\frac{\alpha}{2}}, +\infty)$.

步骤 4：做出决策

根据一次抽样后得到的样本观察值 $x_1, x_2, \cdots, x_n$ 和 $y_1, y_2, \cdots, y_{n_2}$ 计算出 U 的观察值 u，若 $|u| > u_{\frac{\alpha}{2}}$，则拒绝原假设 H_0，即认为

两总体比例有显著差异；若 $|u| \leq u_{\frac{\alpha}{2}}$，则接受原假设 H_0，即认为两总体比例无显著差异.

(2) 单侧检验

右侧检验：检验假设 $H_0: p_1 \leq p_2$，$H_1: p_1 > p_2$，拒绝域为 $W = \{u | u > u_\alpha\}$；

左侧检验：检验假设 $H_0: p_1 \geq p_2$，$H_1: p_1 < p_2$，拒绝域为 $W = \{u | u < -u_\alpha\}$.

例 9.20 一项调查结果声称，某市老年人口的比重为 15.2%. 该市老年人口研究会为了检验该项调查结果是否可靠，随机抽选了 400 名居民，发现其中有 62 位老年人. 问调查结果是否支持该市老年人口比重为 15.2% 的看法 ($\alpha = 0.01$)？

解：设该市老年人口的比重为 p，

引入随机变量 $X = \begin{cases} 1, & \text{抽得的居民是老年人} \\ 0, & \text{抽得的居民不是老年人} \end{cases}$，则 X 服从 0-1 分布，此问题即做比例检验.

(1) 建立假设：$H_0: p = 0.152$，$H_1: p \neq 0.152$.

(2) 选择统计量：$U = \dfrac{\overline{X} - p_0}{\sqrt{p_0(1-p_0)/n}} \overset{\text{近似}}{\sim} N(0,1)$.

(3) 求拒绝域：$P(|U| > u_{\frac{\alpha}{2}}) = \alpha$.

查正态分布表得 $u_{\frac{\alpha}{2}} = u_{0.005} = 2.58$，从而拒绝域为 $W = \{u | |u| > 2.58\}$.

(4) 做出决策：根据 $\overline{x} = \dfrac{62}{400} = 0.155$，可得

$$|u| = \left| \dfrac{0.155 - 0.152}{\sqrt{0.152(1-0.152)/100}} \right| = 0.08356 < 2.58.$$

故接受原假设 H_0，即支持该市老年人口比重为 15.2% 的看法.

例 9.21 某地区主管工业的负责人收到一份报告，该报告中说他主管的工厂中执行环境保护条例的厂家不足 60%，这位负责人认为应不低于 60%，于是他在该地区众多的工厂中随机抽了 60 个厂家，结果发现有 33 家执行了环境条例，那么由他本人的调查结果能否证明那份报告中的说法有问题 ($\alpha = 0.05$)？

解：(1) 建立假设：$H_0: p_1 \geq 0.6$，$H_1: p < 0.6$.

(2) 选择统计量：$U = \dfrac{\overline{X} - p_0}{\sqrt{p_0(1-p_0)/n}} \overset{\text{近似}}{\sim} N(0,1)$.

(3) 求拒绝域：$P(U < -u_\alpha) = \alpha$.

查正态分布表得 $u_\alpha = u_{0.05} = 1.645$，从而拒绝域为 $W = \{u \mid u < -1.645\}$.

（4）做出决策：根据 $\bar{x} = \dfrac{33}{60} = 0.55$，可得

$$u = \frac{0.55 - 0.6}{\sqrt{0.6(1-0.6)/60}} = -0.79 > -1.645.$$

故接受原假设 H_0，即认为执行环保条例的厂家不低于60%.

例9.22 在A县调查 $n_1 = 1500$ 个农户，其中有中小型农业机械的农户 $\mu_{n_1} = 300$ 户；在B县调查 $n_2 = 1800$ 户，其中有中小型农业机械的农户 $\mu_{n_2} = 320$ 户．试在显著性水平 $\alpha = 0.05$ 下检验两个县有中小型农户的比例有无差异？

解：（1）建立假设：$H_0 : p_1 = p_2$，$H_1 : p_1 \neq p_2$.

（2）选择统计量：$U = \dfrac{\bar{P}_1 - \bar{P}_2}{\sqrt{\bar{P}(1-\bar{P})(1/n_1 + 1/n_2)}} \overset{\text{近似}}{\sim} N(0,1)$

（3）求拒绝域：$P(|U| > u_{\frac{\alpha}{2}}) = \alpha$.

查正态分布表得 $u_\alpha = u_{0.025} = 1.96$，从而拒绝域为 $W = \{u \mid |u| > 1.96\}$.

（4）做出决策：根据 $\bar{p}_1 = \dfrac{\mu_{n_1}}{n_1} = 0.200$，$\bar{p}_2 = \dfrac{\mu_{n_2}}{n_2} = 0.178$，$\bar{p} = \dfrac{\mu_{n_1} + \mu_{n_2}}{n_1 + n_2} = 0.188$，可得

$$|u| = \left| \frac{0.200 - 0.178}{\sqrt{0.188(1-0.188)(1/1500 + 1/1800)}} \right| = 1.61 < 1.96.$$

故接受原假设 H_0，即认为两个县有中小型农户的比例无差异.

9.4.2 分布拟合检验

前面所介绍的各种检验法，是在总体分布类型已知的情况下，对其中的未知参数进行检验，这类统计检验法统称为**参数检验**. 在实际问题中，有时并不能确切预知总体服从何种分布，这时就需要根据来自总体的样本对总体的分布进行推断，以判断总体服从何种分布. 这类统计检验称为**非参数检验**.

解决这类问题的工具之一是英国统计学家皮尔逊（K. Pearson）在1900年发表的一篇文章中引进的——χ^2 检验法. 下面根据总体分布中是否含有未知参数进行阐述.

1. 总体分布中不含未知参数

χ^2 检验法是在总体 X 的分布未知时,根据来自总体的样本,检验总体分布的假设的一种检验方法,通常称作**拟合优度检验**. 一般地,根据样本观察值用直方图和经验分布函数,推断出总体可能服从的分布,然后做检验. 其步骤为

步骤 1:提出假设

H_0:总体 X 的分布函数为 $F(x)$

H_1:总体 X 的分布函数不是 $F(x)$

步骤 2:选择统计量

将总体 X 的取值范围分成 k 个互不相交的小区间,记为 A_1, $A_2,\cdots,A_k$,区间的划分视具体情况而定(使每个小区间所含样本值个数不小于 5,而区间个数 k 可以根据统计学家 Herbrt Sturges 提出的经验公式 $k=1+\log_2 n$ 确定),把落入第 i 个小区间 A_i 的样本值的个数记作 f_i,称为组频数,所有组频数之和 $f_1+f_2+\cdots+f_k$ 等于样本容量 n. 当 H_0 为真时,根据所假设的总体理论分布,可算出总体 X 的值落入第 i 个小区间 A_i 的概率 p_i.

当 H_0 为真时,n 次试验中样本值落入第 i 个小区间 A_i 的频率 $\dfrac{f_i}{n}$ 与概率 p_i 应很接近,基于这种思想,皮尔逊引进如下检验统计量

$$\chi^2 = \sum_{i=1}^{k} \frac{(f_i - np_i)^2}{np_i} \stackrel{\text{近似}}{\sim} \chi^2(k-1)$$

步骤 3:求拒绝域

当 H_1 成立时,则 $\dfrac{f_i}{n}$ 与 p_i 有偏大的趋势,故拒绝域形式为

$$\chi^2 = \sum_{i=1}^{k} \frac{(f_i - np_i)^2}{np_i} > l\,(l\text{ 待定}).$$

根据给定的显著性水平 α,查 χ^2 分布表得 $k=\chi^2_\alpha(k-1)$,使

$$P(\chi^2 > \chi^2_\alpha(k-1)) = \alpha,$$

即得拒绝域为

$$W = \left\{\chi^2 \,\middle|\, \chi^2 = \sum_{i=1}^{k} \frac{(f_i - np_i)^2}{np_i} > \chi^2_\alpha(k-1)\right\},$$

即 $W = (\chi^2_\alpha(k-1), +\infty)$.

步骤 4:做出决策

根据一次抽样后得到的样本观察值计算 $f_1, f_2, \cdots, f_k$ 计算出 χ^2 的观察值,若 $\chi^2 > \chi^2_\alpha(k-1)$,则拒绝原假设 H_0,即认为与总体分布有显著差异;若 $\chi^2 \leq \chi^2_\alpha(k-1)$,则接受原假设 H_0,即认为总体

与总体分布无显著差异.

2. 总体分布中含未知参数

在对总体分布的假设检验中，有时只知道总体 X 的分布函数的形式，但其中还含有未知参数，即分布函数为
$$F(x,\theta_1,\theta_2,\cdots,\theta_r)$$
其中 $\theta_1,\theta_2,\cdots,\theta_r$ 为未知参数. 故在检验之前，首先利用样本 $X_1, X_2,\cdots,X_n$，求出 $\theta_1,\theta_2,\cdots,\theta_r$ 的最大似然估计 $\hat{\theta}_1,\hat{\theta}_2,\cdots,\hat{\theta}_r$，然后再进行检验.

其步骤归结为

步骤 1：计算未知参数估计量

利用样本 $X_1,X_2,\cdots,X_n$，求出 $\theta_1,\theta_2,\cdots,\theta_r$ 的最大似然估计 $\hat{\theta}_1,\hat{\theta}_2,\cdots,\hat{\theta}_r$.

步骤 2：提出假设

H_0：总体 X 的分布函数为 $F(x,\hat{\theta}_1,\hat{\theta}_2,\cdots,\hat{\theta}_r)$，

H_1：总体 X 的分布函数不是 $F(x,\hat{\theta}_1,\hat{\theta}_2,\cdots,\hat{\theta}_r)$.

步骤 3：选择统计量
$$\chi^2 = \sum_{i=1}^{k}\frac{(f_i-n\hat{p}_i)^2}{n\hat{p}_i} \stackrel{\text{近似}}{\sim} \chi^2(k-r-1).$$

步骤 4：求拒绝域
$$W = \left\{\chi^2 \middle| \chi^2 = \sum_{i=1}^{k}\frac{(f_i-n\hat{p}_i)^2}{n\hat{p}_i} > \chi_\alpha^2(k-r-1)\right\},$$
即
$$W = (\chi_\alpha^2(k-r-1),+\infty).$$

步骤 5：做出决策

根据一次抽样后得到的样本观察值计算 $f_1,f_2,\cdots,f_k$ 计算出 χ^2 的观察值，若 $\chi^2 > \chi_\alpha^2(k-r-1)$，则拒绝原假设 H_0，即认为与总体分布有显著差异；若 $\chi^2 \leqslant \chi_\alpha^2(k-r-1)$，则接受原假设 H_0，即认为总体与总体分布无显著差异.

注：在使用 χ^2 检验法时，要求 $n \geqslant 50$，以及每个理论频数 $np_i \geqslant 5$ ($i=1,\cdots,k$)，否则应适当地合并相邻的小区间，使 np_i 满足要求.

例 9.23 某农场 10 年前在一鱼塘里按比例 20∶15∶40∶25 投放了四种鱼：鲢鱼、鲈鱼、竹夹鱼和鲇鱼的鱼苗. 现从鱼塘里获得一样本如下：

序号	1	2	3	4
种类	鲢鱼	鲈鱼	竹夹鱼	鲇鱼
数量（条）	132	100	200	168

试取 $\alpha = 0.05$ 检验各类鱼数量的比例较 10 年前是否有显著改变.

解：以 X 记鱼种类的序号，则此鱼塘里鱼的分布律为

X	1	2	3	4
p_i	0.20	0.15	0.40	0.25

（1）建立假设：$H_0: X$ 服从上述分布律，$H_1: X$ 不满足上述分布律.

（2）选择统计量：$\chi^2 = \sum_{i=1}^{k} \dfrac{(f_i - np_i)^2}{np_i} \overset{\text{近似}}{\sim} \chi^2(k-1)$.

（3）求拒绝域：$P(\chi^2 > \chi_\alpha^2(k-1)) = \alpha$.

4 个区间满足皮尔逊 χ^2 检验法的要求，故查 χ^2 分布表得 $\chi_\alpha^2(k-1) = \chi_{0.05}^2(3) = 7.815$. 从而拒绝域为 $W = \{\chi^2 | \chi^2 > 7.815\}$.

（4）做出决策：

鱼的种类 x	1	2	3	4	
实测频数 f_i	132	100	200	168	
$\hat{p}_i$	0.20	0.15	0.40	0.25	
$n\hat{p}_i$	120	90	240	150	
$(f_i - n\hat{p}_i)^2/n\hat{p}_i$	1.2	1.11	6.67	2.16	$\sum = 11.14$

可得

$$\chi^2 = \sum_{i=1}^{k} \dfrac{(f_i - np_i)^2}{np_i} = 11.14 > 7.815.$$

故拒绝原假设 H_0，即认为各鱼类数量之比较 10 年前有显著改变.

例 9.24 从 1500～1931 年的 432 年间，每年爆发战争的次数可以看作一个随机变量，据统计，这 432 年间共爆发了 299 次战争，具体数据如下：

战争次数 X	发生 X 次战争的年数
0	223
1	142
2	48
3	15
4	4

试取 $\alpha = 0.05$ 检验 X 是否服从泊松分布.

解：假设 X 服从泊松分布 $X \sim P(\lambda)$，根据前述理论可知，λ 的极大似然估计为

$$\hat{\lambda} = \bar{x} = \dfrac{299}{432} = 0.69.$$

(1) 建立假设：$H_0: X \sim P(0.69)$，$H_1: X$ 不满足上述分布律.

(2) 选择统计量：$\chi^2 = \sum_{i=1}^{k} \frac{(f_i - n\hat{p}_i)^2}{n\hat{p}_i} \overset{\text{近似}}{\sim} \chi^2(k-r-1)$.

(3) 求拒绝域：因为有一个未知参数 λ，所以 $P(\chi^2 > \chi_\alpha^2(k-r-1)) = \alpha$.

5 个区间并不都满足皮尔逊 χ^2 检验法的要求，所以要将 $X=3$ 和 $X=4$ 合并，所以查 χ^2 分布表得 $\chi_\alpha^2(k-r-1) = \chi_{0.05}^2(4-1-1) = \chi_{0.05}^2(2) = 5.991$，从而拒绝域为 $W = \{\chi^2 | \chi^2 > 5.991\}$.

(4) 做出决策：

计算事件 $X=i$ 的概率 p_i，p_i 的估计是 $\hat{p}_i = \frac{e^{-0.69} 0.69^i}{i!}$，$i = 0, 1, 2, 3, 4$.

战争次数 x	0	1	2	3	4	
实测频数 f_i	223	142	48	15	4	
$\hat{p}_i$	0.58	0.31	0.18	0.01	0.02	
$n\hat{p}_i$	216.7	149.5	51.6	12.0	2.16	
				14.16		
$(f_i - n\hat{p}_i)^2/n\hat{p}_i$	0.183	0.376	0.251	1.623		$\sum = 2.433$

可得
$$\chi^2 = \sum_{i=1}^{k} \frac{(f_i - np_i)^2}{np_i} = 2.433 < 5.991.$$

故接受原假设 H_0，即认为每年发生战争的次数 X 服从参数为 0.69 的泊松分布.

9.4.3 其他假设检验的 R 实现

比例检验可以调用函数 prop.test(). 分布拟合检验通常调用函数 chisq.test().

函数 prop.test() 的调用格式为

```
prop.test(x, n, p, alternative = c("two.sided", "less", "greater"), correct = TRUE,...)
```

其中，x 为具有某种特征的样本个数，可以是一个数值，也可以是一组向量；n 为样本量，可以是一个数值，也可以是一组向量，若为向量时，表示多总体比例相等的假设检验；p 为原假设成立的比例值；correct 是逻辑值，FALSE 代表用 Yates 连续性修正，默认为 TRUE，不进行修正.

函数 chisq.test() 的调用格式为

chisq.test (x, correct = TRUE, p = rep (1/

length(x), length(x)),...)

其中 x 是样本数据的向量或矩阵；correct 设置计算检验统计量时是否进行连续修正，默认为 TRUE；p 为原假设落在区间内的理论概率，默认为均匀分布，实际中根据分布函数计算的概率分布.

例 9.20 的 R 实现.

R 程序：

```
> prop.test(x=62,n=400,p=0.152,alternative="two.sided",correct=FALSE)
    1-sample proportions test without continuity correction
data:  62 out of 400, null probability 0.152
X-squared = 0.027929, df = 1, p-value = 0.8673
alternative hypothesis: true p is not equal to 0.152
95 percent confidence interval:
 0.1228326 0.1937309
sample estimates:
    p
0.155
```

比例 p 的点估计为 0.155，p 的置信度为 0.95 的置信区间 (0.12, 0.19). $p = 0.152 > 0.05$，应接受原假设 H_0，即可认为支持该市老年人口比重为 15.2% 的看法.

例 9.22 的 R 实现.

R 程序：

```
> prop.test(c(300,320),c(1500,1800),alternative="two.sided")
    2-sample test for equality of proportions with
    continuity correction
data:  c(300, 320) out of c(1500, 1800)
X-squared = 2.5044, df = 1, p-value = 0.1135
alternative hypothesis: two.sided
95 percent confidence interval:
 -0.00525354  0.04969798
sample estimates:
   prop 1    prop 2
0.2000000 0.1777778
```

两总体比例 p 的点估计分布为 0.2 和 0.18，比例差的置信度为 0.95 的置信区间 (-0.005, 0.0497). $p = 0.1135 > 0.05$，应接受原假设 H_0，即可认为两个县有中小型农户的比例无差异.

例 9.23 的 R 实现.

R 程序：
```
> X <-c(132,100,200,168)
> pt <-c(0.2,0.15,0.4,0.25)
> chisq.test(X,correct =TRUE,p =pt)
        Chi-squared test for given probabilities
data:   X
X-squared = 11.138, df = 3, p-value = 0.011
```
$p = 0.011 < 0.05$，应拒绝原假设 H_0，即认为各鱼类数量之比较 10 年前有显著改变.

习题 9-4

1. 某厂有批产品 10000 件，按规定的标准，出厂时的次品率不得超过 3%，质量检验员从中任意抽取 100 件，发现其中有 5 件次品，问这批产品能否出厂（$\alpha = 0.05$）？并给出 R 实现的程序.

2. 根据某市公路交通部门某年中前 6 个月交通事故记录，统计了星期一至星期日发生交通事故的次数如下：

星期	1	2	3	4	5	6	7
次数	36	23	29	31	34	60	25

试问交通事故发生是否与星期几无关（$\alpha = 0.05$）？并给出 R 实现的程序.

3. 自 1965 年 1 月 1 日至 1971 年 2 月 9 日共 2231 天中，全世界记录到里氏震级 4 级和 4 级以上地震计 162 次，统计如下：

相继两次地震

间隔天数	0 ~ 4	5 ~ 9	10 ~ 14	15 ~ 19	20 ~ 24	25 ~ 29	30 ~ 34	35 ~ 39	40
出现的频率	50	31	26	17	10	8	6	6	8

试检验相继两次地震间隔的天数 X 服从指数分布（$\alpha = 0.05$），并给出 R 实现的程序.

9.5 本章小结

9.5.1 内容概要

假设检验是统计推断的另一个重要内容. 有关总体分布的未知参数或者未知分布形式的论断叫作统计假设, 假设检验就是根据样本信息对所考虑的假设做出接受或拒绝的决策. 假设检验分为参数检验和非参数检验, 本章着重讨论在一定条件下的参数检验问题.

假设检验的基本步骤包括提出假设、构建统计量、求拒绝域、做出决策.

(1) 原假设通常是我们要检验的对象, 而备择假设则是与原假设相对立的观点.

(2) 根据总体的条件及所讨论的问题构建检验统计量, 常用的检验统计量包括 U 统计量、T 统计量、χ^2 统计量、F 统计量等, 它们分别适用于不同的情况.

(3) 由检验统计量及显著性水平(犯第 I 类错误的概率)给出检验的拒绝域.

(4) 根据样本值计算检验统计量的值, 判断其是否落在拒绝域内从而做出拒绝或接受原假设的结论.

假设检验的基本思想是小概率原理, 但小概率原理仅是原理而非定理, 因此, 它也可能出错. 因为毕竟概率再小的事件由于偶然性在一次试验中也是可能发生的, 因此要注意假设检验的两类错误.

本章还就单正态总体均值及方差的假设检验、双正态总体均值差及方差是否相等的假设检验、比例检验、分布拟合检验进行了详细地讨论.

9.5.2 延伸阅读

(一) 产品检验

产品检验指用工具、仪器或其他分析方法检查各种原材料、半成品、成品是否符合特定的技术标准、规格的工作过程, 即对产品或工序过程中的实体进行度量、测量、检查和实验分析, 并将结果与规定值进行比较和确定是否合格所进行的活动. 从管理学的角度来看, 对产品检验一般是采用抽样检验的方法.

某厂生产小型马达说明书上写着: 在正常负载下平均消耗电流不超过 0.8A. 随机测试 16 台马达, 平均消耗电流为 0.92A, 标准差为 0.32A. 设马达所消耗的电流服从正态分布, 取显著性水平为 $\alpha = 0.05$, 问根据此样本, 能否否定厂方的断言?

分析：

解法一：（1）建立假设：$H_0: \mu \leq 0.8$，$H_1: \mu > 0.8$.

（2）选择统计量：由于σ^2未知，选择统计量为$T = \dfrac{\overline{X} - \mu_0}{S/\sqrt{16}} \sim t(15)$

（3）求拒绝域：$P(t > t_\alpha(n-1)) = \alpha$，查$t$分布表得$t_{0.05}(15) = 1.753$，从而拒绝域为$W = \{t > 1.753\}$.

（4）做出决策：将$\bar{x} = 0.92$，$s = 0.32$代入，可得$t = \dfrac{\bar{x} - 0.8}{s/\sqrt{16}} = 1.5 < 1.753$，落在拒绝域外.

故接受原假设H_0，即不能否定厂方断言.

解法二：（1）建立假设：$H_0: \mu \geq 0.8$，$H_1: \mu < 0.8$

（2）选择统计量：由于σ^2未知，选择统计量为$T = \dfrac{\overline{X} - \mu_0}{S/\sqrt{16}} \sim t(15)$

（3）求拒绝域：$P(t < -t_\alpha(n-1)) = \alpha$，查$t$分布表得$t_{0.05}(15) = 1.753$，从而拒绝域为$W = \{t < -1.753\}$.

（4）做出决策：将$\bar{x} = 0.92$，$s = 0.32$代入，可得$t = \dfrac{\bar{x} - 0.8}{s/\sqrt{16}} = 1.5 > -1.753$，不在拒绝域内.

故接受原假设H_0，即否定厂方断言.

可见，对问题的提法不同（把哪个假设作为原假设），统计检验的结果也会不同. 上述两种解法的立场不同，因此会得到不同的结论.

第一种假设是不轻易否定厂方的结论；

第二种假设是不轻易相信厂方的结论.

为何用假设检验处理同一问题会得到截然相反的结果？这里固然有把哪个假设作为原假设从而引起检验结果不同这一原因；除此外还有一个根本的原因，即样本容量不够大. 若样本容量足够大，则不论把哪个假设作为原假设所得检验结果基本上应该是一样的，否则假设检验便无意义了！

由于假设检验是控制犯第Ⅰ类错误的概率，使得拒绝原假设H_0的决策变得比较慎重，也就是H_0得到特别的保护. 因而，通常把有把握的，经验的结论作为原假设或者尽量使后果严重的错误成为第Ⅰ类错误.

（二）质量管理

某专用机床厂生产的专用镗床的某一核心零件，机械行业标准要求其标准强度为100.0N/mm^2，标准差不超过1.5N/mm^2. 为了降低成本，企业更新了铸造工艺，为判断新工艺是否改变了该零件强度的均值和标准差（显著性水平 $\alpha = 0.05$），从铸造厂的毛坯中随机抽取 10 个，经过正常工序加工后，测其强度数据（单位：N/mm²）如下：

97.6，103.0，97.5，101，99.8，102.0，97.8，98.8，99.4，101.2.

此新的工艺方法是否可以推广？

解：首先，检验强度是否符合标准.

（1）建立假设：$H_0: \mu = 100$，$H_1: \mu \neq 100$.

（2）选择统计量：由于 σ^2 未知，选择统计量为 $T = \dfrac{\overline{X} - \mu_0}{S/\sqrt{n}} \sim t(n-1)$.

（3）求拒绝域：拒绝域为 $P(|t| > t_{\frac{\alpha}{2}}(n-1)) = \alpha$，查 t 分布表得 $t_{0.025}(9) = 2.262$，从而拒绝域为 $W = \{t \mid |t| > 2.262\}$.

（4）做出决策：将 $\overline{x} = 99.8$，$s = 1.8603$ 代入，可得 $|t| = \left|\dfrac{99.8 - 100}{1.8603/\sqrt{10}}\right| = 0.344 < 2.262$，落在拒绝域外.

故接受原假设 H_0，即认为零件的强度符合标准.

其次，对产品标准差进行假设检验.

（1）建立假设：$H_0: \sigma^2 \leq 1.5$，$H_1: \sigma^2 > 1.5$.

（2）选择统计量：$\chi^2 = \dfrac{n-1}{\sigma_0^2} S^2 \sim \chi^2(n-1)$.

（3）求拒绝域：$P(\chi^2 > \chi_\alpha^2(n-1)) = \alpha$，查 χ^2 分布表得 $\chi_\alpha^2(n-1) = \chi_{0.05}^2(9) = 16.919$，从而拒绝域为 $W = P\{\chi^2 \mid \chi^2 > 16.919\}$.

（4）做出决策：根据已知 $s^2 = 3.974$，可得

$$\chi^2 = \dfrac{(n-1)s^2}{\sigma_0^2} = \dfrac{9 \times 3.974}{2.25} = 15.896 < 16.919.$$

故拒绝原假设 H_0，即认为这批电池寿命的波动性较以往有显著的变化.

结合技术组关于零件其他指标的测量分析，可以认为改变铸造方法后，零件强度的均值和标准差没有显著变化，推广新的工艺方法有利于降低产品成本，提高企业经济效益.

随着市场经济不断完善，假设检验理论在质量管理中的重要性与日俱增，作为一种由样本信息推断总体特征的数理统计方法，在质量检验与控制的各个方面都得到了广泛的应用.

第 10 章 方差分析与回归分析

方差分析与回归分析均为数理统计中具有广泛应用的内容,本章主要介绍它们最基本的部分及利用 R 软件实现的方法.

10.1 单因素方差分析

在科学实验、生产实践和社会生活中,影响一个事件的因素往往很多. 例如,在工业生产中,产品的质量往往受到原材料、设备、技术及员工素质等因素的影响;在工作中,个人的收入除了会受到性别、学历、专业及工作时间等确定因素的影响外,还受到个人能力、经历及机遇等偶然因素的影响. 每个因素的改变都可能会影响最终结果,但是有的因素影响大,有的因素影响小. 因此,在实际问题中,找出对最终结果有显著影响的那些因素就非常必要了. 方差分析就是根据试验的结果进行分析,鉴别各个相关因素对试验结果影响的有效方法.

10.1.1 基本概念

在方差分析中,我们将考察对象的某种特征称为**试验指标**. 影响试验指标的条件称为**因素**. 因素通常分为两类,一类是人们可控制的(如上述提到的原材料、设备、学历、专业等因素);另一类是人们无法控制的(如上述提到的员工素质与机遇等因素). 本章我们所讨论的因素都是可控制因素. 因素所处的状态称为因素的水平. 如果在一项试验的过程中只有一个因素在改变,称为**单因素试验**;如果多于一个因素在改变称为多因素试验.

为方便起见,用大写字母 A,B,C 等来表示因素,用大写字母加下标来表示该因素的水平,如 A_1,A_2,A_3 等.

例 10.1 设有 3 台机器,用来生产规格相同的铝合金薄板. 取样,测量薄板的厚度精确至 0.001cm,得到的结果如下表 10.1 所示. 试分析不同的机器所生产的铝合金薄板是否有差异.

表10.1 铝合金板的厚度　　（单位：cm）

机器Ⅰ	机器Ⅱ	机器Ⅲ
0.236	0.257	0.258
0.238	0.253	0.264
0.248	0.255	0.259
0.245	0.254	0.267
0.243	0.261	0.262

分析：在本例中试验指标为铝合金板的厚度，机器为因素，3种类型机器分别代表因素的3个水平．由于只有机器的类型在改变，因此该试验为单因素试验，目的就是为了检验机器这一因素对铝合金板的厚度是否有显著性影响．

例10.2 某食品公司对一种食品设计了4种包装．为了考察哪种包装最受欢迎，选了10个有近似销售量的商店做试验，其中两种包装各指定三个商店销售．在试验期间各商店的货架摆放位置、空间都尽量一致，营业员的促销方法也基本相同．观察在一定的时期的销售量，数据如下表10.2所示．试分析不同包装的销售量是否一致．

表10.2 销售量

包装类型	商店			商店数
	1	2	3	
A_1	12	18	—	2
A_2	14	12	13	3
A_3	19	17	21	3
A_4	24	30	—	2

分析：在本例中试验指标为食品的销售量，包装为因素，4种不同的包装分别代表因素的4个水平．由于只有包装的类型在改变，因此该试验为单因素试验．目的就是为了检验包装这一因素对食品的销售量是否有显著性影响．由于商店间的差异性已经被控制在最小的范围内，因此，一种包装在不同商店里的销售量被看作是一种包装的若干次重复观察，所以可以把一种包装看作一个总体．为比较4种包装的销售量是否一致，相当于要比较这个4个总体的均值是否相同．为简化问题，需要给出若干假定，把要回答的问题归结为某类统计问题，然后设法解决它．

10.1.2 前提假设

设单因素A具有r个水平，分别记为$A_1,A_2,\cdots,A_r$，在每个水平A_i下，$i=1,2,\cdots,r$，要考察的指标可以看成一个总体，因此有r个总体，并假设：

（1）每个总体均服从正态分布；

（2）每个总体的方差相同；

（3）从每个总体中抽取的样本相互独立.

因此，比较各个总体的均值是否一致，就是要检验各个总体的均值是否相等. 假设第i个总体的均值为μ_i，则要检验的假设为

$$H_0: \mu_1 = \mu_2 = \cdots = \mu_r,$$
$$H_1: \mu_1, \mu_2, \cdots, \mu_r \text{不全相等}. \qquad (10.1)$$

在水平$A_i(i=1,2,\cdots,r)$下，进行n_i次独立试验，得到样本为$X_{i1}, X_{i2}, \cdots, X_{in_i}$，样本的总个数为

$$n = \sum_{i=1}^{r} n_i.$$

由假设可得到$X_{ij} \sim N(\mu_i, \sigma^2)$，其中$\mu_i$，$\sigma^2$均未知，即有

$$X_{ij} - \mu_i \sim N(0, \sigma^2),$$

因此$X_{ij} - \mu_i$可视为随机误差，记$\varepsilon_{ij} = X_{ij} - \mu_i$，从而得到如下数学模型：

$$\begin{cases} X_{ij} = \mu_i + \varepsilon_{ij}, i=1,2,\cdots,r; j=1,2,\cdots,n_i, \\ \varepsilon_{ij} \sim N(0, \sigma^2), \text{各个} \varepsilon_{ij} \text{相互独立且} \mu_i, \sigma^2 \text{未知}, \end{cases} \qquad (10.2)$$

方差分析的任务：

（1）检验该模型中r个总体$N(\mu_i, \sigma^2)(i=1,2,\cdots,r)$的均值是否相等；

（2）估计未知参数$\mu_1, \mu_2, \cdots, \mu_r$和$\sigma^2$.

为了将方差分析的任务（1）写成更便于讨论的形式，将$\mu_1, \mu_2, \cdots, \mu_r$的加权平均值记为$\mu$，即

$$\mu = \frac{1}{n} \sum_{i=1}^{r} \mu_i,$$

μ称为总平均. 再引入

$$\delta_i = \mu_i - \mu, \ i=1,2,\cdots,r,$$

δ_i表示在水平A_i下总体的均值与总平均μ的差异，称其为**因素A的第i个水平A_i的效应**. 显然，有$n_1\delta_1 + n_2\delta_2 + \cdots + n_r\delta_r = 0$成立，则模型（10.2）可以改写为

$$\begin{cases} X_{ij} = \mu + \delta_i + \varepsilon_{ij}, i=1,2,\cdots,r; j=1,2,\cdots,n_i \\ \sum_{i=1}^{r} n_i \delta_i = 0 \\ \varepsilon_{ij} \sim N(0, \sigma^2), \text{各个} \varepsilon_{ij} \text{相互独立且} \mu_i, \sigma^2 \text{未知} \end{cases} \qquad (10.3)$$

则前述所需要检验的假设等价于

$$H_0: \delta_1 = \delta_2 = \cdots = \delta_r = 0,$$
$$H_1: \delta_1, \delta_2, \cdots, \delta_r \text{不全为零}. \tag{10.4}$$

10.1.3 偏差平方和及其分解

为了将全部试验数据间的差异性体现出来,引入总偏差平方和 S_T:

$$S_T = \sum_{i=1}^{r} \sum_{j=1}^{n_i} (X_{ij} - \overline{X})^2$$

来度量各个体间的差异程度. 其中,

$$\overline{X} = \frac{1}{n} \sum_{i=1}^{r} \sum_{j=1}^{n_i} X_{ij}$$

为所有样本的总均值,又记水平 A_i 下的样本均值为 $\overline{X}_{i\cdot}$,即

$$\overline{X}_{i\cdot} = \frac{1}{n_i} \sum_{j=1}^{n_i} X_{ij}$$

若 H_0 成立,则 r 个总体间无显著性差异,也就是说因素 A 对指标没有显著影响,所有的 X_{ij} 可以认为是来自同一个总体 $N(\mu, \sigma^2)$,各个 X_{ij} 间的差异都是由随机因素引起的. 如果 H_0 不成立,则在总偏差中,除随机因素引起的差异外,还包括因素 A 的不同水平的作用而产生的差异,如果不同水平作用产生的差异比随机因素引起的差异大得多,就可以认为因素 A 对指标有显著的影响,否则,认为无显著性影响. 由此,可以将总偏差中的这两种差异分开,然后进行比较.

通过分解,可将 S_T 写成

$$S_T = \sum_{i=1}^{r} \sum_{j=1}^{n_i} (X_{ij} - \overline{X})^2 = \sum_{i=1}^{r} \sum_{j=1}^{n_i} [(X_{ij} - \overline{X}_{i\cdot}) + (\overline{X}_{i\cdot} - \overline{X})]^2$$

$$= \sum_{i=1}^{r} \sum_{j=1}^{n_i} (X_{ij} - \overline{X}_{i\cdot})^2 + 2 \sum_{i=1}^{r} \sum_{j=1}^{n_i} (X_{ij} - \overline{X}_{i\cdot})(\overline{X}_{i\cdot} - \overline{X}) +$$

$$\sum_{i=1}^{r} n_i (\overline{X}_{i\cdot} - \overline{X})^2$$

由 $\overline{X}$ 与 $\overline{X}_{i\cdot}$ 的定义知

$$\sum_{i=1}^{r} \sum_{j=1}^{n_i} (X_{ij} - \overline{X}_{i\cdot})(\overline{X}_{i\cdot} - \overline{X}) = 0.$$

因此,S_T 分解为

$$S_T = S_A + S_E, \tag{10.5}$$

其中:

$$S_A = \sum_{i=1}^{r} n_i (\overline{X}_{i.} - \overline{X})^2, \qquad (10.6)$$

$$S_E = \sum_{i=1}^{r} \sum_{j=1}^{n_i} (X_{ij} - \overline{X}_{i.})^2. \qquad (10.7)$$

S_A 反应在每个水平下的样本均值与样本总均值的差异,它是由因素 A 取不同水平引起的,称为**组间(偏差)平方和**,也称为**因素 A 的偏差平方和**.

S_E 表示在水平 A_i 下样本值与该水平下的样本均值之间的差异,它是由随机误差引起的,称为**组内(偏差)平方和**,也称为**误差(偏差)平方和**.

10.1.4　S_E 与 S_A 的统计特性

若 H_0 成立,则所有的 X_{ij} 都服从正态分布 $N(\mu,\sigma^2)$,且相互独立,则可证明 S_E 与 S_A 具有如下统计特性:

(1) $\dfrac{S_T}{\sigma^2} \sim \chi^2(n-1)$;

(2) $\dfrac{S_E}{\sigma^2} \sim \chi^2(n-r)$,且 $E(S_E) = (n-r)\sigma^2$,所以 $\dfrac{S_E}{n-r}$ 为 σ^2 的无偏估计;

(3) $\dfrac{S_A}{\sigma^2} \sim \chi^2(r-1)$,且 $E(S_A) = (r-1)\sigma^2$,所以 $\dfrac{S_A}{r-1}$ 为 σ^2 的无偏估计;

(4) S_A 与 S_E 相互独立.

证明略.

10.1.5　检验方法

如果组间差异比组内差异大得多,则说明因素的各水平间有显著差异,即 r 个总体不能认为是同一个正态总体,也就是认为 H_0 不成立,此时,比值 $\dfrac{(n-r)S_A}{(r-1)S_E}$ 有偏大的趋势. 为此,选用统计量

$$F = \frac{(n-r)S_A}{(r-1)S_E} = \frac{S_A/(r-1)}{S_E/(n-r)}.$$

在 H_0 为真时,有

$$F = \frac{S_A/(r-1)}{S_E/(n-r)} \sim F(r-1, n-r),$$

则检验步骤为

(1) 根据样本观察值计算 S_A 和 S_E,进而计算出统计量 F

的值;

(2) 对给定的显著性水平 α, 查 $F_\alpha(r-1,n-r)$ 的值;

(3) 比较 F 与 $F_\alpha(r-1,n-r)$ 的值, 当 $F > F_\alpha(r-1,n-r)$ 时, 拒绝 H_0, 表示因素 A 的各水平下的效应有显著性差异; 当 $F < F_\alpha(r-1,n-r)$ 时, 接受 H_0, 表示没有理由认为因素 A 的各水平下的效应有显著性差异.

为表达的方便和直观, 将上面的分析过程和结果写成表 10.3 的形式, 称为单因素方差分析表.

表 10.3 单因素方差分析表

方差来源	平方和	自由度	均方	F 比
因素 A	S_A	$r-1$	$MS_A = \dfrac{S_A}{r-1}$	$F = \dfrac{S_A}{S_E}$
误差 E	S_E	$n-r$	$MS_E = \dfrac{S_E}{n-r}$	
总和 T	S_T	$n-1$		

例 10.3 在例 10.2 中, 检验假设 ($\alpha = 0.05$)

$$H_0: \mu_1 = \mu_2 = \mu_3 = \mu_4, \quad H_1: \mu_1, \mu_2, \mu_3, \mu_4 \text{ 不全相等}.$$

解: 这里 $r=4$, $n_1 = n_4 = 2$, $n_2 = n_3 = 3$, $n=10$, 根据公式计算可得

$$S_T = 304, \quad S_A = 258, \quad S_E = 46,$$

S_T, S_A, S_E 的自由度依次为 $n-1 = 9$, $r-1 = 3$, $n-r = 6$, 得方差分析表如下:

方差来源	平方和	自由度	均方	F 比
因素 A	258	3	86	11.22
误差 E	46	6	7.67	
总和 T	304	9		

查表可得 $F_{0.05}(3,6) = 4.74 < 11.22$, 故在 0.05 水平下拒绝 H_0, 即认为 4 种包装的销售量有显著差异. 这说明不同包装受欢迎的程度不同.

10.1.6 单因素方差分析的 R 实现

R 中 lm() 函数与 aov() 函数都能实现方差分析, 两个函数的结果是等同的, 本章我们主要采用 aov() 函数. aov() 函数的调用格式为

aov(formula,data = dataframe)

单因素方差分析的 formula(表达式)为 y~A, 其中 y 表示

试验指标，A 表示影响因素.

例 10.4 用 R 软件实现例 10.2.

R 程序：创建数据框 data.baozhuang

```
> xiaoliang<-c(12,18,14,12,13,19,17,21,24,30)
> baozhuang<-factor(c(rep(1,2),rep(2,3),rep(3,3),rep(4,2)))
> data.baozhuang<-data.frame(xiaoliang,baozhuang)
> data.baozhuang
    xiaoliang  baozhuang
1       12         1
2       18         1
3       14         2
4       12         2
5       13         2
6       19         3
7       17         3
8       21         3
9       24         4
10      30         4
```

调用 aov() 函数进行方差分析，并用 summary() 函数提取方差分析表：

```
> baozhuang.aov<-aov(xiaoliang ~ baozhuang, data = data.baozhuang)
> summary(baozhuang.aov)
            Df   Sum Sq   Mean Sq   F value   Pr(>F)
baozhuang    3    258      86.00     11.22    0.00713 **
Residuals    6     46       7.67
---
Signif. codes: 0 '***' 0.001 '**' 0.01 '*' 0.05 '.' 0.1 ' ' 1
```

上述结果中，Df 表示自由度，Sum Sq 表示平方和，其中组间平方和 258，组内平方和 46，Mean Sq 表示均方和，F value 表示 F 比，Pr(>F) 表示检验 p 值.

例 10.5 为研究注射不同剂量雌激素对大白鼠子宫重量的影响，取 4 窝不同种系的大白鼠，每窝 3 只，随机地分配到 3 个组内，接受不同剂量的雌激素的注射，然后测定其子宫重量，结果见下表 10.4. 问注射不同剂量的雌激素对大白鼠的子宫重量是否有影响？

表 10.4 大白鼠注射不同剂量雌激素后的子宫重量　　　　　　　　　（单位：g）

大白鼠种类	雌激素剂量(μg/100g)			大白鼠只数
	0.2	0.4	0.8	
A_1	106	116	145	3
A_2	42	68	115	3
A_3	70	111	133	3
A_4	42	63	87	3

R 程序：创建数据框 data.jisu

```
>zhongliang<-c(106,116,145,42,68,115,70,111,133,42,63,87)    #创建zhongliang向量
>jisu<-factor(c(rep("A1",3),rep("A2",3),rep("A3",3),rep("A4",3)))   #创建jisu因子
> data.jisu<-data.frame(zhongliang,jisu)
> data.jisu
    zhongliang  jisu
1      106      A1
2      116      A1
3      145      A1
4       42      A2
5       68      A2
6      115      A2
7       70      A3
8      111      A3
9      133      A3
10      42      A4
11      63      A4
12      87      A4
```

调用 aov() 函数进行方差分析，并用 summary() 函数提取方差分析表：

```
> jisu.aov<-aov(zhongliang~jisu,data=data.jisu)
> summary(jisu.aov)
            Df  Sum Sq  Mean Sq  F value  Pr(>F)
jisu         3   6458    2152.6   2.602    0.124
Residuals    8   6617     827.2
```

上述结果显示，检验 p 值为 0.124，大于 0.05，因此在 $\alpha = 0.05$ 的水平下可以认为，注射不同剂量的雌激素对大白鼠子宫重量无显著性影响.

第 10 章 方差分析与回归分析

习题 10-1

1. 粮食加工试验 5 种贮藏方法，检验它们对粮食含水率是否有显著影响．在贮藏前这些粮食的含水率几乎没有差别，贮藏后含水率如下表所示．

含水率(%)		试验批号				
		1	2	3	4	5
因素 A （贮藏方法）	A_1	7.3	8.3	7.6	8.4	8.3
	A_2	5.4	7.4	7.1		
	A_3	8.1	6.4	6.4		
	A_4	7.9	9.5	9.5	10.0	
	A_5	7.1				

(1) 问不同的贮藏方法对含水率的影响是否有明显差异($\alpha=0.05$)？

(2) 利用 R 软件实现第(1)问．

2. 为了解烫伤后不同时期切痂对肝脏三磷酸腺苷(ATP)含量的影响，将 30 只雄性大鼠随机分 3 组，每组 10 只：A 组为烫伤对照组，B 组为烫伤后 24h(休克期)切痂组，C 组为烫伤后 96h(非休克期)切痂组，全部动物统一在烫伤后 168h 处死并测量其肝脏的 ATP 含量，结果如下表所示：

A 组	B 组	C 组
7.76	12.14	10.85
7.71	13.60	8.58
8.43	14.42	7.19
8.47	13.85	9.36
10.30	17.53	9.59
6.67	14.16	8.81
11.73	14.94	8.22
5.78	13.01	9.95
6.61	14.18	11.26
6.97	17.72	8.68

(1) 试在显著性水平 $\alpha=0.05$ 下，检验 3 组大鼠肝脏的 ATP 含量是否有显著性差异；

(2) 用 R 软件实现第(1)问．

3. 调查得到健康男子各年龄组淋巴细胞转化率(%)如下：

11~20岁	58	61	62	61	63	70	70	68	74	78	80	76
21~60岁	54	57	58	57	60	61	63	64	66	62		
61~80岁	42	56	57	60	57	53	51					

(1) 试在显著性水平 $\alpha=0.05$ 下，检验各组的平均转化率有无显著性差异？设各个总体服从正态分布，且方程相等；

(2) 利用 R 软件实现第(1)问．

10.2 双因素方差分析

在许多实际问题中，经常要考虑两个因素对试验指标的影响．例如，同时考虑工人的技术和机器对产品质量是否有显著影响．这里工人的技术与机器是两个因素．多因素方差分析与单因素方差分析的基本思想是一致的，不同之处在于不仅各因素对试验指标起作用，各个因素不同水平的搭配也对试验指标起作用．统计学上把多因素不同水平的搭配对试验指标的影响称为**交互作用**．交互作用的效应只有在有重复的试验中才能分析出来．

本节只讨论双因素方差分析．将双因素方差分析分为无重复和等重复试验两种情况来讨论．对无重复试验只检验两个因素对试验结果有无显著性影响；等重复试验增加考虑两个因素的交互作用对试验结果有无显著性影响.

10.2.1 无重复双因素方差分析

设因素 A, B 作用于试验指标. 因素 A 有 r 个水平 $A_1, A_2, \cdots, A_r$, 因素 B 有 s 个水平 $B_1, B_2, \cdots, B_s$. 对因素 A, B 的每一个水平的一对组合 (A_i, B_j), $i = 1, 2, \cdots, r; j = 1, 2, \cdots, s$, 只进行一次试验, 得到 rs 个试验结果 X_{ij}, 如表 10.5 所示.

表 10.5 无重复双因素试验数据表

因素 A	因素 B			
	B_1	B_2	$\cdots$	B_s
A_1	X_{11}	X_{12}	$\cdots$	X_{1s}
A_2	X_{21}	X_{22}	$\cdots$	X_{2s}
$\vdots$	$\vdots$	$\vdots$		$\vdots$
A_r	X_{r1}	X_{r2}	$\cdots$	X_{rs}

1. 假设前提

假设前提与单因素方差分析的假设前提相同, 即
(1) $X_{ij} \sim N(\mu_{ij}, \sigma^2)$, μ_{ij}, σ^2 未知 ($i = 1, 2, \cdots, r; j = 1, 2, \cdots, s$);
(2) 每个总体的方差相同;
(3) 各 X_{ij} ($i = 1, 2, \cdots, r; j = 1, 2, \cdots, s$) 相互独立.
引入下列记号:

$$\mu = \frac{1}{rs} \sum_{i=1}^{r} \sum_{j=1}^{s} \mu_{ij},$$

$$\mu_{i\cdot} = \frac{1}{s} \sum_{j=1}^{s} \mu_{ij}, \ i = 1, 2, \cdots, r,$$

$$\mu_{\cdot j} = \frac{1}{r} \sum_{i=1}^{r} \mu_{ij}, \ j = 1, 2, \cdots, s.$$

那么, 要比较同一个因素的各个总体的均值是否一致, 就是要检验各个总体的均值是否相等, 即要检验的假设为

$$\begin{cases} H_{0A} : \mu_{1\cdot} = \mu_{2\cdot} = \cdots = \mu_{r\cdot}, \\ H_{0B} : \mu_{\cdot 1} = \mu_{\cdot 2} = \cdots = \mu_{\cdot s}; \end{cases}$$

$$\begin{cases} H_{1A} : \mu_{1\cdot}, \mu_{2\cdot}, \cdots \mu_{r\cdot} \text{ 不全相等}, \\ H_{1B} : \mu_{\cdot 1}, \mu_{\cdot 2}, \cdots, \mu_{\cdot s} \text{ 不全相等}. \end{cases}$$

由假设前提(1), 记 $X_{ij} - \mu_{ij} = \varepsilon_{ij}$, 即有

$$\varepsilon_{ij} = X_{ij} - \mu_{ij} \sim N(0, \sigma^2),$$

因此, ε_{ij} 可看作随机误差, 从而得到如下的数学模型:

$$\begin{cases} X_{ij} = \mu_{ij} + \varepsilon_{ij}, \ i = 1, 2, \cdots, r; j = 1, 2, \cdots, s, \\ \varepsilon_{ij} \sim N(0, \sigma^2), \mu_{ij}, \sigma^2 \text{ 未知}, \text{ 各 } \varepsilon_{ij} \text{ 相互独立}. \end{cases}$$

记 $\alpha_i = \mu_i. - \mu$, $i = 1, 2, \cdots, r$, $\beta_j = \mu._j - \mu$, $j = 1, 2, \cdots, s$. 易见,

$$\sum_{i=1}^{r} \alpha_i = 0,$$

$$\sum_{j=1}^{s} \beta_j = 0.$$

称 μ 为总平均, 称 α_i 为水平 A_i 的效应, 称 β_j 为水平 B_j 的效应, 且 $\mu_{ij} = \mu + \alpha_i + \beta_j$.

于是, 上述模型可改写成

$$\begin{cases} X_{ij} = \mu + \alpha_i + \beta_j + \varepsilon_{ij}, i = 1, 2, \cdots, r; j = 1, 2, \cdots, s, \\ \varepsilon_{ij} \sim N(0, \sigma^2), \mu_{ij}, \sigma^2 \text{ 未知}, \text{各 } \varepsilon_{ij} \text{ 相互独立}, \\ \sum_{i=1}^{r} \alpha_i = 0, \sum_{j=1}^{s} \beta_j = 0. \end{cases}$$

检验假设为

$$\begin{cases} H_{0A}: \alpha_1 = \alpha_2 = \cdots = \alpha_r = 0, \\ H_{1A}: \alpha_1, \alpha_2, \cdots, \alpha_r \text{ 不全为零}; \end{cases}$$

$$\begin{cases} H_{0B}: \beta_1 = \beta_2 = \cdots = \beta_s = 0, \\ H_{1B}: \beta_1, \beta_2, \cdots, \beta_s \text{ 不全为零}. \end{cases}$$

若 H_{0A} (或 H_{0B}) 成立, 则认为因素 A (或因素 B) 的影响不显著, 否则影响显著.

2. 偏差平方和及其分解

类似于单因素方差分析, 需要将总偏差平方和进行分解, 记

$$\overline{X} = \frac{1}{rs} \sum_{i=1}^{r} \sum_{j=1}^{s} X_{ij},$$

$$\overline{X}_{i.} = \frac{1}{s} \sum_{j=1}^{s} X_{ij}, i = 1, 2, \cdots, r;$$

$$\overline{X}_{.j} = \frac{1}{r} \sum_{i=1}^{r} X_{ij}, j = 1, 2, \cdots, s.$$

将总偏差平方和进行分解:

$$S_T = \sum_{i=1}^{r} \sum_{j=1}^{s} (X_{ij} - \overline{X})^2$$

$$= \sum_{i=1}^{r} \sum_{j=1}^{s} [(\overline{X}_{i.} - \overline{X}) + (\overline{X}_{.j} - \overline{X}) + (X_{ij} - \overline{X}_{i.} - \overline{X}_{.j} + \overline{X})]^2,$$

由于在 S_T 的展开式中三个交叉项的乘积都等于零, 因此有

$$S_T = S_A + S_B + S_E,$$

其中

$$S_A = \sum_{i=1}^{r} \sum_{j=1}^{s} (\overline{X}_{i.} - \overline{X})^2 = s \sum_{i=1}^{r} (\overline{X}_{i.} - \overline{X})^2,$$

$$S_B = \sum_{i=1}^{r} \sum_{j=1}^{s} (\overline{X}_{\cdot j} - \overline{X})^2 = r \sum_{j=1}^{s} (\overline{X}_{\cdot j} - \overline{X})^2,$$

$$S_E = \sum_{i=1}^{r} \sum_{j=1}^{s} (X_{ij} - \overline{X}_{i\cdot} - \overline{X}_{\cdot j} - \overline{X})^2.$$

称 S_A，S_B 和 S_E 分别为因素 A 的偏差平方和、因素 B 的偏差平方和及误差平方和.

类似地，可以证明当 H_{0A} 和 H_{0B} 成立时，有

(1) $\dfrac{S_T}{\sigma^2}$，$\dfrac{S_A}{\sigma^2}$，$\dfrac{S_B}{\sigma^2}$，$\dfrac{S_E}{\sigma^2}$ 分别服从自由度依次为 $rs-1$，$r-1$，$s-1$，$(r-1)(s-1)$ 的 χ^2 分布；

(2) S_T, S_A, S_B, S_E 相互独立.

3. 检验方法

当 H_{0A} 为真时，可以证明

$$F_A = \frac{S_A/(r-1)}{S_E/(r-1)(s-1)} \sim F(r-1, (r-1)(s-1)),$$

若显著性水平为 α，得假设 H_{0A} 的拒绝域为

$$F_A = \frac{S_A/(r-1)}{S_E/((r-1)(s-1))} \geqslant F_\alpha(r-1, (r-1)(s-1)).$$

类似地，当 H_{0B} 为真时，可以证明

$$F_B = \frac{S_B/(s-1)}{S_E/((r-1)(s-1))} \sim F(s-1, (r-1)(s-1)),$$

若显著性水平为 α，得假设 H_{0B} 的拒绝域为

$$F_B = \frac{S_B/(s-1)}{S_E/((r-1)(s-1))} \sim F_\alpha(s-1, (r-1)(s-1)).$$

无重复双因素方差分析表如表 10.6 所示.

表 10.6 无重复双因素方差分析表

方差来源	平方和	自由度	均方和	F 值
因素 A	S_A	$r-1$	$\overline{S}_A = \dfrac{S_A}{r-1}$	$F_A = \overline{S}_A/\overline{S}_E$
因素 B	S_B	$s-1$	$\overline{S}_B = \dfrac{S_B}{s-1}$	$F_B = \overline{S}_B/\overline{S}_E$
误差	S_E	$(s-1)(r-1)$	$\overline{S}_E = \dfrac{S_E}{(n-1)(r-1)}$	
总和	S_T	$rs-1$		

例 10.6 酿造厂有化验员 3 名，负责发酵粉的颗粒检验. 这三位化验员每天从该厂生产的发酵粉中抽样一次，连续 10 天，每天检验其中所含颗粒的百分率，结果如下表所示. 设 $\alpha = 0.05$，试

分析 3 名化验员的化验技术之间与所抽取样本之间有无显著性差异.

百分率(%)		因素 B(化验时间)				
		B_1	B_2	B_3	B_4	B_5
因素 A（化验员）	A_1	10.1	4.7	3.1	3.0	7.8
	A_2	10.0	4.9	3.1	3.2	7.8
	A_3	10.2	4.8	3.0	3.0	7.8

百分率(%)		因素 B(化验时间)				
		B_6	B_7	B_8	B_9	B_{10}
因素 A（化验员）	A_1	8.2	7.8	6.0	4.9	3.4
	A_2	8.2	7.7	6.2	5.1	3.4
	A_3	8.4	7.8	6.1	5.0	3.3

解：需要检验化验员及化验时间这两个因素对发酵粉所含颗粒的百分率这个试验指标是否有显著性影响，且采样无重复，因此采用无重复双因素方差分析法.

由题可知 $r=3$，$s=10$，按照公式计算可得：
$$S_A = 0.02, \ S_B = 164.57, \ S_E = 0.13, \ S_T = 164.72,$$
$$F_A \approx 1.248, \ F_B \approx 2444.158$$

当 $\alpha = 0.05$ 时，查表得
$$F_\alpha(r-1,(r-1)(s-1)) = F_{0.05}(2,18) = 7.21,$$
$$F_\alpha(s-1,(r-1)(s-1)) = F_{0.05}(9,18) = 4.14.$$

从而得到方差分析表

方差来源	平方和	自由度	F 值
因素 A	$S_A = 0.02$	2	$F_A \approx 1.248$
因素 B	$S_B = 164.57$	9	$F_B \approx 2444.158$
误差	$S_E = 0.13$	18	
总和	$S_T = 164.72$	29	

由于 $F_A < F_{0.05}(2,18)$，而 $F_B > F_{0.05}(9,18)$，因此可以认为 3 名化验员的化验技术之间无显著差异，每日所抽取样本之间有显著差异.

4. 无重复双因素方差分析的 R 实现

调用 `aov()` 函数进行无重复双因素方差分析时，表达式 `formula` 的形式为 `y~A+B`，其中 `y` 为试验指标，`A` 和 `B` 为影响因素.

例 10.7 利用 R 软件实现例 10.6.

R 程序：创建数据框 `data.baifenbi`

```
> baifenbi<-c(10.1,4.7,3.1,3.0,7.8,8.2,7.8,6.0,4.9,3.4,
+ 10.0,4.9,3.1,3.2,7.8,8.2,7.7,6.2,5.1,3.4,
+ 10.2,4.8,3.0,3.0,7.8,8.4,7.8,6.1,5.0,3.3)    #创建baifenbi向量
> huayanyuan<-factor(c(rep(1,10),rep(2,10),rep(3,10)))    #创建huayanyuan因子
> huayanshijian<-factor(c(1,2,3,4,5,6,7,8,9,10,1,2,3,4,5,6,7,8,9,10,1,2,3,4,5,6,7,8,9,10)) #创建huayanshijian因子
>data.baifenbi<-data.frame(baifenbi,huayanyuan,huayanshijian)
#创建data.baifenbi数据框
>data.baifenbi
```

	baifenbi	huayanyuan	huayanshijian
1	10.1	1	1
2	4.7	1	2
3	3.1	1	3
4	3.0	1	4
5	7.8	1	5
6	8.2	1	6
7	7.8	1	7
8	6.0	1	8
9	4.9	1	9
10	3.4	1	10
11	10.0	2	1
12	4.9	2	2
13	3.1	2	3
14	3.2	2	4
15	7.8	2	5
16	8.2	2	6
17	7.7	2	7
18	6.2	2	8
19	5.1	2	9
20	3.4	2	10
21	10.2	3	1
22	4.8	3	2
23	3.0	3	3
24	3.0	3	4
25	7.8	3	5
26	8.4	3	6

27	7.8	3	7
28	6.1	3	8
29	5.0	3	9
30	3.3	3	10

调用函数 aov() 进行无重复双因素方差分析,并用函数 summary() 提取方差分析表.

```
> summary(aov(baifenbi ~ huayanyuan + huayanshijian))
               Df  Sum Sq  Mean Sq  F value  Pr(>F)
huayanyuan      2   0.02    0.009    1.248    0.311
huayanshijian   9 164.57   18.286 2444.158   <2e-16 ***
Residuals      18   0.13    0.007
---
Signif. codes:  0 '***' 0.001 '**' 0.01 '*' 0.05 '.' 0.1 ' ' 1
```

上述结果显示,因素 A 的检验 p 值是 0.311,大于显著性水平 0.05,因素 B 的检验 p 值远小于 0.05,因此可以认为 3 名化验员的化验技术之间无显著差异,每日所抽取样本之间有显著差异.

10.2.2 等重复双因素方差分析

设因素 A, B 作用于试验指标. 因素 A 有 r 个水平 $A_1, A_2, \cdots, A_r$,因素 B 有 s 个水平 $B_1, B_2, \cdots, B_s$. 对因素 A, B 的每一个水平的一对组合 (A_i, B_j), $i=1,2,\cdots,r$; $j=1,2,\cdots,s$ 进行 $t(t \geq 2)$ 次试验(称为等重复试验),得到 rst 个试验结果

$$X_{ijk}, i=1,2,\cdots,r; j=1,2,\cdots,s; k=1,2,\cdots,t.$$

1. 假设前提

(1) $X_{ijk} \sim N(\mu_{ij}, \sigma^2)$,$\mu_{ij}$,$\sigma^2$ 未知 ($i=1,2,\cdots,r$; $j=1,2,\cdots,s$; $k=1,2,\cdots,t$);

(2) 每个总体的方差相同;

(3) 各 $X_{ijk}(i=1,2,\cdots,r; j=1,2,\cdots,s; k=1,2,\cdots,t)$ 相互独立.

由假设前提(1),记 $X_{ijk} - \mu_{ij} = \varepsilon_{ijk}$,即有

$$\varepsilon_{ijk} = X_{ijk} - \mu_{ij} \sim N(0, \sigma^2),$$

因此,ε_{ijk} 可看作随机误差,从而得到如下的数学模型:

$$\begin{cases} X_{ijk} = \mu_{ij} + \varepsilon_{ijk}, i=1,2,\cdots,r; j=1,2,\cdots,s; k=1,2,\cdots,t, \\ \varepsilon_{ijk} \sim N(0, \sigma^2), \mu_{ij}, \sigma^2 \text{未知},\text{各} \varepsilon_{ij} \text{相互独立}. \end{cases}$$

类似地,引入记号 μ, $\mu_{i\cdot}$, $\mu_{\cdot j}$, α_i, β_j,易见 $\sum_{i=1}^{r} \alpha_i = 0, \sum_{j=1}^{s} \beta_j = 0$. 仍称 μ 为总平均,称 α_i 为**水平 A_i 的效应**,称 β_j 为**水平 B_j 的效应**.

则 $\mu_{ij} = \mu + \alpha_i + \beta_j + \gamma_{ij}(i=1,2,\cdots,r;j=1,2,\cdots,s)$，其中，

$$\gamma_{ij} = \mu_{ij} - \mu_{i\cdot} - \mu_{\cdot j} + \mu, (i=1,2,\cdots,r;j=1,2,\cdots,s),$$

称 γ_{ij} 为水平 A_i 和水平 B_j 的交互效应，这是由 A_i 与 B_j 的联合作用而引起的. 易见

$$\sum_{j=1}^{s} \gamma_{ij} = 0, \ i=1,2,\cdots,r,$$

$$\sum_{i=1}^{r} \gamma_{ij} = 0, \ j=1,2,\cdots,s,$$

则上述数学模型可以改写为

$$\begin{cases} X_{ijk} = \mu + \alpha_i + \beta_j + \gamma_{ij} + \varepsilon_{ijk}, \ i=1,2,\cdots,r; j=1,2,\cdots,s; k=1,2,\cdots,t, \\ \varepsilon_{ijk} \sim N(0,\sigma^2), \ \text{各} \ \varepsilon_{ijk} \ \text{相互独立}, \\ \sum_{i=1}^{r} \alpha_i = 0, \sum_{j=1}^{s} \beta_j = 0, \sum_{j=1}^{s} \gamma_{ij} = 0, \sum_{i=1}^{r} \gamma_{ij} = 0, \end{cases}$$

其中，$\mu, \alpha_i, \beta_j, \gamma_{ij}$ 及 σ^2 都是未知参数.

检验假设为

$$\begin{cases} H_{0A}: \alpha_1 = \alpha_2 = \cdots = \alpha_r = 0, \\ H_{1A}: \alpha_1, \alpha_2, \cdots, \alpha_r \ \text{不全为零}; \end{cases}$$

$$\begin{cases} H_{0B}: \beta_1 = \beta_2 = \cdots = \beta_s = 0, \\ H_{1B}: \beta_1, \beta_2, \cdots, \beta_s \ \text{不全为零}; \end{cases}$$

$$\begin{cases} H_{0A \times B}: \gamma_{11} = \gamma_{12} = \cdots = \gamma_{rs} = 0, \\ H_{1A \times B}: \gamma_{11}, \gamma_{12}, \cdots, \gamma_{rs} \ \text{不全为零}. \end{cases}$$

2. 偏差平方和及其分解

引入记号

$$\overline{X} = \frac{1}{rst} \sum_{i=1}^{r} \sum_{j=1}^{s} \sum_{k=1}^{t} X_{ijk}.$$

$$\overline{X}_{ij\cdot} = \frac{1}{t} \sum_{k=1}^{t} X_{ijk}, \ i=1,2,\cdots,r; j=1,2,\cdots,s.$$

$$\overline{X}_{i\cdot\cdot} = \frac{1}{st} \sum_{j=1}^{s} \sum_{k=1}^{t} X_{ijk}, \ i=1,2,\cdots,r.$$

$$\overline{X}_{\cdot j\cdot} = \frac{1}{rt} \sum_{i=1}^{r} \sum_{k=1}^{t} X_{ijk}, \ j=1,2,\cdots,s.$$

称下列 S_T 为总偏差平方和（或总偏差）：

$$S_T = \sum_{i=1}^{r} \sum_{j=1}^{s} \sum_{k=1}^{t} (X_{ijk} - \overline{X})^2,$$

上式可分解为 $S_T = S_A + S_B + S_{A \times B} + S_E$，其中，

$$S_A = st\sum_{i=1}^{r}(\overline{X}_{i..} - \overline{X})^2,$$

$$S_B = rt\sum_{j=1}^{s}(\overline{X}_{.j.} - \overline{X})^2,$$

$$S_{A\times B} = t\sum_{i=1}^{r}\sum_{j=1}^{s}(\overline{X}_{ij.} - \overline{X}_{i..} - \overline{X}_{.j.} + \overline{X})^2,$$

$$S_E = \sum_{i=1}^{r}\sum_{j=1}^{s}\sum_{k=1}^{t}(X_{ijk} - \overline{X}_{ij.})^2.$$

同样，称 S_E 为误差平方和，S_A 和 S_B 分别为因素 A 和因素 B 的偏差平方和，$S_{A\times B}$ 称为 A，B 交互偏差平方和.

类似地，可以证明当 H_{0A}，H_{0B}，$H_{0(A\times B)}$ 成立时，有

(1) $\dfrac{S_T}{\sigma^2}$，$\dfrac{S_A}{\sigma^2}$，$\dfrac{S_B}{\sigma^2}$，$\dfrac{S_{A\times B}}{\sigma^2}$，$\dfrac{S_E}{\sigma^2}$ 分别服从自由度依次为 $rst-1$，$r-1$，$s-1$，$(r-1)(s-1)$，$rs(t-1)$ 的 χ^2 分布；

(2) $S_T, S_A, S_B, S_{A\times B}, S_E$ 相互独立.

3. 检验方法

当 H_{0A} 为真时，可以证明

$$F_A = \frac{S_A/(r-1)}{S_E/(rs(t-1))} \sim F(r-1, rs(t-1)),$$

若显著性水平为 α，假设 H_{0A} 的拒绝域为

$$F_A = \frac{S_A/(r-1)}{S_E/(rs(t-1))} \geq F_\alpha(r-1, rs(t-1)).$$

当 H_{0B} 为真时，可以证明

$$F_B = \frac{S_B/(s-1)}{S_E/(rs(t-1))} \sim F(s-1, rs(t-1)),$$

若显著性水平为 α，假设 H_{0B} 的拒绝域为

$$F_B = \frac{S_B/(s-1)}{S_E/(rs(t-1))} \geq F_\alpha(s-1, rs(t-1)).$$

当 $H_{0(A\times B)}$ 为真时，可以证明

$$F_{A\times B} = \frac{S_{A\times B}/((r-1)(s-1))}{S_E/(rs(t-1))} \sim F((r-1)(s-1), rs(t-1)),$$

若显著性水平为 α，假设 $H_{0(A\times B)}$ 的拒绝域为

$$F_{A\times B} = \frac{S_{A\times B}/((r-1)(s-1))}{S_E/(rs(t-1))} \geq F_\alpha((r-1)(s-1), rs(t-1)).$$

等重复双因素方差分析表如表 10.7 所示.

表 10.7　等重复双因素方差分析表

方差来源	平方和	自由度	均方和	F 值
因素 A	S_A	$r-1$	$\overline{S}_A = \dfrac{S_A}{r-1}$	$F_A = \overline{S}_A/\overline{S}_E$

(续)

方差来源	平方和	自由度	均方和	F 值
因素 B	S_B	$s-1$	$\bar{S}_B = \dfrac{S_B}{s-1}$	$F_B = \bar{S}_B / \bar{S}_E$
交互作用	$S_{A \times B}$	$(r-1)(s-1)$	$\bar{S}_{A \times B} = \dfrac{S_{A \times B}}{(r-1)(s-1)}$	$F_{A \times B} = \bar{S}_{A \times B} / \bar{S}_E$
误差	S_E	$rs(t-1)$	$\bar{S}_E = \dfrac{S_E}{rs(t-1)}$	
总和	S_T	$rst-1$		

例 10.8 下表给出某种化工过程在三种浓度、四种温度水平下得率的数据. 假设在诸水平搭配下得率的总体服从正态分布, 且方差相等, 试在 $\alpha = 0.05$ 水平下检验在不同浓度下得率有无显著性差异, 在不同温度下得率是否有显著性差异, 交互作用的效应是否显著.

浓度	温度(℃)			
	10	24	38	52
2%	14	11	13	10
	10	11	9	12
4%	9	10	7	6
	7	8	11	10
6%	5	13	12	14
	11	14	13	10

解: 由题可知, 采样有重复, 因此需要检验浓度、温度及这两个因素的相互交互对得率有无显著性影响, 可采用等重复双因素方差分析法, 其中 $r=3$, $s=4$, $t=2$.

根据公式计算可得 $S_A = 44.33$, $S_B = 11.50$, $S_{A \times B} = 27.00$, $S_E = 65.00$, $S_T = 147.83$. 自由度分别为 2, 3, 12, 23. 均方和 $\bar{S}_A = 22.167$, $\bar{S}_B = 3.833$, $\bar{S}_{A \times B} = 4.500$, $\bar{S}_E = 5.417$. F 值为 $F_A \approx 4.092$, $F_B \approx 0.708$, $F_{A \times B} \approx 0.831$. 通过查表可得 $F_{0.05}(2,12) = 3.89$, $F_{0.25}(3,12) = 3.50$, $F_{0.05}(6,12) = 3.00$, 而 $F_A \approx 4.092 > 3.89$, $F_B \approx 0.708 < 3.50$, $F_{A \times B} \approx 0.831 < 3.00$, 因此, 可以认为浓度对得率有显著性影响, 而温度及交互作用对得率都无显著性影响.

4. 等重复双因素方差分析的 R 实现

调用 aov() 函数进行无重复双因素方差分析时, 表达式 formula 的形式为 `y~A*B`, 其中 y 为试验指标, A 和 B 为影响因素.

例 10.9 利用例 10.8 的 R 实现.

R 程序：

创建数据框 `data.delv`

```
> delv<-c(14,10,11,11,13,9,10,12,9,7,10,8,7,11,6,10,5,11,13,14,12,13,14,10) #创建 delv 向量
> nongdu<-factor(c(rep(1,8),rep(2,8),rep(3,8))) #创建 nongdu 因子
> wendu<-factor(c(1,1,2,2,3,3,4,4,1,1,2,2,3,3,4,4,1,1,2,2,3,3,4,4)) #创建 wendu 因子
> data.delv<-data.frame(delv,nongdu,wendu)   #创建 data.delv 数据框
> data.delv
   delv nongdu wendu
1    14      1     1
2    10      1     1
3    11      1     2
4    11      1     2
5    13      1     3
6     9      1     3
7    10      1     4
8    12      1     4
9     9      2     1
10    7      2     1
11   10      2     2
12    8      2     2
13    7      2     3
14   11      2     3
15    6      2     4
16   10      2     4
17    5      3     1
18   11      3     1
19   13      3     2
20   14      3     2
21   12      3     3
22   13      3     3
23   14      3     4
24   10      3     4
```

调用 aov() 函数进行等重复双因素方差分析, 并调用 summary() 函数提取方差分析表:

```
> summary(aov(delv~nongdu* wendu))
              Df    Sum Sq    Mean Sq    F value    Pr(>F)
nongdu        2     44.33     22.167     4.092      0.0442 *
wendu         3     11.50     3.833      0.708      0.5657
nongdu:wendu  6     27.00     4.500      0.831      0.5684
Residuals     12    65.00     5.417
---
Signif. codes:  0 '***' 0.001 '**' 0.01 '*' 0.05 '.' 0.1 ' ' 1
```

上述结果显示, 浓度因素的检验 p 值为 0.0442, 小于显著性水平 0.05, 温度因素的检验 p 值为 0.5657, 大于 0.05, 两因素交互作用的检验 p 值为 0.5684, 也大于 0.05. 因此可以认为在显著性水平 0.05 的条件下, 只有浓度因素对得率的影响是显著的.

习题 10-2

1. 为了研究某种金属管防腐蚀的功能, 考虑了 4 种不同的涂料涂层. 将金属管埋在 3 种不同性质的土壤中, 经历一段时间, 测得金属管腐蚀的最大深度数据如下表所示(单位: mm):

	温度		
	1	2	3
涂层	1.63	1.35	1.27
	1.34	1.30	1.22
	1.19	1.14	1.27
	1.30	1.09	1.32

(1) 设两因素没有交互作用, 在显著性水平 $\alpha = 0.05$ 下检验在不同涂料涂层下腐蚀的最大深度的平均值有无显著性差异; 在不同性质的土壤下腐蚀的最大深度的平均值有无显著性差异?

(2) 利用 R 软件实现第 (1) 问.

2. 一火箭使用四种燃料, 三种推进器作射程试验. 每种燃料与每种推进器的组合各发射火箭两次, 得射程数据如下表所示(单位: 海里⊖).

(1) 假设符合双因素方差分析模型的条件, 试在显著性水平 $\alpha = 0.05$ 下, 检验不同燃料、不同推进器下的射程是否有显著性差异?

(2)

燃料(A)	推进器(B)		
	B_1	B_2	B_3
A_1	58.2	56.2	65.3
	52.6	41.2	60.8
A_2	49.1	54.1	51.6
	42.8	50.5	48.4
A_3	60.1	70.9	39.2
	58.3	73.2	40.7
A_4	75.8	58.2	48.7
	71.5	51.0	41.4

10.3 一元线性回归

在客观世界中普遍存在变量之间的关系, 这些关系一般可分为确定的和非确定的两类. 确定性关系是指变量之间的关系可用

⊖ 海里为非法定计量单位, 1 海里 =1.85km ——编辑注

函数来表达,非确定性关系即所谓相关关系. 例如,人的身高与体重、人的血压与年龄、气象中的温度与湿度等. 这是因为我们所涉及的变量(如体重、血压、湿度)是随机变量,上面所说的变量关系是非确定性的. 回归分析是研究两个或两个以上变量的相关关系的一种重要的统计方法.

10.3.1 基本介绍

具有相关关系的变量虽然不具有确定的函数关系,但是可以借助函数关系来表示它们之间的统计规律,这种近似地表示它们之间的相关关系的函数称为**回归函数**. 在实际中,最简单的情形是由两个变量形成的关系,可用下列模型表示:

$$Y = f(x)$$

但是,由于两个变量之间不存在确定的函数关系,因此,必须把随机波动考虑进去,故引入如下模型:

$$Y = f(x) + \varepsilon,$$

其中,Y 是随机变量,x 是普通变量,ε 是随机变量(称为**随机误差**).

回归分析就是根据已知的试验结果以及以往的经验来建立统计模型,并研究变量间的相关关系,建立起变量之间关系的近似表达式.

10.3.2 一元线性回归模型

1. 引例

施化肥量 x 对水稻产量 Y 影响的试验数据见表 10.8.

表 10.8 施化肥量与水稻产量的关系

施化肥量/x	15	20	25	30	35	40	45
水稻产量/Y	330	345	365	405	445	450	455

为了研究这些数据的规律性,将施化肥量作为横坐标,水稻产量作为纵坐标,绘制两者的散点图,如图 10.1 所示.

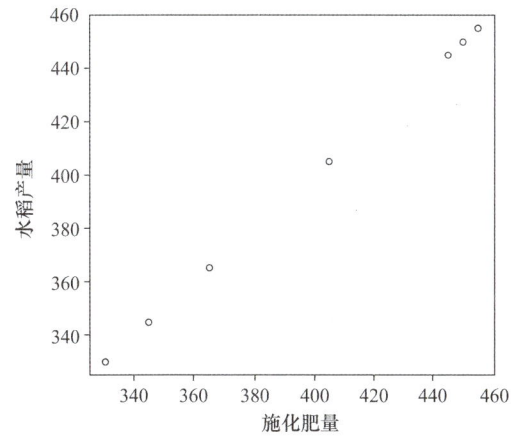

图 10.1 施化肥量与水稻产量的散点图

如图 10.1 所示，虽然图中的点是散乱的，但是大体上散布在某一条直线附近，也就是说明施化肥量与水稻产量之间大致呈线性关系，这些点与直线的偏离是水稻生长过程中随机因素影响的结果，因此水稻生长过程中施化肥量与水稻产量的数据可以假设有如下关系成立

$$y_i = \beta_0 + \beta_1 x_i + \varepsilon_i, \ i = 1,2,3,4,5,6,7,8,$$

其中，ε_i 是测量误差，它反映了变量之间的不确定关系.

2. 一元线性回归模型

一般地，当随机变量 Y 与普通变量 x 之间有线性关系时，可设

$$Y = \beta_0 + \beta_1 x + \varepsilon,$$

$\varepsilon \sim N(0, \sigma^2)$，其中 β_0 和 β_1 为待定系数.

设 $(x_1, Y_1), (x_2, Y_2), \cdots, (x_n, Y_n)$ 为取自总体 (x, Y) 的一组样本，而 $(x_1, y_1), (x_2, y_2), \cdots, (x_n, y_n)$ 为该样本的观察值. 其中，$x_1, x_2, \cdots, x_n$ 是确定且不完全相同的一组数，$Y_1, Y_2, \cdots, Y_n$ 在试验前为随机变量，在试验或观察后为具体的数值，则

$$Y_i = \beta_0 + \beta_1 x_i + \varepsilon_i, \ i = 1, 2, \cdots, n,$$

其中，ε_i 相互独立，$i = 1, 2, \cdots, n$.

在线性模型中，由假设知

$$E(Y) = \beta_0 + \beta_1 x, \ Y \sim N(\beta_0 + \beta_1 x, \sigma^2),$$

回归分析的任务就是根据样本观察值来寻求待定参数 β_0 和 β_1 的估计 $\hat{\beta}_0$ 和 $\hat{\beta}_1$.

对给定的 x 值，取

$$\hat{Y} = \hat{\beta}_0 + \hat{\beta}_1 x,$$

作为 $E(Y) = \beta_0 + \beta_1 x$ 的估计，上述方程称为 Y 关于 x 的**线性回归方程**或**经验公式**，该方程的直线称为**回归直线**，β_1 称为**回归系数**.

10.3.3 回归方程的参数估计

1. 问题描述

给定样本的一组观察值 $(x_1, y_1), (x_2, y_2), \cdots, (x_n, y_n)$，对每个 x_i 都可以确定一个回归值

$$\hat{y}_i = \hat{\beta}_0 + \hat{\beta}_1 x_i,$$

回归值 $\hat{y}_i$ 与实际观察值 y_i 之差

$$y_i - \hat{y}_i = y_i - \hat{\beta}_0 - \hat{\beta}_1 x_i,$$

刻画了 y_i 与回归直线 $\hat{y} = \hat{\beta}_0 + \hat{\beta}_1 x$ 的偏离程度. 令

$$Q(\beta_0, \beta_1) = \sum_{i=1}^{n} (y_i - \beta_0 - \beta_1 x_i)^2,$$

则，上式表示所有观察值 y_i 与回归直线 $\hat{y}_i$ 的偏差平方和，它刻画了所有观察值与回归直线的偏离度.

2. 最小二乘法

所谓最小二乘法就是寻求 β_0 和 β_1 的估计 $\hat{\beta}_0$ 和 $\hat{\beta}_1$，使得

$$Q(\hat{\beta}_0, \hat{\beta}_1) = \min Q(\beta_0, \beta_1),$$

利用微分的方法，求 Q 关于 β_0，β_1 的偏导数，并令其为零，得

$$\begin{cases} \dfrac{\partial Q}{\partial \beta_0} = -2\sum_{i=1}^{n}(y_i - \beta_0 - \beta_1 x_i) = 0, \\ \dfrac{\partial Q}{\partial \beta_1} = -2\sum_{i=1}^{n}(y_i - \beta_0 - \beta_1 x_i) = 0. \end{cases}$$

求解得

$$\begin{cases} \hat{\beta}_0 = \bar{y} - \bar{x}\hat{\beta}_1 \\ \hat{\beta}_1 = \dfrac{n\sum_{i=1}^{n} x_i y_i - \left(\sum_{i=1}^{n} x_i\right)\left(\sum_{i=1}^{n} y_i\right)}{n\sum_{i=1}^{n} x_i^2 - \left(\sum_{i=1}^{n} x_i\right)} \end{cases}$$

其中 $\bar{x} = \dfrac{1}{n}\sum_{i=1}^{n} x_i$，$\bar{y} = \dfrac{1}{n}\sum_{i=1}^{n} y_i$. 若记

$$L_{xx} = \sum_{i=1}^{n}(x_i - \bar{x})^2 = \sum_{i=1}^{n} x_i^2 - n\bar{x}^2,$$

$$L_{xy} = \sum_{i=1}^{n}(x_i - \bar{x})(y_i - \bar{y}) = \sum_{i=1}^{n} x_i y_i - n\bar{x}\bar{y},$$

则

$$\hat{\beta}_0 = \bar{y} - \bar{x}\hat{\beta}_1, \quad \hat{\beta}_1 = \dfrac{L_{xy}}{L_{xx}},$$

上述结果称为 β_0，β_1 的**最小二乘估计**，而 $\hat{Y} = \hat{\beta}_0 + \hat{\beta}_1 x$ 为 Y 关于 x 的一元线性回归方程.

定理 10.1 若 $\hat{\beta}_0$，$\hat{\beta}_1$ 为 β_0，β_1 的最小二乘估计，则 $\hat{\beta}_0$，$\hat{\beta}_1$ 分别是 β_0，β_1 的无偏估计，且

$$\hat{\beta}_0 \sim N\left(\beta_0, \sigma^2\left(\dfrac{1}{n} + \dfrac{\bar{x}^2}{L_{xx}}\right)\right),$$

$$\hat{\beta}_1 \sim N\left(\beta_1, \dfrac{\sigma^2}{L_{xx}}\right).$$

10.3.4 回归方程的假设检验

由线性回归模型 $Y = \beta_0 + \beta_1 x + \varepsilon$，$\varepsilon \sim N(0, \sigma^2)$ 可知，当 $\beta_1 = 0$ 时，就认为 Y 与 x 之间不存在线性回归关系．因此，需要检验如下假设：

$$H_0 : \beta_1 = 0, \quad H_1 : \beta_1 \neq 0$$

为了检验假设 H_0，先分析样本观察值 $y_1, y_2, \cdots, y_n$ 的差异，它可以用总的偏差平方和来度量，记为

$$\text{SST} = \sum_{i=1}^{n} (y_i - \overline{y})^2$$

分解总的偏差平方和得到

$$\begin{aligned}
\text{SST} &= \sum_{i=1}^{n} (y_i - \hat{y}_i + \hat{y}_i - \overline{y})^2 \\
&= \sum_{i=1}^{n} (y_i - \hat{y}_i)^2 + 2 \sum_{i=1}^{n} (y_i - \hat{y}_i)(\hat{y}_i - \overline{y}) + \sum_{i=1}^{n} (\hat{y}_i - \overline{y})^2 \\
&= \sum_{i=1}^{n} (y_i - \hat{y}_i)^2 + \sum_{i=1}^{n} (\hat{y}_i - \overline{y})^2
\end{aligned}$$

令

$$\text{SSR} = \sum_{i=1}^{n} (\hat{y}_i - \overline{y})^2,$$

$$\text{SSE} = \sum_{i=1}^{n} (y_i - \hat{y}_i)^2,$$

则有

$$\text{SST} = \text{SSR} + \text{SSE}$$

上式称为总偏差平方和分解公式．其中，SSR 称为回归平方和，它是由普通变量 x 的变化引起的，它的大小（在与误差相比之下）反映了普通变量 x 的重要程度；SSE 为剩余平方和，它是由试验误差以及其他未加控制的因素引起的，它的大小反映了试验误差及其他因素对试验结果的影响．

定理 10.2 在线性模型下，当 H_0 成立时，$\hat{\beta}_1$ 与 SSE 相互独立，且

$$\frac{\text{SSE}}{\sigma^2} \sim \chi^2(n-2), \quad \frac{\text{SSR}}{\sigma^2} \sim \chi^2(1).$$

对 H_0 的检验有三种本质相同的检验方法：

(1) t 检验法

由定理 10.1, $\hat{\beta}_1 \sim N\left(\beta_1, \dfrac{\sigma^2}{L_{xx}}\right)$, 因此

$$\frac{(\hat{\beta}_1-\beta_1)}{(\sigma/\sqrt{L_{xx}})} \sim N(0,1)$$

若令 $\hat{\sigma}^2 = \text{SSE}/(n-2)$, 则由定理 10.2 知, 当 H_0 成立时, $\hat{\sigma}^2$ 为 σ^2 的无偏估计, 有

$$\frac{(n-2)\hat{\sigma}^2}{\sigma^2} = \frac{\text{SSE}}{\sigma^2} \sim \chi^2(n-2),$$

且 $\dfrac{\hat{\beta}_1-\beta_1}{\dfrac{\sigma}{\sqrt{L_{xx}}}}$ 与 $\dfrac{(n-2)\hat{\sigma}^2}{\sigma^2}$ 相互独立. 因此, 取检验统计量

$$T = \frac{\hat{\beta}_1}{\hat{\sigma}}\sqrt{L_{xx}} \sim t(n-2)$$

给定显著性水平 α, 查表得 $t_{\frac{\alpha}{2}}(n-2)$, 根据试验数据 (x_1,y_1), $(x_2,y_2),\cdots,(x_n,y_n)$ 计算 T 的值 t, 当 $|t|>t_{\frac{\alpha}{2}}(n-2)$ 时, 拒绝 H_0, 这时回归效应显著; 当 $|t| \leqslant t_{\frac{\alpha}{2}}(n-2)$ 时, 接受 H_0, 此时没有理由认为回归效果显著.

(2) F 检验法

由定理 10.2, 当 H_0 为真时, 取统计量

$$F = \frac{\text{SSR}}{\text{SSE}/(n-1)} \sim F(1,n-2)$$

给定显著性水平 α, 查表得 $F_\alpha(1,n-2)$, 根据试验数据 (x_1,y_1), $(x_2,y_2),\cdots,(x_n,y_n)$ 计算 F 的值 F_0, 若 $F_0 > F_\alpha$, 拒绝 H_0, 即回归效果显著; 若 $F_0 \leqslant F_\alpha(1,n-2)$, 接受 H_0, 即没有理由认为回归效果显著.

(3) 相关系数检验法

对于线性回归中的变量 x 和 Y, 其样本的相关系数为

$$R = \frac{\sum\limits_{i=1}^{n}(x_i-\bar{x})(Y_i-\bar{Y})}{\sqrt{\sum\limits_{i=1}^{n}(x_i-\bar{x})^2 \sum\limits_{i=1}^{n}(Y_i-\bar{Y})^2}} = \frac{L_{xY}}{\sqrt{L_{xx}}\sqrt{L_{YY}}},$$

它反映了普通变量 x 和 Y 之间的线性相关程度. 故取检验统计量为 R, 则

$$r = \frac{L_{xx}}{\sqrt{L_{xx}}\sqrt{L_{yy}}},$$

给定显著性水平 α, 查相关系数表得 $r_\alpha(n-2)$, 根据试验数据 $(x_1,y_1),(x_2,y_2),\cdots,(x_n,y_n)$ 计算 R 的值 r, 当 $|r|>r_\alpha(n-2)$ 时,

拒绝 H_0，即回归效果显著；当 $|r| \leqslant r_\alpha(n-2)$ 时，接受 H_0，即没有理由认为回归效果显著.

10.3.5 预测问题

在回归问题中，若回归方程通过检验效果显著，则可利用它对因变量 Y 的新观察值 y_0 进行点预测或区间预测.

对给定的 x_0，由回归方程可以得到回归值
$$\hat{y}_0 = \hat{\beta}_0 + \hat{\beta}_1 x_0,$$
称 $\hat{y}_0$ 为 y 在 x_0 处的预测值. y 的观察值 y_0 与预测值 $\hat{y}_0$ 的差称为预测误差. 下面求 y_0 的预测区间.

由定理 10.1 知，
$$Y_0 - \hat{y}_0 \sim N\left(0, \left[1 + \frac{1}{n} + \frac{(x_0 - \bar{x})^2}{L_{xx}}\right]\sigma^2\right),$$

记 $\hat{\sigma} = \sqrt{\dfrac{SSE}{n-2}}$，则由定理 10.2 知，
$$\frac{(n-2)\hat{\sigma}^2}{\sigma^2} \sim \chi^2(n-2),$$

又因为 $Y_0 - \hat{y}_0$ 与 $\hat{\sigma}^2$ 相互独立，所以，
$$T = \frac{Y_0 - \hat{y}_0}{\left[\hat{\sigma}\sqrt{1 + \dfrac{1}{n} + \dfrac{(x_0 - \bar{x})^2}{L_{xx}}}\right]} \sim t(n-2).$$

给定显著性水平 α，则 y_0 的置信度为 $1-\alpha$ 的预测区间为
$$\left(\hat{y}_0 - t_{\frac{\alpha}{2}}(n-2)\hat{\sigma}\sqrt{1 + \frac{1}{n} + \frac{(x_0 - \bar{x})^2}{L_{xx}}}, \hat{y}_0 + t_{\frac{\alpha}{2}}(n-2)\hat{\sigma}\sqrt{1 + \frac{1}{n} + \frac{(x_0 - \bar{x})^2}{L_{xx}}}\right)$$

易见，y_0 的预测区间长度为 $2 t_{\frac{\alpha}{2}}(n-2)\hat{\sigma}\sqrt{1 + \dfrac{1}{n} + \dfrac{(x_0 - \bar{x})^2}{L_{xx}}}$，对给定的 α，x_0 越靠近样本均值 $\bar{x}$，则预测区间长度越小，效果越好. 当 n 很大时，且 x_0 较接近 $\bar{x}$ 时，有
$$\sqrt{1 + \frac{1}{n} + \frac{(x_0 - \bar{x})^2}{L_{xx}}} \approx 1, \ t_{\frac{\alpha}{2}}(n-2) \approx u_{\frac{\alpha}{2}},$$
则预测区间近似为
$$\left(\hat{y}_0 - u_{\frac{\alpha}{2}}\hat{\sigma}, \hat{y}_0 + u_{\frac{\alpha}{2}}\hat{\sigma}\right).$$

10.3.6 可化为一元线性回归的情形

上述讨论了一元线性回归的情况，在实际应用中，有时会遇到更复杂的回归问题，但在某些情况下，可以通过适当的变量变换，可以将它化成一元线性回归来处理. 下面介绍几种常见的可

转化为一元线性回归的模型.

(1) $Y = \beta_0 + \dfrac{\beta_1}{x} + \varepsilon$, $\varepsilon \sim N(0,\sigma^2)$, (10.8)

其中，β_0，β_1，σ^2 是与 x 无关的未知参数. 令 $x' = \dfrac{1}{x}$，$Y' = Y$，则式(10.8)可以化为下列一元线性回归模型

$$Y' = \beta_0 + \beta_1 x' + \varepsilon, \quad \varepsilon \sim N(0,\sigma^2)$$

(2) $Y = \alpha e^{\beta x} \cdot \varepsilon$, $\ln\varepsilon \sim N(0,\sigma^2)$, (10.9)

其中，α,β,σ^2 是与 x 无关的未知参数. 将 $Y = \alpha e^{\beta x} \cdot \varepsilon$ 两边取对数，得

$$\ln Y = \ln\alpha + \beta x + \ln\varepsilon,$$

令 $Y' = \ln Y$，$\beta_0 = \ln\alpha$，$\beta_1 = \beta$，$x' = x$，$\varepsilon' = \ln\varepsilon$，则式(10.9)可转化为下列一元线性回归模型

$$Y' = \beta_0 + \beta_1 x' + \varepsilon', \quad \varepsilon' \sim N(0,\sigma^2)$$

(3) $Y = \alpha x^\beta \cdot \varepsilon$, $\ln\varepsilon \sim N(0,\sigma^2)$, (10.10)

其中，α,β,σ^2 是与 x 无关的未知参数. 将 $Y = \alpha x^\beta \cdot \varepsilon$ 的两边取对数，得

$$\ln Y = \ln\alpha + \beta\ln x + \ln\varepsilon$$

令 $Y' = \ln Y$，$\beta_0 = \ln\alpha$，$\beta_1 = \beta$，$x' = \ln x$，$\varepsilon' = \ln\varepsilon$，则式(10.10)可转化为下列一元线性回归模型

$$Y' = \beta_0 + \beta_1 x' + \varepsilon', \quad \varepsilon' \sim N(0,\sigma^2).$$

(4) $Y = \alpha + \beta h(x) + \varepsilon$, $\varepsilon \sim N(0,\sigma^2)$, (10.11)

其中，α,β,σ^2 是与 x 无关的未知参数，$h(x)$ 是 x 的已知函数. 令 $Y' = Y$，$\beta_0 = \alpha$，$\beta_1 = \beta$，$x' = h(x)$，则式(10.11)可转化为下列一元线性回归模型：

$$Y' = \beta_0 + \beta_1 x' + \varepsilon, \quad \varepsilon \sim N(0,\sigma^2).$$

若在原模型下，对于 (x,Y) 有样本 $(x_1,y_1),(x_2,y_2),\cdots,(x_n,y_n)$ 就相当于在新模型下有 $(x_1',y_1'),(x_2',y_2'),\cdots,(x_n',y_n')$，因而就能利用一元线性回归的方法进行估计、检验和预测，在得到 Y' 关于 x' 的回归方程后，再将原变量代回，就得到 Y 关于 x 的回归方程，它们的图形是一条曲线，也称为曲线回归方程.

例 10.10 为研究某一化学反应过程中，温度 $x(℃)$ 对产品得率 $Y(\%)$ 的影响，测得数据如下：

温度 $x(℃)$	100	110	120	130	140	150	160	170	180	190
产品得率 $Y(\%)$	45	51	54	61	66	70	74	78	85	89

(1) 画出 Y 与 x 的散点图；

(2) 建立 Y 关于 x 的回归方程;

(3) 对线性回归方程做假设检验(显著性水平取为 $\alpha=0.05$, 采用 F 检验法);

(4) 给出 $x_0=165$ 时观察值 y_0 的置信度为 95% 的预测区间.

解: (1) 由下图 10.2 可见 Y 与 x 具有明显的线性关系.

图 10.2 温度与得率的散点图

(2) $\bar{x}=145$, $\bar{y}=67.3$, $L_{xx}=8250$, $L_{yy}=1932.1$, $L_{xy}=3985$.

$$\hat{\beta}_1=\frac{L_{xy}}{L_{xx}}\approx 0.483, \hat{\beta}_0=\bar{y}-\hat{\beta}_1\bar{x}\approx -2.734$$

得回归方程 $Y=-2.73939+0.48303x$.

(3) 需要检验如下假设:

$$H_0: \beta_1=0, \quad H_1: \beta_1\neq 0,$$

计算检验统计量的值 $F_0=\dfrac{\text{SSR}}{\text{SSE}/(n-2)}$, 其中 $\text{SSR}=\hat{\beta}_1 L_{xy}\approx 0.483\times 3985=1924.755$, $\text{SSE}=L_{yy}-\hat{\beta}_1 L_{xy}\approx 1932.1-1924.755=7.345$. $n=10$, 因此计算得 $F_0\approx 2096.398$, $\alpha=0.05$, $F_{0.05}(1,8)=5.32$. 因 $F_0>F_{0.05}(1,8)$, 故回归是显著的.

(4) 将 $x_0=165$ 代入回归方程 $Y=-2.73939+0.48303x$ 中, 得到 $\hat{y}_0=76.961$, $t_{0.025}(8)=2.306$, $\hat{\sigma}=\sqrt{\dfrac{\text{SSE}}{n-2}}\approx\sqrt{\dfrac{7.345}{8}}\approx 0.958$, $\sqrt{1+\dfrac{1}{n}+\dfrac{(x_0-\bar{x})^2}{L_{xx}}}\approx 1.072$,

则 y_0 的置信度为 95% 的预测区间为

$$(76.961-2.306\times 0.958\times 1.072, 76.961+2.306\times 0.958\times 1.072)$$
$$\approx (74.593, 79.329).$$

例 10.11 下表是 1957 年美国旧轿车价格的调查数据, 以 x 表示轿车的使用年数, Y 表示相应的平均价格, 求 Y 关于 x 的回归方程. （价格单位：美元）.

使用年数 x	1	2	3	4	5	6	7	8	9	10
平均价格 Y	2651	1943	1494	1087	765	538	484	290	226	204

解：做散点图如图 10.3 所示，

图 10.3　使用年数与平均价格的散点图

从图形中可以看出，Y 与 x 呈指数关系，因此可以采用模型 (10.9)，即 $Y = \alpha e^{\beta x} \cdot \varepsilon$，$\ln\varepsilon \sim N(0, \sigma^2)$，经过变量变换后就转化为
$$Y' = \beta_0 + \beta_1 x' + \varepsilon', \quad \varepsilon' \sim N(0, \sigma^2),$$

其中，$Y' = \ln Y$，$\beta_0 = \ln\alpha$，$\beta_1 = \beta$，$x' = x$，$\varepsilon' = \ln\varepsilon$. 将数据进行相应变换得到

$x' = x$	1	2	3	4	5	6	7	8	9	10
$Y' = \ln Y$	7.883	7.572	7.309	6.991	6.640	6.288	6.182	5.670	5.421	5.318

画出 Y' 与 x' 的散点图如图 10.4 所示.

图 10.4　转换后的数据的散点图

由上图可见，Y' 与 x' 具有较强的线性相关关系. 因此，建立 Y' 与 x' 的一元回归方程并对方程进行假设检验.

经计算可得 $\hat{\beta}_1 = -0.2977$，$\hat{\beta}_0 = 8.165$，从而有
$$\hat{Y}' = 8.165 - 0.2977x'$$

$|t| = 32.38 > t_{0.025}(8) = 2.3060$，因此线性回归效果是高度显著的，代回原变量，得到曲线回归方程
$$\hat{Y} = \exp(\hat{Y}') = 3515.721 \mathrm{e}^{-0.2977x}.$$

10.3.7 一元线性回归的 R 实现

在 R 中可用于线性回归分析的函数很多，本节主要介绍利用 lm() 函数进行回归分析的方法. lm() 函数的调用格式是 lm(formula,data)，其中 formula 表示要拟合的模型形式，data 表示用于拟合模型的数据框. formula(表达式)形式如下：
$$Y \sim x_1 + x_2 + \cdots + x_k$$
其中，Y 为因变量，$x_1, x_2, \cdots, x_k$ 为自变量.

例 10.12 利用 R 软件实现例 10.10.

R 程序：

(1) 创建数据框 data.delv

```
>wendu<-c(100,110,120,130,140,150,160,170,180,190)  #创建温度向量
> delv<-c(45,51,54,61,66,70,74,78,85,89)    #创建 delv 向量
> data.delv<-data.frame(wendu,delv)    #创建数据框 data.delv
> data.delv        #打印数据
     wendu delv
1    100   45
2    110   51
3    120   54
4    130   61
5    140   66
6    150   70
7    160   74
8    170   78
9    180   85
10   190   89
>plot(wendu,delv,xlab="温度",ylab="得率")    #画出温度与得率的散点图
```

第10章 方差分析与回归分析

(2) 调用lm()函数进行一元线性回归分析,利用summary()函数提取回归分析结果.

```
> fit <- lm(delv ~ wendu,data.delv)      #一元线性回归分析
> summary(fit)                            #提取回归分析结果
Call:
lm(formula = delv ~ wendu, data = data.delv)
Residuals:
    Min      1Q  Median      3Q     Max
-1.3758 -0.5591  0.1242  0.7470  1.1152
Coefficients:
             Estimate  Std. Error  t value  Pr(>|t|)
(Intercept) -2.73939    1.54650    -1.771    0.114
wendu        0.48303    0.01046    46.169   5.35e-11 ***
---
Signif. codes:  0 '***' 0.001 '**' 0.01 '*' 0.05 '.' 0.1 ' ' 1
Residual standard error: 0.9503 on 8 degrees of freedom
Multiple R-squared: 0.9963,   Adjusted R-squared: 0.9958
F-statistic:  2132 on 1 and 8 DF,  p-value: 5.353e-11
```

分析结果表明,检验 T 统计量的值为 46.169,检验 p 值远小于 0.05,因此 x 对 Y 有显著性影响. $\hat{\beta}_0 = -2.73939$, $\hat{\beta}_1 = 0.48303$,则回归方程为

$$Y = -2.73939 + 0.48303x.$$

结果说明:在 R 中,回归方程实现了假设检验的三种方法,检验结果分别为检验 T 统计量的值为 46.169,检验 p 值远小于 0.05;检验 F 统计量的值为 2132,自由度分别为 1 和 8,检验 p 值远小于 0.05;相关系数 R^2 的值为 0.9503,该值越接近于 1,说明方程拟合的效果越好. 三种检验方法均表明 Y 与 x 具有显著的线性相关关系.

(3) 调用predict()函数对新观察值进行区间预测

```
> lm.predict <- predict(fit,newdata = data.frame(wendu =165),in-
terval ="prediction",level =0.95)        #求新观察值的区间预测
> lm.predict                              #打印预测结果
      fit     lwr     upr
1 76.96061 74.6122 79.30902
```

由上述结果可知,当 $x_0 = 165$ 时,观察值 y_0 的点预测值为 76.96061,置信度为 95% 的预测区间为 (74.6122, 79.30902).

(4) 将回归方程直线添加到散点图中，观察拟合效果，结果如图 10.5 所示.

```
>plot(wendu,delv,xlab = "wendu",ylab = "delv")
  >abline(lm(delv ~ wendu,data.delv))
```

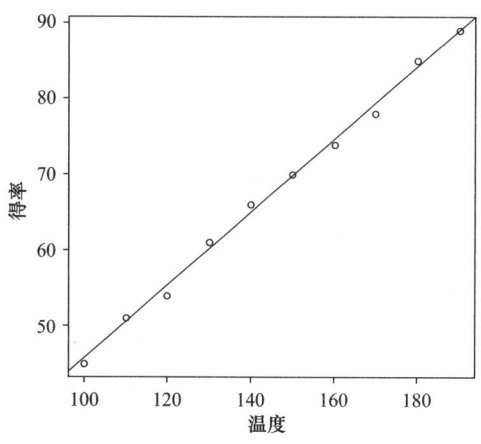

图 10.5　回归方程直线

例 10.13　利用 R 软件来实现例 10.11.

R 程序：

```
>x<-c(1,2,3,4,5,6,7,8,9,10)                       #创建向量 x
>Y<-c(2651,1943,1494,1087,765,538,484,290,226,204)    #创建向量 Y
> data.jiage<-data.frame(x,Y)          #创建数据框 data.jiage
> data.jiage                           #打印数据
    x    Y
1   1 2651
2   2 1943
3   3 1494
4   4 1087
5   5  765
6   6  538
7   7  484
8   8  290
9   9  226
10 10  204
>plot(x,Y)                 # 画出 Y 与 x 的散点图
```

```
> plot(x,log(Y),xlab = "x'",ylab = " Y'")        #画出 x'与 Y'的散点图
> summary(lm(log(Y) ~ x,data.jiage))      #一元线性回归分析并提取分析结果
Call:
lm(formula = log(Y) ~ x, data = data.jiage)
Residuals:
      Min        1Q    Median        3Q       Max
-0.113260 -0.057771  0.009276  0.032580  0.130340
Coefficients:
             Estimate Std. Error t value Pr(>|t|)
(Intercept)  8.164585   0.057051  143.11 6.36e-15 * * *
x           -0.297680   0.009195  -32.38 9.03e-10 * * *
---
Signif. codes:  0 '* * *' 0.001 '* *' 0.01 '*' 0.05 '.' 0.1 ' ' 1
Residual standard error: 0.08351 on 8 degrees of freedom
Multiple R-squared: 0.9924,   Adjusted R-squared: 0.9915
F-statistic: 1048 on 1 and 8 DF,  p-value: 9.027e-10
```

习题 10-3

1. 某医院研究儿童体重与心脏横径的关系，测得 10 名 8 岁正常男童的体重（x，kg）与心脏横径（y，cm），数据如下表所示：

x	25.5	19.5	24.0	20.5	25.0	22.0	21.5	23.5	26.5	23.5
y	9.2	7.8	9.4	8.6	9.0	8.8	9.0	9.4	9.7	8.8

（1）求线性回归方程 $\hat{y} = \hat{\beta}_0 + \hat{\beta}_1 x$；

（2）检验线性关系的显著性（$\alpha = 0.05$）；

（3）利用 R 软件实现第（1）问和第（2）问.

2. 某建材实验室做陶粒混凝土实验时，考察每立方米（m³）混凝土的水泥用量 x（kg）对混凝土抗压强度（kg/m³）的影响，测得下列数据：

x	150	160	170	180	190	200	210	220	230	240	250	260
y	56.9	58.3	61.6	64.6	68.1	71.3	74.1	77.4	80.2	82.6	86.4	89.7

（1）求线性回归方程 $\hat{y} = \hat{\beta}_0 + \hat{\beta}_1 x$；

（2）检验线性关系的显著性（$\alpha = 0.05$）；

（3）设 $x_0 = 215$，求 y 的预测值及置信度为 0.95 的预测区间；

（4）利用 R 软件实现第（1）~（3）问.

3. 槲寄生是一种寄生在大树上部树枝上的寄生植物，它喜欢寄生在年轻的大树上. 下面给出在一定条件下完成的试验中采集的大树的年龄 x（年）与每株大树上槲寄生的株数 y 的数据如下表所示：

x	3	4	9	15	40
y	28	10	15	6	1
	33	36	22	14	1
	22	24	10	9	

（1）绘出 y 与 x 的散点图；

（2）$z = \ln y$，绘出 z 与 x 的散点图；

（3）以模型 $Y = ae^{bx}\varepsilon$，$\ln\varepsilon \sim N(0, \sigma^2)$ 拟合数据，其中 a，b，σ^2 与 x 无关. 试求取曲线回归方程 $\hat{y} = \hat{a}\exp(\hat{b}x)$；

（4）利用 R 软件实现第（1）~（3）问.

4. 一种合金在某种添加剂的不同浓度之下，各做三次试验，得浓度 x 与抗压强度 y 的数据如下：

x	10.0	15.0	20.0	25.0	30.0
y	25.2	29.8	31.2	31.7	29.4
	27.3	31.1	32.6	30.1	30.8
	28.7	27.8	29.7	32.3	32.8

(1) 做 y 与 x 的散点图；

(2) 以模型 $Y = b_0 + b_1 x + b_2 x^2 + \varepsilon$, $\varepsilon \sim N(0, \sigma^2)$ 拟合数据，其中 b_0, b_1, b_2, σ^2 与 x 无关. 求回归方程 $\hat{y} = \hat{b}_0 + \hat{b}_1 x + \hat{b}_2 x^2$；

(3) 利用 R 软件实现第(1)问和第(2)问.

10.4 多元线性回归

在许多实际问题中，随机变量 Y 往往与多个普通变量 $x_1, x_2, \cdots, x_p, p > 1$，有关. 研究一个随机变量与其他多个变量之间的关系的主要方法是多元回归分析.

10.4.1 多元线性回归模型

设影响因变量 Y 的自变量为 $x_1, x_2, \cdots, x_p, p > 1$，所谓多元线性模型是指这些自变量对 Y 的影响是线性的，即

$$Y = \beta_0 + \beta_1 x_1 + \beta_2 x_2 + \cdots + \beta_p x_p + \varepsilon, \varepsilon \sim N(0, \sigma^2), \quad (10.12)$$

其中，$\beta_0, \beta_1, \beta_2, \cdots, \beta_p, \sigma^2$ 是与 $x_1, x_2, \cdots, x_p$ 无关的未知参数，称 Y 为对自变量 $x_1, x_2, \cdots, x_p$ 的线性回归函数.

记 n 组样本分别为 $(x_{i1}, x_{i2}, \cdots, x_{ip}, y_i)$ $(i = 1, 2, \cdots, n)$，则有

$$\begin{cases} y_1 = \beta_0 + \beta_1 x_{11} + \beta_2 x_{12} + \cdots + \beta_p x_{1p} + \varepsilon_1, \\ y_2 = \beta_0 + \beta_1 x_{21} + \beta_2 x_{22} + \cdots + \beta_p x_{2p} + \varepsilon_2, \\ \vdots \\ y_n = \beta_0 + \beta_1 x_{n1} + \beta_2 x_{n2} + \cdots + \beta_p x_{np} + \varepsilon_n, \end{cases}$$

其中，$\varepsilon_1, \varepsilon_2, \cdots, \varepsilon_n$ 相互独立，且 $\varepsilon_i \sim N(0, \sigma^2)$, $i = 1, 2, \cdots, n$，这个模型称为多元线性回归模型. 令

$$\boldsymbol{Y} = \begin{pmatrix} y_1 \\ y_2 \\ \vdots \\ y_n \end{pmatrix}, \boldsymbol{X} = \begin{pmatrix} 1 & x_{11} & x_{12} & \cdots & x_{1p} \\ 1 & x_{21} & x_{22} & \cdots & x_{2p} \\ \vdots & \vdots & \vdots & & \vdots \\ 1 & x_{n1} & x_{n2} & \cdots & x_{np} \end{pmatrix}, \boldsymbol{\beta} = \begin{pmatrix} \beta_0 \\ \beta_1 \\ \vdots \\ \beta_p \end{pmatrix}, \boldsymbol{\varepsilon} = \begin{pmatrix} \varepsilon_1 \\ \varepsilon_2 \\ \vdots \\ \varepsilon_n \end{pmatrix}$$

则上述数学模型可用矩阵形式表示为 $\boldsymbol{Y} = \boldsymbol{X}\boldsymbol{\beta} + \boldsymbol{\varepsilon}$，其中 $\boldsymbol{\varepsilon}$ 是 n 维随机向量，它的分量相互独立.

10.4.2 回归方程参数估计

与一元线性回归类似，这里仍采用最小二乘法估计参数 $\beta_0, \beta_1, \beta_2, \cdots, \beta_p$，引入偏差平方和

$$Q(\beta_0, \beta_1, \beta_2, \cdots, \beta_p) = \sum_{i=1}^{n} (y_i - \beta_0 - \beta_1 x_{i1} - \beta_2 x_{i2} - \cdots - \beta_p x_{ip})^2,$$

最小二乘法就是求 $\hat{\boldsymbol{\beta}} = (\hat{\beta}_0, \hat{\beta}_1, \cdots, \hat{\beta}_p)^T$，使得

$$\min_{\beta} Q(\beta_0, \beta_1, \beta_2, \cdots, \beta_p) = Q(\hat{\beta}_0, \hat{\beta}_1, \cdots, \hat{\beta}_p).$$

因为 $Q(\beta_0,\beta_1,\beta_2,\cdots,\beta_p)$ 是 $\beta_0,\beta_1,\beta_2,\cdots,\beta_p$ 的非负二次型,故其最小值一定存在. 根据多微积分的极值原理,令

$$\begin{cases} \dfrac{\partial Q}{\partial \beta_0} = -2\sum_{i=1}^{n}(y_i - \beta_0 - \beta_1 x_{i1} - \beta_2 x_{i2} - \cdots - \beta_p x_{ip}) = 0, \\ \dfrac{\partial Q}{\partial \beta_j} = -2\sum_{i=1}^{n}(y_i - \beta_0 - \beta_1 x_{i1} - \beta_2 x_{i2} - \cdots - \beta_p x_{ip})x_{ij} = 0, j=1,2,\cdots,p, \end{cases}$$

上述方程组可用矩阵表示为

$$\boldsymbol{X}^{\mathrm{T}}\boldsymbol{X}\boldsymbol{\beta} = \boldsymbol{X}^{\mathrm{T}}\boldsymbol{Y},$$

在矩阵系数 $\boldsymbol{X}^{\mathrm{T}}\boldsymbol{X}$ 满秩的条件下,可解得

$$\hat{\boldsymbol{\beta}} = (\boldsymbol{X}^{\mathrm{T}}\boldsymbol{X})^{-1}\boldsymbol{X}^{\mathrm{T}}\boldsymbol{Y},$$

$\hat{\boldsymbol{\beta}}$ 就是 $\boldsymbol{\beta}$ 的最小二乘估计,即 $\hat{\boldsymbol{\beta}}$ 为回归方程

$$\hat{y} = \hat{\beta}_0 + \hat{\beta}_1 x_1 + \cdots + \hat{\beta}_p x_p$$

的**回归系数**.

与一元线性回归一样,模型(10.12)往往是一种假设,为了考察这一假定是否符合实际观察结果,还需要进行以下的假设检验:

$$H_0: \beta_1 = \beta_2 = \cdots = \beta_p,$$
$$H_1: \beta_i \text{不全为零} \quad (i=1,2,\cdots,p)$$

若在显著性水平 α 下拒绝 H_0,就认为回归效果是显著的.

在实际应用中,因多元线性回归所涉及的数据量较大,相关分析与计算较复杂,通常只能用统计分析软件来完成. 因此,下面直接通过多元线性回归的 R 软件实现来解释多元线性回归分析的具体步骤.

10.4.3　多元线性回归的 R 实现

例 10.14　某皮鞋零售店连续 18 个月的库存资金额(x_1)、广告投入费用(x_2)及销售额(Y)的数据如表 10.8 所示. 试建立 Y 与 x_1,x_2 的多元线性回归方程. (假设显著性水平 $\alpha = 0.05$)

表 10.8　某皮鞋零售店库存资金额、广告投入费用及销售额数据

(单位:万元)

月数	库存资金额 x_1	广告投入费用 x_2	销售额 Y
1	75.2	30.6	1090.4
2	77.6	31.3	1133
3	80.7	33.9	1242.1
4	76	29.6	1003.2
5	79.5	32.5	1283.2

(续)

月数	库存资金额 x_1	广告投入费用 x_2	销售额 Y
6	81.8	27.9	1012.2
7	98.3	24.8	1098.8
8	67.7	23.6	826.3
9	74	33.9	1003.3
10	151	27.7	1554.6
11	90.8	45.5	1199
12	102.3	42.6	1483.1
13	115.6	40	1407.1
14	125	45.8	1551.3
15	137.8	51.7	1601.2
16	175.6	67.2	2311.7
17	155.2	65	2126.7
18	174.3	65.4	2256.5

R 程序：

```
> kucun <- c(75.2,77.6,80.7,76,79.5,81.8,98.3,67.7,74,151,90.8,
102.3,115.6,125,137.8, +175.6,155.2,174.3)     #创建库存向量
> guanggao <- c(30.6,31.3,33.9,29.6,32.5,27.9,24.8,23.6,33.9,
27.7,45.5,42.6,40,45.8, +51.7,67.2,65,65.4)     #创建广告向量
> xiaoshou <- c(1090.4,1133,1242.1,1003.2,1283.2,1012.2,1098.8,
826.3,1003.3,1554.6, +1199,1483.1,1407.1,1551.3,1601.2,2311.7,
2126.7,2256.5)   #创建销售向量
> data.xiaoshou <- data.frame(kucun,guanggao,xiaoshou) #创建 data.
xiaoshou 数据框
> par(mfrow=c(1,2))         #绘制 1*2 图形模式
> plot(kucun,xiaoshou,xlab="x1",ylab="Y")     #绘制 kucun 与 xi-
aoshou 的散点图
> plot(guanggao,xiaoshou,xlab="x2",ylab="Y")   #绘制 guanggao 与
xiaoshou 的散点图
> fit <- lm(xiaoshou ~ kucun + guanggao)    #多元回归分析
> summary(fit)                  #提取回归分析结果
Call:
lm(formula = xiaoshou ~ kucun + guanggao)
Residuals:
    Min      1Q   Median      3Q      Max
```

```
-172.812      -50.486    -5.579     55.188     186.366
Coefficients:
              Estimate   Std. Error    t value    Pr(>|t|)
(Intercept)   86.953      75.117       1.158      0.265141
kucun          7.109       1.095       6.492      1.02e-05 ***
guanggao      13.684       2.825       4.844      0.000214 ***
---
Signif. codes:  0 '***' 0.001 '**' 0.01 '*' 0.05 '.' 0.1 ' ' 1
Residual standard error: 97.16 on 15 degrees of freedom
Multiple R-squared: 0.9573,   Adjusted R-squared: 0.9516
F-statistic: 168.3 on 2 and 15 DF,  p-value: 5.32e-11
```

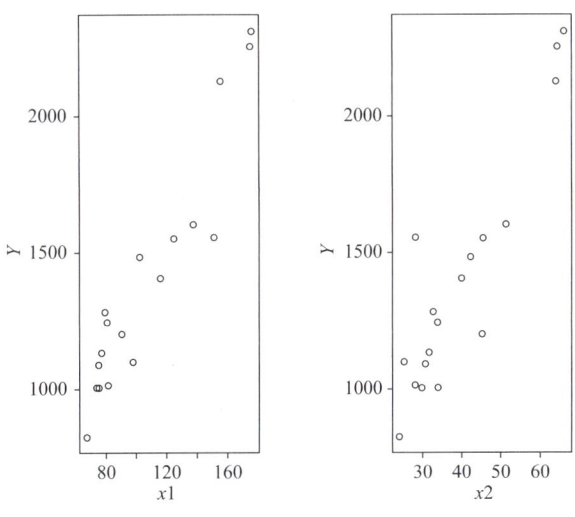

图 10.6 Y 分别与 x_1, x_2 的散点图

从图 10.6 可以看出，库存资金额与销售额、广告投入费用与销售额都存在明显的线性趋势. 从分析结果可以得到多元线性回归方程为 $Y = 86.953 + 7.109x_1 + 13.684x_2$. 两个变量的检验 p 值均小于显著性水平 0.05，因此它们与销售额之间都存在显著的线性相关性，即回归效果显著.

例 10.15 一种合金在某种添加剂的不同浓度之下，各做三次试验，得如下数据：

浓度 x	10.0	15.0	20.0	25.0	30.0
抗压强度 y	25.2	29.8	31.2	31.7	29.4
	27.3	31.1	32.6	30.1	30.0
	28.7	27.8	29.7	32.3	32.8

以模型 $y = b_0 + b_1 x + b_2 x^2 + \varepsilon$，$\varepsilon \sim N(0, \sigma^2)$ 拟合数据，其中 b_0，b_1，b_2，σ^2 与 x 无关，求回归方程 $\hat{y} = \hat{b}_0 + \hat{b}_1 x + \hat{b}_2 x^2$.

解：令 $x_1 = x$，$x_2 = x^2$，则上述模型可以写成
$$y = b_0 + b_1 x_1 + b_2 x_2 + \varepsilon, \quad \varepsilon \sim N(0, \sigma^2),$$

这是一个二元线性回归模型，可根据 $\hat{\boldsymbol{\beta}} = (\boldsymbol{X}^{\mathrm{T}} \boldsymbol{X})^{-1} \boldsymbol{X}^{\mathrm{T}} \boldsymbol{y}$ 来求解. 其中:

$$\boldsymbol{X} = \begin{pmatrix} 1 & 10.0 & 100 \\ 1 & 10.0 & 100 \\ 1 & 10.0 & 100 \\ 1 & 15.0 & 225 \\ 1 & 15.0 & 225 \\ 1 & 15.0 & 225 \\ 1 & 20.0 & 400 \\ 1 & 20.0 & 400 \\ 1 & 20.0 & 400 \\ 1 & 25.0 & 625 \\ 1 & 25.0 & 625 \\ 1 & 25.0 & 625 \\ 1 & 30.0 & 900 \\ 1 & 30.0 & 900 \\ 1 & 30.0 & 900 \end{pmatrix}, \quad \boldsymbol{y} = \begin{pmatrix} 25.2 \\ 27.3 \\ 28.7 \\ 29.8 \\ 31.1 \\ 27.8 \\ 31.2 \\ 32.6 \\ 29.7 \\ 31.7 \\ 30.1 \\ 32.3 \\ 29.4 \\ 30.0 \\ 32.8 \end{pmatrix}$$

下面给出计算 $\hat{\boldsymbol{\beta}}$ 的 R 程序：

```
> a<-c(1,1,1,1,1,1,1,1,1,1,1,1,1,1,1)
> b<-c(10,10,10,15,15,15,20,20,20,25,25,25,30,30,30)
> c<-c(100,100,100,400,400,400,225,225,225,625,625,625,900,900,900)
> d<-rbind(a,b,c)
> X<-t(d)            #创建X矩阵
> e<-c(25.2,27.3,28.7,29.8,31.1,27.8,31.2,32.6,29.7,31.7,30.1,32.3,29.4,30.0,32.8)
> Y<-matrix(e)       #创建Y矩阵
> beta<-(solve(t(X)%*%X)%*%t(X))%*%Y     #求参数估计向量beta
> beta
          [,1]
a  25.173063584
b   0.333047069
c  -0.004120011
```

上述计算也可以通过调用 lm() 函数来完成，程序如下：

> data.nongdu <-data.frame(b,c,e)   #创建数据框
> fit <-lm(e ~ b + c,data.nongdu)   #调用 lm() 函数进行多元线性回归分析
> summary(fit)   #提取回归分析结果
Call:
lm(formula = e ~ b + c, data = data.nongdu)
Residuals:
  Min   1Q Median   3Q   Max
-2.892 -1.016 0.293 1.311 2.579
Coefficients:
            Estimate Std. Error t value Pr(>|t|)
(Intercept) 25.173064   1.634246 15.403 2.87e-09 ***
b   0.333047   0.142634   2.335   0.0377 *
c   -0.004120   0.003527 -1.168   0.2655

Signif. codes: 0 '***' 0.001 '**' 0.01 '*' 0.05 '.' 0.1 ' ' 1
Residual standard error: 1.681 on 12 degrees of freedom
Multiple R-squared: 0.46,   Adjusted R-squared: 0.37
F-statistic: 5.111 on 2 and 12 DF, p-value: 0.0248

由上述两种结果均可得到回归方程为 $\hat{y} = 25.173 + 0.333x - 0.004x^2$.

习题 10-4

1. 下面给出了某种产品每件平均单价 y(元)与批量 x(件)之间的关系的一组数据：

x	20	25	30	35	40	50	60	65	70	75	80	90
y	1.81	1.70	1.65	1.55	1.48	1.40	1.30	1.26	1.24	1.21	1.20	1.18

以模型 $y = b_0 + b_1 x + b_2 x^2 + \varepsilon$, $\varepsilon \sim N(0, \sigma^2)$ 拟合数据，其中 b_0, b_1, b_2, σ^2 与 x 无关，利用 R 软件求回归方程 $\hat{y} = \hat{b}_0 + \hat{b}_1 x + \hat{b}_2 x^2$.

2. 某种化工产品的得率 y 与反应温度 x_1、反应时间 x_2 及某反应物浓度 x_3 有关. 设对给定的 x_1, x_2, x_3，得率 y 服从正态分布，且方差与 x_1, x_2, x_3 无关. 现有试验结果如下：

x_1	−1	−1	−1	−1	1	1	1	1
x_2	−1	−1	1	1	−1	−1	1	1
x_3	−1	1	−1	1	−1	1	−1	1
得率	7.6	10.3	9.2	10.2	8.4	11.1	9.8	12.6

(1) 设 $y = b_0 + b_1 x_1 + b_2 x_2 + b_3 x_3$，利用 R 软件求 y 的多元线性回归方程；

(2) 若认为反应时间不影响得率，即认为
$$y = \beta_0 + \beta_1 x_1 + \beta_2 x_3.$$
利用 R 软件求 y 的多元线性回归方程.

10.5 本章小结

10.5.1 内容概要

本章主要介绍了方差分析和回归分析方法. 其中方差分析主要介绍了单因素方差分析和多因素方差分析的基本概念、前提假设、分析过程及其 R 实现方法. 在回归分析中, 以一元线性回归为例, 介绍了如何通过变量之间的关系建立模型, 以及如何估计回归方程的参数并对其进行假设检验, 最后通过详细的例子来解释线性回归分析的 R 实现方法.

本章的知识结构如下:

10.5.2 延伸阅读

案例分析——葡萄酒质量的影响因素分析

葡萄酒的质量的评价一般是通过邀请评酒员在对葡萄酒进行品尝后对其分类指标打分, 然后求和得到其总分, 从而确定葡萄酒的质量. 酿酒所用葡萄的好坏与所酿葡萄酒的质量有直接关系, 葡萄酒和葡萄酒检测的理化指标会在一定程度上反映葡萄酒和葡萄的质量. 表 10.9 中给出了对某一年份一些葡萄酒的评价结果, 利用方差分析方法来分析表 10.9 中两组评酒员的评价结果有无显著性差异? 哪一组结果更可信?

表 10.9　第一组红葡萄酒酒样品 25 品尝评分

酒样品 25		品酒员1号分数	品酒员2号分数	品酒员3号分数	品酒员4号分数	品酒员5号分数	品酒员6号分数	品酒员7号分数	品酒员8号分数	品酒员9号分数	品酒员10号分数
外观分析15	澄清度 5	4	4	4	5	4	4	4	4	3	4
	色调 10	6	8	6	2	6	8	8	6	8	6
香气分析30	纯正度 6	4	4	4	4	4	4	4	4	4	4
	浓度 8	4	6	6	4	6	6	6	6	7	4
	质量 16	10	14	14	10	12	12	12	10	14	12
口感分析44	纯正度 6	3	5	5	3	6	3	3	4	5	4
	浓度 8	4	6	7	4	4	4	4	4	5	6
	持久性 8	4	6	6	6	5	6	5	5	7	6
	质量 22	13	16	19	16	13	13	10	13	16	13
平衡/整体评价 11		8	9	10	8	8	7	8	8	9	8

问题分析：

根据表 10.10 中的葡萄酒品尝评分表，分析这两组评酒员的评价结果有无显著性差异，并分析哪一组结果更可靠.

模型的假设：

（1）各类型葡萄酒的酿造流程正常且正规；

（2）本例中的葡萄酒都为全汁葡萄酒，而非半汁葡萄酒，即都是用 100% 葡萄汁酿制而成；

（3）红、白葡萄酒分别由红、白葡萄酿造而成，且酿酒葡萄和用这种葡萄酿制的葡萄酒的序号一一对应.

模型的建立与求解

1. 对问题的分析

将问题划分成两个小问题：一是分析两组评酒员的评价结果有无显著性差异. 对这个问题，采用成对数据 t 检验来判定两组评酒员评价结果的平均值的差异是否显著，通过比较 p 双尾概率与之前规定的显著性水平 α 的大小来判断是否拒绝原假设，拒绝则有显著性差异；二是判断两组评酒员的评价结果哪一组更可信. 对于这个问题采用方差分析，通过 R 软件做出方差分析表，然后算出每个样品的平均方差，最后对平均方差进行汇总，分别比较红、白葡萄酒两组评酒员评价结果的平均方差和的大小，方差和小的评价结果更可信. 最后，对红、白两种葡萄酒评价值的判定结果进行综合分析，判断两组中哪组的评分结果更可信.

对问题的求解

（1）模型Ⅰ—t 检验模型

模型假设：

原假设 $H_0:\mu_1=\mu_2$，即两组评酒员每个指标的平均值相等；

备择假设 $H_1:\mu_1\neq\mu_2$，即两组评酒员每个指标的平均值不相等，也就是两组评酒员的评价结果存在显著性差异.

首先，做出每个指标的所有评酒员的平均评价值. 设 x_i 和 y_i ($i=1,2,\cdots,27$) 分别表示第一、第二组各个葡萄酒样品，z_j, $j=1,2,\cdots,9$，分别表示澄清度、色调等各个评价指标，u_i 和 v_i，$i=1,2,\cdots,27$，分别表示第一、第二组各葡萄酒样品的评价总分，x_{ij}^m 和 y_{ij}^m，$m=1,2,\cdots,10$，分别表示第一、第二组第 m 个评酒员对于第 i 个葡萄酒样品第 j 个评价指标的评价值，分别求出 10 个评酒员对于各个葡萄酒样品的每个指标 z_j 的平均评价值，即

$$\bar{x}_{ij}=\frac{x_{ij}^1+x_{ij}^2+\cdots+x_{ij}^{10}}{10},\quad \bar{y}_{ij}=\frac{y_{ij}^1+y_{ij}^2+\cdots+y_{ij}^{10}}{10}$$

然后，对每个葡萄酒样品的平均值进行加总得到评价总分，即

$$u_i=\sum_{j=1}^{9}\bar{x}_{ij},\quad v_i=\sum_{j=1}^{9}\bar{y}_{ij}$$

以 $\bar{X}_j=(\bar{x}_{1j},\bar{x}_{2j},\cdots,\bar{x}_{27j})$ 和 $\bar{Y}_j=(\bar{y}_{1j},\bar{y}_{2j},\cdots,\bar{y}_{27j})$ ($j=1,2,\cdots,9$) 分别表示求平均后第 j 个指标的各葡萄酒样品组成的均值样本，U 和 V 分别表示第一、第二组各葡萄酒样品的评价均值总分样本，利用 R 软件对两组评酒员每个指标的均值样本即均值总分样本进行平均值的成对而样本分析 t 检验. 根据最后得出的结果 p，判断其是否小于假设的显著性水平（本题假设 $\alpha=0.05$）.

模型求解：

根据 t 检验模型代入表 10.10 中的具体值，计算出第一、第二组对红、白葡萄酒评分结果的平均总分.

利用 R 软件对两组评酒员每个指标的均值样本以及均值总分样本进行平均值的成对两样本分析 t 检验后得到红、白葡萄酒各指标和总分 t 检验：成对双样本均值分析（见表 10.10），由得出的结果分析红、白葡萄酒的总评价值均小于 0.05，拒绝原假设，即两组评酒员的评价结果有显著性差异.

表 10.10　红、白葡萄酒各指标和总分 t 检验：成对双样本均值分析

指标	红酒：双尾	白酒：双尾
澄清度	0.92151314 > 0.05	0.193670987 > 0.05
色调	0.00000237 < 0.05	0.958507182 > 0.05

(续)

指标	红酒:双尾	白酒:双尾
香气纯正度	0.151803908 >0.05	0.536506513 >0.05
香气浓度	0.068604607 >0.05	0.948220388 >0.05
香气质量	0.009566931 <0.05	0.266391392 >0.05
口感纯正度	0.181919655 >0.05	0.000022387 <0.05
口感浓度	0.051120374 >0.05	0.013634502 <0.05
口感持久性	0.056217961 >0.05	0.001807393 <0.05
口感质量	0.099382255 >0.05	0.000044641 <0.05
平衡/整体评价	0.687487321 >0.05	0.002111269 <0.05
总分	0.07157873 <0.05	0.015073425 <0.05

(2) 模型Ⅱ—方差分析模型

模型的建立

问题要求判断哪一组评酒员的评价结果可信度高. 以红葡萄酒为例(白葡萄酒处理方法与其完全相同),将各评价指标的评价结果进行综合汇总得出评价的总得分,采用单因素方差分析对组间和组内的均方差进行比较,进而得出哪一组更为可信.

1) 对评价结果进行综合汇总

分别对一、二组第 m 个评酒员对于第 i 个葡萄酒样品所有评价指标的评价值汇总,即总得分为

$$X_i^m = \sum_{j=1}^{9} x_{ij}^m, i = 1,2,\cdots,27; j = 1,2,\cdots,9; m = 1,2,\cdots,10,$$

$$Y_i^m = \sum_{j=1}^{9} y_{ij}^m, i = 1,2,\cdots,27; j = 1,2,\cdots,9; m = 1,2,\cdots,10.$$

2) 进行单因素方差分析,利用方差比较结果

将各组的每个葡萄酒样本总方差求平均,即($i=1,2,\cdots,27$):

第一组:

$$S_x^i = \frac{每个葡萄酒样本方差}{评酒人数},$$

第二组:

$$S_y^i = \frac{每个葡萄酒样本方差}{评酒人数}$$

最后对每组求得的平均方差求和,即

$$S_x = \sum_{i=1}^{27} S_x^i,$$

$$S_y = \sum_{i=1}^{27} S_y^i.$$

比较 S_x 和 S_y 的大小，较小的一组可信度更高．

模型的求解

根据方差分析模型，结合表 10.10 中的具体值，得到综合汇总后的第一、第二组每个评酒员对各红、白葡萄酒样品的评价总得分情况．然后，根据总得分情况计算出第一组红葡萄酒的单因素方差分析和第二组红葡萄酒的单因素方差分析(见表 10.11 ~ 表 10.14)

表 10.11 第一组红葡萄酒单因素方差分析

组	观测数	求和	平均	方差	方差平均值
1	10	627	62.7	92.9	9.29
2	10	803	80.3	39.78889	3.978889
3	10	804	80.4	45.82222	4.582222
4	10	686	68.6	108.0444	10.80444
5	10	733	73.3	62.01111	6.201111
6	10	722	72.2	59.73333	5.973333
7	10	715	71.5	103.6111	10.36111
8	10	723	72.3	44.01111	4.401111
9	10	815	81.5	32.94444	3.294444
10	10	742	74.2	30.4	3.04
11	10	701	70.1	70.76667	7.076667
12	10	539	53.9	79.65556	7.965556
13	10	746	74.6	44.93333	4.493333
14	10	730	73.0	36	3.6
15	10	587	58.7	85.56667	8.566667
16	10	749	74.9	18.1	1.81
17	10	793	79.3	88.01111	8.801111
18	10	599	59.9	47.21111	4.721111
19	10	786	78.6	47.37778	4.737778
20	10	718	71.8	13.694444	1.3694444
21	10	771	77.1	116.1	11.61
22	10	772	77.2	50.62222	5.062222
23	10	856	85.6	32.48889	3.248880
24	10	780	78.0	74.88889	7.488889
25	10	692	69.2	64.62222	6.42222
26	10	738	73.8	31.28889	3.128889
27	10	730	73.0	49.77778	4.977778
方差和				1570.373	157.1894

表 10.12 第二组红葡萄酒单因素方差分析

组	观测数	求和	平均	方差	方差平均值
1	10	681	68.1	81.87778	8.187778
2	10	740	74	16.22222	1.622222
3	10	746	74.6	30.71111	3.071111
4	10	712	71.2	41.28889	4.128889
5	10	721	72.1	13.65556	1.365556
6	10	663	66.3	21.12222	2.112222
7	10	653	65.3	62.67778	6.267778
8	10	660	66	65.11111	6.511111
9	10	782	78.2	25.73333	2.573333
10	10	688	68.8	36.17778	3.617778
11	10	535	53.5	33.38889	3.338889
12	10	683	68.3	25.12222	2.512222
13	10	688	68.8	15.28889	1.528889
14	10	726	72.6	23.15556	2.315556
15	10	657	65.7	41.34444	4.134444
16	10	699	69.9	20.1	2.01
17	10	745	74.5	9.166667	0.916667
18	10	654	65.4	50.26667	5.026667
19	10	726	72.6	55.15556	5.515556
20	10	758	75.8	39.06667	3.906667
21	10	722	72.2	35.51111	3.551111
22	10	716	71.6	24.26667	2.426667
23	10	771	77.1	24.76667	2.476667
24	10	715	71.5	10.72222	1.072222
25	10	682	68.2	43.73333	4.373333
26	10	720	72.0	41.55556	4.155556
27	10	715	71.5	20.5	2.05
方差和				907.6889	90.76889

表 10.13 第一组红葡萄酒方差分析

差异源	SS	df	MS	F	P-value	F_crit
组间	14116.86	26	542.9561	9.305848	3.95E-24	1.541507
组内	14119.66	242	58.34568			
总计	28236.51	268				

表 10.14 第二组红葡萄酒方差分析

差异源	SS	df	MS	F	P-value	F_crit
组间	6190.341	26	238.09	7.082196	3.28E-18	1.541318
组内	8169.2	243	33.61811			
总计	14359.54	269				

分析比较后发现红葡萄酒的第一组的平均方差和大于第二组的平均方差和,即

$$S_x = 157.1894 > S_y = 90.76889$$

所以,对于红葡萄酒而言,第二组评价结果可信度更高.

同样,再对第一、第二组白葡萄酒进行单因素方差分析,分析比较后发现第一组的平均方差和大于第二组的平均方差和,即

$$S_x = 361.73 > S_y = 156.8544$$

所以对于白葡萄酒而言,第二组评价结果可信度更高.

综上所述,不论是红葡萄酒还是白葡萄酒,第二组评酒员的可信度都要明显高于第一组. 所以,第二组的评酒员的评价结果可信度更高.

附 录

附表 1　泊松分布概率值表

$$P(X=m) = \frac{\lambda^m}{m!}e^{-\lambda}$$

m	λ							
	0.1	0.2	0.3	0.4	0.5	0.6	0.7	0.8
0	0.904837	0.818731	0.740818	0.670320	0.606531	0.548812	0.496585	0.449329
1	0.090484	0.163746	0.222245	0.268128	0.303265	0.329287	0.347610	0.359463
2	0.004524	0.016375	0.033337	0.053626	0.075816	0.098786	0.121663	0.143785
3	0.000151	0.001092	0.003334	0.007150	0.012636	0.019757	0.028388	0.038343
4	0.000004	0.000055	0.000250	0.000715	0.001580	0.002964	0.004968	0.007669
5		0.000002	0.000015	0.000057	0.000158	0.000356	0.000696	0.001227
6			0.000001	0.000004	0.000013	0.000036	0.000081	0.000164
7					0.000001	0.000003	0.000008	0.000019
8							0.000001	0.000002
9								
10								
11								
12								
13								
14								
15								
16								
17								

m	λ							
	0.9	1.0	1.5	2.0	2.5	3.0	3.5	4.0
0	0.406570	0.367879	0.223130	0.135335	0.082085	0.049787	0.030197	0.018316
1	0.365913	0.367879	0.334695	0.270671	0.205212	0.149361	0.105691	0.073263
2	0.164661	0.183940	0.251021	0.270671	0.256516	0.224042	0.184959	0.146525
3	0.049398	0.061313	0.125511	0.180447	0.213763	0.224042	0.215785	0.195367
4	0.011115	0.015328	0.047067	0.090224	0.133602	0.168031	0.188812	0.195367
5	0.002001	0.003066	0.014120	0.036089	0.066801	0.100819	0.132169	0.156293
6	0.000300	0.000511	0.003530	0.012030	0.027834	0.050409	0.077098	0.104196
7	0.000039	0.000073	0.000756	0.003437	0.009941	0.021604	0.038549	0.059540
8	0.000004	0.000009	0.000142	0.000859	0.003106	0.008102	0.016865	0.029770
9		0.000001	0.000024	0.000191	0.000863	0.002701	0.006559	0.013231

(续)

m	λ							
	0.9	1.0	1.5	2.0	2.5	3.0	3.5	4.0
10				0.000004	0.000038	0.000216	0.000810	0.002296	0.005292
11					0.000007	0.000049	0.000221	0.000730	0.001925
12					0.000001	0.000010	0.000055	0.000213	0.000642
13						0.000002	0.000013	0.000057	0.000197
14							0.000003	0.000014	0.000056
15							0.000001	0.000003	0.000015
16								0.000001	0.000004
17									0.000001

m	λ							
	4.5	5.0	5.5	6.0	6.5	7.0	7.5	8.0
0	0.011109	0.006738	0.004087	0.002479	0.001503	0.000912	0.000553	0.000335
1	0.049990	0.033690	0.022477	0.014873	0.009772	0.006383	0.004148	0.002684
2	0.112479	0.084224	0.061812	0.044618	0.031760	0.022341	0.015555	0.010735
3	0.168718	0.140374	0.113323	0.089235	0.068814	0.052129	0.038889	0.028626
4	0.189808	0.175467	0.155819	0.133853	0.111822	0.091226	0.072916	0.057252
5	0.170827	0.175467	0.171401	0.160623	0.145369	0.127717	0.109375	0.091604
6	0.128120	0.146223	0.157117	0.160623	0.157483	0.149003	0.136718	0.122138
7	0.082363	0.104445	0.123449	0.137677	0.146234	0.149003	0.146484	0.139587
8	0.046329	0.065278	0.084871	0.103258	0.118815	0.130377	0.137329	0.139587
9	0.023165	0.036266	0.051866	0.068838	0.085811	0.101405	0.114440	0.124077
10	0.010424	0.018133	0.028526	0.041303	0.055777	0.070983	0.085830	0.099262
11	0.004264	0.008242	0.014263	0.022529	0.032959	0.045171	0.058521	0.072190
12	0.001599	0.003434	0.006537	0.011264	0.017853	0.026350	0.036575	0.048127
13	0.000554	0.001321	0.002766	0.005199	0.008926	0.014188	0.021101	0.029616
14	0.000178	0.000472	0.001087	0.002228	0.004144	0.007094	0.011304	0.016294
15	0.000053	0.000157	0.000398	0.000891	0.001796	0.003311	0.005652	0.009026
16	0.000015	0.000049	0.000137	0.000334	0.000730	0.001448	0.002649	0.004513
17	0.000004	0.000014	0.000044	0.000118	0.000279	0.000596	0.001169	0.002124
18	0.000001	0.000004	0.000014	0.000039	0.000101	0.000232	0.000487	0.000944
19		0.000001	0.000004	0.000012	0.000034	0.000085	0.000192	0.000397
20			0.000001	0.000004	0.000011	0.000030	0.000072	0.000159
21				0.000001	0.000003	0.000010	0.000026	0.000061
22					0.000001	0.000003	0.000009	0.000022
23						0.000001	0.000003	0.000008
24							0.000001	0.000003
25								0.000001
26								
27								
28								
29								

附　录

（续）

m	λ				m	λ 20	m	λ 30
	8.5	9.0	9.5	10.0				
0	0.000203	0.000123	0.000075	0.000045	5	0.0001	12	0.0001
1	0.001729	0.001111	0.000711	0.000454	6	0.0002	13	0.0002
2	0.007350	0.004998	0.003378	0.002270	7	0.0005	14	0.0005
3	0.020826	0.014994	0.010696	0.007567	8	0.0013	15	0.0010
4	0.044255	0.033737	0.025403	0.018917	9	0.0029	16	0.0019
5	0.075233	0.060727	0.048266	0.037833	10	0.0058	17	0.0034
6	0.106581	0.091090	0.076421	0.063055	11	0.0106	18	0.0057
7	0.129419	0.117116	0.103714	0.090079	12	0.0176	19	0.0089
8	0.137508	0.131756	0.123160	0.112599	13	0.0271	20	0.0134
9	0.129869	0.131756	0.130003	0.125110	14	0.0387	21	0.0192
10	0.110388	0.118580	0.123502	0.125110	15	0.0516	22	0.0261
11	0.085300	0.097020	0.106661	0.113736	16	0.0646	23	0.0341
12	0.060421	0.072765	0.084440	0.094780	17	0.0760	24	0.0426
13	0.039506	0.050376	0.061706	0.072908	18	0.0844	25	0.0511
14	0.023986	0.032384	0.041872	0.052077	19	0.0888	26	0.0590
15	0.013592	0.019431	0.026519	0.034718	20	0.0888	27	0.0655
16	0.007221	0.010930	0.015746	0.021699	21	0.0846	28	0.0702
17	0.003610	0.005786	0.008799	0.012764	22	0.0769	29	0.0726
18	0.001705	0.002893	0.004644	0.007091	23	0.0669	30	0.0726
19	0.000763	0.001370	0.002322	0.003732	24	0.0557	31	0.0703
20	0.000324	0.000617	0.001103	0.001866	25	0.0446	32	0.0659
21	0.000131	0.000264	0.000499	0.000889	26	0.0343	33	0.0599
22	0.000051	0.000108	0.000215	0.000404	27	0.0254	34	0.0529
23	0.000019	0.000042	0.000089	0.000176	28	0.0181	35	0.0453
24	0.000007	0.000016	0.000035	0.000073	29	0.0125	36	0.0378
25	0.000002	0.000006	0.000013	0.000029	30	0.0083	37	0.0306
26	0.000001	0.000002	0.000005	0.000011	31	0.0054	38	0.0242
27		0.000001	0.000002	0.000004	32	0.0034	39	0.0186
28			0.000001	0.000001	33	0.0020	40	0.0139
29				0.000001	34	0.0012	41	0.0102
							42	0.0073
							43	0.0051
					35	0.0007	44	0.0035
					36	0.0004	45	0.0023
					37	0.0002	46	0.0015
					38	0.0001	47	0.0010
					39	0.0001	48	0.0006

附表 2 标准正态分布表

$$\Phi(z) = \int_{-\infty}^{z} \frac{1}{\sqrt{2\pi}} e^{-\frac{u^2}{2}} du = P(Z \leq z)$$

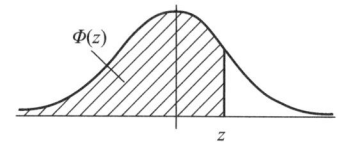

z	0	1	2	3	4	5	6	7	8	9
0.0	0.5000	0.5040	0.5080	0.5120	0.5160	0.5199	0.5239	0.5279	0.5319	0.5359
0.1	0.5398	0.5438	0.5478	0.5517	0.5557	0.5596	0.5636	0.5675	0.5714	0.5753
0.2	0.5793	0.5832	0.5871	0.5910	0.5948	0.5987	0.6026	0.6064	0.6103	0.6141
0.3	0.6179	0.6217	0.6255	0.6293	0.6331	0.6368	0.6406	0.6443	0.6480	0.6517
0.4	0.6554	0.6591	0.6628	0.6664	0.6700	0.6736	0.6772	0.6808	0.6844	0.6879
0.5	0.6915	0.6950	0.6985	0.7019	0.7054	0.7088	0.7123	0.7157	0.7190	0.7224
0.6	0.7257	0.7291	0.7324	0.7357	0.7389	0.7422	0.7454	0.7486	0.7517	0.7549
0.7	0.7580	0.7611	0.7642	0.7673	0.7704	0.7734	0.7764	0.7794	0.7823	0.7852
0.8	0.7881	0.7910	0.7939	0.7967	0.7995	0.8023	0.8051	0.8078	0.8106	0.8133
0.9	0.8159	0.8186	0.8212	0.8238	0.8264	0.8289	0.8315	0.8340	0.8365	0.8389
1.0	0.8413	0.8438	0.8461	0.8485	0.8508	0.8531	0.8554	0.8577	0.8599	0.8621
1.1	0.8643	0.8665	0.8686	0.8708	0.8729	0.8749	0.8770	0.8790	0.8810	0.8830
1.2	0.8849	0.8869	0.8888	0.8907	0.8925	0.8944	0.8962	0.8980	0.8997	0.9015
1.3	0.9032	0.9049	0.9066	0.9082	0.9099	0.9115	0.9131	0.9147	0.9162	0.9177
1.4	0.9192	0.9207	0.9222	0.9236	0.9251	0.9265	0.9279	0.9292	0.9306	0.9319
1.5	0.9332	0.9345	0.9357	0.9370	0.9382	0.9394	0.9406	0.9418	0.9429	0.9441
1.6	0.9452	0.9463	0.9474	0.9484	0.9495	0.9505	0.9515	0.9525	0.9535	0.9545
1.7	0.9554	0.9564	0.9573	0.9582	0.9591	0.9599	0.9608	0.9616	0.9625	0.9633
1.8	0.9641	0.9649	0.9656	0.9664	0.9671	0.9678	0.9686	0.9693	0.9699	0.9706
1.9	0.9713	0.9719	0.9726	0.9732	0.9738	0.9744	0.9750	0.9756	0.9761	0.9767
2.0	0.9772	0.9778	0.9783	0.9788	0.9793	0.9798	0.9803	0.9808	0.9812	0.9817
2.1	0.9821	0.9826	0.9830	0.9834	0.9838	0.9842	0.9846	0.9850	0.9854	0.9857
2.2	0.9861	0.9864	0.9868	0.9871	0.9875	0.9878	0.9881	0.9884	0.9887	0.9890
2.3	0.9893	0.9896	0.9898	0.9901	0.9904	0.9906	0.9909	0.9911	0.9913	0.9916
2.4	0.9918	0.9920	0.9922	0.9925	0.9927	0.9929	0.9931	0.9932	0.9934	0.9936
2.5	0.9938	0.9940	0.9941	0.9943	0.9945	0.9946	0.9948	0.9949	0.9951	0.9952
2.6	0.9953	0.9955	0.9956	0.9957	0.9959	0.9960	0.9961	0.9962	0.9963	0.9964
2.7	0.9965	0.9966	0.9967	0.9968	0.9969	0.9970	0.9971	0.9972	0.9973	0.9974
2.8	0.9974	0.9975	0.9976	0.9977	0.9977	0.9878	0.9979	0.9979	0.9980	0.9981
2.9	0.9981	0.9982	0.9982	0.9983	0.9984	0.9984	0.9985	0.9985	0.9986	0.9986
3.0	0.9987	0.9990	0.9993	0.9995	0.9997	0.9998	0.9998	0.9999	0.9999	1.0000

注：表中末行系函数值 $\Phi(3.0), \Phi(3.1), \cdots, \Phi(3.9)$。

附表 3 t 分布表

$P(t(n) > t_\alpha(n)) = \alpha$

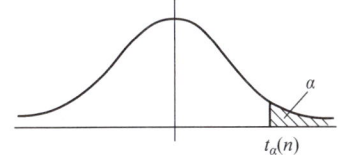

n	α = 0.25	α = 0.10	α = 0.05	α = 0.025	α = 0.01	α = 0.005
1	1.0000	3.0777	6.3138	12.7062	31.8205	63.6567
2	0.8165	1.8856	2.9200	4.3027	6.9646	9.9248
3	0.7649	1.6377	2.3534	3.1824	4.5407	5.8409
4	0.7407	1.5332	2.1318	2.7764	3.7469	4.6041
5	0.7267	1.4759	2.0150	2.5706	3.3649	4.0321
6	0.7176	1.4398	1.9432	2.4469	3.1427	3.7074
7	0.7111	1.4149	1.8946	2.3646	2.9980	3.4995
8	0.7064	1.3968	1.8595	2.3060	2.8965	3.3554
9	0.7027	1.3830	1.8331	2.2622	2.8214	3.2498
10	0.6998	1.3722	1.8125	2.2281	2.7638	3.1693
11	0.6974	1.3634	1.7959	2.2010	2.7181	3.1058
12	0.6955	1.3562	1.7823	2.1788	2.6810	3.0545
13	0.6938	1.3502	1.7709	2.1604	2.6503	3.0123
14	0.6924	1.3450	1.7613	2.1448	2.6245	2.9768
15	0.6912	1.3406	1.7531	2.1314	2.6025	2.9467
16	0.6901	1.3368	1.7459	2.1199	2.5835	2.9208
17	0.6892	1.3334	1.7396	2.1098	2.5669	2.8982
18	0.6884	1.3304	1.7341	2.1009	2.5524	2.8784
19	0.6876	1.3277	1.7291	2.0930	2.5395	2.8609
20	0.6870	1.3253	1.7247	2.0860	2.5280	2.8453
21	0.6864	1.3232	1.7207	2.0796	2.5176	2.8314
22	0.6858	1.3212	1.7171	2.0739	2.5083	2.8188
23	0.6853	1.3195	1.7139	2.0687	2.4999	2.8073
24	0.6848	1.3178	1.7109	2.0639	2.4922	2.7969
25	0.6844	1.3163	1.7081	2.0595	2.4851	2.7874
26	0.6840	1.3150	1.7056	2.0555	2.4786	2.7787
27	0.6837	1.3137	1.7033	2.0518	2.4727	2.7707
28	0.6834	1.3125	1.7011	2.0484	2.4671	2.7633
29	0.6830	1.3114	1.6991	2.0452	2.4620	2.7564
30	0.6828	1.3104	1.6973	2.0423	2.4573	2.7500
31	0.6825	1.3095	1.6955	2.0395	2.4528	2.7440
32	0.6822	1.3086	1.6939	2.0369	2.4487	2.7385
33	0.6820	1.3077	1.6924	2.0345	2.4448	2.7333
34	0.6818	1.3070	1.6909	2.0322	2.4411	2.7284
35	0.6816	1.3062	1.6896	2.0301	2.4377	2.7238
36	0.6814	1.3055	1.6883	2.0281	2.4345	2.7195

(续)

n	α=0.25	α=0.10	α=0.05	α=0.025	α=0.01	α=0.005
37	0.6812	1.3049	1.6871	2.0262	2.4314	2.7154
38	0.6810	1.3042	1.6860	2.0244	2.4286	2.7116
39	0.6808	1.3036	1.6849	2.0227	2.4258	2.7079
40	0.6807	1.3031	1.6839	2.0211	2.4233	2.7045
41	0.6805	1.3025	1.6829	2.0195	2.4208	2.7012
42	0.6804	1.3020	1.6820	2.0181	2.4185	2.6981
43	0.6802	1.3016	1.6811	2.0167	2.4163	2.6951
44	0.6801	1.3011	1.6802	2.0154	2.4141	2.6923
45	0.6800	1.3006	1.6794	2.0141	2.4121	2.6896

附表 4 χ^2 分布表

$P(\chi^2(n) > \chi^2_\alpha(n)) = \alpha$

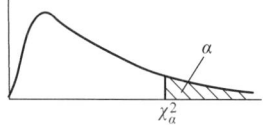

n	α=0.995	α=0.99	α=0.975	α=0.95	α=0.90	α=0.75
1	—	—	0.001	0.004	0.016	0.102
2	0.010	0.020	0.051	0.103	0.211	0.575
3	0.072	0.115	0.216	0.352	0.584	1.213
4	0.207	0.297	0.484	0.711	1.064	1.923
5	0.412	0.554	0.831	1.145	1.610	2.675
6	0.676	0.872	1.237	1.635	2.204	3.455
7	0.989	1.239	1.690	2.167	2.833	4.255
8	1.344	1.646	2.180	2.733	3.490	5.071
9	1.735	2.088	2.700	3.325	4.168	5.899
10	2.156	2.558	3.247	3.940	4.865	6.737
11	2.603	3.053	3.816	4.575	5.578	7.584
12	3.074	3.571	4.404	5.226	6.304	8.438
13	3.565	4.107	5.009	5.892	7.042	9.299
14	4.075	4.660	5.629	6.571	7.790	10.165
15	4.601	5.229	6.262	7.261	8.547	11.037
16	5.142	5.812	6.908	7.962	9.312	11.912
17	5.697	6.408	7.564	8.672	10.085	12.792
18	6.265	7.015	8.231	9.390	10.865	13.675
19	6.844	7.633	8.907	10.117	11.651	14.562
20	7.434	8.260	9.591	10.851	12.443	15.452
21	8.034	8.897	10.283	11.591	13.240	16.344
22	8.643	9.542	10.982	12.338	14.042	17.240

附　录

（续）

n	$\alpha=0.995$	$\alpha=0.99$	$\alpha=0.975$	$\alpha=0.95$	$\alpha=0.90$	$\alpha=0.75$
23	9.260	10.196	11.689	13.091	14.848	18.137
24	9.886	10.856	12.401	13.848	15.659	19.037
25	10.520	11.524	13.120	14.611	16.473	19.939
26	11.160	12.198	13.844	15.379	17.292	20.843
27	11.808	12.879	14.573	16.151	18.114	21.749
28	12.461	13.565	15.308	16.928	18.939	22.657
29	13.121	14.257	16.047	17.708	19.768	23.567
30	13.787	14.953	16.791	18.493	20.599	24.478
31	14.458	15.655	17.539	19.281	21.434	25.390
32	15.134	16.362	18.291	20.072	22.271	26.304
33	15.815	17.074	19.047	20.867	23.110	27.219
34	16.501	17.789	19.806	21.664	23.952	28.136
35	17.192	18.509	20.569	22.465	24.797	29.054
36	17.887	19.233	21.336	23.269	25.643	29.973
37	18.586	19.960	22.106	24.075	26.492	30.893
38	19.289	20.691	22.878	24.884	27.343	31.815
39	19.996	21.426	23.654	25.695	28.196	32.737
40	20.707	22.164	24.433	26.509	29.051	33.660
41	21.421	22.906	25.215	27.326	29.907	34.585
42	22.138	23.650	25.999	28.144	30.765	35.510
43	22.859	24.398	26.785	28.965	31.625	36.436
44	23.584	25.148	27.575	29.787	32.487	37.363
45	24.311	25.901	28.366	30.612	33.350	38.291
n	$\alpha=0.25$	$\alpha=0.10$	$\alpha=0.05$	$\alpha=0.025$	$\alpha=0.01$	$\alpha=0.005$
1	1.323	2.706	3.841	5.024	6.635	7.879
2	2.773	4.605	5.991	7.378	9.210	10.597
3	4.108	6.251	7.815	9.348	11.345	12.838
4	5.385	7.779	9.488	11.143	13.277	14.860
5	6.626	9.236	11.071	12.833	15.086	16.750
6	7.841	10.645	12.592	14.449	16.812	18.548
7	9.037	12.017	14.067	16.013	18.475	20.278
8	10.219	13.362	15.507	17.535	20.090	21.955
9	11.389	14.684	16.919	19.023	21.666	23.589
10	12.549	15.987	18.307	20.483	23.209	25.188
11	13.701	17.275	19.675	21.920	24.725	26.757
12	14.845	18.549	21.026	23.337	26.217	28.300

(续)

n	α=0.25	α=0.110	α=0.05	α=0.025	α=0.01	α=0.005
13	15.984	19.812	22.362	24.736	27.688	29.819
14	17.117	21.064	23.685	26.119	29.141	31.319
15	18.245	22.307	24.996	27.488	30.578	32.801
16	19.369	23.542	26.296	28.845	32.000	34.267
17	20.489	24.769	27.587	30.191	33.409	35.718
18	21.605	25.989	28.869	31.526	34.805	37.156
19	22.718	27.204	30.144	32.852	36.191	38.582
20	23.828	28.412	31.410	34.170	37.566	39.997
21	24.935	29.615	32.671	35.479	38.932	41.401
22	26.039	30.813	33.924	36.781	40.289	42.796
23	27.141	32.007	35.172	38.076	41.638	44.181
24	28.241	33.196	36.415	39.364	42.980	45.559
25	29.339	34.382	37.652	40.646	44.314	46.928
26	30.435	35.563	38.885	41.923	45.642	48.290
27	31.528	36.741	40.113	43.194	46.963	49.645
28	32.620	37.916	41.337	44.461	48.278	50.993
29	33.711	39.087	42.557	45.722	49.588	52.336
30	34.800	40.256	43.773	46.979	50.892	53.672
31	35.887	41.422	44.985	48.232	52.191	55.003
32	36.973	42.585	46.194	49.480	53.486	56.328
33	38.058	43.745	47.400	50.725	54.776	57.648
34	39.141	44.903	48.602	51.966	56.061	58.964
35	40.223	46.059	49.802	53.203	57.342	60.275
36	41.304	47.212	50.998	54.437	58.619	61.581
37	42.383	48.363	52.192	55.668	59.892	62.883
38	43.462	49.513	53.384	56.896	61.162	64.181
39	44.539	50.660	54.572	58.120	62.428	65.476
40	45.616	51.805	55.758	59.342	63.691	66.766
41	46.692	52.949	56.942	60.561	64.950	68.053
42	47.766	54.090	58.124	61.777	66.206	69.336
43	48.840	55.230	59.304	62.990	67.459	70.616
44	49.913	56.369	60.481	64.201	68.710	71.893
45	50.985	57.505	61.656	65.410	69.957	73.166

附表 5 F 分布表

$$P\{F(n_1, n_2) > F_\alpha(n_1, n_2)\} = \alpha$$

$\alpha = 0.10$

n_2 \ n_1	1	2	3	4	5	6	7	8	9	10	12	15	20	24	30	40	60	120	∞
1	39.86	49.50	53.59	55.83	57.24	58.20	58.91	59.44	59.86	60.19	60.71	61.22	61.74	62.00	62.26	62.53	62.79	63.06	63.33
2	8.53	9.00	9.16	9.24	9.29	9.33	9.35	9.37	9.38	9.39	9.41	9.42	9.44	9.45	9.46	9.47	9.47	9.48	9.49
3	5.54	5.46	5.39	5.34	5.31	5.28	5.27	5.25	5.24	5.23	5.22	5.20	5.18	5.18	5.17	5.16	5.15	5.14	5.13
4	4.54	4.32	4.19	4.11	4.05	4.01	3.98	3.95	3.94	3.92	3.90	3.87	3.84	3.83	3.82	3.80	3.79	3.78	3.76
5	4.06	3.78	3.62	3.52	3.45	3.40	3.37	3.34	3.32	3.30	3.27	3.24	3.21	3.19	3.17	3.16	3.14	3.12	3.10
6	3.78	3.46	3.29	3.18	3.11	3.05	3.01	2.98	2.96	2.94	2.90	2.87	2.84	2.82	2.80	2.78	2.76	2.74	2.72
7	3.59	3.26	3.07	2.96	2.88	2.83	2.78	2.75	2.72	2.70	2.67	2.63	2.59	2.58	2.56	2.54	2.51	2.49	2.47
8	3.46	3.11	2.92	2.81	2.73	2.67	2.62	2.59	2.56	2.54	2.50	2.46	2.42	2.40	2.38	2.36	2.34	2.32	2.29
9	3.36	3.01	2.81	2.69	2.61	2.55	2.51	2.47	2.44	2.42	2.38	2.34	2.30	2.28	2.25	2.23	2.21	2.18	2.16
10	3.29	2.92	2.73	2.61	2.52	2.46	2.41	2.38	2.35	2.32	2.28	2.24	2.20	2.18	2.16	2.13	2.11	2.08	2.06
11	3.23	2.86	2.66	2.54	2.45	2.39	2.34	2.30	2.27	2.25	2.21	2.17	2.12	2.10	2.08	2.05	2.03	2.00	1.97
12	3.18	2.81	2.61	2.48	2.39	2.33	2.28	2.24	2.21	2.19	2.15	2.10	2.06	2.04	2.01	1.99	1.96	1.93	1.90
13	3.14	2.76	2.56	2.43	2.35	2.28	2.23	2.20	2.16	2.14	2.10	2.05	2.01	1.98	1.96	1.93	1.90	1.88	1.85
14	3.10	2.73	2.52	2.39	2.31	2.24	2.19	2.15	2.12	2.10	2.05	2.01	1.96	1.94	1.91	1.89	1.86	1.83	1.80
15	3.07	2.70	2.49	2.36	2.27	2.21	2.16	2.12	2.09	2.06	2.02	1.97	1.92	1.90	1.87	1.85	1.82	1.79	1.76
16	3.05	2.67	2.46	2.33	2.24	2.18	2.13	2.09	2.06	2.03	1.99	1.94	1.89	1.87	1.84	1.81	1.78	1.75	1.72
17	3.03	2.64	2.44	2.31	2.22	2.15	2.10	2.06	2.03	2.00	1.96	1.91	1.86	1.84	1.81	1.78	1.75	1.72	1.69
18	3.01	2.62	2.42	2.29	2.20	2.13	2.08	2.04	2.00	1.98	1.93	1.89	1.84	1.81	1.78	1.75	1.72	1.69	1.66
19	2.99	2.61	2.40	2.27	2.18	2.11	2.06	2.02	1.98	1.96	1.91	1.86	1.81	1.79	1.76	1.73	1.70	1.67	1.63
20	2.97	2.59	2.38	2.25	2.16	2.09	2.04	2.00	1.96	1.94	1.89	1.84	1.79	1.77	1.74	1.71	1.68	1.64	1.61
21	2.96	2.57	2.36	2.23	2.14	2.08	2.02	1.98	1.95	1.92	1.87	1.83	1.78	1.75	1.72	1.69	1.66	1.62	1.59

(续)

n_2								n_1									
	1	2	3	4	5	6	7	8	9	10	12	15	20	24	30	40	60	120	∞

	1	2	3	4	5	6	7	8	9	10	12	15	20	24	30	40	60	120	∞
								$\alpha=0.10$											
22	2.95	2.56	2.35	2.22	2.13	2.06	2.01	1.97	1.93	1.90	1.86	1.81	1.76	1.73	1.70	1.67	1.64	1.60	1.57
23	2.94	2.55	2.34	2.21	2.11	2.05	1.99	1.95	1.92	1.89	1.84	1.80	1.74	1.72	1.69	1.66	1.62	1.59	1.55
24	2.93	2.54	2.33	2.19	2.10	2.04	1.98	1.94	1.91	1.88	1.83	1.78	1.73	1.70	1.67	1.64	1.61	1.57	1.53
25	2.92	2.53	2.32	2.18	2.09	2.02	1.97	1.93	1.89	1.87	1.82	1.77	1.72	1.69	1.66	1.63	1.59	1.56	1.52
26	2.91	2.52	2.31	2.17	2.08	2.01	1.96	1.92	1.88	1.86	1.81	1.76	1.71	1.68	1.65	1.61	1.58	1.54	1.50
27	2.90	2.51	2.30	2.17	2.07	2.00	1.95	1.91	1.87	1.85	1.80	1.75	1.70	1.67	1.64	1.60	1.57	1.53	1.49
28	2.89	2.50	2.29	2.16	2.06	2.00	1.94	1.90	1.87	1.84	1.79	1.74	1.69	1.66	1.63	1.59	1.56	1.52	1.48
29	2.89	2.50	2.28	2.15	2.06	1.99	1.93	1.89	1.86	1.83	1.78	1.73	1.68	1.65	1.62	1.58	1.55	1.51	1.47
30	2.88	2.49	2.28	2.14	2.05	1.98	1.93	1.88	1.85	1.82	1.77	1.72	1.67	1.64	1.61	1.57	1.54	1.50	1.46
40	2.84	2.44	2.23	2.09	2.00	1.93	1.87	1.83	1.79	1.76	1.71	1.66	1.61	1.57	1.54	1.51	1.47	1.42	1.38
60	2.79	2.39	2.18	2.04	1.95	1.87	1.82	1.77	1.74	1.71	1.66	1.60	1.54	1.51	1.48	1.44	1.40	1.35	1.29
120	2.75	2.35	2.13	1.99	1.90	1.82	1.77	1.72	1.68	1.65	1.60	1.55	1.48	1.45	1.41	1.37	1.32	1.26	1.19
∞	2.71	2.30	2.08	1.94	1.85	1.77	1.72	1.67	1.63	1.60	1.55	1.49	1.42	1.38	1.34	1.30	1.24	1.17	1.00
								$\alpha=0.05$											
1	161.4	199.5	215.7	224.6	230.2	234.0	236.8	238.9	240.5	241.9	243.9	245.9	248.0	249.1	250.1	251.1	252.2	253.3	254.3
2	18.51	19.00	19.16	19.25	19.30	19.33	19.35	19.37	19.38	19.40	19.41	19.43	19.45	19.45	19.46	19.47	19.48	19.49	19.50
3	10.13	9.55	9.28	9.12	9.01	8.94	8.89	8.85	8.81	8.79	8.74	8.70	8.66	8.64	8.62	8.59	8.57	8.55	8.53
4	7.71	6.94	6.59	6.39	6.26	6.16	6.09	6.04	6.00	5.96	5.91	5.86	5.80	5.77	5.75	5.72	5.69	5.66	5.63
5	6.61	5.79	5.41	5.19	5.05	4.95	4.88	4.82	4.77	4.74	4.68	4.62	4.56	4.53	4.50	4.46	4.43	4.40	4.36
6	5.99	5.14	4.76	4.53	4.39	4.28	4.21	4.15	4.10	4.06	4.00	3.94	3.87	3.84	3.81	3.77	3.74	3.70	3.67
7	5.59	4.74	4.35	4.12	3.97	3.87	3.79	3.73	3.68	3.64	3.57	3.51	3.44	3.41	3.38	3.34	3.30	3.27	3.23
8	5.32	4.46	4.07	3.84	3.69	3.58	3.50	3.44	3.39	3.35	3.28	3.22	3.15	3.12	3.08	3.04	3.01	2.97	2.93
9	5.12	4.26	3.86	3.63	3.48	3.37	3.29	3.23	3.18	3.14	3.07	3.01	2.94	2.90	2.86	2.83	2.79	2.75	2.71
10	4.96	4.10	3.71	3.48	3.33	3.22	3.14	3.07	3.02	2.98	2.91	2.85	2.77	2.74	2.70	2.66	2.62	2.58	2.54

(续)

$\alpha = 0.05$

n_2	n_1																	
	1	2	3	4	5	6	7	8	9	10	12	15	20	24	30	40	60	120	∞
11	4.84	3.98	3.59	3.36	3.20	3.09	3.01	2.95	2.90	2.85	2.79	2.72	2.65	2.61	2.57	2.53	2.49	2.45	2.40
12	4.75	3.89	3.49	3.26	3.11	3.00	2.91	2.85	2.80	2.75	2.69	2.62	2.54	2.51	2.47	2.43	2.38	2.34	2.30
13	4.67	3.81	3.41	3.18	3.03	2.92	2.83	2.77	2.71	2.67	2.60	2.53	2.46	2.42	2.38	2.34	2.30	2.25	2.21
14	4.60	3.74	3.34	3.11	2.96	2.85	2.76	2.70	2.65	2.60	2.53	2.46	2.39	2.35	2.31	2.27	2.22	2.18	2.13
15	4.54	3.68	3.29	3.06	2.90	2.79	2.71	2.64	2.59	2.54	2.48	2.40	2.33	2.29	2.25	2.20	2.16	2.11	2.07
16	4.49	3.63	3.24	3.01	2.85	2.74	2.66	2.59	2.54	2.49	2.42	2.35	2.28	2.24	2.19	2.15	2.11	2.06	2.01
17	4.45	3.59	3.20	2.96	2.81	2.70	2.61	2.55	2.49	2.45	2.38	2.31	2.23	2.19	2.15	2.10	2.06	2.01	1.96
18	4.41	3.55	3.16	2.93	2.77	2.66	2.58	2.51	2.46	2.41	2.34	2.27	2.19	2.15	2.11	2.06	2.02	1.97	1.92
19	4.38	3.52	3.13	2.90	2.74	2.63	2.54	2.48	2.42	2.38	2.31	2.23	2.16	2.11	2.07	2.03	1.98	1.93	1.88
20	4.35	3.49	3.10	2.87	2.71	2.60	2.51	2.45	2.39	2.35	2.28	2.20	2.12	2.08	2.04	1.99	1.95	1.90	1.84
21	4.32	3.47	3.07	2.84	2.68	2.57	2.49	2.42	2.37	2.32	2.25	2.18	2.10	2.05	2.01	1.96	1.92	1.87	1.81
22	4.30	3.44	3.05	2.82	2.66	2.55	2.46	2.40	2.34	2.30	2.23	2.15	2.07	2.03	1.98	1.94	1.89	1.84	1.78
23	4.28	3.42	3.03	2.80	2.64	2.53	2.44	2.37	2.32	2.27	2.20	2.13	2.05	2.01	1.96	1.91	1.86	1.81	1.76
24	4.26	3.40	3.01	2.78	2.62	2.51	2.42	2.36	2.30	2.25	2.18	2.11	2.03	1.98	1.94	1.89	1.84	1.79	1.73
25	4.24	3.39	2.99	2.76	2.60	2.49	2.40	2.34	2.28	2.24	2.16	2.09	2.01	1.96	1.92	1.87	1.82	1.77	1.71
26	4.23	3.37	2.98	2.74	2.59	2.47	2.39	2.32	2.27	2.22	2.15	2.07	1.99	1.95	1.90	1.85	1.80	1.75	1.69
27	4.21	3.35	2.96	2.73	2.57	2.46	2.37	2.31	2.25	2.20	2.13	2.06	1.97	1.93	1.88	1.84	1.79	1.73	1.67
28	4.20	3.34	2.95	2.71	2.56	2.45	2.36	2.29	2.24	2.19	2.12	2.04	1.96	1.91	1.87	1.82	1.77	1.71	1.65
29	4.18	3.33	2.93	2.70	2.55	2.43	2.35	2.28	2.22	2.18	2.10	2.03	1.94	1.90	1.85	1.81	1.75	1.70	1.64
30	4.17	3.32	2.92	2.69	2.53	2.42	2.33	2.27	2.21	2.16	2.09	2.01	1.93	1.89	1.84	1.79	1.74	1.68	1.62
40	4.08	3.23	2.84	2.61	2.45	2.34	2.25	2.18	2.12	2.08	2.00	1.92	1.84	1.79	1.74	1.69	1.64	1.58	1.51
60	4.00	3.15	2.76	2.53	2.37	2.25	2.17	2.10	2.04	1.99	1.92	1.84	1.75	1.70	1.65	1.59	1.53	1.47	1.39
120	3.92	3.07	2.68	2.45	2.29	2.18	2.09	2.02	1.96	1.91	1.83	1.75	1.66	1.61	1.55	1.50	1.43	1.35	1.25
∞	3.84	3.00	2.60	2.37	2.21	2.10	2.01	1.94	1.88	1.83	1.75	1.67	1.57	1.52	1.46	1.39	1.32	1.22	1.00

(续)

$\alpha = 0.025$

n_2 \ n_1	1	2	3	4	5	6	7	8	9	10	12	15	20	24	30	40	60	120	∞
1	647.8	799.5	864.2	899.6	921.8	937.1	948.2	956.7	963.3	968.6	976.7	984.9	993.1	997.2	1001	1006	1010	1014	1018
2	38.51	39.00	39.17	39.25	39.30	39.33	39.36	39.37	39.39	39.40	39.41	39.43	39.45	39.46	39.46	39.47	39.48	39.49	39.50
3	17.44	16.04	15.44	15.10	14.88	14.73	14.62	14.54	14.47	14.42	14.34	14.25	14.17	14.12	14.08	14.04	13.99	13.95	13.90
4	12.22	10.65	9.98	9.60	9.36	9.20	9.07	8.98	8.90	8.84	8.75	8.66	8.56	8.51	8.46	8.41	8.36	8.31	8.26
5	10.01	8.43	7.76	7.39	7.15	6.98	6.85	6.76	6.68	6.62	6.52	6.43	6.33	6.28	6.23	6.18	6.12	6.07	6.02
6	8.81	7.26	6.60	6.23	5.99	5.82	5.70	5.60	5.52	5.46	5.37	5.27	5.17	5.12	5.07	5.01	4.96	4.90	4.85
7	8.07	6.54	5.89	5.52	5.29	5.12	4.99	4.90	4.82	4.76	4.67	4.57	4.47	4.41	4.36	4.31	4.25	4.20	4.14
8	7.57	6.06	5.42	5.05	4.82	4.65	4.53	4.43	4.36	4.30	4.20	4.10	4.00	3.95	3.89	3.84	3.78	3.73	3.67
9	7.21	5.71	5.08	4.72	4.48	4.32	4.20	4.10	4.03	3.96	3.87	3.77	3.67	3.61	3.56	3.51	3.45	3.39	3.33
10	6.94	5.46	4.83	4.47	4.24	4.07	3.95	3.85	3.78	3.72	3.62	3.52	3.42	3.37	3.31	3.26	3.20	3.14	3.08
11	6.72	5.26	4.63	4.28	4.04	3.88	3.76	3.66	3.59	3.53	3.43	3.33	3.23	3.17	3.12	3.06	3.00	2.94	2.88
12	6.55	5.10	4.47	4.12	3.89	3.73	3.61	3.51	3.44	3.37	3.28	3.18	3.07	3.02	2.96	2.91	2.85	2.79	2.72
13	6.41	4.97	4.35	4.00	3.77	3.60	3.48	3.39	3.31	3.25	3.15	3.05	2.95	2.89	2.84	2.78	2.72	2.66	2.60
14	6.30	4.86	4.24	3.89	3.66	3.50	3.38	3.29	3.21	3.15	3.05	2.95	2.84	2.79	2.73	2.67	2.61	2.55	2.49
15	6.20	4.77	4.15	3.80	3.58	3.41	3.29	3.20	3.12	3.06	2.96	2.86	2.76	2.70	2.64	2.59	2.52	2.46	2.40
16	6.12	4.69	4.08	3.73	3.50	3.34	3.22	3.12	3.05	2.99	2.89	2.79	2.68	2.63	2.57	2.51	2.45	2.38	2.32
17	6.04	4.62	4.01	3.66	3.44	3.28	3.16	3.06	2.98	2.92	2.82	2.72	2.62	2.56	2.50	2.44	2.38	2.32	2.25
18	5.98	4.56	3.95	3.61	3.38	3.22	3.10	3.01	2.93	2.87	2.77	2.67	2.56	2.50	2.44	2.38	2.32	2.26	2.19
19	5.92	4.51	3.90	3.56	3.33	3.17	3.05	2.96	2.88	2.82	2.72	2.62	2.51	2.45	2.39	2.33	2.27	2.20	2.13
20	5.87	4.46	3.86	3.51	3.29	3.13	3.01	2.91	2.84	2.77	2.68	2.57	2.46	2.41	2.35	2.29	2.22	2.16	2.09
21	5.83	4.42	3.82	3.48	3.25	3.09	2.97	2.87	2.80	2.73	2.64	2.53	2.42	2.37	2.31	2.25	2.18	2.11	2.04
22	5.79	4.38	3.78	3.44	3.22	3.05	2.93	2.84	2.76	2.70	2.60	2.50	2.39	2.33	2.27	2.21	2.14	2.08	2.00
23	5.75	4.35	3.75	3.41	3.18	3.02	2.90	2.81	2.73	2.67	2.57	2.47	2.36	2.30	2.24	2.18	2.11	2.04	1.97
24	5.72	4.32	3.72	3.38	3.15	2.99	2.87	2.78	2.70	2.64	2.54	2.44	2.33	2.27	2.21	2.15	2.08	2.01	1.94

(续)

n_2	n_1																	
	1	2	3	4	5	6	7	8	9	10	12	15	20	24	30	40	60	120	∞

$\alpha = 0.025$

n_2	1	2	3	4	5	6	7	8	9	10	12	15	20	24	30	40	60	120	∞
25	5.69	4.29	3.69	3.35	3.13	2.97	2.85	2.75	2.68	2.61	2.51	2.41	2.30	2.24	2.18	2.12	2.05	1.98	1.91
26	5.66	4.27	3.67	3.33	3.10	2.94	2.82	2.73	2.65	2.59	2.49	2.39	2.28	2.22	2.16	2.09	2.03	1.95	1.88
27	5.63	4.24	3.65	3.31	3.08	2.92	2.80	2.71	2.63	2.57	2.47	2.36	2.25	2.19	2.13	2.07	2.00	1.93	1.85
28	5.61	4.22	3.63	3.29	3.06	2.90	2.78	2.69	2.61	2.55	2.45	2.34	2.23	2.17	2.11	2.05	1.98	1.91	1.83
29	5.59	4.20	3.61	3.27	3.04	2.88	2.76	2.67	2.59	2.53	2.43	2.32	2.21	2.15	2.09	2.03	1.96	1.89	1.81
30	5.57	4.18	3.59	3.25	3.03	2.87	2.75	2.65	2.57	2.51	2.41	2.31	2.20	2.14	2.07	2.01	1.94	1.87	1.79
40	5.42	4.05	3.46	3.13	2.90	2.74	2.62	2.53	2.45	2.39	2.29	2.18	2.07	2.01	1.94	1.88	1.80	1.72	1.64
60	5.29	3.93	3.34	3.01	2.79	2.63	2.51	2.41	2.33	2.27	2.17	2.06	1.94	1.88	1.82	1.74	1.67	1.58	1.48
120	5.15	3.80	3.23	2.89	2.67	2.52	2.39	2.30	2.22	2.16	2.05	1.94	1.82	1.76	1.69	1.61	1.53	1.43	1.31
∞	5.02	3.69	3.12	2.79	2.57	2.41	2.29	2.19	2.11	2.05	1.94	1.83	1.71	1.64	1.57	1.48	1.39	1.27	1.00

$\alpha = 0.01$

n_2	1	2	3	4	5	6	7	8	9	10	12	15	20	24	30	40	60	120	∞
1	4052	4999.5	5403	5625	5764	5859	5928	5981	6022	6056	6106	6157	6209	6235	6261	6287	6313	6339	6366
2	98.50	99.00	99.17	99.25	99.30	99.33	99.36	99.37	99.39	99.40	99.42	99.43	99.45	99.46	99.47	99.47	99.48	99.49	99.50
3	34.12	30.82	29.46	28.71	28.24	27.91	27.67	27.49	27.35	27.23	27.05	26.87	26.69	26.60	26.50	26.41	26.32	26.22	26.13
4	21.20	18.00	16.69	15.98	15.52	15.21	14.98	14.80	14.66	14.55	14.37	14.20	14.02	13.93	13.84	13.75	13.65	13.56	13.46
5	16.26	13.27	12.06	11.39	10.97	10.67	10.46	10.29	10.16	10.05	9.89	9.72	9.55	9.47	9.38	9.29	9.20	9.11	9.02
6	13.75	10.92	9.78	9.15	8.75	8.47	8.26	8.10	7.98	7.87	7.72	7.56	7.40	7.31	7.23	7.14	7.06	6.97	6.88
7	12.25	9.55	8.45	7.85	7.46	7.19	6.99	6.84	6.72	6.62	6.47	6.31	6.16	6.07	5.99	5.91	5.82	5.74	5.65
8	11.26	8.65	7.59	7.01	6.63	6.37	6.18	6.03	5.91	5.81	5.67	5.52	5.36	5.28	5.20	5.12	5.03	4.95	4.86
9	10.56	8.02	6.99	6.42	6.06	5.80	5.61	5.47	5.35	5.26	5.11	4.96	4.81	4.73	4.65	4.57	4.48	4.40	4.31
10	10.04	7.56	6.55	5.99	5.64	5.39	5.20	5.06	4.94	4.85	4.71	4.56	4.41	4.33	4.25	4.17	4.08	4.00	3.91
11	9.65	7.21	6.22	5.67	5.32	5.07	4.89	4.74	4.63	4.54	4.40	4.25	4.10	4.02	3.94	3.86	3.78	3.69	3.60
12	9.33	6.93	5.95	5.41	5.06	4.82	4.64	4.50	4.39	4.30	4.16	4.01	3.86	3.78	3.70	3.62	3.54	3.45	3.36
13	9.07	6.70	5.74	5.21	4.86	4.62	4.44	4.30	4.19	4.10	3.96	3.82	3.66	3.59	3.51	3.43	3.34	3.25	3.17
14	8.86	6.51	5.56	5.04	4.69	4.46	4.28	4.14	4.03	3.94	3.80	3.66	3.51	3.43	3.35	3.27	3.18	3.09	3.00

(续)

n_2	\ n_1	1	2	3	4	5	6	7	8	9	10	12	15	20	24	30	40	60	120	∞
									$\alpha = 0.01$											
15		8.68	6.36	5.42	4.89	4.56	4.32	4.14	4.00	3.89	3.80	3.67	3.52	3.37	3.29	3.21	3.13	3.05	2.96	2.87
16		8.53	6.23	5.29	4.77	4.44	4.20	4.03	3.89	3.78	3.69	3.55	3.41	3.26	3.18	3.10	3.02	2.93	2.84	2.75
17		8.40	6.11	5.18	4.67	4.34	4.10	3.93	3.79	3.68	3.59	3.46	3.31	3.16	3.08	3.00	2.92	2.83	2.75	2.65
18		8.29	6.01	5.09	4.58	4.25	4.01	3.84	3.71	3.60	3.51	3.37	3.23	3.08	3.00	2.92	2.84	2.75	2.66	2.57
19		8.18	5.93	5.01	4.50	4.17	3.94	3.77	3.63	3.52	3.43	3.30	3.15	3.00	2.92	2.84	2.76	2.67	2.58	2.49
20		8.10	5.85	4.94	4.43	4.10	3.87	3.70	3.56	3.46	3.37	3.23	3.09	2.94	2.86	2.78	2.69	2.61	2.52	2.42
21		8.02	5.78	4.87	4.37	4.04	3.81	3.64	3.51	3.40	3.31	3.17	3.03	2.88	2.80	2.72	2.64	2.55	2.46	2.36
22		7.95	5.72	4.82	4.31	3.99	3.76	3.59	3.45	3.35	3.26	3.12	2.98	2.83	2.75	2.67	2.58	2.50	2.40	2.31
23		7.88	5.66	4.76	4.26	3.94	3.71	3.54	3.41	3.30	3.21	3.07	2.93	2.78	2.70	2.62	2.54	2.45	2.35	2.26
24		7.82	5.61	4.72	4.22	3.90	3.67	3.50	3.36	3.26	3.17	3.03	2.89	2.74	2.66	2.58	2.49	2.40	2.31	2.21
25		7.77	5.57	4.68	4.18	3.85	3.63	3.46	3.32	3.22	3.13	2.99	2.85	2.70	2.62	2.54	2.45	2.36	2.27	2.17
26		7.72	5.53	4.64	4.14	3.82	3.59	3.42	3.29	3.18	3.09	2.96	2.81	2.66	2.58	2.50	2.42	2.33	2.23	2.13
27		7.68	5.49	4.60	4.11	3.78	3.56	3.39	3.26	3.15	3.06	2.93	2.78	2.63	2.55	2.47	2.38	2.29	2.20	2.10
28		7.64	5.45	4.57	4.07	3.75	3.53	3.36	3.23	3.12	3.03	2.90	2.75	2.60	2.52	2.44	2.35	2.26	2.17	2.06
29		7.60	5.42	4.54	4.04	3.73	3.50	3.33	3.20	3.09	3.00	2.87	2.73	2.57	2.49	2.41	2.33	2.23	2.14	2.03
30		7.56	5.39	4.51	4.02	3.70	3.47	3.30	3.17	3.07	2.98	2.84	2.70	2.55	2.47	2.39	2.30	2.21	2.11	2.01
40		7.31	5.18	4.31	3.83	3.51	3.29	3.12	2.99	2.89	2.80	2.66	2.52	2.37	2.29	2.20	2.11	2.02	1.92	1.80
60		7.08	4.98	4.13	3.65	3.34	3.12	2.95	2.82	2.72	2.63	2.50	2.35	2.20	2.12	2.03	1.94	1.84	1.73	1.60
120		6.85	4.79	3.95	3.48	3.17	2.96	2.79	2.66	2.56	2.47	2.34	2.19	2.03	1.95	1.86	1.76	1.66	1.53	1.38
∞		6.63	4.61	3.78	3.32	3.02	2.80	2.64	2.51	2.41	2.32	2.18	2.04	1.88	1.79	1.70	1.59	1.47	1.32	1.00
									$\alpha = 0.005$											
1		16211	20000	21615	22500	23056	23437	23715	23925	24091	24224	24426	24630	24836	24940	25044	25148	25253	25359	25464
2		198.5	199.0	199.2	199.2	199.3	199.3	199.4	199.4	199.4	199.4	199.4	199.4	199.4	199.5	199.5	199.5	199.5	199.5	199.5
3		55.55	49.80	47.47	46.19	45.39	44.84	44.43	44.13	43.88	43.69	43.39	43.08	42.78	42.62	42.47	42.31	42.15	41.99	41.83
4		31.33	26.28	24.26	23.15	22.46	21.97	21.62	21.35	21.14	20.97	20.70	20.44	20.17	20.03	19.89	19.75	19.61	19.47	19.32
5		22.78	18.31	16.53	15.56	14.94	14.51	14.20	13.96	13.77	13.62	13.38	13.15	12.90	12.78	12.66	12.53	12.40	12.27	12.14

(续)

n_2	n_1																	
	1	2	3	4	5	6	7	8	9	10	12	15	20	24	30	40	60	120	∞

$\alpha = 0.005$

n_2	1	2	3	4	5	6	7	8	9	10	12	15	20	24	30	40	60	120	∞
6	18.63	14.54	12.92	12.03	11.46	11.07	10.79	10.57	10.39	10.25	10.03	9.81	5.59	9.47	9.36	9.24	9.12	9.00	8.88
7	16.24	12.40	10.88	10.05	9.52	9.16	8.89	8.68	8.51	8.38	8.18	7.97	7.75	7.64	7.53	7.42	7.31	7.19	7.08
8	14.69	11.04	9.60	8.81	8.30	7.95	7.69	7.50	7.34	7.21	7.01	6.81	6.61	6.50	6.40	6.29	6.18	6.06	5.95
9	13.61	10.11	8.72	7.96	7.47	7.13	6.88	6.69	6.54	6.42	6.23	6.03	5.83	5.73	5.62	5.52	5.41	5.30	5.19
10	12.83	9.43	8.08	7.34	6.87	6.54	6.30	6.12	5.97	5.85	5.66	5.47	5.27	5.17	5.07	4.97	4.86	4.75	4.64
11	12.23	8.91	7.60	6.88	6.42	6.10	5.86	5.68	5.54	5.42	5.24	5.05	4.86	4.76	4.65	4.55	4.45	4.34	4.23
12	11.75	8.51	7.23	6.52	6.07	5.76	5.52	5.35	5.20	5.09	4.91	4.72	4.53	4.43	4.33	4.23	4.12	4.01	3.90
13	11.37	8.19	6.93	6.23	5.79	5.48	5.25	5.08	4.94	4.82	4.64	4.46	4.27	4.17	4.07	3.97	3.87	3.76	3.65
14	11.06	7.92	6.68	6.00	5.56	5.26	5.03	4.86	4.72	4.60	4.43	4.25	4.06	3.96	3.86	3.76	3.66	3.55	3.44
15	10.80	7.70	6.48	5.80	5.37	5.07	4.85	4.67	4.54	4.42	4.25	4.07	3.88	3.79	3.69	3.58	3.48	3.37	3.26
16	10.58	7.51	6.30	5.64	5.21	4.91	4.69	4.52	4.38	4.27	4.10	3.92	3.73	3.64	3.54	3.44	3.33	3.22	3.11
17	10.38	7.35	6.16	5.50	5.07	4.78	4.56	4.39	4.25	4.14	3.97	3.79	3.61	3.51	3.41	3.31	3.21	3.10	2.98
18	10.22	7.21	6.03	5.37	4.96	4.66	4.44	4.28	4.14	4.03	3.86	3.68	3.50	3.40	3.30	3.20	3.10	2.99	2.87
19	10.07	7.09	5.92	5.27	4.85	4.56	4.34	4.18	4.04	3.93	3.76	3.59	3.40	3.31	3.21	3.11	3.00	2.89	2.78
20	9.94	6.99	5.82	5.17	4.76	4.47	4.26	4.09	3.96	3.85	3.68	3.50	3.32	3.22	3.12	3.02	2.92	2.81	2.69
21	9.83	6.89	5.73	5.09	4.68	4.39	4.18	4.01	3.88	3.77	3.60	3.43	3.24	3.15	3.05	2.95	2.84	2.73	2.61
22	9.73	6.81	5.65	5.02	4.61	4.32	4.11	3.94	3.81	3.70	3.54	3.36	3.18	3.08	2.98	2.88	2.77	2.66	2.55
23	9.63	6.73	5.58	4.95	4.54	4.26	4.05	3.88	3.75	3.64	3.47	3.30	3.12	3.02	2.92	2.82	2.71	2.60	2.48
24	9.55	6.66	5.52	4.89	4.49	4.20	3.99	3.83	3.69	3.59	3.42	3.25	3.06	2.97	2.87	2.77	2.66	2.55	2.43
25	9.48	6.60	5.46	4.84	4.43	4.15	3.94	3.78	3.64	3.54	3.37	3.20	3.01	2.92	2.82	2.72	2.61	2.50	2.38
26	9.41	6.54	5.41	4.79	4.38	4.10	3.89	3.73	3.60	3.49	3.33	3.15	2.97	2.87	2.77	2.67	2.56	2.45	2.33
27	9.34	6.49	5.36	4.74	4.34	4.06	3.85	3.69	3.56	3.45	3.28	3.11	2.93	2.83	2.73	2.63	2.52	2.41	2.29
28	9.28	6.44	5.32	4.70	4.30	4.02	3.81	3.65	3.52	3.41	3.25	3.07	2.89	2.79	2.69	2.59	2.48	2.37	2.25
29	9.23	6.40	5.28	4.66	4.26	3.98	3.77	3.61	3.48	3.38	3.21	3.04	2.86	2.76	2.66	2.56	2.45	2.33	2.21
30	9.18	6.35	5.24	4.62	4.23	3.95	3.74	3.58	3.45	3.34	3.18	3.01	2.82	2.73	2.63	2.52	2.42	2.30	2.18
40	8.83	6.07	4.98	4.37	3.99	3.71	3.51	3.35	3.22	3.12	2.95	2.78	2.60	2.50	2.40	2.30	2.18	2.06	1.93
60	8.49	5.79	4.73	4.14	3.76	3.49	3.29	3.13	3.01	2.90	2.74	2.57	2.39	2.29	2.19	2.08	1.96	1.83	1.69
120	8.18	5.54	4.50	3.92	3.55	3.28	3.09	2.93	2.81	2.71	2.54	2.37	2.19	2.09	1.98	1.87	1.75	1.61	1.43
∞	7.88	5.30	4.28	3.72	3.35	3.09	2.90	2.74	2.62	2.52	2.36	2.19	2.00	1.90	1.79	1.67	1.53	1.36	1.00

附表6 相关系数临界值表

$$P(|r| > r_\alpha) = \alpha$$

$n-2$	α				
	0.10	0.05	0.02	0.01	0.001
1	0.98769	0.99692	0.999507	0.999877	0.9999988
2	0.90000	0.95000	0.98000	0.99000	0.99900
3	0.8054	0.8783	0.93433	0.95874	0.99114
4	0.7293	0.8114	0.8822	0.91720	0.97407
5	0.6694	0.7545	0.8329	0.8745	0.95088
6	0.6215	0.7067	0.7887	0.8743	0.92490
7	0.5822	0.6664	0.7498	0.7977	0.8983
8	0.5494	0.6319	0.7155	0.7646	0.8721
9	0.5214	0.6021	0.6851	0.7348	0.8471
10	0.4973	0.5760	0.6581	0.7079	0.8233
11	0.4762	0.5529	0.6339	0.6835	0.8010
12	0.4575	0.5324	0.6120	0.6614	0.7800
13	0.4409	0.5140	0.5923	0.6411	0.7604
14	0.4259	0.4973	0.5742	0.6226	0.7420
15	0.4124	0.4821	0.5577	0.6055	0.7247
16	0.4000	0.4683	0.5425	0.5897	0.7084
17	0.3887	0.4555	0.5285	0.5751	0.6932
18	0.3783	0.4438	0.5155	0.5614	0.6788
19	0.3687	0.4329	0.5034	0.5487	0.6652
20	0.3598	0.4227	0.4921	0.5368	0.6524
25	0.3233	0.3809	0.4451	0.4869	0.5974
30	0.2960	0.3494	0.4093	0.4487	0.5541
35	0.2746	0.3246	0.3810	0.4182	0.5189
40	0.2573	0.3044	0.3578	0.3932	0.4896
45	0.2429	0.2876	0.3384	0.3721	0.4647
50	0.2306	0.2732	0.3218	0.3542	0.4432
60	0.2108	0.2500	0.2948	0.3248	0.4079
70	0.1954	0.2319	0.2737	0.3017	0.3798
80	0.1829	0.2172	0.2565	0.2830	0.3568
90	0.1726	0.2050	0.2422	0.2673	0.3375
100	0.1638	0.1946	0.2301	0.2540	0.3211

参考文献

[1] 祖尔，耶诺，密斯特. R 语言初学者指南[M]. 周丙常，王亮，译. 西安：西安交通大学出版社，2011.
[2] DALGAARD P. R 语言统计入门[M]. 郝智恒，何通，邓一硕，等译. 北京：人民邮电出版社，2014.
[3] 贾俊平，何晓群，金勇进. 统计学[M]. 5 版. 北京：中国人民大学出版社，2012.
[4] 汤银才. R 语言与统计分析[M]. 北京：高等教育出版社，2008.
[5] 茆诗松，程依明，濮晓龙. 概率论与数理统计教程[M]. 北京：高等教育出版社，2004.
[6] 李贤平. 概率论基础[M]. 3 版. 上海：复旦大学出版社，2010.
[7] 吴赣昌. 概率论与数理统计[M]. 5 版. 北京：中国人民大学出版社，2017.
[8] 陈希孺. 概率论与数理统计[M]. 合肥：中国科学技术大学出版社，2000.
[9] 盛骤，谢式千，潘承毅. 概率论与数理统计[M]. 4 版. 北京：高等教育出版社，2008.
[10] 王静龙，梁小筠，王黎明. 属性数据分析[M]. 北京：高等教育出版社，2013.
[11] JOHNSON R R，KUBY P J. 统计学[M]. 夏国风，蒋爱萍，等译. 北京：机械工业出版社，2011.
[12] 杜先能，孙国正，蒋威，等. 概率论与数理统计[M]. 合肥：安徽大学出版社，2003.
[13] 谢龙汉，尚涛. SPSS 统计分析与数据挖掘[M]. 北京：电子工业出版社，2012.
[14] 李曦. 概率论与数理统计习题精解巧析[M]. 北京：电子工业出版社，2016.
[15] 吕书飞，梁飞豹，刘文丽，等. 应用统计分析 R 语言实战[M]. 北京：北京大学出版社，2017.
[16] 师义民，徐伟，秦超英，等. 数理统计[M]. 4 版. 北京：科学出版社，2015.
[17] 吴喜之. 统计学：从数据到结论[M]. 北京：中国统计出版社，2004.
[18] 曾五一，肖红. 统计学导论[M]. 北京：科学出版社，2007.
[19] 安德森，等. 商务与经济统计：原书第 13 版[M]. 张建华，等译. 北京：机械工业出版社，2018.